KB167632

이수열 선생님의
우리말 바로 쓰기

이수열 선생님의 우리말 바로 쓰기

초판 1쇄 발행 | 1999년 12월 30일
개정증보판 1쇄 발행 | 2014년 10월 6일
개정증보판 7쇄 발행 | 2023년 4월 25일

지은이 | 이수열
펴낸이 | 조미현

펴낸곳 | (주)현암사
등록 | 1951년 12월 24일 · 제10-126호
주소 | 04029 서울시 마포구 동교로12안길 35
전화 | 02-365-5051 · 팩스 | 02-313-2729
전자우편 | editor@hyeonamsa.com
홈페이지 | www.hyeonamsa.com

ISBN 978-89-323-1708-3 03710

이 도서의 국립중앙도서관 출판시도서목록(CIP)은
e-CIP 홈페이지(http://www.nl.go.kr/ecip)와
국가자료공동목록시스템(http://www.nl.go.kr/kolisnet)에서 이용하실 수 있습니다.
(CIP제어번호: CIP2014027057)

이수열 선생님의
우리말 바로 쓰기

이수열 지음

ㅎ 현암사

일러두기

1. 책의 신뢰성을 높이려고, 들추어서 옮긴 말·글 끝의 ( ) 안에 말한 사람, 쓴 사람, 책 이름 따위를 밝혔다.
2. 옮긴 말·글 중에서 고쳐야 할 부분에는 밑금을 그었고, 문장 전체를 고쳐야 할 때는 밑금 을 긋지 않았다. 그 아래 바르게 고친 표현에는 화살표(→)를 하였으며, 덧붙이는 설명에 는 **설명** 이라 표시하였다.
3. 이번 개정증보판에서는 초판본의 잘못된 예시와 설명을 중점적으로 개정·보충하였다.

개정판 머리말

여러 가지로 부족한 이 책이 겨레 정신을 지키려는 많은 독서가들의 사랑을 받아 17쇄까지 읽혀 왔음을 그런대로 자위하고, 많은 독자들께서 전화나 편지로 격려해 주신 데 대해 충심으로 감사한다. 그동안 발견한 표현의 오류와 뒤바뀐 편제 등을 바로잡아 다시 펴내면서, 국어 순화의 효과가 창해일속(滄海一粟)에 불과할 것임을 잘 알기에, 이 막중한 과업을 미약한 개인의 힘만으로 감당하는 일이 몹시 힘겨우므로 국가 사업으로 추진해야 한다고 생각한다.

정부에서도 그리 여겼음인지 2003년에 문화관광부가 '국어기본법'을 입안해 국회를 통과해서 현행법으로 발효했지만, 그 내용이 구구한 원칙을 열거했을 뿐 국민의 언어생활을 알차게 개선할 구체적 실천성이 없어서, 그 뒤로 10년이 지났건만 효과가 전무할뿐더러, 그 법을 입안한 정부 인사들이나 입법한 국회의원들의 국어 사용 실태를 보면, 그 법의 존재조차 모르는 듯한 것이 부정할 수 없이 부끄러운 현실이다. 그래서 필자는 감히 다음 같이 제안한다.

프랑스 정부가 프랑스어 정화법을 제정해,
- 광고와 상표에 프랑스어 사용을 의무화하고,
- 엄존하는 프랑스어 대신 외국어를 사용하는 경우에 벌금을 부과하고,
- 사복 언어 경찰관을 편성해, 국민의 언어생활 실태를 감시해 위법자에게 벌금을 부과하는 등의 사례를 참고해

－'국어기본법'을 '국어보호법'으로 개칭하고, 그 내용을 실천성 있
게 구체화해 실천 세칙을 마련하고, 정부 기구 안에 전담 부서를
설치하고, 각 지방 자치단체와 공공기관, 대기업과 중소기업에도
그 업무를 담당할 부서를 설치해서, 모든 업무와 병행해 철저히 실
천하도록 할 것.

끝으로 이 책의 결점을 여러모로 지적해 주신 독자 여러분께 거듭해
서 충심으로 감사한다.

2014년 가을

이수열

초판 머리말

우리말을 말살하려는 일제의 모진 탄압에서 벗어나 반세기를 지내 오
는 동안 우리 교육은 입시와 취업 준비 일변도로 치달았다. 이러한 환
경에서 말하고 쓰는 교육을 제대로 받지 못하고 자란 우리 문인들은
국어를 갈고닦는 자기 수양은 조금도 하지 않고, 일어·영어·중국어와
낡은 한문투 문장을 경쟁하듯 모방하면서 알량하게 타고난 잔재주를
보배 삼아 입에 담기조차 민망한 치졸한 문장으로 이야기책을 써서 우
리말을 오늘의 참상으로 몰아넣고도 전혀 반성할 줄 모른다.

우리나라 문인과 학자의 모방 악습은 말이나 글로 표현할 수 있는
수준을 넘어섰다. 앞서 말한 외국어 흉내에, 진부한 상투어(常套語), 당
치 않은 비유, 조잡한 신조어를 계산 능력이 모자라는 학생이 간단한
셈을 할 때마다 구구단 외듯이 끌어다 붙여, 고무도장으로 찍은 듯한,
획일적인 글을 쓰면서 모두 대가연(大家然)한다.

우리말에는 우리 겨레의 특유한 예절이 있는데, 영어의 'He'를 '그',
'She'를 '그녀'라고 옮겨서 제 부모와 겨레의 스승을 '그는', '그녀는' 따
위로 표현한 말·글과, "최우수상을 타신 분께 부상으로 '백만 원을 드
립니다'" 대신 '백만 원이 주어집니다' 따위로 지껄이는 방송말은 아름
다운 우리말과 우리 생각까지 좀먹는 행위다.

온 세계가 추호의 오차도 허용하지 않는 과학기술과 초일류 상품, 순
간마다 새로워지는 정보력으로 치열한 생존 경쟁을 벌이는 이 때에, 달
리 선택권이 없는 우리 나라 청소년은 온통 오류투성이 교과서와 인쇄
물, 방송을 보면서 울며 겨자 먹듯이 배워 모두 악성 말병 환자가 된다.

　　오래 전부터 이 사실을 깨닫고 개탄해 온 필자는 각급 학교 교과서를 철저히 우리말다운 문장으로 엮어 내는 것이 우리말을 살리고 발전시키는 최선의 길이라는 데 착안해, 1996년 3월에 교육부가 개편해서 펴낸 고등학교『국어』교과서를 면밀히 검토해서 기형적 표현과 졸문(拙文), 외국어를 흉내 낸 비문(非文)을 샅샅이 들추어 냈다. 이를 백 가지 유형으로 분류·정리하여 책으로 엮어서 대통령과 교육부 장관에게 보내 교정을 촉구했는데, 청와대에서는 아무런 반응이 없고, 교육부는 온갖 궤변을 내세우며 안 고친다. 이러니 우리말을 살리는 일은 필자와 같이 힘없는 무명인이 맡을 수밖에 없다. 그래서 대단히 당돌하고 외람스러운 말 같지만, 필자는 이 책이, 모든 국민이 우리말을 새롭게 다시 배워, 바로 알고 바로 쓰게 하는 교과서 구실을 하도록, '저 석굴암의 본존불상을 조각한 거장(巨匠)'의 정신을 생각하며 온갖 노력을 다해 정성을 담아 펴낸다.

　　이제 우리 나라 모든 사람이 자신의 학력과 직업, 지위를 초월해서 우리말을 다시 배우기로 결심하고, 이 책을 동반자로 삼아 늘 곁에 두고 거듭거듭 정독하면 우리말의 참모습을 깨달아 말을 완벽하게 하고 글도 완벽하게 써서 우리말 살리는 일에 기여하게 되었으면 한다. 그러면 우리말은 제 모습을 되찾아서 21세기에는 세계에서 으뜸 가는 문화어가 되리라.

　　'옥에 티'라는 말이 어울릴지 모르겠지만, 학력이 천박한 퇴직 교사가, 말의 성쇠와 국가·민족의 흥망이 같은 운명에 놓여 있음을 깨달아 오직 잠재울 수 없는 사명감 하나로 해 놓은 것이라서, 복병처럼 숨은 오류와 결함이 많을까봐 매우 두려우니, 독자 여러분이 형안(炯眼)과 혜지(慧智)로 철저히 살펴 주기 바란다.

　　끝으로 이 책을 출판해 준 현암사에 한없이 감사한다.

1999년 겨울
이수열

추천하는 말

아무나 말을 할 수 있고 글을 쓸 수 있다. 그러나 말을 바르게 하고 글을 바르게 쓰기는 참으로 어렵다. 거기에는 말을 쓰는 사람들 사이에 인정된 일정한 규범이 있기 때문이다. 그것이 문법적인 제약일 수도, 의미적인 제약일 수도, 언어 예절의 제약일 수도 있지만, 거기에서 벗어나면 비록 뜻이 통한다 하더라도 말은 불안하고 듣는 이를 불쾌하게 만들 수밖에 없다. 예컨대

가) 몸조심하시기 바라겠습니다.
나) 제 생각은 틀립니다.
다) 선생님, 선친께서는 언제 작고하셨습니까.

매우 조심스럽고 다정한 표현임은 분명하다. 그러나 가)는 '바랍니다'가 아니므로 지금 바라는 인사가 아니고, 나)는 틀린 생각이면 말할 필요가 처음부터 없었다. 다)는 자신의 아버지가 돌아가신 날짜를 상대방에게 묻는 꼴이니 말이 되지 않는다. 마땅히 '선대인(先大人)'으로 해야 옳다. '겠' 하나의 있고 없음, '다르다-틀리다'의 분별, '선친'과 '선대인'의 뜻을 분별하지 못하여 엄청난 낭패를 빚은 것이다.

사람은 모두 현재 자기가 아는 만큼 말하기 때문에 이런 말을 한 사람은 정작 자신이 어떤 잘못을 저지르고 있는지 알지 못하는 데 문제가 있다. 그래서 언제나 사람들은 남의 잘못만 보고 자신의 잘못은 알지 못한 채 나날이 말글살이를 하는 것이다. 그래서 말글공부는 평생

하는 것이고 끝이 없는 것이다.

나는 평생을 대학에서 국어를 공부하고 학생들을 가르치며 살아왔다. 그런데도 이수열 선생께서 지은 이 책을 읽으면서 얼마나 불안하고 조마조마했는지 모른다. 구석구석 내가 쓴 글, 내가 한 말들을 되돌아보지 않을 수 없게 하였기 때문이다. 이수열 선생이야말로 평생을 우리말 파수꾼으로 살아오면서 숱한 깨우침을 주신 분이기 때문에 아무도 그분 앞에서 당당할 수 없으리라고 생각한다.

말은 살아 있는 생물과 같아서 항상 자라고 허물을 벗고 변해간다. 어제의 모습이 오늘의 모습과 다른 것이 사실이다. 그러나 변해가는 가운데도 그것을 통제하는 일정한 규범이 있어 우리를 속박한다. 그 속박은 때로 우리를 불편하게 하지만 우리는 그것을 따르지 않을 수 없다. 답답하고 힘들더라도 거기에 따를 때 우리는 일체감을 가지고 앞으로 나아갈 수 있기 때문이다. 노작 『이수열 선생님의 우리말 바로쓰기』는 우리 말글살이를 바른 길로 이끌어주는 훌륭한 길잡이가 될 것이다.

2013년 10월 15일
한글학회 회장 김종택

이수열 선생님에 대하여

신문에 칼럼 같은 것을 오래 연재한 사람은 이수열 선생에게서 한두 번 편지를 받은 적이 있을 것이다. 선생은 오랜 기간에 걸쳐 주로 명망가들이 지면에 발표한 글을 오려 백지에 붙이고, 우리말의 어법에 어긋난다고 생각되는 구절들을 붉은 잉크로 수정하여 필자들에게 꼬박꼬박 보내주었다. 선생이 아직도 그 일을 계속하고 있는지는 알 수 없으나 우리말을 바로 쓰게 하려는 그 열정과 노고는 보훈처 같은 정부의 서훈기관에 기록되어야 마땅하다. 선생의 노고도 노고지만 보람이 있기도 하고 없기도 했을 이 일을 위해 지불한 우편요금만 해도 상당한 액수가 될 것이다.

나는 선생의 신상이나 이력에 관해서 잘 알지 못한다. 지난 90년대 초에 선생에게서 받은 편지의 발신지가 서울 은평구의 어느 동이었다는 것을 기억하고 있고, 당신이 저술한 책의 앞날개를 읽어서 '초·중·고 교사로 47년 동안 근무하고 정년퇴임하였다'는 정도를 알고 있을 뿐이다. 내 책장에는 선생이 쓴 책이 두 권 꽂혀 있고, 서랍에는 선생의 편지가 3통 들어 있다.

편지를 받은 사람들이 고맙게 생각했을까. 아마 그러기도 했겠지만 괜한 트집이라고 여기고 불평하는 사람들도 적지 않았으리라. 선생의 기준은 엄격하고 잘못을 바루는 데는 한 치의 용서도 없다.

일어식 어투인 '있으시기 바랍니다'나 '~에 다름 아니다' 같은 서술에 붉은 금을 긋는 것은 말할 것도 없고 '바탕' '선물' '위치'처럼 자체에 움직이는 뜻이 없는 명사에 '하다'를 붙여서 말하는 것도 용납하지 않는다. '양호 교사가 크게 부족하다'도 '터무니없이 부족하다'로 고쳐 써야 한다. 논란이 많은 대명사 '그녀'뿐만 아니라 '그'도 선생이 보기에는 뿌리 없는 말이며, 따라서 써서는 안 되는 말이다.

국어 교과서의 글이건 헌법 조문이건 선생이 흡족하게 여길 글은 별로 없다. 제법 오랫동안 글쓰기를 수련한 사람이라고 해도 선생의 지적을 받지 않고 200자 원고지 열 장을 채우기가 어려울 것이다.

나는 말에 대한 선생의 의견에 전적으로 찬동하지는 않는다. 나로서는 뿌리가 없고 본디의 결에 거슬리는 말이라고 하더라도 그것이 관용으로 굳어졌으면 그것을 새로운 뿌리로 삼아야 한다고 믿는 편이다. 어떤 표현법이 일어나 영어에서 연유한 것이라 하더라도 우리의 언중에게 그 표현이 큰 무리없이 이해된다면 이미 우리말 속에 그 표현을 가능하게 하는 힘이 들어 있다고 생각한다.

선생이 지향하는 순결주의가 말의 표현력을 적지 않게 억압한다는 생각도 접어두기 어렵다. 지금 이 글을 쓰면서도 대명사 '그'를 여기서만이라도 써보지 않겠다고 작정하고 있지만 사실 여간 불편한 것이 아니다. 그래서 나는 선생의 충고를 일일이 따를 수가 없다. 내가 쓴 글에서 '황폐화한 마음' '자체적으로 해결한다'를 뽑아 밑금을 그어 보냈을 때는 다소곳이 고개를 숙였지만, '서로가 서로에게'라는 구절을 두고 '서로'는 격조사를 붙일 수 없는 부사라고 했을 때 나는 불평을 터트리고 말았다. "서로가 무슨 해병대인가. 한 번 부사면 영원히 부사란 말인가."

그러나 내 글은 알게 모르게 선생의 영향을 많이 받고 있다. 내가 '꽃이 피었는가 묻는다'를 버리고 '꽃이 피었는지 묻는다'로 쓰게 된 것은 오로지 선생의 덕분이다. '그대로'나 '모두' 같은 말에 가능한 한 격조사를 붙이지 않으려 하는 것도, '나의, 너의'보다 '내, 네'를 쓰려 하는 것도 모두 선생을 의식하기 때문이다. '상징주의에서부터 초현실주의까지'라든지 '여행에의 초대' 같은 말을 쓰고 나서 꺼림칙한 느낌이 남는 것도 선생이 있기 때문이다.

말에 관한 한 나는 현실주의자이지만, 선생의 순결주의 같은 든든한 의지처가 있어야 현실주의도 용을 쓴다. 선생의 깊은 지식과 열정은 우리말의 소금이다. 이 소금이 너무 짠 것은 사실이다. 그러나 고쳐 생각한다. 소금이 짜지 않으면 그것을 어찌 소금이라 하겠는가.

(국민일보, [문화산책] 2005. 02. 02. 「이수열 선생」)

황현산 (고려대 명예교수, 문학평론가)

제3장 수식법

제4장 조사

제1장

발음

1. 모음(母音)

말은 소리로 하는 것이므로, 발음을 정확하게 하는 것이 말을 바르게 하는 일의 절대 조건이다. 그런데 우리나라에서 발음 교육은 외국어 교육에나 하는 것으로 인식함인지 국어 교육에서 발음 교육을 도외시한 결과 현재 우리 국민의 발음 실태는 한심스럽기 그지없다. 중국에서는 아나운서가 방송할 때, 한 음절(音節)의 발음을 잘못할 때마다 최소 50위안(약 9천 원)씩 벌금을 물어야 한다는 사실이 한없이 부럽다.

'ㅐ'를 'ㅔ'로

'새(鳥)'를 '세'라고 발음하는 이가 많다. 남산의 새 종류, 낙동강 철새, 참새 떼를 남산의 세 종류, 낙동강 철세, 참세 떼라고 한다. '새(新)'를 '세'라고 하는 이도 많다. 새 책, 새 사람을 세 책, 세 사람이라고 한다. 빨래, 날개, 고래, 술래, 미래를 빨레, 날게, 고레, 술레, 미레라고 하는 것도 자주 들리는 보기다. 일인칭 주격 표현인 '내가'를 '네가'라고 발음하는 어린이가 많아서 제 자신의 일을 말하는 것인지, 상대편의 일을 말하는 것인지 일순간에 구별할 수가 없다.

'ㅔ'를 'ㅐ'로

위에 든 예와 거꾸로 되었다. 그네, 동네, 수레, 나그네, 굴레를 그내, 동내, 수래, 나그내, 굴래라고 한다.

'ㅚ'를 'ㅞ'로

매우 부끄럽게도 모음 'ㅚ'를 정확하게 발음하는 사람을 만나기가 어렵다. 외국, 외제, 외상, 외출, 외부를 웨국, 웨제, 웨상, 웨출, 웨부라고 한다.

‘외[ф]’는 위아래 입술을 맞대서 가장 동그랗게 오므리고 소리내며, ‘외–’ 하고 소리를 길게 끌 때도 입 모양을 똑같게 유지하면서 내는 단모음임에 대해서, ‘웨’는 ‘ㅜ’ 소리를 내면서 ‘ㅔ’ 소리가 되게 즉시 입 모양을 바꾸어 내는 이중 모음이다. 몇 가지 보기말로 연습하면 금방 익힐 수 있다.

    ㅚ 외국, 외가, 외교, 외상.
    ㅞ 웬일이냐?, 웬만하다, 웨딩(wedding).

‘ㅙ’를 ‘ㅞ’로

교육기관에서 많이 쓰는 걸개 그림인 ‘괘도(掛圖)’를 ‘궤도(軌道)’라고 한다. 기차의 선로인 궤도를 어디다 어떻게 거나?

묻는 말인 부사 ‘왜?’를 ‘웨?’라고 한다. ‘그애가 왜 안 오냐?’를 ‘그애가 웨 안 오냐?’고 하는 이가 많다.

‘ㅞ’를 ‘ㅙ’로

위 보기와 대조적으로, 묻는 뜻의 관형사 ‘웬’을 ‘왠’이라고 한다. ‘이게 웬일이냐?’를 ‘이게 왠일이냐?’로 발음하는 이가 많다.

‘ㅘ’를 ‘ㅏ’로

한 지도급 정치인이 연설할 때 ‘확실히’를 번번이 ‘학실히’라고 발음해서 화제가 된 일이 있다. 공황(恐慌)을 공항, 황량(荒凉)을 항량, 관광단지(觀光團地)를 간강 단지, 황당 무계(荒唐無稽)를 항당 무계, 공활(空豁)을 공할, 활력(活力)을 할력이라고 하는 이도 많다.

‘ㅏ’를 ‘ㅘ’로

앞의 경우와 반대로 일 할(一割)을 일 활, 할인(割引)을 활인이라고 하는 이가 많은데, ‘할(割)’의 소리를 ‘활’로 오인한 듯하다.

'ㅟ·ㅚ'를 'ㅣ'로, 'ㅝ'를 'ㅓ'로, 'ㅣ'를 'ㅚ'로, 'ㅚ'를 'ㅣ'로

국회의원을 국회이언, 경찰위원을 경찰이언이라 한다. '의원'도 '위원'도 다 '이언'이 되었다. 프랑스 국회에서는 의원이 발언중에 사투리를 쓰면 의원 자격을 잃는다는 말을 들었다. 우리 처지에 그런 일까지야 어찌 꿈꿀 수 있으랴만, 막중한 국정을 다루는 의원과 위원들은 '의원', '위원'을 정확하게 발음하여 부디 '이언'으로 전락하지 말기 바란다.

여러 회의의 의결 과정에서 의장이 이의(異義)가 있는지 없는지 물을 때, '의이 있느냐?'고 물으면 의석에서 '의이 없다'고 대답하는 장면을 자주 본다. '의이'는 아무 뜻도 없는 소리다.

옷도 몸을 보호하는 원시적 구실에 머물지 않고 다양한 모양과 빛깔로 입는 이의 품위를 높여 줘야 하거늘, 하물며 인격을 형성하는 얼이 담긴 말을 어찌 되는 대로 내뱉고 써 던져, 말과 자신의 품위를 함께 더럽히랴. 알아듣기만 하면 되고, 알아보기만 하면 된다는 생각은 버려야 한다. '말이 곧 사람'이라는 인식으로 우리말을 갈고 닦자.

2. 자음(子音)

자음의 발음은 모든 모음(母音)과 자음 중에서 ㄴ, ㄹ, ㅁ, ㅇ 이 유성음(有聲音)이라는 사실과 단어를 이룬 성분 간의 관계(유속有屬·대등對等·한정限定)를 잘 인식해야 바르게 할 수 있다.

속단(速斷)이 '속딴'이 되는 것은 'ㄱ'과 'ㄷ'이 만나서 생기는 불가피한 된소리되기 현상이므로 달리 발음할 도리가 없고, 결단(決斷)이 '결딴'이 되는 것은 음운의 논리를 벗어난 언어습관이 고정한 현상이어서 의도적으로 된소리를 피해 '결단'이라고 하면 맥빠진 말이 되어 버린다. 그러나 판단(判斷)이 변함없이 '판단'인 것은 'ㄴ'과 'ㄷ'이 만나서 생기는 자연스러운 현상(유성음화)인데, 만약 '판딴'이라고 하면 극도로 치졸한 말이 된다.

이처럼, 한 단어의 주성분인 뒤 음절의 첫소리가 된소리로 나거나 예삿소리로 나는 것은, 음운론적 현상과 굳은 언어 습관, 경기(驚氣)를 경기(景氣)와 구별해서 '경끼'라고 하듯이, 동음이의어 사이의 혼동을 피하려는 언어 의식 때문이다. 여기에는 이 말을 물려준 선인들의 수준 높은 슬기가 담겨 있어서, 우리에게는 이것을 잘 보전하고 더욱 윤을 내서 후세에 물려줄 의무가 있다.

그런데 다음에 언급하는 말들은 무턱대고 된소리로 발음해서 우리 말을 저질화하는 많은 현상 중의 한몫을 차지하고 있다.

고위급(高位級)을 고위끕으로

뉴스를 전하는 앵커들이 '고위급 회담'을 '고위끕 회담'이라고 발음해서 몹시 거북하게 들린다.

각급·직급·특급·학급의 '급'이야 '끕'이라고 발음하는 것이 필연적인 현상이지만, 상급·중급·하급·중위급·하위급의 '급'은 모두 유성음의 동화 현상으로 '급'인데 어째서 '고위급'의 '급'만 억지로 힘을 들여 '끕'이라고 하는지 모르겠다.

한층 더 기괴한 일은, 한글학회에서 펴낸 『우리말큰사전』이 '고위-급[-끕]⇒고윗급'이라고 표시하고, '고윗급'을 표제어로 실어 풀이해 놓은 것이다. '고위'에 사이시옷을 받쳐 쓰는 것은 「한글 맞춤법」 규정에도 어긋난다.

「한글 맞춤법」에 사이시옷을 받쳐 쓰도록 규정한 한자어는 두 음절로 된 곳간(庫間), 셋방(貰房), 숫자(數字), 찻간(車間), 툇간(退間), 횟수(回數) 여섯 단어뿐이다.(부록 「한글 맞춤법」 제30항 참조)

공권력(公權力)을 공꿘녁으로

상권(商權), 인권(人權), 사권(私權), 공권(公權) 등의 '권'은 오래 전부터 '꿘'으로 발음하는 것을 표준으로 삼아 왔지만, 공권력은 그 구조가 '공권+력'이 아니고 '공+권력'이므로 음운론이나 의미론에 비추어 '공 꿘녁'이라고 발음할 수 없다. '공궐력'으로 발음해야 한다.

종래의 국어사전에는 '공권'과 '공권력' 중에서 '공권'의 '권' 발음만 '꿘'으로 표시했는데 '고위급'을 '고윗급⇒고위끕'이라고 표현한 『우리 말큰사전』은 '공권력'의 '권'도 '꿘'으로 표시해 국어 저질화 추세를 부추기고 있으니 한심하다.

관건(關鍵)을 관껀으로

인권(人權)·민권(民權)은 '인(人)'과 '민(民)'이 주체 성분인 '권(權)'을 수식하는 구조로 된 유속복합명사로, 인꿘·민꿘이라고 발음해서 '권' 의 본뜻을 확실히 느끼게 하지만, 두 구상명사 '관(關, 빗장)'과 '건(鍵, 열쇠)'이 주종 관계 없이 융합해서 된 추상명사 관건(關鍵, 문제의 핵심) 은 융합복합명사로, 각각 제 소리대로 '관건'이라고 발음해야 한다.

동의어인 경건(扃鍵)·관건(管鍵)도 경건·관건이라고 하지, 결코 경 껀·관껀이라고 하지 않는다.

창구(窓口)를 창꾸로

의미가 서로 통하는 '창(窓)'과 '구(口)'가 겹쳐서 구상명사와 추상명 사(접근 수단, 대화 통로 등)의 뜻을 함께 지닌 창구는 구조가 관건(關鍵) 과 똑같은 융합복합어일 뿐 아니라, 인구(人口)·중구(衆口)·출구(出 口)·포구(浦口)·하구(河口)·항구(港口) 등, 유속복합어의 주체 성분인 '구'도 '꾸'로 발음하지 않는다. 억지로 힘들여서 '창꾸'라고 하지 말자.

창고(倉庫)를 창꼬로

뜻이 똑같은 두 말이 융합해서 제 뜻을 그대로 재현한 말로, 관건(關 鍵)·창구(窓口)와 구조가 같다. 게다가 '고(庫)'를 주성분으로 삼은 유 속복합어 금고(金庫)·문고(文庫)·병고(兵庫)·출고(出庫)·탕고(帑庫)·

서고(書庫)·빙고(氷庫)·냉장고(冷藏庫)의 '고'도 '꼬'라고 발음하지 않는다.

방법(方法)을 방뻡으로

'법(法)'을 주성분으로 삼은 유속복합어 가법(加法)·감법(減法)·검법(劍法)·구법(句法)·설법(說法)·편법(便法)·행법(行法)·입법(立法)·민법(民法) 등의 '법'은 모두 '뻡'이라고 하는 것이 자연스럽지만, 방법은 뜻이 같은 두 말이 융합해서 제 뜻을 재현한 말이므로 '방뻡'이라고 하면 안 된다.

불법(不法)을 불뻡으로

불법은 헌법(憲法)·민법(民法)·상법(商法) 등과 병렬하는 '법의 명칭'이 아니며, 행법(行法)·서법(書法)·화법(畵法)·보법(步法)·필법(筆法)과 같은 '방법'의 개념도 아니고, 입법(立法)이나 합법(合法)처럼 '법'이 '뻡'이 될 수밖에 없는 음운의 연결체도 아니며, 뜻과 조어 구조가 똑같은 위법(違法)·무법(無法)을 위뻡·무뻡이라고 하지 않고 '위법·무법'이라고 하는 것이 자연스러움을 볼 때, '불뻡'이 아니라 '불법'이라고 발음해야 한다.

준법(遵法)을 준뻡으로

준법은 위 '불법'의 설명에 유의하면서 뜻과 조어 구조가 똑같은 수법(守法)·호법(護法)을 수뻡·호뻡이라 하지 않고 수법·호법이라고 하는 것에 맞춰 '준법'이라고 발음하는 것이, 힘을 아끼고 말의 논리성과 유연미를 살리는 길이다.

간단(簡單)을 간딴으로

간단은 뜻이 비슷한 두 자(字)가 융합해서 '하다'를 접미사로 취해 형용사를 이루는 추상명사로, 굳이 '간딴'이라고 해야 할 이유가 없다.

이 말과 음운 연결이 같으면서(ㄴ-ㄷ), '하다'를 취해 형용사를 이루는 균등(均等)·관대(寬大)·번다(煩多)·온당(穩當)을 균뜽·관때·번따·온 땅으로 발음해 보라. 또 동사를 이루는 분단(分斷)·판단(判斷)을 분딴 ·판딴이라고 하면서 '하다'를 붙여 보라. 우리말을 서투르게 구사하는 일본인이 아니고는 하기 어려운 발음이다.

간단의 일본어 발음이 'かんたん(간딴)'이다.

활발(活潑)을 활빨로

활발을 활빨이라고 하는 것은 간단을 간딴이라고 하는 것과 똑같은 증상이다.

활발과 음운 연결이 같고(ㄹ-ㅂ) '하다'를 연결해서 용언을 이루는 돌발(突發)·발발(勃發)·활보(闊步)·살벌(殺伐)에 '하다'를 붙여서 돌 빨하다·발빨하다·활뽀하다·살뻘하다로 소리내어 보면, 일제 시대에 우리 독립군을 잡아다가 고래고래 소리 지르며 악독하게 고문하던 일 본 형사의 망령이 보이는 듯하다.

고가(高架)를 고까로

고가는 '높게(高)+가로지르다(架)', 즉 '부사어+동사'로 된 한정(限定) 구조이므로 '관형사+명사'처럼 유속(有屬) 구조로 된 진가(眞價)· 염가(廉價)·원가(原價)·고가(高價)의 '가'를 '까'로 발음하는 것을 따 를 수 없음은 물론, '가(架)'를 주성분으로 하는 유속복합어 서가(書 架)·의가(衣架)·총가(銃架)·필가(筆架)·십자가(十字架)의 '가'도 결코 '까'라고 하지 않음을 볼 때, 고까도로·고까선·고까사다리라고 발음하 는 것은 웃음거리다.

실각(失脚)을 실깍으로

실각은 '잃은(失)+다리(脚)'가 아니고 '잘못(失)+디디다(脚)'의 구조 이며 '하다'를 취해 자동사가 되므로, 인격(人格)·실격(失格)·결격(缺

格) 등의 '격'이 '껵'이 되는 것을 따라서 '실꺽'이라고 하면 안 된다.

'각(脚)'을 주성분으로 삼은 유속복합어 건각(蹇脚)·건각(健脚)·마각(馬脚)·산각(山脚)·운각(雲脚)·일각(日脚)·행각(行脚) 등, 어느 것도 '각'을 '깍'이라고 하지 않는다.

전격(電擊)을 전껵으로

전격은 '번개같이(電)+친다(擊)'는 뜻인데 격(擊)은 격멸(擊滅)·격추(擊墜)·격침(擊沈)·격퇴(擊退)·격파(擊破)처럼 동사인 뒷말을 한정하는 부사어로 쓸 때나, 공격(攻擊)·저격(狙擊)·진격(進擊)·돌격(突擊)·충격(衝擊)처럼 앞말의 한정(限定)을 받는 동사로 쓸 때나 '껵'으로 발음하는 일이 없다.

그런데 '다국적군의 전껵적 공격', '공산권의 전껵적인 붕괴', '○○ 총장 전껵 경질', '금융실명제 전껵 실시' 등이 텔레비전 뉴스 시간에 마구 흘러나오는가 하면, MBC가 방영한 「진짜 사나이」 시간에는 '전껵 부대 장병'이라고 소리치는 연예인의 목소리가 요란했다. '전격'이라고 부드럽게 발음하자.

원격(遠隔)을 원껵으로

원격은 '멀리(遠)+떨어진다(隔)'는 한정 구조로 된 말이므로, 성격(性格)·인격(人格)·합격(合格)의 '격'이 '껵'이 되는 것과는 전혀 다르다.

격리(隔離)·격면(隔面)·격세(隔世)·격의(隔意)·격일(隔日)·격차(隔差)처럼 앞에서 한정하는 경우나, 간격(間隔)·소격(疏隔)·현격(懸隔)처럼 뒤에서 한정을 받는 경우를 통틀어서 '껵'이 되는 일이 없다.

참고(參考)를 참꼬로

참고는 '살펴서(參)+생각한다(考)'는 구조로, '고(考)'를 상고(相考)·상고(詳考)처럼 동사로 쓰는 경우는 물론, 선고(先考)·조고(祖考)·황고(皇考)처럼 관형어의 수식을 받는 명사로 쓰는 경우도 '꼬'로 발음하는 일이 없으므로, 참꼬서·참꼬인·참꼬 사항이라고 하면 유치원생이거나 우리말을 서투르게 쓰는 일본인 같은 인상을 풍긴다.

일본어로 참고서는 'さんこうしょ(상코우쇼)'다.

등기(登記)를 등끼로

등기는 '올리어(登)+적다(記)'의 한정 구조로 된 유속복합동사로, 유속복합명사인 전기(傳記)·일기(日記)·열기(列記)·실기(實記) 등은 물론, 등기와 구조가 같은 강기(强記)·암기(暗記)·추기(追記)·필기(筆記) 등, 어느 것도 '기'를 '끼'라고 읽을 말이 없다.

속기(速記)와 잡기(雜記)는 두 음절이 'ㄱ-ㄱ', 'ㅂ-ㄱ'으로 만나 '기'가 '끼'로 되지만 'ㅇ-ㄱ'으로 만난 등기의 '기'는 무성음 'ㄱ[k]'이 유성음 'ㅇ[ŋ]'에 동화해서 유성음 'ㄱ[g]'이 되므로 도저히 '끼'가 되지 않는다.

김밥을 김빱으로

요즈음 젊은이는 복합어를 이룬 뒷말의 첫소리 'ㄱ, ㄷ, ㅂ'을 모두 된소리로 발음해야 된다고 생각하는 듯하다.

쌀밥·콩밥·보리밥에서 '밥[pap]'의 첫소리 'p'가 쌀·콩·보리의 끝소리인 유성음 'ㄹ, ㅇ, ㅣ'에 동화해서 'b'로 변해, '밥[bap]'이 되어도 '밥(飯)'의 모습이 변했다고 인식하는 사람이 없지만, 쌀빱·콩빱·보리빱이라고 하면 '빱[ppap]'을 '밥'의 제 모습이라고 여길 사람은 하나도 없다.

이와 달리, 밥을 주성분으로 삼은 유속복합어 중에서 빱이라고 되게 발음해야 되는 말들이 있는데, 먹는 때에 따른 아침밥·점심밥·저녁밥·참(站)밥·밤(夜)밥 등과 술을 빚으려고 지은 술밥, 부처님께 드리는 불공밥, 제삿밥 등이다.

그러나 밥의 재료에 따른 쌀밥·수수밥·보리밥·콩밥·기장밥·밤(栗)밥의 밥은 철저하게 '밥[pap]'이지 '빱[ppap]'이 아니다.

조리법에 따랐다고 할 만한 비빔밥과 볶음밥 중에서 '비빔밥'은 '비빔빱'이라고 하는 사람이 많은데, 똑같이 'ㅁ-ㅂ'으로 이어진 '볶음밥'은 자연스럽게 '볶음밥'이라고 한다.

재료와 조리법에 다 관련이 있어 보이는 '김밥'은 원래 '밤(栗)밥'처럼 예사소리인 '김밥'이었는데, 근래 들어 쓰는 빈도가 높아지면서 '김빱'으로 변해, 발음하기 힘들고 듣기 거북하며 유치한 인상을 풍기는 말이 되었다.

김밥은 물론, 비빔밥과 볶음밥도 음운 연결구조(ㅁ-ㅂ)와 문법 성분 관계(관형어+명사)가 '밤(栗)밥'과 똑같으므로, 밤밥처럼 '김밥·비빔밥·볶음밥'이라고 하는 것이 발음하기 쉽고, 언어의 논리성을 지키면서 유연미를 간직한 말을 살리는 길이다.

돌담을 돌땀으로

'돌'의 수식을 받는 구조로 된 유속복합명사 가운데 '돌결'과 '돌부리'의 주성분 '결'과 '부리'만 '껼', '뿌리'로 발음할 뿐, 돌공이·돌다리·돌담·돌도끼·돌방·돌부처·돌비(碑)·돌순(筍)의 주성분은 모두 예사소리로 말하는데, 요즈음 이 중에서 '돌담'을 '돌땀'이라고 하는 사람이 늘어나 다른 말에 옮을까 봐 걱정이다.

김영랑 시인이 지은 순수시 「돌담에 속삭이는 햇발」에서 첫째 시어 '돌담'은 'ㄹ-ㄷ'이 유성음을 이루어 보드라운 정감을 자아내는데, '돌땀'이라고 소리내어 읽으면 '돌' 하는 순간에 끊어졌다가 된소리 '땀'으로 이어지는 가락이 첫인상을 망치면서 음악성을 해친다. 미술로 말하면 비너스상에 철가면을 씌우는 꼴이랄까? 말이 단순히 뜻을 전달하는 수단일 뿐 아니라, 사람의 우아한 정서를 함양하는 얼을 간직한 실체임을 보여 주는 구체적인 예다.

장마비를 장마삐로

계절 따라 내리는 봄비, 여름비, 가을비, 겨울비의 '비'는 헌법, 민법,

상법, 형법들의 '법'을 '뻡'으로 발음하듯이 '삐'로 발음하지만, 내리는 상태에 따른 가랑비, 보슬비, 안개비, 이슬비, 장마비들의 '비'는 모두 유성음화 현상에 따라 지극히 자연스럽게 '비'로 소리나는데, 방송인들이 '장마비'를 하나같이 '장마삐'라고 발음해서 국민들의 청각을 심히 불쾌하게 하니 참으로 해괴하다.

우리말의 이런 특성을 잘 살리고 발전시키는 것이 겨레의 슬기를 기르는 일이라고 믿는다. 이에 대해서 「표준 발음법」에 따른 반론이 있을 법해서 관계 조항을 소개하고 해명한다.

「표준 발음법」 제6장 된소리되기 제28항에서는 "표기상으로는 사이시옷이 없더라도, 관형격 기능을 지니는 사이시옷이 있어야 할(휴지가 성립되는) 합성어의 경우에는, 뒤 단어의 첫소리 'ㄱ, ㄷ, ㅂ, ㅅ, ㅈ'을 된소리로 발음한다"고 규정하고, 〈표 1〉 안에 고딕체로 된 말들을 보기말로 내놓았다.(부록 「표준 발음법」 참조)

해명에 앞서 이 조항의 표현이 매우 졸렬하고 유해 무익함을 지적해야겠다.

첫째, '관형격 기능을 지니는 사이시옷'은 아무 데에도 없다. 사이시옷이 끼어들지 않은 쌀밥과 보리밥의 '쌀', '보리'도 문ㅅ고리의 '문'과 똑같이 관형격 기능을 지님을 보면, 문ㅅ고리에서 관형격 기능은 '문'에 있지 'ㅅ'에 있지 않음이 분명하다. 'ㅅ'은 '문'을 발음하는 순간에 휴지를 취하면서 '고리'의 'ㄱ'을 된소리로 발음하라는 기호의 기능을 할 뿐이다.

둘째, "휴지가 성립되는 합성어의 경우에는, 뒤 단어의 첫소리 'ㄱ, ㄷ, ㅂ, ㅅ, ㅈ'을 된소리로 발음한다"는 것은 보기로 내놓은 합성어에 존재하는 음운론적 현상에 대한 설명일 뿐이지, 발음법을 규정할 기능이 없다. 앞 단어 끝소리 다음에 휴지가 성립하면, 뒤 단어 첫소리 'ㄱ, ㄷ, ㅂ, ㅅ, ㅈ'은 자연히 되게 소리나는 것이지 말하는 사람의 의지에 따른 것이 아니며, 소리의 연결이 같거나 비슷한 둘 이상의 복합어가 휴지가 성립되는지 안 되는지는 음운론적으로 판단할 수 있는 것도 아니기 때문이다.

표 1

앞 단어	뒤 단어	
	된 첫소리	예사 첫소리
문	간, **고리**, 살	둔데, 변자, 빗장
눈(目)	곱, **동자**, 대중	다래끼
신	**바람**	
산(山)	개, 골, 굴, 밤, **새**, 속	과실, 들깨, 사태, 성, 신령
손	가락, **재주**, 등	잡이, 더듬이
길	**가**, 바닥, 손	잡이
바람	**결**, 구멍, 소리	개비, 둥이, 받이
그믐	**달**	사리, 밤
아침	**밥**	진지
강(江)	**가**, 줄기	변
잠	결, 동무, **자리**	
초승	**달**	
등(燈)	**불**	갓, 대(臺)
창(窓)	**살**	밖
물	고기, **독**, 귀신	갈퀴, 방개, 뱀
발	걸음, **바닥**	감개, 걸이
술	값, 독, **잔**	살, 잔치, 장수

위의 표에서 '뒤 단어의 된 첫소리'란에 있는 말들(문깐, 문꼬리, 문쌀 등)은 언어 현실로 볼 때 휴지하면서 된소리로 나는 것이 사실이다. 그러나 자세히 살펴보면, 뒤 단어의 된 첫소리란과 예사 첫소리란이 결코 휴지 성립 여부를 음운론적으로 판단해서 나눈 것이 아님을 알 수 있다. 앞 단어와 합성해서 뒤 단어를 발음할 때 된 첫소리와 예사 첫소리란의 말들은 모두 중간에 휴지해 된소리로 발음하는 데 어려움이 없고, 휴지하지 않고 예사소리로 발음하는 것도 어렵지 않기 때문이다.

즉, 문간·문고리·문살을 문깐·문꼬리·문쌀이라고 발음하지 않고 문간·문고리·문살이라고 발음하는 것이나, 문둔데·문변자·문빗장을 문뚠데·문뺀자·문뺏장이라고 발음하는 것이 똑같이 가능하다.

동음이의어 ①밤밥(夜食)과 ②밤밥(栗飯)을 가지고 생각해 보면 더욱 분명해진다. ①을 '밤밥', ②를 '밤빱'으로 발음할지, ②를 '밤밥', ①을 '밤빱'으로 할지, 아니면 둘 다 '밤밥'이나 '밤빱'으로 발음할지는 어떤 논리로도 정할 수 없다.

그러나 슬기로운 우리 선인은, 비록 음운론을 몰랐어도 소리가 비슷하거나 같은 합성어를 발음할 때, 뒷말의 본디 모습을 보존하면서 뜻의 혼동을 피하는 지혜를 발휘해 '밤빱(夜食)'과 '밤밥(栗飯)'으로 구분하는 방법을 광범하게 적용하여 논리를 초월해 함부로 깰 수 없는 표준발음을 확정해 놓았다.

'야식(夜食)'을 '밤빱'이라고 하지 않고 '밤밥'이라고 하면서 표 왼쪽 말들을 이에 유추해 모두 예사소리로 발음하면 맥이 빠지고, '밤밥(栗飯)'을 '밤빱'이라고 하면서 오른쪽 말들을 이에 유추해 모두 된소리로 발음하면 치졸해진다.

언어 현실이 이러한데, 한쪽만을 분석해서 얻은 명제를 표준으로 삼는 것은 사리를 뒤바꾸고, 혼란을 일으키는 잘못이다. 위의 표에서 뒤 단어의 된 첫소리란을 언어 현실에 비춰 보면, 언어의식이 정상적인 한국인 중에서 "휴지가 성립해서 된소리로 발음한다"는 규정을 몰라 발음을 잘못하는 사람은 전혀 없으므로, 이 조항은 존재할 의미가 없다.

또 표 오른쪽의 예사 첫소리란을 보면, 언어 의식이 부족한 사람(방법을 방뻡, 참고서를 참꼬서, 창고를 창꼬라고 하는 등)이나 일부 지방 사투리를 쓰는 사람이 분별없이 발음하는 된소리되기 현상도 "휴지가 성립해서 된소리로 발음한다"는 조항에 맞는다고 할 수 있다. 결국 이 조항은 「표준 발음법」 제1장 총칙 제1항이 말하는 전통성을 파괴하여 배달말의 얼을 말살하고 기형화하는 구실을 하는 셈이다.

우리말의 전통성을 지키면서 슬기롭게 가꿔 나가려면, 언어 실정에 맞지 않는 규정을 만들기보다는, 선인의 슬기 어린 말의 질서를 파괴하고 모습을 일그러뜨려 기형화하는 요인을 없애는 일에 힘을 기울여야 한다.

덜된, 참된, 안 된, 잘된을 덜뛴, 참뛴, 안 뛴, 잘뛴으로

'덜된', '참된'은 기본형이 형용사고, '안 된', '잘된'은 자동사지만 관형
격으로 표현할 때는 어느 것도 '뛴'이라 발음해서 본디 모습인 '되다'를
일그러뜨리면 안 된다. 국어사전들이 '참되다'의 소리를 '참뙤다'로 표
시해 놓은 것은 유사한 구조로 된 다른 말까지 기형화할 여지를 주는
잘못이다.

3. 소리의 장단(長短)

영어는 한 단어가 강세(强勢, stress)의 자리에 따라 품사가 갈리고,
중국어는 같은 음운으로 된 단어가 성조(聲調), 평(平), 상(上), 거(去),
입(入)에 따라 뜻이 갈리는데, 우리말에는 그 말을 구성한 모음의 길이
에 따라 뜻이 갈리는 것이 많다.

순수 국어

굴(牡蠣)과 굴(窟): , 길(道)과 길(丈): , 눈(目)과 눈(雪): , 말(馬)과
말(言): , 밤(夜)과 밤(栗): , 발(足)과 발(簾): , 술(酒)과 술(總): , 솔
(松)과 솔(刷子): , 줄(繩)과 줄(鑢):

(: 은 긴소리 표시, 괄호 안 한자는 뜻이 같은 한자)

우리말에는 모양은 같지만 길이에 따라 뜻이 다른 말이 많은데, 미
흡한 교육과 무관심한 언중(言衆)이 발음을 문란하게 해서 혼란을 일
으킨다. 위에 제시한 순수 국어에서는 비교적 덜하나 한자어에서는 심

하다.

다음 보기말은 방송이나 공공 집회, 일반인의 대화에서 자주 들리는 말이다. 대체로 긴 소리를 짧게 발음하는 것이며, 그 반대의 경우도 있다.

한자말(漢字語)

◆ 고가도:로(高架道路)를 고:까도로로

'가(架)'를 된소리 '까'로 발음하는 것도 문제인데, 이에 대해서는 앞 절(節)에서 언급하였다. '고가(高架)'의 '고(高)'는 짧은 소리이므로 긴 소리인 고:가(古家)나 고:가(古歌)의 '고(古)'와 뚜렷하게 구별해야 한다.

◆ 건:재(建材)와 건재(乾材)

건:재(建材)는 건:축에 쓰는 재료다. 그런데 건:재를 건재, 건:재상을 건재상, 건:재 확보를 건재 확보 식으로 짧게 발음하여 한약 재료인 '건재(乾材)'와 혼동한다.

◆ 건조(乾燥)와 건:조(建造)

갓 빚은 옹기·도자기나 농산물을 말리는 일을 '건:조한다'고 길게 말해 빌딩이나 선박을 건:조(建造)하는 일과 혼동한다.

◆ 경기(景氣)와 경:기(競技)

경기 침체, 경기 부양책, 경기 회복 등의 '경기(景氣)'를 길게 발음해서 운동 경기의 '경:기(競技)'와 혼동한다.

◆ 경:계(警戒), 경:비(警備)와 경계(境界), 경비(經費)

도난이나 침범을 막으려고 조심하고 대비함을 뜻하는 '경:계(警戒)'와 '경:비(警備)'를 짧게 발음해서 짧은 소리인 '경계(境界)', '경비(經費)'

와 혼동한다.

◆ 고사(考査), 고시(考試)를 고:사, 고:시로

'고사(考査)'와 '고시(考試)'의 '고(考)'는 짧은 소리인데 흔히 길게 발음한다. 현실적으로 혼동을 일으킬 염려는 비교적 적은 말이지만, 품위 있는 언어 생활을 바라는 마음에서 철자(綴字)가 같은 말 중에 소리의 길이에 따라 뜻이 달라지는 것을 다음에 적는다.

예 짧은 소리

고사(考査) 자세히 생각하고 조사함.

학교에서 학생의 학력을 시험함.

고사(枯死) 식물이 말라죽음.

고사(苦辭) 간절히 사양함.

고사(高士) 인격이 고결한 선비.

고사(高師) 고등 사범학교.

예 긴 소리

고: 사(故事) 옛적부터 내려오는 유서 깊은 일.

고: 사(告祀) 액운이 없어지고 행운이 오도록 신령에게 비는 제사.

고: 사(古史) 옛날 역사.

고: 사(古寺) 오랜 역사를 지닌 절.

예 짧은 소리

고시(考試) 학생이나 지원자 등의 학력이나 자격을 시험하여 급락(及落)과 채용 여부를 결정함.

고시(高試) 고등 고시.

예 긴 소리

고: 시(古詩) 고대의 시.

고: 시(告示) 알릴 것을 글로 써서 게시함.

◆ 도:구(道具)와 도구(賭具)

'도:구(道具)'를 가재도:구(家財道具)나 취:사:구(炊事道具)처럼 다른 말과 붙여서 말할 때에는 '도구'라고 짧게 발음해도 별로 문제가 안 되지만, '도:구'만을 말할 때 짧게 발음하면 노름판에서 쓰는 골패(骨牌)나 화투 등을 뜻하는 '도구(賭具)'와 혼동한다.

◆ 도:정(道政)과 도정(搗精)

지방 정치에 관해서 이야기하는 이들이 도정 방침, 도정 시책이라고 말하는 것을 들을 때가 있다. 이 때는 '도:정(道政)'이라고 길게 발음해서 쌀을 희고 깨끗하게 찧는 '도정(搗精)'과 구별해야 한다.

◆ 사:과(謝過)한다를 사과한다로

사:과한다를 사과한다고 짧게 발음하는 것도 소양 없는 표현이다.

◆ 사:물(四物)과 사물(私物)

사:물놀이를 사물놀이라고 짧게 발음하는 것은 방송에서 가장 자주 보이는 실수다. 꽹과리·징·북·장구는 '사:물(四物)'이고, 국가나 공공 단체에 속하는 관물(官物)에 대해서 개인의 사사로운 소유물은 '사물(私物)'이다. 방송인들이 어찌 이렇게 소양(素養)이 없는지 한심하다.

◆ 상감청자(象嵌靑瓷)를 상:감청자로

상아탑(象牙塔), 상징(象徵), 상형(象形)에서처럼 '상감(象嵌)'의 상(象)은 짧은 소리니, 임금을 칭하는 '상:감(上監)'과 구별해서 짧게 발음해야 한다.

◆ 서:법(敍法)과 서법(書法)

문법 용어인 '서:법(敍法)'을 잘못 발음하여 짧게 '서뻡'이라고 하면 '서법(書法)'과 혼동한다.

◆ 서:천(舒川)과 서천(西天)

충청남도에 있는 서:천(舒川)의 '서(舒)'를 짧게 발음해서 '서천'이라고 하면 '서천(西天)'과 헷갈려 듣기 거북하다.

◆ 선:전(善戰)과 선전(宣傳)

운동 경기를 중계 방송하는 아나운서가 "우리 선수들 선전하고 있습니다"고 짧게 발음하는 것이 자주 들린다. '선:전(善戰)'과 '선전(宣傳)'이 뒤섞여도 알아듣기만 하면 되나?

◆ 성인(成人)과 성:인(聖人)

'성인(成人)'과 '성:인(聖人)'도 마구 뒤섞어서 발음한다.

◆ 어:학(語學), 어:문(語文), 어:간(語幹)을 어학, 어문, 어간으로

어:학(語學), 어:문(語文), 어:간(語幹)의 '어(語)'는 장음이므로 길게 발음해야 한다. 어:명(御命), 어:사(御使), 어:천(御天)의 '어(御)'도 마찬가지다.

◆ 전:매(轉賣)를 전매로

부동산 투기 문제를 말할 때 자주 들리는 말로, 전:매(轉賣)를 전매라고 짧게 발음해서 '전매(前賣)', '전매(專賣)' 등과 혼동한다.

◆ 전:류(電流)를 전류로

전:류(電流)를 짧게 발음해 '전류'라고 하는 것이 자주 들린다.

◆ 전:문(電文)과 전문(前文)

전:문(電文)을 짧게 발음하면 '전문(前文)'과 혼동한다.

◆ 전:후(戰後)와 전후(前後)

이차 대전이나 중동 전쟁과 관련 있는 시사 문제를 말하는 경우에, 전:후(戰後) 처리를 전후 처리라고 짧게 발음해서 마치 '전후(前後) 처리'처럼 들린다.

◆ 정:기(定期)를 정기로

정:기(定期) 국회를 텔레비전 뉴스에서 빈번히 '정기 국회'라고 짧게 발음한다.

◆ 정상 회담(頂上會談)을 정:상 회담으로

정상 회담(頂上會談)을 정:상 회담이라고 발음하는 아나운서들의 언어 소양 수준이 한심하다.

◆ 정(鄭):씨와 정(丁)씨

정(鄭):씨와 정(丁)씨는 똑같이 '정'을 쓰므로 일반적으로 구별해서 발음하기가 어려운가 보다. 그러나 『송강 가사』의 작가 정:철(鄭澈)과 『상춘곡(賞春曲)』의 작가 정극인(丁克仁)을 혼동할 수는 없지 않은가?

모음 'ㅓ'는 'ㅏ, ㅗ, ㅜ, ㅡ, ㅣ'와 달리 길게 발음할 때 음가(音價)도 좀 달라진다. '정(丁)'의 'ㅓ'가 [ə]임에 대하여 '정(鄭):'의 'ㅓ'는 [ɜ:]와 비슷해서 'ㅡ'와 'ㅓ'의 중간음이라 할 만하다. 그래서 위 보기말처럼 'ㅓ' 소리의 길고 짧음은 다른 모음의 길고 짧음보다 의미 분화(意味分化) 효과가 더욱 뚜렷이 드러난다.

◆ 장기와 장:기

장기(長期), 장구(長久), 장구(長驅), 성장(成長)의 '장(長)'은 짧은소리이지만 놀이에 속하는 장기(將棋), 건장한 기운을 뜻하는 장기(壯氣), 상을 당한 날부터 장삿날까지를 뜻하는 장기(葬期)의 '장'은 모두 긴 소리다.

◆ 자살(自殺)과 자ː살(刺殺)

변사자의 사인(死因)에 대한 보도 방송에서 자신의 생명을 스스로 끊은 자살(自殺)에 대해 말할 때 길게 발음하면 칼 같은 것으로 찔러 죽이는 자ː살(刺殺)로 들리니 잘 구별해야 한다.

◆ 타살(他殺)과 타ː살(打殺)

남이 죽인 타살(他殺)을 타ː살(打殺)이라고 길게 발음해 마치 때려서 죽인 것처럼 잘못 말하는 이가 많다.

◆ 화제(話題)와 화ː제(畵題)

화제(話題)는 바르게 말하나 그림의 이름인 화ː제(畵題)도 짧게 발음하는 사람이 많다.

◆ 회ː보(會報)와 회보(回報)

회(會)의 일을 회원에게 알리는 간행물인 '회ː보(會報)'와 대답으로 하는 보고인 '회보(回報)'를 똑같이 길게 발음해 분별없이 말하는 이가 많다.

제2장

서술법

1. 국어 문장의 기본 유형

◆ 주어+완전 자동사

지구가 돈다.   아이들이 논다.

물이 흐른다.   꽃이 핀다.

짐승들이 모인다.

◆ 주어+보어+불완전 자동사

시골이 도시가 된다.   물이 얼음이 된다.

철수가 의사가 된다.

◆ 주어+목적어+완전 타동사

아이가 젖을 먹는다.   학생이 노래를 부른다.

사람이 소를 부린다.

◆ 주어+여(탈)격 조사+목적어+불완전 타동사

형이 아우에게 책을 준다.

아우가 형에게서 책을 받는다.

스승이 제자에게 은혜를 베푼다.

제자가 스승께 은혜를 갚는다.

◆ 주어+완전 형용사

경치가 아름답다.   산이 높다.

곰은 미련하다.   소금은 짜다.

◆ 주어+보어+불완전 형용사

세균은 동물이 아니다.   그 괴한이 도둑임이 틀림없다.

갑이 을보다 낫다.   을이 갑만 못하다.

◆ 주어+(체언+서술격 조사)

이것은 꽃이다.   저것은 나무다.

이 일곱 유형에, 종결·연결·전성(轉成)의 서법(敍法)과, 사동·피동의 태(態), 과거·과거 회상·현재·미래의 시제(時制), 다양한 수식법과 우리말의 특유한 존대법을 적절히 적용하면, 아무리 복잡하고 다양한 생각도 완벽하게 표현할 수 있으므로, 이를 잘 익혀 바르게 쓰지 못하고, 섣불리 외국어의 표현 형식을 흉내 내 우리말의 우수한 특성을 해치는 짓을 하지 말아야 한다.

2. 기형(畸形) 서술어

가진다, 갖는다

우리말을 영어 직역투로 쓰는 대표적인 기형 서술어가 '~을 갖는다'는 표현이다. 아무거나 '갖는다'고 한다

원래 탐욕이 없고 평화를 사랑한 우리 조상은 스스로 천민(天民)으로 자처하고, 이 세상 온갖 것은 하늘이 창조한 신성한 것이어서 함부로 차지할 대상이라고 생각하지 않고 끔찍이 여겨, 자신에게 속한 것조차 '가졌다'고 하지 않고 '나는 아들 하나를 두었다', '내게 땅 마지기나 있다', '재산이 좀 있다', '돈푼이나 있었는데 다 없어졌다'고 하고, 살아가면서 부딪치는 크고 작은 모든 일은 '한다, 치른다'고 했다.

그러나 이제는, 탐욕스럽고 가지기를 좋아해서, 세상 온갖 것을 다 차지해(take) 가지기(have)를 즐기고, 가족이나 재산은 물론 정신으로 하는 온갖 행사도 갖고(have), 심지어 자연 현상(눈, 비, 바람 등)까지 "We 'had' much rain last summer"라고 하는 족속들을 부러워하고 우러러보며 그 앞에서 아첨하여, 유구한 역사와 겨레의 얼이 깃든 소중한 말을 쉰 떡처럼 버리고, 재산이 되는 물질뿐 아니라 아들딸을 '갖고', 잔치나 모임, 기자 회견, 정상 회담, 입학식, 졸업식, 기념식, 준공식, 직업, 지위, 벼슬자리, 권력 등 온갖 것을 '갖는다'고 하면서, 탐나는 것

을 갖기 위해서는 못하는 짓이 없는 천민이 판치는 세상이 되었다.

- 헌법에 의하여 체결·공포된 조약과 일반적으로 승인된 국제법규 는 국내법과 같은 효력을 가진다. (대한민국「헌법」제6조 제1항)
  → 국제 법규에는 국내법과 같은 효력이 있다.
- 모든 국민은 거주·이전의 자유를 가진다. (대한민국「헌법」제14조)
  → 모든 국민에게 원하는 곳에서 살다가 이사할 자유가 있다.
- 모든 국민은 직업 선택의 자유를 가진다. (대한민국「헌법」제15조)
  → 모든 국민에게 직업을 선택할 자유가 있다.
- 모든 국민은 인간다운 생활을 할 권리를 가진다. (대한민국「헌법」제34조 제1항)
  → 모든 국민에게 사람답게 살 권리가 있다.
- 여야 대표 모임을 갖고 현안 문제 타결할 예정. (신문 기사 제목)
  → 여야 대표가 만나서

  설명 영어권 사람이 'have a meeting' 하는 것을 본 돌팔이 지식인 이 '만남이나 모임을 갖는다'고 하는 것을, 학자·교수·신문인·방 송인이 무턱대고 흉내 내어 뱉어 내니까 대학생이 따라 하고, 작가 가 덩달아 가세해서 겨레의 사고 방식마저 무너뜨릴 위기를 맞았 으니 안타까운 일이다.
- 그렇게 성적인 집착증을 가진 R이라면 다른 여자와 관계를 가질 만한데 R은 J라는 여자밖에 모른다. (소설 본문)

  설명 '가진다'는 표현에 길든 사람은 이상함을 느끼지 않을지도 모 르나 '관계를 가질 만한데'는 '관계할 만한데', '관계를 맺을 만한 데'로 고쳐야 한다.

  '관계'는 하거나 안 하거나, 맺거나 끊거나 하는 것이지 가지거나 버리는 대상이 아니다. 있던 관계가 없어짐을 '관계가 끊어졌다'고 하지 '관계를 버렸다'거나 '잃었다'고는 하지 않는 것을 봐도 분명 하다.

- 의사들이 연극 공연을 갖는다. (동아일보)

  설명 이 경우에는 '한다'밖에 쓸 만한 표현이 없다. '연극 공연을 한다'거나 '연극을 공연한다'고 해야 한다.
- 쿠웨이트가 대화를 갖자는 영국의 제의를 거부했다. (KBS 뉴스)

  → 대화하자는
- 남북 외무 장관이 첫 접촉을 가졌다. (MBC 뉴스)

  → 처음으로 만났다.
- 보안법 개정을 위해 야당과 절충을 가질 것이라고 말했습니다.

  (MBC 뉴스) → 야당과 절충할 것이라고
- 신임 유엔 대사는 유엔 사무총장과 회견을 가졌습니다.

  → 사무총장과 회견했습니다. / 사무총장을 만나 봤습니다.
- 남북 체육부 장관이 회담을 가질 예정입니다. (KBS 뉴스)

  → 회담할 예정입니다.

다음에 소개하는 기사에서 밑금 그은 부분은 적절한 표현이다. 우리나라 사람이 우리말을 옳게 쓰는 것이 당연한 일이지만, 얼빠진 지식인의 말병(言語病)을 치유할 수 있는 묘약이라 생각하니 매우 반갑다.

- 사진은 평양에서 있은 남북 조절위 회담을 마치고 판문점에서 기자회견을 하는 장면. (동아일보)
- 서울을 비롯한 각 시도 교육위원회는 이날 개원식에 앞서, 오전 10시부터 제1차 임시회의를 열어 의장과 부의장 등, 의장단을 교육위원들의 투표로 선출했다. (동아일보)
- 민중당은 10일 상임위원회를 열어 신민·민주당의 통합은 민주화 실현에 기여하는 것이라며 통합야당과 민주대연합을 이룰 것을 결의했다. (한겨레)
- 김 총재는 여의도 당사에서 기자회견을 한데 이어 충남 예산과 홍성 당원 단합대회, 금산 지구당 창당대회에 참석하는 등, 시도의

회 선거 표밭갈이를 위해 6일째 쉴 틈 없는 강행군. (동아일보)

전시회나 전람회·박람회·품평회·평가회·공청회 등은 '한다', '연다', '개최한다'고 하는 것이 상식인데, 언론인이 군대식으로 철저하게 획일적인 교육을 받은 듯이 '갖는다'고 한다.

- 교사·종교인 등, 양심적 일본인들로 구성된 '아시아 태평양 전쟁 희생자들을 간절히 생각하며 마음에 새기는 모임' 회원들이 15일 정오 파고다공원내 손병희 선생 <u>동상 앞에서 추모집회를 갖고 있다</u>. (동아일보)
  → 동상 앞에 모여서 희생자들을 추모하고 있다.
- 국립 국어연구원은 23일 덕성여대 별관에 마련된 청사에서 <u>현판식을 갖는다</u>. (동아일보)
  → 간판을 건다.
- 숭실대 실업교육원이 개설한 '91 근로 여성교실'에 참가한 노동자 132명이 7일 오후 <u>입학식을 갖고 있다</u>.
  설명 실제로 우리는 "2월말경에 졸업식하고 3월초에 입학식한다"고 말한다. 입학식·졸업식·시상식·표창식·장애자 올림픽 결단식 등, 어떤 식이든 '가지는 것'이 아니고 '하는 것'이다. 사회자는 '○○식을 올립니다', '○○식을 거행합니다'고 해야 한다.
- ○○장의 위원회는 ○○에서 <u>노제를 갖고</u> 장지로 향했다.
  설명 노제·49일제·기제·시제 등, 온갖 제사는 '갖는다'가 아니라 '지낸다'고 하는 것이 전통적인 표현이다. 상주(喪主)나 제주(祭主) 측에서 말할 때는 '드린다', '올린다' 등으로 표현한다.
- 김 최고위원은 민주계의 김 부총장 및 민정계의 초선 의원과 원주에서 <u>모내기 행사를 가졌다</u>. (동아일보)
  설명 '모내기 행사를 했다'니 '모내기'를 어떻게 했다는 것인가? '모를 냈다'고 해야 한다. 모를 낼 줄도 모르는 사람들이, 고양이 손이

47

라도 빌리고 싶을 만큼 바쁜 농촌에 가서 일손을 멈추게 하고, 수
선을 떨면서 사진을 찍고 신분 과시나 하는 작태가 무슨 모내기
행사, 보리 베기 행사, 벼 베기 행사인가?

말은 표현 대상에 맞아야 한다. 우리 조상은 '농자천하지대본'이
라고 하여 갈고, 씨 뿌리고, 모내고, 김을 맨 뒤 거둬들이는 과정
을 일일이 '○○행사'라고 하지 않았다. 굳이 행사라 할 만한 것을
찾아보면, 씨 뿌리는 시기에 풍년을 기원하는 기년제(祈年祭)나,
추수하고 나서 풍작에 감사하는 고사(告祀)가 있다. 제 할 일을
망각하고 농사판에 뛰어들어 할 줄도 모르는 일을 하는 체하면서
큰소리나 치는 훼방꾼들의 작태를 어떻게 행사라고 표현할 수 있
으랴.

- 김대중 대표는 <u>모스크바에서 가진 연설에서</u>……. (KBS 뉴스)
  → 모스크바에서 행한 연설에서

- 다음에는 의료업에 대해서 알아보는 시간을 갖겠습니다. (EBS 「직업
  의 세계」)

  설명 무심코 들으면 괜찮은 듯하지만, 목적에 어긋나는 표현이다.
  다음에 할 일이 의료업을 알아보는 것이지, 시간을 갖는 것이 아
  니므로, '다음에는 의료법을 알아보겠습니다'고 해야 한다. 의료법
  을 알아보는 동안에 시간은 저절로 지나간다.

- 좋은(즐거운) 시간 가지시기 바랍니다.
  → 즐겁게 보내시기 바랍니다.

  설명 한마디로 영어병에 걸린 표현이다. 영어권 사람이 서로 헤어질
  때 하는 인사말 'have a good time'과 'have a nice weekend'를
  직역한 표현을 아나운서들이 즐겨 쓴다. 이 말은 삽시간에 전파를
  타고 온 세상에 퍼져 국민의 언어 생활에 치명적인 영향을 끼친
  다. 방송인들의 자질 향상이 시급하다.

~시킨다

• 국회는 새 대법원장 임명 동의안을 가결시켰습니다.

설명 의안을 옳다고 결정하는 것을 '가결한다'고 하고, 옳지 않다고 하여 성립시키지 않기로 결정하는 것을 '부결한다'고 한다. '가결한다'와 '부결한다'는 타동사여서 '의안'이나 '결의안'을 목적어로 취한다. 그러므로 어떤 법안이나 결의안, 동의안을 '전원 일치로 가결했다'거나 '찬성 10표 반대 20표로 부결했다'고 해야 한다. '가결시켰다', '부결시켰다'고 하면 의회가 가결이나 부결하는 일을 스스로 하지 않고 어떤 다른 실체에게 맡긴다는 뜻이 되므로 사실에 어긋난다.

'통과한다'는 타동사지만, 법안이 제 힘으로 국회를 통과하는 것이 아니라, 사람(국회의원)이 통과시키는 것이므로 '동의안을 통과시켰다'거나, '동의안이 국회를 통과했다'고 해야 한다.

• 권투선수 ○○씨는 식사량을 ㉠감소시킨 결과로 체중이 ㉡감소됐다.

㉠ → 감소한 / 줄인 ·············· 타동사

㉡ → 감소했다. / 줄었다. ········· 자동사

참고 감소(減少)한다 ┌ 줄어서 적어짐(자동사)
                    └ 줄여서 적게 함(타동사)

• 우리는 환경을 개선시켜야 한다. (EBS)

설명 '개선'하는 일은 주체가 스스로 하는 것이고, '개선하다'가 타동사이므로 '개선해야 한다'고 해야 한다.

개신(改新)·개편(改編)·개혁(改革)·개조(改造) 등도 '한다'를 붙이면 타동사가 되므로 언제나 '한다'고 해야 한다.

• 거짓말시킨다

설명 남을 속이는 말이 거짓말인데, 거짓말하는 사람에게 '왜 거짓말시켰니?', '거짓말시키니?', '거짓말시키지 말아!'라고 한다. 유치하다.

- 건조시킨다

설명 물기 있는 물건을 말리는 일을 '건조시킨다'고 표현하는 것을 농산물과 관계 있는 방송 프로그램에서 자주 듣는다.

'건조하다'는 물기가 증발해 메마른 상태를 뜻하는 형용사이므로 '시킨다'로 표현할 수 없다. 동사화해서 '건조하게 한다'고 해야 한다. '몸을 건강하게 한다'는 말을 '몸을 건강시킨다'고 할 수 없는 것과 마찬가지다.

- 미군은 이라크 전투기 ○○대를 <u>격추시켰다.</u> (MBC)

설명 '격추한다'는 적의 비행기 따위를 쳐서 떨어뜨린다는 뜻의 타동사이므로 '격추했다'고 해야 한다.

- 후세인은 미국을 <u>격퇴시킬 것이라고 말했습니다.</u> (KBS)

설명 '격퇴하다'가 적을 쳐서 물리친다는 뜻의 타동사니까 '격퇴할 것이라고 말했습니다'고 해야 한다.

- 교육시킨다

설명 부모는 자녀를, 선생은 학생을 '교육하는 것'이지 '교육시키는 것'이 아니다. '교육한다'는 가르쳐 기른다는 뜻의 타동사다.

어떤 사람은, 부모가 제 자녀를 스스로 가르칠 수 없어서 학교에 맡겨 가르치게 하니까 '교육시키는 것'이라고 한다. 언뜻 듣기에는 그럴 듯하지만 너무 얕은 생각이다. 학교에 맡기는 것은 교육을 하는 방편이지, 그것으로 자녀를 교육할 의무와 권리의 주체인 부모의 위치가 바뀌지는 않는다.

농사하는 사람이 농사 기술자를 고용하거나 품꾼을 사서 일해도 '농사짓는다'거나 '농사한다'고 하지 '농사시킨다'고 하지 않는 것처럼, 자녀를 학교에 보내거나 가정 교사를 두어 가르쳐도 교육하는 것이지 교육시키는 것이 아니다.

교사들도 '교육시켜야지', '학생을 교육시키는 교사로서' 운운하는 것을 보면, '교육시킨다'는 표현은 교육을 직접 하느냐, 어떤 사람이나 교육 기관에 맡겨서 하느냐는 구별을 의식한 데서 온 것이 아니고, 잘못된 채 굳어 버린 습관이다. 이 습관을 다른 말에 적용해서 언어 생활을 얼룩지게 한다.

- 구속시킨다

  설명 '검찰이 피의자를 체포해서 구속시켰다'는 표현은 신문 기사나 방송에서 거의 날마다 듣는다. 판사가 구속 영장을 발부하니까 판사가 구속시켰다고 하면 말이 되지만, 신문이나 방송에서 하는 말의 맥락은 구속하는 주체를 판사로 의식한 것이 아니고 '교육시킨다', '격퇴시킨다'고 하는 것과 똑같은 습관에서 온 잘못이다. '검찰이 피의자를 체포해서 구속했다'고 해야 한다.

- 보잉 747의 취항을 금지시키고 있다. (EBS)

  설명 관계 당국이 자체의 권한으로 취항을 못하게 하는 것이니까 '금지하는' 것이지 '금지시키는' 것이 아니다.

  이 밖에도 어떤 사건 관련 인물의 '출국을 금지시켰다' 등으로 쓰는 예가 많다. '입산 금지', '통행 금지', '사용 금지' 등도 다 '시킨다'가 아니고 '한다'다.

- 퇴계 선생은 성리학을 대성시켰다. (KBS)

  설명 퇴계 선생이 스스로 대성한 것이므로 '대성하였다'고 말해야 우리 어법에 맞는다.

- 사표를 반려시켰다.

  설명 공직자가 어떤 과실에 대한 책임을 느끼고 임명권자에게 낸 사표를 되돌려 주는 것은 임명권자의 재량이므로 '반려했다'고 해야지 '반려시켰다'고 할 수 없다.

- 배치시킨다

  설명 어떤 일을 하는 데 필요한 인원을 일자리에 보내거나 집물(什物)을 있어야 할 자리에 놓는 일을 나타내는 말인 '배치한다'는 타동사인데, 말하는 사람마다 '배치시킨다'고 한다. 배치하는 일을 직접 하는 사람은 없고 시키는 사람만 있을 리 없으므로 잘못된 표현이다.

- 분쇄시킨다

　설명 전쟁 소식이나 운동경기 실황 중계방송에서 자주 듣는 말인데, 상대방의 전력을, 고체를 부스러뜨리듯이 파괴한다는 뜻으로 쓰는 '분쇄한다'는 타동사이므로, 어근인 '분쇄'에 타동사인 '시킨다'를 붙여 쓸 수 없다. '분쇄한다'고 해야 한다.

- 여야 국회의원 86명은 지난 25일 국회에 '죽산 조봉암 선생 사면 복권에 관한 청원'을 제출하고 이번 회기 안에 대통령이 <u>조봉암 씨를 복권·사면시키도록</u> 국회 차원의 건의를 할 예정이다. (한겨레)

　설명 사면은 대통령이 '하는 것'이고 복권은 '시키는 것'이므로, '조봉암 씨를 사면하여 복권시키도록'으로 고쳐야 한다. 좀더 명확히 설명하면 다음과 같다.

　사면 : 대통령이 사면하면 조봉암 씨는 사면을 받는다.

　복권 : 대통령이 복권을 시키면 조봉암 씨는 복권한다.

- 석방시킨다

　설명 억류하거나 수감한 사람을 자유롭게 하는 일을 '석방한다'고 하는데, 이따금 들리는 인질 석방을 알리는 방송에서 '석방시켰다'고 하여 방송인의 자질을 의심케 한다.

- 잉글랜드가 먼저 차서 <u>성공시켰습니다.</u> (KBS)

　설명 활동해서 목적을 이룸을 '성공한다'고 하는데, 논리에 어긋나게 '성공시킨다'고 표현하는 것을 자주 듣는다. 잉글랜드 팀 자체가 성공한 것이지 잉글랜드 팀이 아닌 어느 팀이 성공하게 한 것이 아니므로 '잉글랜드가 먼저 차서 성공했습니다'고 해야 한다.

- 체코의 민주주의를 성취시킨 힘은……. (KBS)

　설명 체코 국민이 민주주의를 성취한 것이지 어느 다른 세력이 성취시켜 준 것이 아니므로 '체코가 민주주의를 성취한 힘은……'이라고 해야 한다.

- 십대 소녀를 돈 많이 주는 좋은 직장에 <u>소개시켜 주겠다고</u> 속아 팔아 넘긴 혐의로……. (MBC)

설명 소개한 사람이 자기 자신이므로 '소개해 주겠다고'라고 해야 한다. 방송 연예 프로그램 사회자들은 거의 철저히 교육을 받은 듯이 '이번에는 ○○ 가수를 소개시켜 드리겠습니다'고 한다.

- 하루 두 시간 정도 잠을 재우고, 겨우 두 끼 새 모이 같은 식사를 제공해 주희 양의 발육을 억제시켜 왔다. (동아일보)

→ 발육을 억제해 왔다.

- 범칙금 납부 기한도 10일에서 30일로 연장시키고……. (KBS)

설명 '연장한다'는 '납부 기한'을 목적어로 삼은 타동사이며, 연장하는 일은 다른 기관이 아닌 경찰청 자체가 하므로 '연장시키고'가 아니라 '연장하고'다.

- 오늘 중에 열차를 운행시킬 계획이지만 복구 작업이 늦어지면……. (KBS)

설명 '운행한다'는 '열차'를 목적어로 삼는 타동사고, 운행은 철도청 자체가 하는 것이니까 '운행할'이다.

- 이라크 당국은 영국인과 미국인 등, 삼백 명을 바그다드로 이송시키고 있다. (TV방송)

설명 '이송(移送)한다'는 '영국인과 미국인 등, 삼백 명'을 목적어로 삼은 타동사고, 이송하는 일은 이라크 당국이 스스로 하는 것이므로 '이송하고 있다'고 해야 한다.

- 잠수부는 상어의 공격성을 자극시킨다. (KBS 2 「동물의 세계」)

설명 잠수부가 멈춰 있는 상어의 공격성을 발동시키는 것이므로 '자극한다'고 해야 한다.

- 전가(轉嫁)시킨다

설명 자신의 허물·책임·세금 등을 남에게 떠넘기는 일은 '전가한다'지 '전가시킨다'가 아니다.

- 탈춤, 판소리 등의 전통 문화를 후진에게 전수시켜야 한다.

설명 '전수(傳受)'는 전하여 주는 일이니까, 탈춤이나 판소리 전문 기능이 있는 사람이 직접 후진에게 가르치는 일은 '전수하는 것'

이지 '전수시키는 것'이 아니다.

- 접수시킨다

설명 입학시험 때가 되면 교사·학생·학부모·언론인 등이 모두 '입학원서 접수시킨다'고 야단이다. 입학원서는 입학 지원자가 지원하는 학교에 '제출'하는 것인데 엉뚱하게 '접수시킨다'고 한다. 어떤 사람은 '입학원서 접수하러 간다'고도 한다. 뒤죽박죽이 된 언어 생활의 실태가 한심스럽기 짝이 없다.

- 정부는 곧 UN 가입 신청서를 <u>제출시킬</u> 예정. (MBC)

설명 UN 가입 신청서를 제출하는 주체가 정부이므로 '제출할'로 고쳐야 한다.

- 제한시킨다

설명 유흥업소의 영업시간 제한이나 차량의 주행속도 제한, 시위 군중의 행동 제한 등은 관계 당국이 주체가 되어서 '제한하는 것'이므로 '제한한다'고 해야 한다.

- 냉전 체제를 <u>종식시키고</u> 평화 체제로 이행하는 시점에서……. (시국 대담 방송)

설명 냉전 체제는 어느 개인이나 집단이 자의로 '종식시킨 것'이 아니라 시대의 추이에 따라서 '종식한 것'이다. 또 '종식한다'가 자동사이므로 '냉전 체제가 종식하고'나 '냉전 체제가 끝나고'라고 하는 표현이 사실에 맞고 자연스럽다. 냉전 체제 종식이 국제간 노력의 결과라고 생각하더라도 '종식시키고'보다 '끝내고'라고 하는 것이 훨씬 더 간명하다.

명사 '종식'에 '한다'를 붙이면 자동사가 되며 명사 '끝'으로 자동사를 만들면 '끝난다', 타동사를 만들면 '끝낸다'가 되니, 같은 뜻을 표현할 때 될 수 있는 대로 쉽고 뜻이 분명한, 순수한 우리말로 나타내는 언어 생활을 길들여야 한다.

- 얌체족속들은 녹지에 심어진 가로수 사이에 자동차까지 버젓이 <u>주차시키고</u> 있다. (동아일보)

설명 주차(駐車)가 '차를 세워 둔다'는 뜻인데, '시킨다'를 붙여서 사동의 뜻을 중복하고 그 앞에 자동차를 목적으로 내세워 그른 말을 만들었다. 이는 '점심밥을 식사시켰다', '의복을 착의시켰다'와 같으니 얼마나 우스운가? '세워 놓았다'고 하면 된다.

군이 '주차'라는 한자말을 쓰고 싶으면 앞의 '자동차까지'를 빼고 '주차까지 해 놓았다'고 해야 한다.

• 수사 요원을 증원시켜서 민생 치안을 확보하고……. (KBS)

설명 '증원'이 인원을 늘리는 것이고, 다른 기관이나 사람에게 시켜서 하는 것이 아니라 경찰청이 스스로 하는 것이므로 '증원하여서'라고 해야 한다.

• 상대방의 공격을 차단시켜야 합니다. (MBC 스포츠 뉴스) → 차단해야

• 남북간의 군비를 축소시키기로 합의하면……. (MBC)
  → 축소하기로

• 일본은 우리 나라의 모든 애국 지사들을 투옥시키고……. (MBC)
  → 투옥하고

• 이라크군은 쿠웨이트의 모든 환경을 파괴시켰다. → 파괴했다.

• 이라크 정부는 모든 언론 기관을 폐쇄시킨 가운데……. (MBC 뉴스)
  → 폐쇄한

• 폐지시킨다

설명 실시하던 법이나 제도를 치워서 그만 두는 것은 '폐지한다'고 해야 한다. 폐지하는 일은 그 제도를 지켜 오던 기관이나 부서가 스스로 하는 것이지 제 삼자에게 시켜서 하는 것이 아니기 때문이다.

• 해방시킨다

설명 노예나 포로를 풀어 주는 일은 '해방한다'인데 '교육시킨다', '석방시킨다'고 하는 것과 같은 말버릇으로 '해방시킨다'고 하는 것을 자주 본다.

'해방시킨다'는, 약자를 얽매고 있는 주체가 제 의지로 풀어 주는

것이 아니고 다른 세력의 강요를 받아서 풀어 줄 경우에 강요한 세력을 서술의 주체(주어)로 해서 표현할 때 쓴다.

- 북한 당국은 내부적 모순을 외부환경 탓으로 돌리며 인민의 눈과 귀를 <u>현혹시키는</u> 정치적 조작에 시간을 보낼 여유가 없다.

  → 현혹하는

- 후송시킨다

  설명 일선에서 부상한 군인을 후방으로 보내는 일은 '후송한다'인데 '후송시킨다'고 하는 사람이 많다. 후송할 때 지휘자가 절차와 수단을 지시하고 부하들이 지시대로 움직이겠지만, 그 일 자체는 '후송하는 것'이므로 '후송한다'고 해야 한다.

- 훈련시킨다 → 훈련한다

  훈련(訓練)은 가르쳐서 익숙하게 하는 일로 '하다'를 취해 타동사가 되는데, 교육하는 일을 '교육시킨다'고 하는 말투로 많은 사람들이 '훈련시킨다'고 말하지만 잘못 쓰는 표현이다.

- 서울을 둘러싼 아름다운 산자락을 <u>훼손시켜서는</u> 안 된다.

  → 훼손해서는

'~시킨다'와 비슷하게 쓰는 '~하게 한다'의 용례도 몹시 거북하다.

- 고속도로에서 차들이 심하게 ㉠<u>정체(停滯)를 빚어</u> ㉡<u>주차장을 방불(彷彿)하게 한다.</u>

  → ㉠ 정체해, ㉡ 주차장과 방불하다

- <u>실전을 방불하게 하는</u> 맹연습 (민중서림 발행 국어대사전)

  → 실전과 방불한

- <u>낮을 방불하게 하는</u> 달밤 (한글학회 발행 우리말큰사전)

  → 낮과 방불한

  참고 彷: 비슷할 방, 彿: 비슷할 불

  彷彿하다: 비슷하다 (형용사)

∼어(아)진다

앞에서 주체가 스스로 '하는' 행동을 '시킨다'로 바꿔 사동 형식으로 말하는 것을 지적해서 바로잡았는데, 이번에는 스스로 하는 행동을 피동 형식으로 바꾸어 표현하는 말들을 고친다.

우리말을, 영어에서 사물을 주어로 삼은 수동태 문장을 직역한 형식으로 표현해서 고유한 우리말본(어법)을 파괴한다.

- 학교에서 <u>가르쳐지고 있는</u> 내용이 지식에 편중해서 학생들의 인격 형성에 문제가 있습니다. (EBS) → 가르치는
- 당뇨병은 식이요법으로 <u>고쳐질 수 있는</u> 병입니다. (MBC)
  → 고칠 수 있는
- 안기부는 대수술을 받아야 하며, 그 반민주주의적 <u>위세와 관행은 하루 빨리 고쳐져야 한다.</u> (한겨레「사설」)
  → 위세와 관행을 하루 바삐 고쳐야 한다.
  설명 어법이 틀렸기 때문만이 아니라 반민주적 위세와 관행은 안기부가 적극적으로 '고쳐야 할 일'이지 저절로 '고쳐질 일'이 아닌 점에서도 그렇다.
- 길들여진 생활방식
  설명 '길들인다'는 타동사고 '길들다'는 자동사이므로 구태여 피동의 뜻을 첨가할 필요가 없다. '길든 생활방식'이라고 해야 한다.
- 호우주의보가 <u>내려진</u> 중부지방에는 100㎜ 안팎의 비가 <u>내렸습니다.</u> 서울·경기 지방에 대설주의보가 <u>내려졌습니다.</u>
  설명 일기예보 시간에 거의 천편 일률적으로 들리는 표현이다. 주의보나 경보를 '내린다'고 한 표현부터 마땅치 않으나, 우선 어법만으로 볼 때 '내린다'는 자동사 겸 타동사이므로 '내려진다'는 피동형으로 쓰면 안 된다.
  기상청이 경보나 주의보를 내리면(타동사), 경보나 주의보가 국민에게 내리는(자동사) 것이다. 따라서 '내려진'을 '내린', '내려졌습

니다.'를 '내렸습니다.'로 바로잡아야 한다.

니다'를 '내렸습니다'로 고쳐야 한다.

주의보나 경보를 '내린다'는 표현은 위에서 아래로 명령하는 관료적 행정 체제에서나 쓸 수 있는 말이므로 '알린다', '전한다', '발표한다' 등으로 고쳐야 한다. 일기예보를 하는 사람이 내일의 날씨를 '안내하겠다'는 것도 옳지 못한 표현이다. 사실에 맞게 '날씨를 알려 주겠다'고 해야 한다.

• 해방 후 전쟁과 두 차례에 걸친 군부의 권력 창출로 문민지배의 전통이 송두리째 <u>뒤집어졌다</u>. (한겨레「논설」)

    설명 '뒤집다'는 타동사고 자연스럽게 쓰는 피동형 '뒤집히다'가 있으므로 부자연하고 유치한 느낌을 풍기는 '뒤집어졌다'를 '뒤집혔다'로 고쳐야 한다.

• 우리 조상의 손으로 <u>만들어진</u> 청자 (MBC 뉴스)

    설명 '만든'이나 '빚은'으로 고쳐야 한다. 지식인들이 이렇게 터무니없이 유치한 표현을 하는 현상은, 영어의 수동문을 무턱대고 모방하는 것이 버릇이 된 결과다.

• 헌 부챗살을 이용해서 <u>새로운</u> 부채가 <u>만들어질</u> 수 있습니다. (EBS)
    → 새 부채를 만들 수 있습니다.

• 서해상에서 <u>만들어진</u> 눈구름이 몰려오고 있습니다. (KBS 1 TV「일기예보」)
    → 생긴

• 『어둠 속에서(Heart of darkness)』는 영문학에서도 수준이 높고 난해한 작품이라고 <u>말해지고</u> 있습니다. (EBS「고전백선」)

    설명 완전히 영어식 표현이므로 '알려졌습니다'로 고쳐야 한다.

    영어권 사람은 우리말투로 표현한 영문을 영어라고 인정하지 않는데, 우리 국문학자는 왜 이렇게 우리말을 서슴지 않고 영어투로 표현하는 것일까? 생각할수록 한심하다. 우리 어법으로 표현할 길이 없으면 남의 표현법에서 배울 수밖에 없겠지만, 우리말 동사에는 영어나 일어에 쓰는 수동태를 빌려야 표현할 수 있는 것이 전혀 없다.

∼이루어진다

뜻을 이루었다는 말을 피동형으로 고쳐서 '뜻이 이루어졌다'고 하거나 오랜 소원을 성취했을 때 '오랜 소원이 이루어졌다'고 하는 것까지는 탓할 수 없지만, 하는 일에 따라 걸맞게 말하는 사람에 따라 개성 있게 표현해야 할 말을 한결같이 '∼이 이루어진다'고 써서 우리말의 표현 형식을 망가뜨리는 짓은 하지 말아야 한다.

- 오늘부터 후기 대학의 입학원서 접수가 이루어집니다. (KBS 1)
  → 입학원서를 접수합니다.
- 선거사범에 대해서는 엄격한 법 집행이 이루어져야 한다. (14대 대통령 선거 직후의 여러 신문 기사)
  → 법을 엄격하게 집행해 처벌해야 한다.
- 권씨는 15일 오전 10시 3차 공판에서 검찰의 구형이 이루어질 예정이다. (한겨레)
  → 검찰은 15일 오전 10시에 열릴 공판에서 권씨의 형을 요구할 예정이다.
- 새해에 뜻이 이루어지시기 위해서 어떤 일을 계획하셨습니까? (SBS 「한선교·정은아의 좋은 아침」) → 뜻을 이루기
- 행정 운영은 팀별로 이루어진다. (K대학 교수)
  → 행정은 부처별로 운영한다.
- 현행 공직자 윤리법에는 국회 사무처나 총무처 등 재산 등록기관의 장이 '등록상황을 심사해야 한다'(제8조)고 규정돼 있으나, 국회의 경우 아직 한번도 심사가 이루어진 적이 없다. (한겨레)
  → 심사를 한 적이 없다.
- 이 때문에 재산공개제도의 취지를 살리기 위해서는 조사 절차를 좀더 구체적으로 명문화하고 거짓으로 등록할 경우 그 사람의 이름을 공개하는 등 법 개정이 시급히 이뤄져야 한다는 견해가 있다. (한겨레)

→ 법을 시급히 개정해야 한다는 견해가 있다.

• 국세청 방침에 따라 지금보다 <u>과세가 철저히 이루어지겠지만</u> _(한겨레)

→ 과세를 철저히 하겠지만 / 철저히 과세하겠지만

다음 보기는 한층 더 꼴불견이다.

• 성공이 이루어졌다. → 성공했다.
• 책임 수행이 이루어져야 한다. → 책임을 다해야 한다.
• 약속 이행이 이루어져야 한다. → 약속을 지켜야 한다.
• 공정한 법 집행이 이루어져야 한다.
  → 법을 공정하게 집행해야 한다.
• 공정한 심판이 이루어져야 한다. → 심판을 공정하게 해야 한다.
• 부패 척결이 이루어져야 한다. → 부패를 척결해야 한다.
• 소원 성취가 이루어졌다. → 소원을 성취했다.
• 경기 회복이 빨리 이루어져야 한다.
  → 경기를 빨리 회복해야 한다.
• 과감한 개혁이 이루어져야 한다. → 과감하게 개혁해야 한다.
• 정밀한 조사가 이루어져야 한다. → 정밀하게 조사해야 한다.
• 성역 없는 수사가 이루어져야 한다.
  → 성역 없이 수사해야 한다.

출처는 밝히지 않았지만 모두 방송과 신문에서 들리고 보이는 것들이다. 이 치졸한 표현을 방송과 신문이 온갖 행동을 서술하는 데 써서 우리말의 품위를 떨어뜨린다. 더욱 한심한 것은, 스스로 권위를 잃어가는 국어사전들이다.

큰 사전들이 '이루어지다'를 '이루다'와 함께 표제어로 실었다. 타동사 '이루다'와 이것을 피동형으로 바꾼 '이루어지다'를 대등하게 표제어로 실은 것이다. 그렇다면 '미루다-미루어지다', '주다-주어지다',

'쑤다 - 쑤어지다', '먹다 - 먹어지다' 등도 모두 실어야 할 터이니, 사전에 실릴 동사는 두 배로 늘어나고 우리말은 끝없이 저질화할 것이다. 참으로 어처구니없는 일이다.

이어진다

- 잠시 뒤에 <u>세계 뉴스가 이어지겠습니다</u>. (각 방송사의 뉴스 방송)
  → 세계 뉴스를 전해드리겠습니다.
- <u>이어지는</u> 순서는 ○○○씨의 무대입니다. (KBS 1 TV「열린음악회」사회자)
  → 다음 / 잇따르는

~주어진다

- 공직에 권력이 주어지는 것은 맡겨진 책무를 수행할 수 있게 함이지, 책무와 관계없는 일에 써도 좋다는 뜻은 아니다. (동아일보「사설」)
  → 권력을 주는 것은 맡은 책무를

  설명 '주다'를 '주어진다'고 하는 것은 영어병에 일어병이 겹친 증상으로, 우리말의 많은 기형 표현 중에서 가장 기괴하다. 영어의 수동문을 직역한 형태이면서 일본어의 특유한 표현법을 모방한 것이어서 한층 더 망측하다.

  일어로 돈이나 물건을 '준다'는 말이 'くれる'인데 '받는다'는 말 'もらう'와 대응해 쓴다. 편의나 기회를 '제공하는' 일, 학위 등을 '수여하는' 일, 과제나 책임을 '부여하는' 일, 손해를 '끼치는' 일 등을 뜻하는 말은 'あたえる'이고 그것들을 '받는다'는 말, 즉 'あたえる'에 대응하는 말로 'うける'가 있는데, 이것보다 'あたえる'의 수동형인 'あたえられる'를 더 즐겨 쓴다.

  남의 것 좋아하는 우리 나라 지식인이 'あたえられる'를 직역해 쓴 '주어진다'가 급성 전염병처럼 퍼져서, '준다'도 아니고 '받는다'도 아닌 모호하기 짝이 없는 표현이 판을 친다.

  '맡겨진 책무'는 영어 'One's duty given'을 직역한 형태이면서, 일

본어 'まか(任)せられた 責務'라는 표현을 모방한 것이다. 일본어에는 우리말 '맡긴다'와 뜻이 똑같은 'まかせる'가 있고, '맡는다'와 똑같은 'うけとる'가 있는데, 'うけとる'보다 'まかせる'의 피동형인 'まかせられる'를 더 자주 쓴다. 우리 나라 흉내쟁이들이 이것을 모방하느라고 '맡은'을 제쳐 놓고 '맡겨진'이라고 표현한다.

우리말에 비록 결함이 있더라도 우리가 독자적인 방법으로 보완해야 하는데, 완벽하고 고유한 우리 방식을 헌신짝처럼 버리고 외국어 표현법을 보배라도 얻은 듯이 즐겨 쓰니 참으로 한심하다.

- 오늘 우리에게 주어진 임무는 오직 자기 건설이 있을 뿐이요, 그것은 결코 남을 파괴하는 데 있는 것이 아니다. (고등학교 『국어(하)』 「기미 독립 선언문」 전문 풀이의 일부분)

설명 이 글은 '주어진 임무'라는 얼빠진 표현 이외에도 주어 '임무는'과 서술부 '건설이 있을 뿐이요'의 호응 관계가 자연스럽지 못하고, '그것은'을 군더더기로 쓴 것이 교과서 문장답지 못하게 졸렬하므로 다음같이 재구성해야 한다.

→ 오늘의 우리 임무는 오직 자기를 건설하는 것이지, 결코 남을 파괴하는 것이 아니다.

- 선택이 주어진다면, 고독을 영원한 상태로 선택할 사람은 없을 것이다. — Given a choice, few people would pick solitude as a permanent state. (동아일보 「대학수학능력고사 대비 연습문제」 중 영문의 모범 해석문)

설명 '선택권을 준다면', '마음대로 선택하라고 한다면'으로 고쳐야 한다. 이 글에 알맞은 choice의 뜻은 '선택'이 아닌 '선택권'이다.

- 입상자에게는 장학금이 주어지겠습니다.
  → 장학금을 주겠습니다.
- 러시아 대통령에게는 국제통화기금 준회원이라는 자격이 주어질 것이다. → 자격을 줄 것이다.
- ㉠주어진 조건하에서 어떤 역이든지 ㉡주어만 주십시오. (MBC 「제27회 한국 백상예술 대상」 수여식)

ⓐ → 가능한 한

ⓑ → 맡겨만 주십시오.

- 공격의 찬스가 주어지면 기민하게 행동해야 합니다. (축구중계방송)

  → 공격할 기회를 얻으면 / 공격할 기회가 오면

- 자격증이 주어진 분들에게는 각종 혜택이 주어집니다. (EBS)

  → 자격증을 받으신 분들에게는 여러 가지 혜택을 드립니다.

- 우리 ○○ 선수에게 경고가 주어지고 있죠? (MBC 축구중계방송)

  → 우리 ○○ 선수에게 경고를 하죠? /

  우리 ○○ 선수가 경고를 받죠?

- 조사단 파견이 투자방침 결정으로 오인받게 된다면 그 책임은 조사단에게도 주어진다. (동아일보 「사설」) → 있다.

- 실질적인 권력을 총리에게 위임하는 과도내각이 아닌 이상 모든 책임과 권력은 노 대통령에게 주어지는 것이다. (동아일보 「사설」)

  → 있다.

- 그리고 나한테 주어진 길을 걸어가야겠다. (윤동주 시 「서시」)

  설명 윤동주의 「서시」는 숭고한 시 정신과 주옥 같은 언어로 빛나지만, '나한테 주어진 길'은 옥에 티다. '내 길', '내 갈 길'이라고 하면 좋겠다.

- 성균관에는 공자와 그 자제들을 위시하여 많은 현자들이 모셔져 있다. → 현자들을 모시었다.

- 차우세스크 사후의 루마니아 정세에 온 세계의 관심이 모아지고 있습니다.

  설명 '모이고 있습니다'나 '쏠리고 있습니다'로 고쳐야 한다. '모아지고'는 타동사 '모으다'를 억지로 변형해 놓은 피동형이다. 완벽한 서술어인 '모인다'를 제쳐 놓고 '모아진다'가 무엇인가? 학교 근처에도 못 가 본 촌사람도 이렇게 치졸하게 말하는 사람을 보면 어처구니가 없어서 쓴웃음을 지을 것이다.

- 한글 발명 이래의 여러 자체들이 한데 모여졌습니다.

→ 자체를 한데 모아 놓았습니다.

설명 자동사 '모이다'는 타동사 '모으다'의 피동의 뜻을 지니기도 한다. 즉, 사람들이 여러 자체를 '모은' 결과, 자체가 '모인' 것이다. '돈을 모으면, 돈이 모이고, 친구를 모으면 친구가 모이고, 책을 모으면 책이 모인다' 등에서 알 수 있듯이 '모인다'만으로도 손색이 없는데, 피동형 '모이어⇒모여'로 변형하고 여기에다가 피동 보조동사 '지다'를 덧붙이는 것은 멀쩡한 다리를 부러뜨려 수술하고 고무다리를 붙이는 꼴이다.

- 당 대표를 위시한 중진이 <u>바뀌어졌다</u>.

설명 '바꾸다'의 피동형 '바꾸이다⇒바뀌다'로 손색없이 표현할 수 있는데, 쓸데없는 피동 조동사 '지다'를 덧붙여서 기형 표현이 되었다. '바뀌었다'로 고쳐야 한다.

- 이른바 서방의 부자 나라들로부터 <u>보내진</u> 온정은 극히 미미한 것이다. (동아일보 「기자의 눈」) → 부자 나라들이 보낸 온정은

- 경기가 진행됨에 따라 두 팀의 실력 차가 드러날 것으로 <u>봐집니다</u>. (TV 운동경기 중계방송) → 보입니다.

- 김 전총장은 부정입학을 시켜 주고 거액을 받은 것으로 <u>보여지나</u> 지난 6월 21일 미국으로 갔다. (동아일보) → 보이나

설명 타동사 '보다'는 사동형과 피동형이 똑같이 '보이다'여서, 교사가 학생들에게 사진을 ㉠<u>보이고</u> 상황을 설명하면서, "이 사진이 잘 ㉡<u>보이느냐</u>?"고 하니까, "학생들이 잘 ㉢<u>보입니다</u>"고 했다, 처럼 쓴다.

㉠은 사동형, ㉡·㉢은 피동형이다. 정상적인 언어감각을 지닌 한국인이면, 깊이 있는 공부를 하지 않아도 모두 자연스럽게 바로 쓰는데 국회의원을 포함한 많은 고등지식인들은 피동형을 모두 '보여진다'고 하니 참으로 한심스럽다.

- 판소리는 영조 때에 광대들에 의하여 <u>불리어진</u> 열두 마당에서 골라 정리한 것이다. (인문계 고등학교 『고전문학』 교과서) → 광대들이 부른

설명 '불리어진다'는 타동사 '부른다'를 피동사로 변형한 '불린다'에 또 피동 보조동사 '진다'를 붙여, 영문 직역투로 표현한 완벽한 기형어다.

- 질화로의 재가 <u>식어지면</u>……. (정지용 시 「향수」)

설명 '식으면'이라고 고쳐야 한다. 이를 두고 시적 허용이나 창조적 시어라고 할 사람이 있을지 모르나, 언어의 기본 질서를 파괴하고 치졸하게 표현하는 것은 결코 창조가 아니다.

'식는다'는 '죽는다', '녹는다', '언다'가 사동사 '죽인다', '녹인다', '얼린다'에 대응해서 피동의 뜻을 지닌 것처럼, 사동사 '식힌다'에 대응해서 피동의 뜻을 지닌 자동사이므로, 거기에 다시 피동 보조동사 '지다'를 덧붙일 이유가 없다.

- 실제로 정부 투자기관들은 독점적 영업을 통해 막대한 수익을 남기고 여기서 <u>얻어진 여유자금</u>을 금융기관에 예치 운영하면서 금융계에서 큰손 행세를 해 온 것이 사실이다. (신문 논설)

→ 얻은 여유자금

설명 '배운 지식'을 '배워진 지식', '잃은 물건'을 '잃어진 물건', '산 물건'을 '사진 물건', '먹은 음식'을 '먹어진 음식', '받은 선물'을 '받아진 선물'이라고 말해 보면, '얻어진 여유자금'이 얼마나 유치한 말인지를 곧 깨달을 것이다.

- 민주당의 <u>등원이 이루어지면</u>……. (KBS 뉴스)

→ 민주당이 등원하면

- 이라크군의 쿠웨이트 <u>철수는</u> 즉각적으로 <u>이루어져야 한다.</u> (동아일보) → 이라크군은 쿠웨이트에서 곧 철수해야 한다

- 잠시 후에 제2부가 <u>이어지겠습니다.</u> (SBS 「토요특집」)

설명 제1부를 방송하고 잠시 후에 제2부를 방송하겠다는 것이니까 '잠시 후에 제2부가 잇따르겠습니다', '잠시 후에 제2부를 방송하겠습니다'고 헤야 한다.

- 오랜 전통이 <u>전해져 내려온</u> 고장입니다. (KBS 「6시 내고향」)

- 경찰서가 데모대에게 피습을 받은 것으로 전해지고 있습니다.
  (MBC 뉴스)

  설명 '경찰서가 데모대에게 습격을 당했다고 합니다', '경찰서가 데
  모대에게 피습했다고 합니다'로 고쳐야 한다. '피습(被襲)'이 곧 '습
  격을 받았다(당했다)'는 뜻인데, '받은'을 이어 쓰면 뜻이 겹치고,
  '전해지고 있다'는 피동형도 어색하다.

- 고입(高入) 시험이 아홉 시부터 치러집니다.

  → 고입 시험을 아홉 시부터 치릅니다. /
    고입 시험을 아홉 시에 시작합니다.

- 까마귀는 검은 것으로 특징지어진다. (민중서림 발행 『국어대사전』의 올림말
  「특징」의 예문) → 검은 것이 특징이다.

- 1920년대의 우리 문학은 민족주의 문학과 계급주의 문학의 대립
  으로 특징지어진다. (중학 『국어』 교과서에 실린 「국문학사」)

  → 계급주의 문학이 대립한 것이 특징이다.

  설명 자연 현상이나 사회적 사실을 살펴서 그 속에 있는 특징을 발
  견해서 어떻다고 규정(판단)할 수는 있지만, 특징을 지어 낼 수는
  없다.

◆ 뜻이나 형태에 따라 사동-피동 관계를 이루는 말의 쌍(雙)

(나)·(다)는 (가)의 피동형이며, (다)에서 '가'는 쓸 말이고, '부'는 못
쓸 말이다.

가		나		다	
형태	품사	형태	품사	형태	가부
가둔다	타	갇힌다	피	가두어진다	부
가른다	타	갈린다	피	갈라진다	가
감는다	타	감긴다	피	감아진다	부

가		나		다	
형태	품사	형태	품사	형태	가부
거둔다	타	걷힌다	피	거두어진다	부
건다(걸다)	타	걸린다	자	걸어진다	부
굴린다	타	구른다	자	굴려진다	부
길들인다	타	길든다	자	길들여진다	부
날린다	타	날린다	피	날려진다	부
남긴다	타	남는다	자	남겨진다	부
낳는다	타	난다	자	낳아진다	부
낸다	타	나온다	자	내어진다	부
넌다(널다)	타	널린다	피	널려진다	부
넘긴다	사	넘는다	자	넘겨진다	부
넣는다	타	들어간다	자	넣어진다	부
녹인다	타	녹는다	자	녹아진다	부
놓는다	타	놓인다	피	놓아진다	부
누른다	타	눌린다	피	눌러진다	부
뉜다(오줌)	타	눈다	타	뉘어진다	부
뉜다(臥)	타	눕는다	자	뉘어진다	부
늘린다(길게)	타	는다	자	늘여진다	부
늘린다(많게)	타	는다	자	늘려진다	부
닦는다	타	닦긴다	피	닦아진다	부
모은다	타	모인다	자	모아(여)진다	부
보인다(보게 한다)	사	보인다	피	보아(여)진다	부
볶는다	타	볶긴다	피	볶아진다	부
세운다	타	선다	자	세워진다	부
식힌다	사	식는다	자	식어진다	부
올린다	타	오른다	자	올려진다	부
죽인다	타	죽는다	자	죽어진다	부
준다	타	받는다	타	주어진다	부
한다	타	된다	자	하여진다	부

～된다

◆ 하다류 자동사를 피동형으로 표현한 것

- 정당의 목적이나 활동이 민주주의 기본질서에 위배될 때에는 정부는 헌법재판소에 그 해산을 제소할 수 있고 정당은 헌법재판소의 심판에 의하여 <u>해산된다</u>. (대한민국 「헌법」 제88조 제4항)

  → 심판에 따라 해산한다.

- 이번 홍수로 ㉠<u>침수(浸水)된</u> 지역의 벼 수확량이 ㉡<u>감소(減少)될</u> 것으로 전망됩니다. (KBS 1 TV 뉴스)

  ㉠ → 물에 잠긴 / 침수한   ㉡ → 줄 / 감소할

- 유엔 총회가 오늘 <u>개막됩니다</u>. (MBC 아침 뉴스)

  설명 '개막됩니다'를 '열립니다'고 하면 쉽고 정확해서 어법상 나무랄 데가 없는데, 한자어를 서투르게 써서 말본에 어긋나는 표현이 되었다. '개막'은 술목(述目) 구조로 된 말이므로 '막을 연다'는 뜻이지 '막이 열린다'는 뜻이 아니다. 따라서 '개막한다'고 해야지 '개막된다'고 말할 수는 없다.

  '유엔 총회가 개막한다'를 '유엔 총회가 개막된다'고 하는 것은, '상점이 개업한다'를 '상점이 개업된다', '학교가 개교한다'를 '학교가 개교된다'고 말하는 것과 똑같은 엉터리 표현이다.

- 정기 국회가 <u>개회됐습니다</u>. (MBC)

  설명 '정기 국회가 개회했습니다'나 '정기 국회가 열렸습니다'고 해야 한다. 이유는 앞에서 설명한 바와 같다.

- 경색된 정국이 장기화할 것으로 전망됩니다. (KBS TV 뉴스)

  → 경색한 정국이 오래 갈 것 같습니다.

  참고 경색(梗塞)한다 : 꽉 막힌다(자동사)

- 동북아의 긴장이 <u>고조되어</u> 가고 있는 시점에……. → 고조하는

  설명 '고조(高調)'는 '가락(調)을 높임(高)', 즉 술목 구조로 된 말이다. '한다'를 붙이면 '가락을 높인다'는 뜻의 자동사가 되고, '긴장

이'를 주어로 삼으면 '긴장이 고조한다'는 문장이 된다.

'긴장이 고조한다'를 '긴장이 고조된다'고 하는 것은, '관광객이 관광한다'를 '관광객이 관광된다', '기마병이 승마한다'를 '기마병이 승마된다'고 말하는 것과 똑같이 우스운 표현인데, 많은 사람이 한자 성어 구조와 통사적 논리를 이해하지 못하고 잘못 말한다.

- 낙후(落後)된 동계 스포츠 수준 진일보 기대한다. (세계일보 기획 특집)
  → 낙후한 / 뒤떨어진
- 개혁의 목표 가치에 대한 합의가 불분명한 채로 논의되는 조화론은 고작 어떤 구체적 관행도 다소간 허용하자는 주장으로밖에 들리지 않는다. (조선일보「사설」)
  → 개혁의 목표 가치에 대해 분명한 합의도 없이 논의하는
- 조선 후기에 청나라에서 들어온 실사 구시의 학풍에 따라, 모든 면에서 형식보다 실질을 숭상하는 실학 사상이 대두되었다. (인문계 고등학교『고전문학』교과서)

  설명 '대두(擡頭)'는 '머리(頭)를 듦(擡)'이라는 술목 구조로 된 말로, 접미사 '한다'를 취해 '대두한다'는 자동사를 이룬다. 위 예문은 주요부의 주어가 '실학 사상'이므로, '실학 사상이 대두하였다'고 해야 한다.

- 금융기관들은 자금중개기능을 포기, 금융시스템이 작동을 멈춘 지 이미 오래다. 자금사정은 최악이다. 마비된 금융을 조속히 회복시키지 않으면 경제가 벼랑 밑으로 굴러 떨어질 위기다. 비상시엔 비상대책이 필요하다. (동아일보「사설」) → 마비한

  참고 마비(痲痹)한다 : 몸의 일부나 전부가 감각 기능을 잃는다 (자동사)

- 연꽃이 만발되었습니다. (KBS 뉴스) → 연꽃이 만발했습니다.
- 모든 희망이 무산되어 버렸다. (민중서림 발행『국어대사전』「무산」의 용례)

  설명 '무산(霧散)'의 뜻이 '안개가 걷히듯이 흩어짐'이고 '한다'를 취해 자동사가 되므로, '무산하여 버렸다'고 해야 한다. 우리말의 순수성을 해치는 오염이 사전의 예문에까지 스며들었다. 병을 고치

려고 먹을 약 속에 병균이 섞인 꼴이다.

- 부패 비용은 어떤 형태로든지 생산원가에 반영되어 가격 경쟁력을 약화시킨다. (세계일보「사설」) → 반영해 가격 경쟁력을 약하게 한다.

- P가 H.R의 부하였던 요원들에게 혁명공약을 역설하고 S가 이 건물을 접수함으로써 중앙정보부가 발족되었다. (동아일보)
  → 발족하였다.

- 특정세력의 반발을 무마한다고 여러 차례 보완한 결과 합의 형식으로 차명거래가 성행하고 있다. 금융실명제가 변질되어 제 기능을 발휘하지 못하고 있는 것이다. (세계일보「사설」) → 변질해

- 14층짜리 아파트가 붕괴됐습니다. (SBS TV 뉴스)
  → 붕괴했습니다. / 무너졌습니다.

- 아파트가 붕괴될 위험이 보여 주민들이 도피했습니다. (KBS 1 TV 뉴스 광장) → 붕괴할 / 무너질

- ××선수가 상기(上氣)된 모습으로 '링'에 올랐습니다. (MBC TV 권투 경기 중계방송) → 상기한

  참고 상기(上氣)한다 : 흥분하거나 부끄러워서 얼굴이 붉어진다(자동사)

- 국내에서 생산되는 물량. → 생산하는

- 고속도로에서 차들이 서행되고 있습니다.
  → 서행하고 / 천천히 가고

- 대통령으로 선거될 수 있는 자는 국회의원의 피선거권이 있고, 선거일 현재 40세에 달하여야 한다. (대한민국「헌법」제67조 제4항)
  → 대통령이 될 수 있는 사람은 / 대통령 피선거권자는

- 강 스파이크 성공됐습니다. → 성공했습니다.

- 최근 남쪽의 비핵화 선언으로 한반도의 핵 갈등을 풀어 나가기 위한 남북한 직접 협상의 여건이 성숙되었다.(한겨레「사설」)
  → 성숙하였다.

  설명 이 경우 '성숙(成熟)'은 직접 협상할 수 있는 조건이 진전해서 알맞은 수준에 이르렀다는 뜻이므로 '성숙되었다'가 아니고 '성숙

하였다'고 해야 한다.

- 박세리 선수는 시종 성숙된 모습을 보였습니다. (KBS 1 TV 뉴스)

  → 성숙한

- 게릴라가 상륙한 후에 하는 수색작전은 <u>우리 측의 희생이 따르고</u>
  <u>많은 병력과 시간이 소요된다.</u>

  → 오랫동안 수많은 병력을 동원하므로 우리 측의 희생이 크다.

- 저인망 어선들의 빈번한 케이블 절단 사고로 천문학적 비용이 <u>소</u>
  <u>요된다.</u> (신문 논설) → 든다.

- 한국 화물선 한 척이 4일 필리핀 해안에서 <u>침몰돼</u>, 선원 53명이 실
  <u>종됐다고</u> 필리핀 해안 경비대가 밝혔다. (한겨레)

  → 침몰해 선원 53명이 실종했다고

- 남해에서 ㉠<u>좌초(坐礁)된</u> 유조선에서 기름이 ㉡<u>유출(流出)돼서</u>
  바닷물이 ㉢<u>오염(汚染)됐다.</u> (신문 기사)

  ㉠ → 좌초한

  ㉡ → 유출해서

  ㉢ → 오염했다.

  참고 좌초(坐礁)한다 : 암초에 얹힌다 (자동사)

  　　유출(流出)한다 : 흘러나온다 (자동사)

  　　오염(汚染)한다 : 더럽게 물든다 (자동사)

- 교통질서에 대한 시민의 각성이 <u>우선돼야</u> 해요. (MBC 교통정보)

  설명 '우선(優先)'의 뜻이 '다른 것보다 앞섬'이고 '한다'가 붙어 자동
  사가 되므로, '우선돼야'는 '우선해야'나 '앞서야'라고 고쳐야 한다.

- 남부지방에 내린 집중호우로 많은 <u>농경지가 침수되고 농작물이</u>
  <u>유실됐습니다.</u> → 농경지가 침수해 농작물을 유실했습니다.

  참고 침수(浸水)한다 : 물에 잠긴다 (자동사)

  　　유실(流失)한다 : 떠내려가서 잃는다 (타동사)

- 신수촌에 입촌된 선수들

  → 선수촌에 든 선수들

- 이 불로 20평 건물이 <u>전소됐습니다</u>. (MBC)

  → 전소했습니다. / 다 탔습니다.

- <u>타락된</u> 사회 분위기를 바로잡지 못하면 개혁에 성공할 수 없다. (신문 논설) → 타락한

- 미국 국무부는, 북한은 잠수함 문제에 대해, 남한에 대해 적절한 조치를 취해야 남북관계가 <u>호전될</u> 것이라고 말했습니다. (SBS 뉴스)

  → 호전할

- 인종 충돌로 흑인 12명이 <u>피살됐습니다</u>.

  → 피살했습니다. / 죽임을 당했습니다.

- 요즘 정치권 물갈이, 세대교체론이 한창 <u>회자(膾炙)되고</u> 있다. (신문 논설) → 회자하고 있다. / 사람들의 입에 오르내리고 있다.

  참고 회(膾) : 얇게 저민 날고기

  자(炙) : 구운 고기

  회자(膾炙)한다 : 날고기와 구운고기라 맛이 좋아서 사람들에게 잘 먹히듯이, 흥미 있는 일이 사람들의 입에 자주 오르내린다.(자동사)

- 오염 물질이 널리 <u>확산됐다</u>. (MBC)

  설명 '확산(擴散)'의 뜻이 '흩어져(散) 번짐(擴)'이고 '한다'를 취해 자동사가 되므로 '확산됐다'를 '확산했다'고 해야 한다. 앞에서 언급한 '무산됐다'와 똑같은 오류다.

◆ 하다류 타동사를 영어의 'be+pp' 피동형으로 표현한 것

- 외국인은 국제법과 조약이 정하는 <u>바에 의하여 그 지위가 보장된다</u>. (대한민국 「헌법」 제6조 제2항) → 바에 따라 그 지위를 보장한다.

- 엄격한 의미에서 신앙은 <u>돈으로 거래될 수 없습니다</u>. (신문 논단)

  → 돈으로 거래할 수 없습니다.

- 광주시 중외공원 안에 성리학의 대가 김인후 선생의 <u>동상이 건립된다</u>. (동아일보)

설명 사물이 주어인 문장 '동상이 건립된다'를 사람이 주어인 문장 '동상을 건립한다'로 고쳐야 우리말답다.

- 금강산과 설악산을 연결하는 개발 계획이 검토될 수 있다고 말했다. (동아일보) → 개발 계획을 검토할 수 있다고
- 태극기가 게양되겠습니다. → 태극기를 게양합니다.
- 유구한 역사와 ㉠전통에 빛나는 우리 대한국민은 3·1운동으로 ㉡건립된 대한민국 임시정부의 법통과 불의에 항거한 4·19 민주이념을 계승하고 …… 1948년 7월 12일에 ㉢제정되고 8차에 걸쳐 ㉣개정된 헌법을 …… 개정한다. (대한민국 「헌법」 전문(前文))

  ㉠ → 전통으로 빛나는   ㉡ → 건립한

  ㉢ → 제정하고   ㉣ → 개정한

- 선거구 문제는 당내에서 난상 토론을 거쳐 결정돼야 한다고 말했다. → 결정해야 한다고
- 차 바퀴에 깔린 40대 여인이 119 구조대에 의해 구조되었습니다. (KBS TV 뉴스) → 40대 여인을 119 구조대가 구조했습니다.
- 이 시간 이후의 일기예보는 새벽 6시 이후에 발표됩니다.

  → 발표합니다.
- 오늘 방송된 것은 내일 재방송됩니다.

  → 오늘 방송한 것은 내일 재방송합니다.
- 도시가스 공사 관계자가 검찰에 소환돼 조사를 받고 있습니다. (KBS TV 뉴스)

  → 관계자를 검찰이 소환해 조사합니다. / 관계자가 검찰에 불려가 조사를 받습니다.
- 권투협회장으로부터 트로피가 수여되겠습니다.

  → 권투협회장께서 우승배를 드리십니다.
- 수입된다, 수출된다

  설명 수입품은 '수입하는 물건'이고 수출품은 '수출하는 물건'이지 '수입되고, 수출되는 물건'이 아니다. 수입이나 수출은 사람이 힘

을 작용해서 '하는 것'이지 절로 '되는 것'이 아니기 때문이다.

- 우리 어린이들이 잘 보호되고 교육되도록 해야겠습니다. (EBS)

  설명 교육자가 교육하면 피교육자는 교육을 받고, 보호자가 보호하면 피보호자는 보호를 받는다. 이처럼 우리말에는 '교육한다', '교육받는다', '보호한다', '보호받는다'가 있지 '교육된다', '보호된다' 따위는 없고 필요하지도 않다.

  이 예문은, 말하는 사람의 의도가 그렇지는 않겠지만, 강조하려는 교육자와 보호자의 책임을 부각하기보다는 막연히 '보호되고 교육되도록'이라고 표현해 초점이 흐리멍덩한 주장이 되었다.

  더욱 우스운 현상은, 최근에 증보 발간한 어느 국어사전에 '하다' 류 동사를 이루는 모든 한자어 명사를 동사화하는 접미사로 '하다'와 '되다', '시키다'를 병기해 놓은 것이다. 우리말을 철저하게 일그러뜨리는 처사다.

- 정치현실을 자세히 들여다보지 않고 여야를 차별없이 매도하는 재야 일부의 관념적·급진적 경향은 ㉠시정되어야 마땅하다. 그런 태도로는 절대로 극우를 극복하기 어렵다. ㉡극우가 극복되지 않고서는 진보적 운동은 그 전도가 매우 험난하다. (한겨레 「논설」)

  ㉠ → 시정해야

  ㉡ → 극우를 극복하지 못하면

- 정부와 하룻밤을 즐기고 난 여인의 안도감이 노래되었다. (이원섭 역 『新譯詩經』)

  설명 '노래되다'는 영어병에 걸린 기형어다. '여인의 안도감을 노래했다'로 고쳐야 한다.

- 길 안내, 인사말, 물건 흥정 등에 필요한 기본 영어를 익히겠다는 사람들이 틈을 내 공부할 수 있도록 정부가 지원해 주는 방안이 마련될 필요가 있다. (동아일보)

  → 방안을 마련할 필요가 있다. / 방안을 마련해야 한다. / 방안이 필요하다.

- 탁주를 빚는 데 쌀이 사용된다. → 쌀을 사용한다. / 쌀을 쓴다.
- 음악인들의 고귀한 신분의식과 엘리트 의식이 대단하다. 나도 그런 사람 중의 하나다. 훌륭하고 세련된 곡을 지은 작곡가를 외국에 소개하는 일에 힘을 기울였다. (모대학 음악 교수의 글)

  → 잘 세련한 훌륭한 곡을

  설명 '세련(洗練·洗鍊)'은 베, 모시, 무명, 명주를 누이(練)거나 쇠붙이를 불리(鍊)듯이 ①지식을 연마하고 기술을 익혀 서투르지 않게 한다, ②사상(思想)이나 시문(詩文)을 잘 다듬는다, ③수양(修養)을 쌓아 인격을 원만하게 하고 성품(性品)이나 취미를 고상하고 우아(優雅)하게 한다는 뜻이고, 품사는 타동사다. 그러므로 무심코 말하는 '세련된 작품, 세련된 문장, 세련된 말씨, 세련된 솜씨, 세련된 몸매……'는 '세련한 작품, 세련한 문장, 세련한 말씨, 세련한 솜씨, 세련한 몸매……'라고 고쳐야 하고, 여러 국어사전에 실린 표제어 '세련된다'는 무식한 사람들이 잘못 쓰는 표현을 합리화한 것이므로 삭제해야 한다.

  그리고 좀 더 깊이 생각해 보면, '세련한'이라는 관형어보다는, 세련한 결과를 드러내는 말을 앞세워, 세련한 작품은 수려(秀麗)한 작품, 세련한 문장은 간결(簡潔)하고 유려(流麗)한 문장, 세련한 말씨는 유창(流暢)한 말씨, 세련한 몸매는 맵시 있는 몸매라고 하는 것이 더 적절하겠다.
- 지금 권투위원회 임원진이 소개되고 있습니다. (MBC 권투)

  → 임원진을 소개하고
- 이번의 세제 개편안은 국회의 심의 과정에서 대폭 수정될 필요가 있다. (한겨레 「사설」) → 수정할 필요가 있다. / 수정해야 한다.
- 최근 각 대학에서 실시되고 있는 총학생회장 선거

  설명 선거는 사람이 계획해서 하는 것이지 저절로 되는 것이 아니므로 '실시되고 있는'을 '실시하는'이라고 해야 한다.
- 내년 상반기에 지자제가 실시되게 된 이상, 평민당은 이를 통해 차

기 총선과 대권을 향한 기반을 다져나가야 할 것이다. (한겨레)

→ 지자제를 실시하게 되었으므로,

설명 '된 이상'은 일어투다.

• 이달 민방위 훈련이 오후 2시에 실시됩니다. (KBS 뉴스)

→ 이달 민방위 훈련을 오후 2시에 실시합니다.

• 양장시조(兩章時調)는 일찍이 연구됐어야 할 문제. (EBS「고전백선」)

→ 연구했어야 할

• 고위 공직자에게는 높은 도덕성이 요구된다.

설명 '요구된다'를 '필요하다', '있어야 한다'고 해야 한다. 요구된다는 'be required of '를 직역한 말투다.

• 광역 선거는 다음달 중순이 될 것이 유력시될 것으로 보입니다. (MBC 뉴스)

설명 '유력시된다'고만 해도 '유력해 보인다'는 말이 되는데, 뒤에 '보입니다'를 덧붙여서 형편없이 유치한 표현이 되었다. '중순에 실시할 것으로 보입니다', '중순에 실시할 것 같습니다', '중순에 실시할 듯합니다', 더 간명하게 '중순에 할 듯합니다'고 해야 한다.

• 최근 들어 관광객 수가 크게 증가하면서 한국에 대한 인상도 악화되고 있는 것으로 이야기되고 있다. (신문 기사)

설명 '악화되고'는 '악화하고'나 '나빠지고'로, '이야기되고 있다'는 '소문이 났다'로 고치는 게 좋겠지만, 아예 문장을 '최근에 관광객이 많이 늘면서 한국에 대한 인상이 나빠지고 있다고 한다'고 고쳐야 한다.

• 요즈음에 포스트 모더니즘이 얘기되고 있습니다. (KBS)

→ 포스트 모더니즘을 말하고 / 포스트 모더니즘이 화제가 되고

• 잠시 후에 후반전 경기가 있게 되겠습니다. (여자 농구 경기 중계방송)

→ 경기가 있겠습니다. / 경기를 하겠습니다.

• 다음엔 국기 배례가 있게 되겠습니다.

설명 여러 의식의 사회자들이 기계적으로 하는 말이다. '다음엔 국

기배례를 하겠습니다'나 '다음은 국기배례 차례입니다'고 하자.

- 전국 농민단체협의회가 지난 1일에 연 토론회에서 제시된 수치를 보면, 쌀값을 26% 올려도 국민 1인당 하루 쌀값이 504원에 불과하다. (한겨레) → 제시한

  설명 '명사＋하다'형의 동사를 무턱대고 '명사＋되다'형으로 바꿔 터무니없이 표현했다. '지난 1일에 연 토론회에서'를 빼고 읽어 보면 터무니없는 표현임을 쉽게 알 수 있다.

- '국어과 교육과정' 『국어Ⅱ』의 '지도 및 평가상의 유의점'에 고전 지도의 유의점으로 다음과 같은 것이 제시되어 있다. (인문계 고등학교 『고전문학』 교과서 머리말)

  설명 '고전을 지도할 때 유의할 점을 다음과 같이 제시하였다'고 고쳐야 한다. '지도의 유의점'이 대체 무엇인가?

- 정치 사찰에 직접 관여한 보안사 관계자들은 적어도 군 형법이 정하는 정치 관여죄에 의해서 처벌되어야 한다.

  → 군 형법에 정한 정치 관여죄 처벌 규정에 따라 처벌해야 한다.

- 김대중 총재는, 이라크군은 쿠웨이트에서 철수돼야 한다고 말했습니다. (MBC 뉴스) → 철수해야

◆ **형용사를 동사의 피동형으로 표현한 것**

- 경제 위기의 원인이 금융실명제에 있다는 주장은 타당성이 결여됐다. (세계일보 「사설」)

  → 주장에는 타당성이 결여하다. / 주장에는 타당성이 부족하다.

- 조직력이 결여돼서 팀 워크가 이루어지지 못하고 있습니다. (축구 중계방송) → 결여해서 / 엉성해서

- 일부 종교 지도자들은 서로 앞을 다퉈 독재자를 호텔에 초청해 충성경쟁을 벌이고 정통성이 결여된 정권을 지원해 교세(敎勢) 확장에 열중했다. (문화일보 「사설」) → 결여한 / 없는

- 경직된 법 유연화 …… 현실성 부여 모색 (서울신문)

→ 경직한 / 융통성 없는

- 오늘의 개성 있는 시민들은 에이즈 퇴치 운동이나 썩은 강물 살리기 운동 같은 중요한 문제를 다루지 않는 <u>경직된</u> 기성정치를 혐오한다. (조선일보 「유근일 칼럼」) → 경직한 / 융통성 없는
- 경상수지 적자 속에서도 적절한 외환 정책이 없었다. 외환 유입을 원활케 하기 위해 운용해 온 미국 달러화에 연계된 고정환율 제도는 자본유입국 물가가 미국보다 <u>안정될 때에만</u> 효과적으로 작동한다. (문화일보 「포럼」) → 안정할 때에만

  참고 안정(安定)하다 : 안전하게 자리잡아서 흔들리지 않는다 (형용사)
- 내가 정×× 씨를 좋아하는 것은 그분의 <u>연기가 진실되고 마음도 진실되기</u> 때문입니다. (MBC TV 연예 프로그램)

  → 마음이 진실하고 연기가 알차기 때문입니다.

  참고 진실(眞實)하다 : 거짓이 없고 알차다 (형용사)
- 우리는 <u>안정된</u> 삶과 <u>번영된</u> 미래를 위해 모두 노력해야 합니다. (MBC TV) → 안정하게 살면서, 번영하는 미래를 위해

  참고 번영(繁榮)한다 : 번성하고 영화롭게 된다 (자동사)

～되어진다

'명사+된다'보다 한층 더 흉물스러운 표현으로, '명사+된다'에 '진다'를 덧붙여서 '명사+되어진다'로 표현한다.

'된다'는 ①'하는 일이 잘 된다'에서처럼 독립품사인 자동사로, ②'부지런히 일해서 잘살게 되었다'에서처럼 보조 동사로, ③'걱정된다', '주목된다', '참되다'에서처럼 접미사로 쓴다. ②와 ③은 물론 ①도 피동의 뜻을 지녀서, '한다 → 하여진다=된다'로 볼 수 있으므로 타동사 '한다'의 피동형이다.

'진다'는 ①'높아진다', '길어진다', '좋아진다', '예뻐진다'처럼 모든 형용사와 어울려서 피동의 뜻을 지닌 자동사를 이루고, ②'잇다 → 이어진다', '끊다 → 끊어진다'처럼 타동사와 어울려서 피동사가 된다.

최현배 씨가 쓴 『우리말본』에 보조 동사가 자동사와 어울리는 예로, '날씨가 따뜻해서 산의 눈이 녹아진다', '신라가 고려에 망하여졌다'를 들어 놓았으나 너무 치졸해서 도저히 생활화할 수 없다.

'눈이 녹는다', '신라가 망했다'고 해야지 '눈이 녹아진다', '신라가 망하여졌다'는 말이 어디 있나? '~되어진다'도 똑같은 범주에 속한다. 마음먹은 일을 잘 하면 그 일이 '되는' 것인데 왜 '되어진다'고 하나? 앞에서 설명한 것처럼 '된다'와 '진다'가 다 피동을 뜻하는 성분인데, 어떻게 포개어 쓸 수 있나?

- 현장 교육은 정권에 의해서 결정되어진 목표에 의해서 실시됩니다. (EBS) → 정권이 결정한 목표에 따라 실시합니다.
- 상대편의 페이스에 말려들고 있는 상태가 후반전에도 계속되어지고 있습니다. (KBS) → 지속합니다. (자동사)
- 교육제도는 사회공동체의 이념이 윤리와 조화되는 가운데 형성 발전되어져야 할 성격을 지닌 것이다. (동아일보)
  → 조화하면서 형성 발전해야 할
- 농촌 정책은 변화되어져야 합니다. (MBC 뉴스)
  → 변해야 합니다. / 달라져야 합니다. / 고쳐야 합니다.
- 화학 무기가 아직은 사용되어지지 않고 있습니다. (KBS 뉴스)
  → 화학 무기를 아직은 쓰지 않습니다. / 아직은 화학 무기를 사용하지 않습니다.
- 어깨에 부상을 당한 것으로 생각이 되어집니다. (「세계여자농구선수권대회」중계방송) → 어깨를 다쳤나 봅니다. / 어깨를 다친 것 같습니다.
- 합리적으로 설명되어질 길이 있겠죠. (KBS 「일요특선」)
  → 합리적으로 설명할 수 있겠죠.
- 생포된 이라크군은 야전 병원에 수용되어져 있다. (MBC)
  → 사로잡힌 이라크군은 야전 병원에 수용하였다.
- 「가시리」는 애끓는 이별의 정을 읊은 작품이라고 이야기되어지고

있다. (EBS「고전백선」) → 작품이라는 평을 받고 있다.

- 더 새로운 정보전달 수단의 출현이 예상되어집니다. (EBS)
  → 수단이 출현할 것 같습니다.
- 우수한 조율 기술이 요구되어진다. (EBS「직업의 세계」)
  → 기술이 필요하다. / 기술이 있어야 한다. / 기술을 요구한다.
- 인종 분규는 중단되어져야 할 사태라고 말했습니다. (MBC)
  → 중단해야 할 / 없어져야 할
- 그러나 이상의 ㉠문제들이 지금껏 민주적 방법으로 ㉡해결되어
  지지 못했기 때문에 갈등과 불안이 ㉢싹텄었다. (한겨레)
  ㉠ → 문제들을   ㉡ → 해결하지
  ㉢ → 싹텄다.

받다, 입다, 당하다

이번에는 '한다'고 해야 할 말을 '받는다', '입는다', '당한다'고 잘못
쓰는 보기를 찾아 고쳐 본다.

- 을밀대는 현재 밑에 있는 부벽루와 함께 모란봉 공원 관리소의 관
  리를 받고 있다. (동아일보「북한 문화기행」)
  설명 사물이 주어인 영어 문장을 직역한 듯한 수동태 문장이므로,
  '모란봉 공원 관리소에서 관리하고 있다'고 고쳐야 한다.
- 초반엔 몸싸움 등 구태(舊態)를 되풀이했으나, 점차 당론(黨論)의
  구애를 안 받는 소신 발언 늘어. (조선일보)
  → 당론(黨論)에 구애하지 않는
  참고 구애(拘礙)한다 : 거리낀다(자동사)
- 플루트 연주는 어느 분에게서 사사받으셨습니까? (KBS)
  → 배우셨습니까?
  설명 '사사(師事)'는 어떤 인물을 스승으로 섬긴다는 말이지 어떤
  기능을 배운다는 뜻이 아니므로, 이 글을 충실히 고치면 '어느 분

을 사사해서 플루트 연주를 배우셨습니까?'가 된다.

- 중국을 방문한 가이후 일본 수상이 10일 베이징에 도착한 직후 리
평 중국 수상과 함께 중국군 의장대의 사열을 받고 있다. (동아일보)

  → 의장대를 사열하고

  설명 '사열(査閱)'은 군의 지휘관이나 귀빈이 군의 사기와 장비 등
을 살펴보는 의식이며, 지휘관이나 귀빈이 사열을 '하고' 장병들이
'받는' 것인데, 위 기사는 하는 쪽을 받는다고 거꾸로 표현하였다.

- 경찰서가 피습을 받은 것으로 전해지고 있습니다. (MBC 뉴스)

  → 피습한 것으로 / 습격을 당한 것으로

  설명 '피습(被襲)'이 습격을 받는 것이므로 '피습을 받았다'는 '식사
를 먹었다'는 말처럼 유치한 표현이다.

- 부상을 입는다

  설명 교통 사고나 수해·화재 등의 상황을 알리는 신문이나 방송 기
사에서 '○○명이 부상을 입었다'는 말을 자주 한다.
'부상(負傷)'이 몸에 상처를 입는다는 뜻이므로 '부상을 입었다'는
말은 '피습을 받았다'와 똑같이 유치한 표현이다. '부상했다'가 바
른 표현이지만 '다쳤다'가 더 좋다.

- 비 피해를 입지 않도록 조심해 주시기 바랍니다. (MBC)

  → 비 때문에 해를 보시지 않도록

  설명 '피해(被害)'는 위해나 손해를 입는다는 뜻이므로 '피해를 입
는다'는 '피습을 받는다', '부상을 입는다'처럼 무식한 표현이다.

- 분실당한다

  설명 '어음이나 수표를 분실당하면', '신분증·권리증을 분실당하
면' 하는 말을 자주 듣는다. '분실(紛失)'은 모르는 사이에 소유물
을 잃어버린다는 말이므로 '분실했다'고 해야 하는데, '분실당했
다'고 하는 사람이 많다.
'~당(當)한다'는, 동작을 나타내는 명사에 붙어 수동형 동사를 만
드는 말이다. 결박·체포·도난·도청·사기·탈취·나포·납치·유괴

등에 붙여 쓰면 어울리지만, 분실·실망·비관·실패·실언·실종·
쇠퇴·영락·멸망·당선·입선 등은 비록 그 일이 당사자 의지에 따
른 것이 아니더라도 어법으로는 능동이므로 '한다'를 붙여서 말해
야 한다.

~화(化)한(시킨, 된, 되어진)다

'~화한다'는 고속(高速)·국제(國際)·도시·미(美)·민주처럼 동사
의 어근이 될 수 없는 한자어에 붙어서 '무엇이 어떻게 된다'는 자동
사와 '무엇을 어떻게 되게 한다'는 타동사를 이루는 접미사로, 다음같
이 쓴다.

> 국민이 노력한 결과 정치가 민주화했다. (자동사)
> 국민이 노력해서 정치를 민주화했다. (타동사)

그러나, 가속(加速)·감속(減速)·개방(開放)·노후(老朽)·변(變)·차
별(差別)·황폐(荒廢)처럼 '한다'를 취해서 동사가 되거나, 간소(簡素)·
강대(强大)·관대(寬大)·비대(肥大)·불량(不良)·선량(善良)처럼 '하다'
를 취해서 형용사가 되는 말에는 붙여 쓸 수 없으며, 형용사가 되는 말
을 움직이는(동사 같은) 뜻이 되게 하려면 '해진다'를 붙여서 '강대해진
다'는 자동사나 '하게 한다'를 붙여서 '강대하게 한다'는 타동사로 표현
해야 한다.

요즈음 지식인들은 이처럼 간명한 논리를 모르고, 아무 말에나 '~
화한다'를 붙여 쓰며, 써야 할 말에 붙일 때에는 '~화시킨다', '~화된
다', '~화되어진다' 따위로 꼴사납게 쓴다.

- 선진화(先進化) : '선진'이 '앞서 나아감'이고 '한다'를 취해서 '선진
  한다'는 자동사가 되므로 선진화(先進化)란 지극히 단순한 상식
  에도 어긋나는 표현이다. 정치, 경제, 문화 모든 면에서 앞선 나라

를 선진화국(先進化國)이라 하지 않고, 선진국(先進國)이라고 하는 것이 단적(端的)인 예다.

그런데 연전(年前)에 우리 국회에서 '국회선진화법'을 의결했으니, 가히 국치법(國恥法)이라 할 만하겠다.

- 10여 년 전에 발표된 한 보고서에 따르면 침은 단순히 소독 작용뿐 아니라 곰팡이에 들어 있는 발암성 물질인 아플라톡신 B1과 일부 음식물이 탈 때 생기는 벤조피렌 등을 거의 100% ㉠비(非)활성화시키는 능력을 갖고 있다. 여러 가지 다른 독성 물질도 ㉡무력화시킨다.

    ㉠ → 활성을 억제하는   ㉡ → 무력하게 한다.

- 언어란 지역간에 교류가 없으면 자연히 달라지게 마련입니다. 특히 북한은 분단 후 독자적인 언어정책을 추진해 왔기 때문에 언어의 이질화는 가속화될 수밖에 없습니다. (동아일보)

    → 언어의 이질화는 가속할 수밖에 없습니다.

    설명 '가속(加速)'은 '속도를 더함'을 뜻하는 술목 구조로 된 명사로, '한다'를 취해 자동사가 되어 '언어의 이질화는 가속할 수밖에 없습니다'의 주어 '언어의 이질화는'에 호응하는 서술어 구실을 한다. 속도가 느린 교통 수단을 더 빠르게 한다고 할 때에는 '고속화한다'고 해야 한다.

    예 : 경부선 기차를 고속화한다.

- 러시아의 빈부 격차 가속화될 듯. (한겨레)

    → 가속할 듯 / 더 커질 듯 / 더 빨라질 듯

- 일본에서 공항을 비롯한 해상 도시 등 해양공간 활용은 곧 가시화될 것으로 보인다. (동아일보) → 가시화할 / 볼 수 있을

- 실업계 고등학교 교육을 향상하기 위해 노후화된 기자재를 교체하기로 결정하였다. (MBC) → 노후한

    참고 노후(老朽)하다 : 낡아서 썩다(자동사)

- 기성 종교가 비대화하고 있지만 내용을 보면 '조상숭배'의 범주를

벗어나지 못하고 있습니다. (동아일보 「종교문제 대담기」) → 비대해지고

- 우리말화된 외래어는 잘 활용하는 것이 좋지만 그렇게 되지 않은 외국어의 남용은 삼가야 한다. (KBS 2 「우리말 우리글」) → 우리말이 된

  설명 순수어 '우리말'에 한자 접미사 '~화한다'를 이어서 말을 만드는 것은 철재와 목재를 이어서 용접하는 것만큼이나 어리석은 일이다.

- 정장 차림의 공무원 복장이 여름철을 맞아 간소화된다. (동아일보)

  → 간소해진다.

- 금융계는 '최근의 세계일보 사태도 감량경영에 들어간 통일그룹의 경영전략이 구체화되면서 일어난 것'으로 해석하고 있다.

  → 구체화하면서

- 현재 남북의 언어는 상당히 이질화되었다. → 달라졌다.

- 일본이 군사 대국화되면 중국의 군사 증강 필연. (동아일보)

  → 대국이 되면 / 대국화하면

- 돈으로 얻은 교수직이 무효화되기는 했지만……. (EBS)

  → 무효가 되기는

- 사이비 종교가 ㉠사회문제화되고 있는 것은 선량한 신도의 재산을 우려내고, 정신적 피해감만 ㉡증폭시키는 데 있지 않을까요.

  (동아일보)

  ㉠ → 사회문제화한 / 사회문제가 된

  ㉡ → 증폭하는 데

- 북한도 변화되고 있다. (EBS 「통일의 길」) → 변하고

- 10년 만에 귀국한 ○○ 씨는 변화된 서울 모습에 놀랐다.

  → 변한 / 달라진

- 농림수산부의 발표는 현재 우리 농촌은 소득원의 구조가 선진화되어 가고 있다고 했다. (서울신문 「꼼돌」)

  → 선진하고 있다고 / 앞서 나아간다고

- 조직화된 사이비 종교집단도 신자를 잉여노동자로 부려먹고 기업

을 살리면서 자본가가 되고 권력자가 되고……. (동아일보)

　　→ 조직이 된 / 조직을 갖춘

- 정경유착이라는 습관이 <u>체질화된</u> 한국의 재벌들은 스스로 대단
히 도덕적이라고 믿고 있는 모양이다. (한겨레)

　　→ 체질화한 / 체질이 된

- 안성까지의 고속도로가 <u>주차장화되고 있다라는</u> 보도가 들어오
고 있습니다. (MBC) → 주차장이 되었다는

- 증권 시장이나 부동산 시장이 <u>투기장화됐다.</u>

　　→ 투기장이 됐다. / 투기장화했다.

- 지하수 오염이 <u>심화되고</u> 있습니다. (KBS 1 TV 뉴스)

　　→ 지하수가 심하게 오염하고 있습니다.

- 80년대 중반부터 <u>심화되기 시작한</u> 것으로 알려진 북한의 외화·
식량·생필품·에너지·원자재의 5대난 가운데서 현재 가장 고통
스러운 부분이 식량난일 것이다. → 심각해진

- 국민회의와 자민련이 여·야 영수회담 불참방침을 청와대에 공식
통보함에 따라 <u>경색된 정국이 더욱 심화될 것으로 보인다.</u> (조선일보)
　　→ 정국이 더욱 심하게 경색할 것 같다.

　　참고 경색(梗塞)한다 : 융통성 없이 꽉 막힌다(자동사)

- 페루의 인질(人質) 사태 <u>장기화될 듯.</u> (문화일보) → 오래 갈 듯.

- 여·야의 대립이 <u>첨예화되고 있습니다.</u> (KBS 1 TV 뉴스)

　　→ 첨예해집니다.

- 6·25 전쟁으로 시가지가 거의 <u>폐허화된</u> 평양에서 옛 건물은 쉽게
찾아볼 수 없었다. → 폐허가 된 / 폐허화한

- 활성화된다

　　설명 저조했던 일이나 조직 활동이 왕성해질 때 쓰는 말인데, 조직
이 어떤 위원회일 경우에 '위원회가 활성화됐다'거나 '위원회를 활
성화시켰다'고 하지 말고 '위원회가 활성화했다'거나 '위원회를 활
성화했다'고 해야 한다.

'활성화한다'는 자동사 겸 타동사다.

- 일가족 네 명을 생매장한 사건은 이 시대의 <u>황폐화된</u> 도덕의식을 그대로 반영한다. (동아일보) → 황폐한

  황폐(荒弊)한다 : 거칠게 피폐한다(자동사)

  황폐(荒廢)한다 : 거칠어져서 못쓰게 된다(자동사)

- 사회가 <u>산업화되어지고, 도시화되어짐에</u> 따라 사람들이 스트레스를 받는 기회가 많아서 위궤양 환자가 늘어나고 있습니다. (KBS 2)

  → 산업화하고 도시가 됨에 따라

  설명 '도시화'가 도시가 된다(도시로 변한다)는 뜻인데, 여기에 '되어'를 붙이고 '사물이 어떻게 되어 감'을 뜻하는 '지다'를 더해, 뜻이 같은 성분을 셋이나 포갠 괴상한 기형어를 만들어 냈다.

- 국가권력의 운신 폭을 제한할 정도로 힘이 막강해진 재벌을 적당히 통제할 필요성을 느낀 6공 핵심의 의지에 대한 국민의 신뢰감을 <u>약화시키고</u> 있는 것이다. (한겨레) → 약하게 한다.

  설명 '약하다'는 한자어인지 순수 국어인지 구별하기 어려운 형용사다. '강(強)하다'와 '약(弱)하다'의 대립 현상으로 보면 한자어 같은데, 순수 국어 '세다'와 맞서는 말도 '약하다'이기 때문이다. 어느 편으로 보든지 완벽한 형용사이므로 동사처럼 표현하려면 '약화한다'가 아니라 '약해진다'나 '약하게 한다'고 해야 자연스럽다.

- 그 같은 현상(권력 누수현상)이 빚어낼 수 있는 부정적 사태의 가능성도 알려 주면서 이를 <u>극소화시키는</u> 것이 국익에 도움이 된다는 것도 홍보하라. (동아일보) → 극소하게 하는

  참고 '극소(極小)하다'도 형용사다.

- <u>차별화(差別化)</u>만이 살 길이다. (삼성 이건희 회장)

  → 남보다 앞서는 것만이

- 더욱이 아시아 시장 전체의 수요가 격감한 상황에서는 <u>다른 나라와 더욱 차별화된</u> 투자 환경을 갖추지 않고서는 외국인들을 끌어들일 수 없는 것이다. → 다른 나라보다 훨씬 유리한

- 한국은 이제 혼자다. 이러한 상황에서 우리가 살 길은 갈 곳을 잃은 외국의 민간 투자가들을 유인할 수 있는 <u>차별화된</u> 나라를 만드는 방법밖에는 없다. (조선일보 「태평로」) → 특수한

  설명 '차별'에 '한다'를 붙이면 '차별한다'는 타동사가 되므로 '차별화한다'는 기본적인 조어법 상식도 없는 무식쟁이의 말이라고 할 수밖에 없는데, 요즈음 지도층 인사들이 이 표현을 유식이나 권위의 상징처럼 쓰니 참으로 꼴불견이다.

  인간 평등을 원칙으로 여기는 민주 사회에서는 인종, 출신 지방, 남녀, 가문 등에 따른 차별을 용납하지 않으므로 '차별'이란 말 자체가 금기어(禁忌語)로 들리지만, 실제 생활 현장에서 필연적으로 드러나는 개인의 소질, 교육 정도, 일하는 능력과 성과의 차이를 무시한 채 모두 평등하게 대우할 수는 없으므로 차별은 피할 수 없는데, 그 표현은 '차별한다'지 '차별화한다'가 아니다. 정작 '차별화'라고 표현한 내용을 살펴보면 '차별하는 것'도 아니어서 뜻이 안 통하고 헷갈린다.

- 우리 경제는 환율, 금리, 주가 등 주요 경제 변수들이 안정한 모습을 보이면서 외환 위기를 겪고 있는 국가들과는 크게 <u>차별화된</u> 모습을 보이고 있다. (동아일보 「오피니언」) → 아주 다른

- YS 개혁과 <u>차별화</u> …… 기득권 층 반발 무마도

  김대중 당선자가 펴는 '개혁=정상화'라는 논리는, 김영삼 대통령이 내세운 '변화와 개혁'과는 다름을 강조하기 위한 것이라는 해석이다. (조선일보) → YS의 개혁과 다르게

- 그 동안 정부 당국은 교직원 지위 향상법을 제정하고 교직 수당을 별도로 신설하는 등 표면상으로는 <u>차별화된</u> 정책을 펴 왔다. (조선일보 「사설」) → 달라진 / 새로운

- 한국일보가 다른 신문과 <u>차별화하기</u> 위해서는 풍부한 정보를 제공하고 지면을 다양하게 해서 독자들에게 깊은 인상을 심어 주려는 노력을 기울여야 한다. (한국일보) → 다른 신문을 앞서가려면

- 퇴근길에 남영동 건널목을 일군의 젊은이들이 건너고 있다. 색조가 비슷한 옷차림, ㉠차별화 안 되는 화장에 헤어스타일을 보면서 생각해 본다. 신데렐라와 우상을 꿈꾸는 비디오 세대일수록 ㉡몰개성적이 되고 있지 않나? (조선일보 「일사일언」)

  ㉠ → 개성이 없는   ㉡ → 개성이 없지 않은가?

- 문 교수는 "1기 교육개혁 위원회는 수차례에 걸친 교육개혁안을 통해 학교에 자율성을 부여하고 학교간 차별화를 통해 전문성을 높이자는 기본 방향을 제시한 데 의의가 있다"고 평가했다. (서울신문 「전문가 제언」) → 학교마다 특성을 발휘해

- 요약형 문제에 대해서 학생들이 고려할 점은 각 지문의 요지를 차별화해 파악하는 것이다. (중앙일보 「논술 길잡이」) → 구별해서

- 15대 국회 원구성을 둘러싼 신한국당의 대여 전략이 1일을 기점으로 차별화되는 양상이다. (서울신문) → 변하는 / 달라지는

- 신문이 전자매체나 방송매체가 할 수 없는 고유한 영역을 개척해 나가기 위해서는 신문기사의 질만이 타매체와의 차별화를 기할 수 있을 것이다. (서울신문 「사설」)

  → 질을 타매체보다 뛰어나게 해야 할 것이다.

- 이번에 응모한 논술에서는 학생들이 문화인과 자연인을 정확히 차별화하지 못한 것이 유감스러웠다. (한국일보 「논술교육 란」)

  → 구별하지

- 다양한 사회일수록 신문의 차별화가 이루어져야 한다. (서울신문)

  → 신문도 다양해져야 한다.

위에 일거한 모든 예보다 극도로 기괴한 표현은 최근에 국회를 통과한 '국회 선진화'법이다. 선진(先進)이 '앞서 나아감'이고, 그런 사회나 나라가 '선진사회', '선진국'인데, 국회를 어떻게 하는 법이기에 '선진화' 법인가? 300명이나 되는 국회의원들이 하나같이 비판 없이 통과시켰으니 그야말로 고무도장이다.

～곤 한다

① 나는 입후보자의 연설을 듣고 실망했다.
② 나는 입후보자의 연설을 듣곤 실망했다.
③ 그이는 자주 그런 말을 하곤 했다.

①의 '고'는 듣는 행동 다음에 실망이 뒤따름을 보여 주는 연결어미고, ②의 '곤'은 연결어미 '고'에 보조사 'ㄴ(는의 축약형)'을 붙인 것인데, ②가 ①보다 상당히 희망을 지니고 연설을 들었음을 보이는 구실을 한다. ③의 '곤'은 원래 우리말에 없었고 현재도 전혀 필요없는 기형 용법으로, 'used to+원형동사'로 된 영어 관용구를 다음과 같이 해석한 데서 온 것이다.

① She used to sing before large audiences.
그 여인은 많은 청중에게 늘 노래를 들려 주곤 했었다. (민중서림 발행 『엣센스 영한사전』)
② He often used to say so.
그 남자는 자주 그런 말을 하곤 했다. (금성사 발행 『영한 중사전』)

번역문 ①은 부사 '늘'에 호응해서 '주었다'로, ②는 부사 '자주'에 호응해서 '했다'로 끝맺어야 하는데 동사 '주었다' '했다'를 '주곤 했다' '하곤 했다'와 같이 토막 시체처럼 만들어 우리 말본을 무너뜨렸다.

게다가 민중서림이 발행한 『국어대사전』은 1999년 1월 10일에 펴낸 수정 증보판에 '곤'을 표제어로 싣고, '같은 동작을 되풀이함을 나타내는 연결어미'라고 풀이한 다음, '봄만 되면 등산하곤 하였다'와 '밤이면 울곤 한다'를 예문으로 보이고, '흔히 하다가 뒤따름'이라는 궁색한 설명을 덧붙였다.

연결어미란 문장의 서술어가 되면서 다른 말이 잇따름을 보이는 어미다. 사전에서 예문으로 든 '밤이면 울곤 한다'는 '울곤' 다음에 '한다'가 잇따르니까 '울곤'의 '곤'이 연결어미처럼 보인다. 그러나 '울곤'에 연결한 '한다'는 한 단어로 된 서술어 '운다'를 '울곤 한다'로 토막내 놓은 뒤토막이지, 우는 행동에 뒤따르는 다른 행동이 아니므로 '곤'은 결코 연결어미라고 할 수 없다.

다음엔, 같은 동작을 되풀이함을 나타낸다는 뜻에 관해서 '봄만 되면 등산하곤 하였다'는 예문을 가지고 생각해 보자. 이 예문으로 이해할 수 있는 내용은 다음과 같다.

① 봄만 되면 어느 해에나 꼭 한 번쯤은 등산을 한다. (해마다 한 번씩 하는 되풀이)
② 어느 해에나 봄만 되면 적어도 두 번은 등산을 한다. (해마다 두 번 이상씩 하는 되풀이)

우리말로 같은 동작을 되풀이함을 나타내려면 '봄만 되면 날마다 (하루 걸러, 매주, 이따금, 종종 등) 등산한다'처럼 되풀이하는 잦기(빈도)나 상태를 보이는 부사어를 앞세워야 하는데, 위 『국어대사전』예문에는 그것이 없으므로 ①과 ②처럼 짐작할 수밖에 없다.

그러나 '밤이면 꼭(혹은 버릇처럼, 여러 차례, 홀짝홀짝, 남몰래, 구슬프게 등) 운다'같이 알맞은 부사어를 쓰면, 저절로 서술하는 행동(울기)을 반복하는 의미가 분명해지므로 '~곤 한다' 따위 기형어를 쓸 필요가 전혀 없다.

우리말을 제대로 배우지 못한 자들이 억지로 만든 외국어 직역체 표현을 표제어로 싣고 그것을 합리화하느라고 궁색한 설명을 붙인 국어사전 편찬자들은 조상의 숭고한 얼이 깃든 우리의 고유한 말본을 망가뜨리는 엄청난 범죄자들이다.

• 궁정동(宮井洞) 밀실 작업의 결과를 가지고 박정희, HR부장, 김비

서실장은 거의 매주 새 아이디어나 보완점을 <u>토론하곤 했다.</u> (동아일보 「동아마당」)

설명 '거의 매주'라는 부사어에 호응시켜 '토론했다'고 해야 한다. '거의 매주'가 토론을 되풀이함을 알려 주므로 '토론하곤 했다'와 같은 기형으로 표현할 필요가 전혀 없다.

- HR이 전에는 극적으로 판문점을 넘어 북으로 간 5월 2일에 그날을 기념해, <u>식사 모임을 갖곤 했으나</u> 근년에는 7월 4일에 모인다. (동아일보 「동아마당」) → 모여서 식사를 했으나

- 김형욱은 늘 자신의 IQ가 삼백이라고 <u>자랑하곤 했다.</u> (동아일보 「동아마당」) → 자랑했다.

- 작업이 끝난 뒤 침상에 누우면 혈액순환이 되지 않는 상태에서 앉았기 때문에 견딜 수 없는 아픔이 <u>몰려오곤 했다.</u> (동아일보) → 몰려 왔다.

- 박선호는 전설 같은 얘기로 해병 해체 배경을 남산 친구들에게 <u>말하곤 했다.</u> (동아일보)

설명 앞서 말한 『국어대사전』의 풀이처럼 '곤'을 같은 동작을 되풀이함을 나타내는 말이라고 인정하면 '박선호가 해체 배경을 두 번이상 얘기했다'는 뜻으로 받아들일 수 있으나, 말한 빈도나 때에 대해서는 전혀 알 수가 없어 우리말다운 서술 기능이 모자란다. '때때로', '날마다', '기회 있을 때마다' 등의 부사어를 앞세워 '말했다'로 끝내야 한다.

- 현재 일본 오사카에서 건강용 자기제품 업체를 경영하고 있는 아다치 준이치(足立純一) 씨는 56년 전에 자기에게 은혜를 베풀어준 윤원상 씨가 생각나면 오사카 근처에 있는 한국인 양로원을 찾아가 노인들과 「아리랑」을 부르곤 한다며 동아일보가 30만 원을 좋은 일에 써준다면 죽어서 윤씨를 만나도 떳떳할 것이라며 감회어린 표정을 지었다. (동아일보)

설명 '윤원상 씨가 생각나면'이라는 부사어를 앞세웠으므로, 서술

어는 「아리랑」을 부른다'고 하면 손색이 없으므로 굳이 되풀이하는 뜻을 보인다는 '곤'을 쓸 필요가 없다.

• 김씨는 당시 김창룡 특무대장과 장택상 씨가 일개 소령에 불과한 안씨를 수시로 찾아와 오랫동안 이야기를 나누곤 했다며 김 민사부장이 외부의 테러를 우려해 안씨의 안전에 크게 신경을 썼다고 증언했다. (한국일보)

  설명 '수시로 찾아와'와 '오랫동안'처럼 잦기와 상태를 분명히 보여 주는 말들을 앞세웠으므로 '이야기를 나누었다'로 끝맺으면 그만이지, 되풀이한다거나 버릇처럼 한다는 뜻을 나타내려고 '나누곤 했다'고 쓸 이유도, 필요도 없다.

• 박씨는 조직의 세를 과시하듯, 술을 마실 때면 으레 술집 밖에 십여 명의 조직원을 배치하곤 했다. (한겨레) → 배치했다.

• 윤선도는 벼슬길에서 물러날 때마다 보길도를 찾곤 했다. (EBS)
  → 찾았다.

• 김영삼 대표는 김대중 대표를 비난할 때는 꼭 혼란 선동자와 혼란 수습자 중 누구를 선택할 것이냐고 묻곤 하는데……. (동아일보)
  → 물었는데

• 서해 오도 부근에서 북측이 무력 시위라도 벌일 때면 박 대통령은 군 출신답게 지도까지 짚어 가며 전의를 불태우곤 했다.
  → 불태웠다.

• 그는 69년 1월의 청와대 피습, 미국 정보함 푸에블로호 납북사건 이래로 '도발에는 반드시 보복해야 한다'는 지론을 펴 왔으나 번번이 미국이 만류하곤 했다. (한겨레) → 만류했다.

3. 말본에 어긋난 서술형

～이지 않다

현행 학교 문법이 서술격 조사로 규정한 '이다'와 형용사로 규정한 '아니다'는 각기 인정과 부정의 뜻을 지니고 한 쌍으로 묶인 서술어이므로, 최현배가 『우리말본』에서 '잡음씨(지정사)'로 규정한 것은 매우 합리적이다.

동사 서술어 '한다', '간다', '논다' 등을 부정할 때는 '하지 않는다', '가지 않는다', '놀지 않는다'처럼 원 동사의 부정형 연결어미 '～지'에 보조 동사 '아니한다⇒않는다'를 연결해서 서술하고, 형용사 서술어 '좋다', '예쁘다', '춥다' 등을 부정할 때는 '좋지 않다', '예쁘지 않다', '춥지 않다'처럼 원 형용사의 부정형 연결어미 '～지'에 보조 형용사 '아니하다⇒않다'를 연결해서 서술한다.

지정사 '이다'로 서술하는 '소(이)다', '사람이다' 등을 부정할 때는 '소가 아니다', '사람이 아니다'처럼 '아니다'를 연결해서 서술하는 것이 원칙이고 변하지 않는 말본이다. 그런데 이즈음에 '소가 아니냐?', '사람이 아냐?'처럼 표현해야 할 '소(이)다', '사람이다'에 대응하는 의문법(특히 설의법)을, '소지 않아?', '사람이지 않아?'로 표현하는 현상이 악성 전염병처럼 만연하여, 우리 나라엔 언어 정책이 이름만 있고, 각급 학교에선 언어 교육(말하기 교육)을 완전히 방치하고 있음을 여실히 반영한다.

이거 어린이들이 <u>접은 것이지 않아요?</u>

'접은 것이지 않아요?'를 '접은 것 아니에요?'로 고쳐야 한다.

'～지 않아요?'는 형용사의 부정 서술형 '～지 않다'에 대응하는 의문형이다. 예를 들면, '산이 높다'는 긍정문이며, '산이 높지 않다'는 부정문이고, '산이 높지 않아?'는 부정 의문문이다.

지정사 '~이다'의 부정 서술은 '~지 않다'가 아니라 '~이(가) 아니다'이며, 의문문은 '~지 않아?'가 아니라 '~이(가) 아니야?⇒~이(가) 아냐?'다.

다음에 '이다'와 '아니다'의 용례 중 이와 관계 있는 문장을 제시한다.

긍정문

이것이 책이다.　　　　　　　　이것이 책일세.

이것이 책이오.　　　　　　　　이것이 책입니다.

부정문

옳은 용례	틀린 용례
이것은 책이 아니다.	이것은 책이지 않다.
이것은 책이 아닐세.	이것은 책이지 않네.
이것은 책이 아니오.	이것은 책이지 않소.
이것은 책이 아닙니다.	이것은 책이지 않습니다.

부정 의문문(설의법)

현재 언어 실태를 보면 의문문(특히 설의법)을 틀리게 말하는 이가 많다. 그런 사람들도 다음 쪽의 표를 차분히 살펴보면, 자신의 말씨가 언어 논리에 맞지 않음을 곧 깨달을 것이다.

옳은 용례	틀린 용례
이것은 책이 아니야?(⇒아냐?)	이것은 책이지 않아?
이것은 책이 아닌가?	이것은 책이지 않은가?
이것은 책이 아니오?	이것은 책이지 않소?
이것은 책이 아닙니까?	이것은 책이지 않습니까?

• 나는 평소에, 국정 운영 시스템에 관한 한 지금이 조선 왕조 시대보다 비민주적이고 더 전제적(專制的)이지 않은가 하는 의구심을

품어 왔다. (조선일보 「시론」)

→ 전제적이 아닌가 하는 / 전제적이 아니냐는

- 가을이 왔나 싶더니 어느새 겨울이다. 더구나 20세기 마지막 겨울이지 않은가? → 겨울이 아닌가?

- 이거 떡국이지 않아? 우리 농산물 몸에도 좋지! (텔레비전 농협 광고)

  → 떡국이 아냐? / 떡국이구나!

- 오늘 만우절이지 않습니까? (KBS)

  → 오늘이 만우절 아닙니까? / 오늘은 만우절이 아닙니까?

- 이건 벌레지 않아? 이거 빗소리지 않아? 이거 옷이지 않아요? (KBS 2 TV 드라마 대사)

  설명 극작가는 우리말 순화 발전에 선구자 노릇을 해야 할 사람인데 어떻게 이런 대사를 쓰는지 모르겠다.

- 너, 진심으로 하는 말이냐? 그럼 진심이지 않고! (KBS 「맥랑시대」)

  → 그럼 진심 아니고! / 그럼 진심이지!

- 소설은 창작이지 않습니까? (MBC 「아침의 창」)

  설명 소설이 창작물이라는 말인지, 소설 쓰는 일이 창작 활동이라는 말인지 분간이 없고 말 표현도 유치하다. 소설이 창작물이라는 뜻이면 '소설이 창작물 아닙니까?'라고 해야 하고, 소설 쓰는 일이 창작 활동이라는 뜻이면 '소설 쓰는 일이 창작 활동 아닙니까?'라고 분명히 말해야 한다.

'이다'를 대신하는 '된다'

여기서는 '~이다', '~입니다'라고 해야 할 것을 '~이 된다', '~이 되겠습니다'고 하는 오류를 지적해서 고친다.

- 10번 문제의 정답은 3번이 되겠습니다.

  설명 정답이 3번인 것은 기정 사실이지 장차 그렇게 될 예정이거나 가능성이 아니므로 '정답은 3번입니다'고 해야 한다.

- 앞에 보이는 작은 세 섬이 도담 삼봉이 되겠습니다.

  설명 관광 안내원이 판에 박은 듯이 쓰는 표현이다. '도담 삼봉입니다'고 해야 한다.

- 이 사진이 ○○씨가 젊었을 때의 모습이 되겠습니다. (EBS)

  → 모습입니다.

- 여기가 승마 경기장이 되겠습니다. → 경기장입니다.

- 이것이 밀랍으로 만든 ㉠꽃이 되겠고 저것이 지점토로 만든 ㉡인형이 되겠습니다.

  ㉠ → 꽃이고   ㉡ → 인형입니다.

- 이제 중국 선수의 반칙이 되겠습니다. (MBC 축구 중계방송)

  → 이번엔 중국 선수가 반칙을 했습니다.

잘 가려서 써야 할 말끝·1

다음은 독백처럼 하는 감탄과, 반말이나 '하게' 할 대상에게 표현하는 용언의 서술형을 보여 주는 표다.

품사	동사	형용사	지정사
공통형	구나(군)		
용례	오는구나(군) 먹는구나(군) 쫓는구나(군)	높구나(군) 좋구나(군) 예쁘구나(군)	사람이구나(군) 사람이 아니구나(군)
선택형	네	(으)이	ㄹ세
용례	오네, 안 오네, 가네, 안 가네, 먹네, 쫓네, 보네, 배우네	높으이, 좋으이, 아름다우이, 좋지 않으이, 예쁘지 않으이	꽃일세, 사람일세, 예술품일세, 꿈이 아닐세

지금도 시골에 사시는 나이 많은 분은 위 표에 보인 선택형 표현을 품사별로 분명히 가려서 말해 순수어의 품위를 유지하는 반면, 국어

국문학자를 포함하는 지식인과 그분들의 영향을 받은 청소년은 동사·형용사·지정사를 가리지 않고 '～네' 한 가지만 쓴다.

'오는구나', '높구나', '사람이구나'를 '오네', '높네', '사람이네'로, '높으이', '꽃일세'를 '높네', '꽃이네'라고 한다. 존대할 상대방에게 표현하는 용언의 감탄 종결형은 '～군요'다.

동사 날이 개는군요.   비가 오는군요.
        사람들이 싸우는군요.

형용사 날이 춥군요.   산이 높군요.
        경치가 아름답군요.   물이 차군요.

지정사 참 착한 학생이군요.   이것은 금속 제품이군요.
        이것은 동물이 아니군요.   이 그림은 원 작품이 아니군요.

그런데 요즈음은 이 표준 형태를 버리고 '～네요'라고만 한다.

동사 날이 개네요.   비가 오네요.
        사람들이 싸우네요.

형용사 날이 춥네요.   산이 높네요.
        경치가 아름답네요.   물이 차네요.

지정사 착한 학생이네요.   이것은 금속 제품이네요.
        이것은 동물이 아니네요.   이 그림은 원 작품이 아니네요.

- 고층 아파트네요. (KBS) → 아파트군요.
- 아! 번호 좋네요. (KBS) → 좋군요.
- 참 중요한 자료 같네요. (EBS「고전백선」) → 같군요.
- 잘 되기가 쉽냐? (MBC「나의 어머니」) → 쉬우냐?
- 꽤나 까다롭네요. (KBS「6시 내고향」) → 꽤 까다롭군요.
- 여러 가지로 장점이 많네요. (KBS「6시 내고향」) → 많군요.

- 고맙네. → 고마우이.

- 보고 싶네. → 보고 싶으이.

- 좋네. → 좋으이.

- 그러네요. → 그렇군요.

- 무겁네요. → 무겁군요.

- 좋은 기회네요. → 좋은 기회군요.

- 개인적 희망도 <u>있으신 거네요.</u> (MBC「아침의 창」) → 있으시군요.

- 오늘이 이 해의 마지막 <u>날이네요.</u> (EBS) → 날이군요.

- 어른이 되면 ㉠<u>뭐가</u> 되고 ㉡<u>싶니?</u> (KBS)

  ㉠ → 무엇이⇒뭬   ㉡ → 싶으니?

- 왜 이렇게 <u>소란스럽느냐?</u> (KBS 연속극 대사) → 소란스러우냐?

잘 가려서 써야 할 말끝·2

용언의 현재시제 의문형 중에·다음과 같이 가려서 써야 하는 것이 있다.

	동사		형용사		지정사
	냐?	느냐?	냐?	으냐?	냐?
낮춤	오냐? 먹냐? 쫓냐? 가냐? 사냐?	오느냐? 먹느냐? 쫓느냐? 가느냐? 사느냐?	예쁘냐? 착하냐? 아름다우냐? 미우냐? 가능하냐?	높으냐? 낮으냐? 붉으냐? 깊으냐? 즐거우냐?	사람이냐? 짐승이냐? 닭이냐?

	동사		형용사		지정사
	나?	는가?	ㄴ가?	은가?	ㄴ가?
반말	오나? 가나? 자나? 먹나? 우나?	오는가? 가는가? 자는가? 먹는가? 우는가?	다나가? 착하나가? 미우나가? 즐거우나가? 쉬우나가?	높은가? 좋은가? 붉은가? 얕은가? 깊은가?	밥이나가? 죽이나가? 사람이 아니나가? 소가 아니나가? 산이 아니나가?

그런데 요즈음 형용사 의문형의 낮춤을 '높냐?', '낮냐?', '붉냐?', '깊냐?'로; 반말을 '짜나?', '다나?', '착하나?', '밉나', '괴롭나?', '즐겁나?', '쉽나?'로; 지정사 의문형을 '이나?', '아니나?'라고 하는 사람이 많다.

어간과 어미 사이에 소리를 고르는 음절인 '으'를 빼어 버리고 자음 충돌 현상을 일으켜 우리말의 특유한 발음 법칙을 깨뜨려서 말을 만들고, 형용사와 지정사 의문형을 동사 의문형과 혼동해 몹시 치졸하게 표현한다.

- 이날 모임에서 최 장관은 "총선 전에 전당대회가 <u>가능하느냐</u>"는 참석자들의 물음에……. (동아일보 「여록」)

  → 가능하냐"는

  설명 '가능하다'는 형용사이므로 현재진행 시제 '느'를 쓸 수 없다.

- 민숙이가 당신만 <u>못하나</u>? (KBS 2 드라마)

  설명 '못한가?'로 고쳐야 한다. 형용사 '못하다'와 타동사 '못한다'를 잘 구별해 써야 한다.

  참고 형용사 '못하다' : 서로 비교해서 질, 양, 정도 등이 다른 것보다 낮다(반대말 - 낫다)

  예) **문** '민숙이가 자네만 못한가?'

  　　답 '암, 못하지.', '아냐, 못하지 않아.', '못하긴? 오히려 낫지.'

  참고 타동사 '못한다' : 할 수 없다

  예) **문** '민숙이가 노래를 못하나?'

  　　답 '그래 못해.', '아냐 잘해.'

- 생일 이야기하기도 민망한 <u>나이지 않는가</u>? (MBC)

  → 나이가 아닌가?

잘못 쓰는 보조 용언 '아니하다'

> 온다던 사람이 오지 않는다.(보조 동사. '아니한다'의 준꼴.)
>
> 물이 깊지 않다.(보조 형용사. '아니하다'의 준꼴.)

'않는다'와 '않다'의 기본형은 똑같이 '아니하다'지만, 움직이는 상태를 말하는 동사에 잇대서 보조 동사로 쓸 때는 현재진행 시제 형태소 'ㄴ, 는'을 취해서 '아니한다, 않는다'고 하고, 형용사에 잇대서 보조 형용사로 쓸 때는 진행하는 뜻이 없는 현재형 '않다'를 쓴다. 그런데 형용사의 의문형 '높으냐?, 높은가?'를 동사의 의문형처럼 '높냐?, 높나?'고 하는 사람들은 보조 형용사를 쓸 때도 같은 오류를 범한다.

즉, '예쁘지 않아?'를 '예쁘지 않나?', '예쁘지 않으냐?'를 '예쁘지 않느냐?', '예쁘지 않은가?'를 '예쁘지 않는가?'라고 한다.

- 무작정 물러나라는 말은 실효성이 없고, 국민이 선택할 문제라며, 그건 결코 못할 소리가 <u>아니지 않느냐고</u> 첨언. (동아일보「여록」)
  → 아니지 않으냐고
- 아무렇지도 않나 봐. → 아무렇지도 않은가 봐.
- 민자당 소속 국회의원이 구속을 당해 민자당 자체가 수서 비리에 관련이 <u>있지 않나</u> 하는 의혹이 가시지 않고 있다. (동아일보)
  → 있지 않은가 하는
- 그러나 형법에도 죽은 자에 대한 재심이 있고, 명예회복이 <u>있지 않느냐는</u> 말입니다. (동아일보) → 있지 않으냐는
- 용서하는 아량이 필요하지 <u>않나?</u> 이렇게 생각합니다.
  → 필요하지 않은가?

자리를 옮긴 과거시제 '았', '었'

여기서는 동사의 과거시제를 잘못 쓰는 예들을 찾아 고친다.

기본형	서술형		의문형	
가다	①	가지 않았다. 가지 않았네. 가지 않았소. 가지 않았습니다.	③	가지 않았나? 가지 않았나? 가지 않았소? 가지 않았습니까?
	②	갔지 않다. 갔지 않네. 갔지 않소. 갔지 않습니다.	④	갔지 않나? 갔지 않나? 갔지 않소? 갔지 않습니까?

위 표의 ②와 ④가 틀린 용법이다. ②처럼 말하는 사람은 거의 없어서 괜찮지만, ④처럼 말하는 사람은 많다. 의문형을 ④처럼 말하는 사람은 서술형을 ②처럼 말함직한데, 그렇지 않은 게 그나마 다행이다.

④의 '갔지 않냐?'는 본 동사의 어간 '가지'와 보조 동사 '아니하였느냐?⇒않았느냐?⇒않았냐'가 어울린 구조로, ③에서처럼 '가지 않았냐?'고 해야 옳은데 보조 동사의 어간 '아니하'에 붙여야 할 과거시제 형태소 '았'을 본 동사의 어간 '가'에 붙인 것이다.

서술형을 ②가 아니라 ①처럼 말해야 하듯이, 의문형은 ④가 아니라 ③처럼 말해야 한다.

'하다'가 '여' 불규칙 용언이므로 '아니하다'의 어간 '아니하'에 과거시제 형태소 '았'을 적용한 '아니하았다'가 '아니하였다'로 변하지만, 줄인 꼴로 표현하면 '였'이 '았'으로 되돌아가서 '않았다'가 된다.

요약해서 말하면, 지난 일을 보조 용언을 써서 표현하는 의문문에 쓰는 과거시제 형태소 '았/었'은 본 용언에는 쓰지 않고 보조 용언에만 쓴다.

- 이미 승부가 <u>가려졌지 않습니까?</u> (KBS)
  → 가려지지 않았습니까?

- 정치권에 대한 불신의 소리가 끝없이 높았음에도 그들의 제 기능 수행을 요구하는 소리 또한 간절했지 않았던가? (동아일보 「사설」)
  → 간절하지

- 끝났지 않습니까? → 끝나지 않았습니까?

- 앙상하게 뼈만 남았지 않아요? → 남지 않았어요?

- 5공비리를 청산하기 위한 갈등도 이미 해를 넘겼지 않는가? (동아일보) → 넘기지 않았는가?

- 눈이 다 녹았지 않습니까? → 녹지 않았습니까?

- 저도 판소리 배우고 싶지만 늦었지 않는가 생각됩니다. (MBC)
  → 늦지 않았나 / 늦지 않았는가

- 디딜방아 찧는 모습을 보여 드렸지 않습니까?
  → 보여 드리지 않았습니까?

- 이 선수가 올림픽에서 금메달을 따냈지 않습니까? (KBS)
  → 따내지 않았습니까?

- 노래가 없었더라면 모두 귀가 먹었을지 않을까? 하는 생각이 들었습니다. (KBS 「노래는 내친구」) → 귀먹지 않았을까?

- 박희태 대변인은 "노 대통령은 다음 선거를 현행 헌법에 따라 여야가 실시 준비를 해야 할 것이라고 구체적으로 밝혔지 않느냐"면서……. (동아일보 여록) → 밝히지 않았느냐"

- 소련을 다녀오셨지 않습니까? (MBC)
  → 소련에 다녀오시지 않았습니까?

- 김 수석은 지난 6월 샌프란시스코 정상회담 때만 해도 소련측은 "양적 변화가 질적 변화로 이어질 것이라고 했지만 오히려 경협보다 수교가 빨리 왔지 않는가?"라고 말했다. (동아일보)
  → 먼저 오지 않았느냐?"고

- 공권력에 의한 인권탄압은 있었지 않습니까?
  → 있지 않았습니까?

- 열강이 덤벼들기 전, 우리는 하나였지 않았던가? (동아일보 「기자의 눈」)

→ 하나가 아니었던가?

- 어제 서울대학교의 합격자 발표가 있었지 않습니까? (KBS 뉴스)

→ 어제 서울대학교가(에서) 합격자를 발표하지 않았습니까?

- 숯을 했지 않습니까? → 숯을 하지 않았습니까?

- 지도적 역할을 했지 않나? → 지도적 기능(구실)을 하지 않았나?

- 당면한 민생, 물가, 공해 등에 대한 솔직하고 성의있는 <u>대화들이</u> <u>있어야 하지</u> 않았을까? (동아일보) → 대화를 해야 하지

- 그렇다고 했지 않니? (동아일보) → 그렇다고 하지 않았니?

분별없이 쓰는 시제 : '과거완료, 대과거'

동사와 형용사의 과거완료형이나 대과거형이라고 하는 관형사형 어미 '-ㅆ던, -았(었)던, -였던'과 서술형 어미 '-ㅆ었다, -았(었)었다, -였었다'는 영어의 과거완료형(past perfect pattern)을 흉내내서 억지로 만들어 낸 기형이다.

◆ 관형사형

- 불길이 거세어서 진화에 <u>나섰던</u> 소방서원들이 어려움을 겪고 있습니다. (KBS 1 TV 「부천 가스폭발사고 현장보도」) → 나선

  설명 '나섰던 소방서원'은 '나섰다가 돌아온 소방서원'이다.

- 지금 <u>들으셨던</u> 문장의 내용을 파악하셨습니까? (EBS TV 「토익」 강좌)

  → 들으신

- 지난달 31일 오전 5시 45분. 백두산 정상의 장엄한 일출 광경에 감격, 이곳에 ㉠<u>모였던</u> 남북의 형제 자매들은 떠오르는 해를 향해 일제히 만세를 부르며 환호했다. 이날 새벽 백두정상에서 ㉡<u>울려 퍼졌던</u> 통일의 합창이 제주 한라산까지 울려퍼질 날은 그 언제일까. (동아일보 방북대표단의 「백두산 기행문」)

  ㉠ → 모인   ㉡ → 울려퍼진

- 이것은 진시황제 시대에 <u>만들어졌던</u> 병마용(兵馬俑)입니다. (KBS 1

TV「여기는 경주 문화 엑스포」) → 만든

- 배고팠던 시절이 있었습니다. (KBS 1 TV「이웃돕기 홍보」) → 배고픈 때가

- 지지리도 못살았던 우리의 옛날 추석에도 마음만은 풍성했다. (한국일보「앞과 뒤」) → 못살던

- 많은 인상을 받았던 곳을 소개해 드리겠습니다. (KBS 2 TV「여기는 경주 문화 엑스포」) → 받은

- 할아버지 몰래 영세를 받았던 할머니는 많은 박해를 받았습니다. (SBS 8시 뉴스) → 받은

- 생가도 살았던 집도 무덤도 없고 이렇다 할 건조물도 없는데 이렇게 문화재 개발에 우선한다. (조선일보「이규태 코너」) → 살던

- 오랫동안 갈증에 시달렸던 코끼리는 이제 물을 실컷 마셨습니다. (KBS 1 TV「재미나는 동물의 세계」) → 시달린

- 호남지방의 벼는 사상(史上) 최고의 풍작을 이루었던 지난해보다 더 알차게 여물고 있습니다. (KBS 1 TV 뉴스) → 풍작이던

- 쌓였던 현안에 쏟아진 추궁. (중앙일보 기사 제목) → 쌓인

- 전문가들은 "과거의 정권이 국가와 정권을 혼동하고 저질렀던 안보조작이 국민의 안보에 대한 신념을 무너뜨리고 안보 불필요론까지 불러 일으켰다"고 입을 모은다. (동아일보) → 저지른

- 청소년들에게는 컬러시대에 낡은 흑백사진을 보는 듯한 감회였을지는 모르겠으나 50대 이후 장년층의 추억 속으로는 차마 쑥스럽고 계면쩍어서 아이들에게 비밀로 ㉠해왔던 누추한 삶의 갈개들이 여과없이 ㉡노출된 것을 발견하고 그 앞을 발걸음을 빨리 하고 ㉢지나쳐야 했던 적도 있었다.

  미 군용 트럭에서 엔진과 부품을 뽑아낸 뒤 드럼통을 다시 양철로 두드려 펴서 차체를 만들어 자동차란 이름으로 ㉣조립했었던 시발택시도 나에겐 지나칠 수 ㉤없었던 추억의 그림자가 진하게 배어 있는 ㉥자동차였다.

6·25 때 ㉦겪었던 총소리보다 더욱 두려웠으나 그 쾌락적이고 마

취적인 폭발음의 매력 때문에 비켜날 수 ⊙없었던 뻥튀기 기계. 45년이 지난 이후에 내게 「야정」이라는 대하소설을 쓸 수 있는 동기를 부여한 김동인의 「붉은 산」이 실린 지나간 교과서. 처음엔 가루약으로만 ㉠알았던 럭키치약. 그 속에 내 얼굴이 ㉢있었고 장차의 얼굴이 있었다.

고드름을 과자라고 자위하다가 나중엔 정말 과자일지 모른다는 ㉠착각이 즐거웠던 그런 가난 속에서 살아왔지만, 그 가난의 역경을 긍정적인 가치관을 가지고 극복해 왔다. (조선일보 문화면에 실린 소설가 김주영의 글)

㉠ → 해 온   ㉡ → 노출한

㉢ → 지나친 적도 있다.   ㉣ → 조립한

㉤ → 없는   ㉥ → 자동차다.

㉦ → 겪은   ⊙ → 없던

㉧ → 안   ㉨ → 있고

㉠ → 착각을 즐기는

- 일본방문 직후인 12일 국무회의에서 전 내각의 반성과 노력을 촉구했던 김대통령은 20일 경제대책조정회의에서 "그동안 한 것이 무엇이냐"며 경제장관들의 무사안일을 강도 높게 질책했다. (동아일보) → 촉구한

- 누구보다 금강산을 사랑했던 봉래 양사언도 한때 이곳에 정자를 짓고 살았다. (중앙일보) → 사랑한

- 무슨 계제만 있으면 "김일성을 만나기 위해 평양에 갈 용의가 있다" 하는 식으로, 민간 지도자들도 다투어 북한카드를 국내정치용으로 사용했던 것이 사실이다. (조선일보 「유근일 칼럼」) → 사용한 / 쓴

- 서울대 외교학과 교수로 재직하다 노태우 정부시절 청와대비서실장과 국무총리를 역임한 뒤 15대 총선 때 출마, 낙선했던 노 전총리는 89년 "광주항쟁은 김대중 씨의 외곽 때리기"라는 등의 극우보수 발언을 자주 해왔다. (동아일보) → 낙선한

- 법무부로서는 '인권을 보장하면서 안보도 지킬 수 있는' 방향으로 수개월에 걸쳐 신중히 검토논의한 끝에 24일 법무부령을 개정했던 것이다. (동아일보 「법무부장관 특별기고」)

  → 개정한 것이다. / 개정하였다.

- 방북을 원하는 남측 인사들의 신원을 조사해 최종적으로 가부 판정을 내리는 역할을 했던 이 요원은 남측 인사들의 비자 발급에 필요한 인적사항 등을 알기 위해 안기부 카운터파트와 깊은 신뢰관계를 유지해 왔다는 것. (동아일보) → 한

◆ 서술형

- 아이야, 네 어머니 널 ㉠낳았을 때 저 바다의 미역국을 ㉡먹었었단다. (KBS 1 TV 「국악한마당」의 노래말)

  ㉠ → 낳고   ㉡ → 먹었단다.

- 우리 전에 본 적이 있었죠. (KBS 1 TV 일일연속극 「내사랑 내곁에」의 대사)

  → 있죠.

  설명 전에 본 적(일)은 세월이 아무리 지나도 지워질(없어질) 수 없다.

- 면암 최익현의 4대 장손인 최관장은 서울대 교수(정치학)로 재직하던 81년에 민정당 국회의원으로 정가 나들이를 했었다. (한겨레)

  → 했다. / 한 적이 있다.

- 재일동포인 김종충(金鍾忠) 씨는 김대중 대통령이 70년대초 일본에 망명했을 때 자신의 집을 피신처로 제공했었다. (동아일보)

  → 제공했다. / 제공한 적이 있다.

- 그러나 어찌됐든 김총장이 좀더 신중했어야 한다는 지적이 많다. (서울신문) → 신중히 해야 했다는 / 신중하게 행동해야 했다는

  설명 '신중(愼重)하다'는 형용사이므로 동사 형태로 쓸 수 없다. 부사형으로 고쳐서 '한다'와 연결해야 하고, 과거시제 형태소 '였'은 보조 동사에 써야 한다.

- 이와는 반대로 남북 화해 움직임을 이용해 거꾸로 유신독재를 선

포한 적도 있었고, 장기집권이나 억압체제를 호도하기 위해 남북 정상회담을 공공연히 또는 비밀리에 추진한 적도 한두 번이 아니다. (조선일보 「유근일 칼럼」) → 있고

• 김대중 대통령의 아우 대의 씨는 운명할 때 "내 죽음이 선거에 악용돼 형에게 누를 끼칠지 모르니 선거가 끝날 때까지 알리지 말라"고 유언했었다. (동아일보) → 유언했다.

다음은 1996년 3월 1일에 교육부에서 펴낸 현행 고등학교 『국어』 상권에 실린 글이다. ( ) 안의 숫자는 그 글이 실린 쪽수다.

• 바비도가 했던 일을 모두 정리해 보자. (67) → 한

하던 일 : 과거에 하다가 그만둔 일

했던 일 : 논리가 서지 않는 표현

• 지금까지 읽었던 소설을 중심으로 다음 사항에 대하여 생각해 보자. (143) → 읽은

설명 '읽은'이 과거에 '읽었음'을 뜻하므로 '었더'는 군더더기다.

• 전(傳), 기(記), 록(錄) 등은 소설이 없었던 시대의 중요한 이야기 양식이며 (144) → 없던

설명 '던'이 과거를 회상하는 관형격 시제이므로 '었'은 사족이다.

• 봉산 탈춤은 황해도 육로 교통의 길목인 봉산에서, 주로 상인과 이속(吏屬)이 중심이 되어 공연했던 우리 고유의 전통 연극이다. (165) → 공연하던 우리의 고유한

• 이를 분명하게 이해하기 위해서는 무대극을 보았던 경험을 되살려 둘을 비교한다. (172) → 본

• 그리고 강렬한 인상을 받았던 몸짓이나 표정도 생각해 본다. (174) → 받은

• 자신에게 어제 일어났던 일을 내용으로 삼아 노래하기의 특징을 갖춘 말을 해 보자. (174) → 자신이 어제 겪은

- 이육사가 살았던 시대와 작품의 성격을 먼저 생각한다. (252)
  → 살던

- 평민은 양반에게 경어를 ㉠써야 했던 것이 조선조의 ㉡사회상이
  다. (282)
  ㉠ → 쓰는   ㉡ → 사회상이었다.

- 먼저 필자의 의도와 전달하고자 ㉠했던 전체 내용을 정리해 본다.
  그 다음에 글을 다시 읽으면서 자신이 인상적으로 느꼈거나 어색
  하게 ㉡느꼈던 단어를 지적해 본다. (301)
  ㉠ → 한   ㉡ → 느낀

- 짐승을 데리고 읍내를 도망해 나왔을 때에는 너를 ㉠팔지 않기
  다행이었다고 길가에서 울면서 짐승의 등을 ㉡어루만졌던 것이었
  다. (352)
  ㉠ → 팔지 않아서 다행이라고   ㉡ → 어루만졌다.

- 얼마 안 가서, 허생에게 두 배의 값으로 과일을 ㉠팔았던 상인들
  이 도리어 ㉡열 배의 값을 주고 사 가게 되었다. (360)
  ㉠ → 판   ㉡ → 값을 열 배나 주고
  설명 '팔았던 상인'이라고 하면 '팔았다가 무른 상인'이 되므로 상
  황에 어긋난다.

- 방금 사대부들이 남한산성에서 오랑캐에게 당했던 치욕을 씻어
  보고자 하니 (365) → 당한

- 허생이 도둑의 무리를 이끌고 섬에 들어가 살았던 일은 그 시대에
  실제로 가능했겠는가? (369) → 사는 일이
  설명 실제로 가능했겠느냐는 말은 불가능했으리라는 생각을 드러
  낸 것이다.

- 우리 나라의 위상과 발전에 각별한 관심을 가졌던 사람이라는 점
  (370) → 가진
  설명 관심을 가졌던 사람 : 한때 관심을 가졌다가 버린 사람

- 산문에서 구체적으로 제시했던 바를 시에서는 함축적으로 처리

하고 그 해결을 독자에게 맡기기도 한다. (374) → 제시하는

- 이러한 이야기 구성법은 초기 근대 소설에서 흔히 <u>쓰였던</u> 특이한 수법이다. (449) → 쓰던 / 쓴
- 연암 자신이 윤영(尹映)이라는 사람에게서 <u>들었던 이야기를 꺼내게 된다.</u> (449) → 들은 이야기를 꺼낸다.

  설명 '들은 이야기'는 오래 지나서 잊어버려도 변함 없이 '들은 이야기'지 '안 들은 이야기'가 될 수 없으므로 '들었던 이야기'란 표현은 옳지 않다.
- 원효는 …… 민중 불교의 <u>창시자였다.</u> (191) → 창시자다.

  설명 원효가 민중 불교의 창시자라는 사실(史實)은 영원히 변치 않으므로 '창시자였다'는 사리(事理)에 맞지 않은 표현이다. '세종대왕이 훈민정음을 창제한 분이셨다'는 말과 같다.
- 이미 만 냥을 빌린 다음에는 ㉠<u>그의</u> 복력에 의지해서 일을 한 까닭으로, 하는 일마다 ㉡<u>성공했던</u> 것이고, 내가 사사로이 ㉢<u>했었다면</u> 성패는 알 수 없었겠지요. (365)

  ㉠→그 ㉡→성공한 ㉢→했더라면
- 대기 오염 측정기나 기상 측정기기가 <u>개발되어 우리 나라 인공 위성에 장착될 날도 멀지 않았다.</u> (113)

  → 측정기기를 개발해 우리 나라 인공 위성에 장착할 날도 멀지 않다.

  설명 가까운 장래를 예측하는 말이므로 '멀지 않았다'는 잘못한 표현이다.
- 장인바치 일은 본래 배우지 <u>않았는 걸</u> 어떻게 하겠소. (359)

  → 않은 걸 / 못한 걸
- 반평생을 같이 지내 온 <u>짐승이었다.</u> (350) → 짐승이다.
- 동이가 소리를 치며 가까이 ㉠<u>왔을</u> 때에는 시간이 벌써 퍽이나 ㉡<u>흘렀었다.</u>

  ㉠→온 ㉡→흘렀다.

- 학교 시절에 귀 기울였던 바로 그 소리 → 기울이던
- 몇 번이고 바라보게 했던 바로 그 울음소리 → 하던

~이다

서술격 조사의 기본형이 '~이다'지만 아래 예와 같이 모음으로 끝난 체언에 붙여 쓸 때는 어간 '이~'를 빼고 어미 '~다'만 써야 한다. 특히 소리, 모기, 모이, 머리처럼 '이'로 끝나는 체언에 '~이다'를 그대로 붙여 쓰면 매우 거북하다.

- 언어는 기본적으로 인간 상호간의 의사 소통을 위한 기호의 체계
  이다. (83) → 기호 체계다.
- 말하기를 위한 인체 기관 중에서 가장 두드러진 것은 성대(聲帶)
  이다. (84) → 성대다.
- '무겁다, 맵다, 텁텁하다' 등과 같이 감각적으로 표현하는 것이 그
  보기이다. (103) → 보기다.
- 우리가 이와 같이 국어에만 있는 특징을 공부하는 것은 우리의
  국어를 더욱 잘 이해하기 위해서이다. (104) → 위해서다.
- 우리 민족이 사용하고 있는 언어는 ㉠한국어이다. …… 국어는 전
  체 인류가 사용하고 있는 수많은 언어 가운데 ㉡하나이다.
  ㉠ → 한국어다.　　　　　　㉡ → 하나다.
- 명사는 사물의 이름을 나타내는 단어이다. → 단어다.
- 문법에 맞는 언어 생활을 하는 일도 중요한 우리말 가꾸기이다.
  → 가꾸기다.

기본형을 잘못 알고 쓰는 말
- 내일 오후부터 개이는 날씨가 되겠습니다. (일기예보) → 개는
  설명 날씨가 맑아짐을 뜻하는 '개다(晴)'의 기본형을 '개이다'로 잘
  못 알고 쓴 예다. 표현도 내일 오후부터 '개겠습니다'로 간명하게

고쳐야 한다. 일기예보에서 판에 박은 듯이 하는 표현인 '눈이(비가) 내리는 날씨가 되겠습니다'도 '눈이(비가) 내리겠습니다'고 해야 자연스럽다.

- 샌디 김 선수를 보면 <u>놀랠걸</u>. (KBS 1) → 놀랄걸.
  설명 자동사 '놀라다'와 타동사 '놀래다'를 혼동해서 쓴 예다.
- 공명선거 운동 <u>도우자</u>. (동아일보「사설」) → 돕자.
  설명 '돕다'는 ㅂ 불규칙 활용 동사지만, 모음과 'ㄴ, ㄹ, ㅁ, ㅅ'으로 시작하는 어미 앞에서만 돕의 ㅂ받침이 '우'로 변하고, 'ㄱ, ㄷ, ㅈ'으로 시작하는 어미 앞에서는 변하지 않는다.
- 목메이는 감격
  설명 기본형 '목메다'를 '목메이다'로 잘못 알고 썼다. '목메는 감격'으로 바로잡아야 한다.
- 열차 안에서는 흡연을 <u>삼가해 주시기</u> 바랍니다. (지하철 안내방송)
  설명 기본형이 '삼가다'이므로 '삼가 주시기'로 고쳐야 한다.
- 여행은 늘 우리를 <u>설레이게</u> 만들지요. (KBS)
  설명 기본형이 '설레다'이므로 '설레게'로 고쳐야 한다.
- 5공과 6공세력은 이미 화해할 수 없는 지경에 이르렀고 오랫동안 권력과 유착했던 재벌이 독립선언을 한 지 이미 <u>오래이며</u>, 민자당 내부의 3개 계파는 고질적 갈등을 끊임없이 빚고 있다. (한겨레「사설」)
  설명 기본형이 '오래다'이므로 '오래며'로 고쳐야 한다.

4. 거북하게 길든 서술법

격식화한 서술

말은 쉽고 자연스러워야 내용을 잘 전달하고 정연한 인상을 준다. 요즈음 인쇄 매체나 방송에서 그렇지 못한 말이 하도 많이 보이고 들려 어수선하다. 이는 말을 쉽고 자연스럽게 하면 권위가 없어진다는 의식에서 온 것으로, 유식한 체하느라고 드러내는 무식한 표현이다. 개인끼리 주고받는 잡담에서라도 부끄러워해야 할 유치한 말이다.

- 비가 오는 날씨가 되겠습니다. → 비가 내리겠습니다.
- 오늘은 구름이 많이 낀 상태를 보이고 있습니다.
  → 오늘은 구름이 많이 끼었습니다.
- 오늘도 맑은 날씨가 이어지고 있는 상태입니다.
  → 오늘도 날씨가 맑습니다. / 오늘도 계속해서 갠 날씨입니다. / 오늘도 갰습니다.
- 중부지방은 비가 내리고 있는 상태입니다.
  → 중부지방에(는) 비가 내립니다.
- 남쪽 바다에서 태풍이 <u>비바람을 몰고 오고 있는 상태입니다.</u>
  → 비바람을 몰아옵니다.
- 오늘 아침도 쌀쌀한 기온의 날씨를 보이고 있습니다.
  → 오늘 아침도 쌀쌀합니다. / 오늘 아침도 (기온이) 쌀쌀합니다.
- 비구름이 아직도 머물러 있는 모습이 보이고 있습니다.
  → 비구름이 아직도 머물러 있습니다.
- 남부지방은 흐린 날씨를 보인 가운데 20㎜ 안팎의 비가 내리겠습니다.
  → 남부지방에는 20㎜ 안팎의 비가 내리겠습니다.
  설명 갠 날씨에 비가 내리는 일은 없으므로 '흐린 날씨를 보이는 가운데'는 쓸데없는 말이다.
- 남부지방에서는 폭우주의보가 계속 발효중인 가운데 비가 내리고 있습니다.
  → 폭우주의보가 계속 발효중인 남부지방에는 비가 내립니다.
  설명 '발효중'의 '중(中)'과 '가운데'는 뜻이 같은 말이다. '발효중인 가운데'라는 치졸한 표현을 국가 기관인 기상청에서 수십 년씩이나 공식 발표하는 데 쓰니 참으로 한심하다.

- 청와대측은 관계부처의 의견을 최대한 존중해야 한다고 반론을 제기해 고성이 오가는 상황이 빚어졌으나 결국 당측 주장이 관철됐다고 한 참석자가 전언. (동아일보) → 고성이 오고갔으나

- 모스크바 시민은 생활필수품의 결핍이 심한 상황 속에서도……. (MBC 뉴스)

  → 생활필수품이 몹시 결핍하지만 / 생활필수품이 매우 부족한데도

- 카타르 팀은 남은 일본과의 경기에 지면 3승 2패, 승점 6이 돼 올림픽 본선 진출을 낙관할 수 없게 되는 처지에 놓이게 됐다. (한겨레)
  → 낙관할 수 없게 되었다.

- 시장경제체제하에서는 경쟁에서 낙오된 기업은 망하게 되지만……. (동아일보) → 시장경제체제에서는

- 6공화국하의 언론을 어떻게 보시는지요? (MBC)
  → 6공화국의 언론을

- 연방제 방안의 맹목적인 지지야말로 냉전적 상황 아래서 무조건 북한 주장을 따르던 남한 좌파의 냉전논리라는 것이다. (동아일보)
  → 냉전시대에 / 냉전 상황에서

- 구름이 우리 나라에 머물고 있는 상태를 보이고 있습니다. (일기예보)
  → 구름이 우리 나라에 머물러 있습니다.

- 물결의 높이가 3.4m의 높이로 일겠습니다. (KBS 일기예보)
  → 물결이 3.4m 높이로 일겠습니다.

- 지반붕괴 사고가 발생해서 많은 피해가 있었습니다. (MBC)
  → 지반이 무너져서 / 지반이 붕괴해서

- 저장성이 강하면 값의 폭락을 막을 수 있겠죠. (KBS「전국일주」)
  → 저장을 잘하면

'대통령배 쟁탈 배구시합을 시작했습니다'와 '마라톤 경기가 시작됐습니다'의 서술어 '시작했습니다'를 '시작을 했습니다'로, '시작됐습니다'를 '시작이 됐습니다'로 표현하면 말의 맥이 빠지고 세련미가 없어진다.

- 소비에트 연방 회화전이 개막이 되었습니다. (MBC)
  → 소비에트 연방 회화전이 개막했습니다. / 소비에트 연방 회화전을 개막했습니다.
- 최근 차를 구입을 하시는 분이 많아졌습니다. → 구입하시는
- 암표상이 근절이 되지 않고 있습니다. (MBC)
  → 근절되지 않았습니다. / 없어지지 않았습니다.
- 열차표가 매진이 됐습니다. (MBC)
  → 다 팔렸습니다. / 매진했습니다,
- 바르셀로나 올림픽 예선전 상황 테이프가 입수가 됐습니다. (MBC)
  → 테이프를 입수했습니다. / 테이프를 얻어들였습니다.
- 호송 차량이 준비가 됐습니다. (KBS) → 호송 차량을 준비했습니다.
- 행사 예정이 취소가 됐습니다. (MBC) → 행사 예정을 취소했습니다.
- 어제 중부지방에 내리던 비가 남부지방까지 확대가 됐습니다. (KBS)
  → 확산했습니다.
- 우리 나라가 민주화가 되고 → 민주화하고
- 품질을 개선을 할 것을 약속을 드리겠습니다.
  → 품질을 개선하겠습니다.
- 추운 날씨가 예상이 되고 있습니다. → 날씨가 추워지겠습니다.
- 귀경길에 시간이 많이 걸릴 것으로 예상이 됩니다.
  → 걸리겠습니다.
- 13대 국회의 마지막 국정감사가 중반에 접어들었지만 감사를 받는 행정부의 자료 제출이 제대로 이루어지지 않고 있을 뿐만 아니

라, 제출된 자료도 내용이 부실하기 짝이 없어…….

　→ 행정부에서 자료를 제대로 내놓지 않을 뿐 아니라,

- 와세다 대학을 졸업을 했습니다. → 졸업했습니다.

- 천만인 서명 운동을 전개를 하고 있습니다.

　→ 펼치고 있습니다.

- 결승전이 진행이 되고 있습니다. → 결승전을 진행하고 있습니다.

- 모든 힘을 여기에 집중을 해야 합니다. → 집중해야 합니다.

- 승리를 축하를 드리겠습니다. → 축하합니다.

- 올림픽기 하강이 있겠습니다. → 올림픽기를 내리겠습니다.

- 시험이 시작이 되고 있습니다. → 시험을 시작합니다.

- 성화가 점화가 됩니다. → 성화를 붙입니다.

- 성화가 인도가 됩니다. → 성화를 인도합니다.

- 석탄이 매장이 되어 있다.

　→ 석탄이 매장되어 있다. / 석탄이 묻혀 있다.

- 석탄이 운반이 돼서 → 석탄을 운반해서

- 석탄이 이용이 되고 있다. → 석탄을 쓴다. / 석탄을 이용한다.

- 석탄이 생산이 되고 있다. → 석탄을 생산한다.

- 철도가 건설이 되고 → 철도를 건설하고

- 공업이 발달이 되고 많은 물건이 생산이 돼서 수출이 되고 있습니다. → 공업 발달로 많은 물건을 생산해서 수출합니다.

- 상감마마께서 계셨지를 않습니까? (KBS 사극 「조선 왕조 500년」)

　→ 계시지 않았습니까?

- 지금은 그렇지가 않습니다. (KBS 뉴스) → 그렇지 않습니다.

- 그것은 좋지가 않아. → 좋지 않아.

- 말이 확실치가 않아 가지고 → 확실치 않아서

- 선수의 위치가 정확치가 않군요. → 정확하지 않군요.

- 이 기구에 7개국이 가입이 됐지만…….(KBS 뉴스) → 가입했지만

~도록 한다

'~도록'은 주로 동사 어간에 붙여서 'ㄹ 때까지'의 뜻으로 '이 목숨이 다하도록 조국을 지키리라', '~게 하기 위하여'의 뜻으로 '몸이 튼튼해지도록 잘 먹고 열심히 운동하자', '~ㄹ 수 있게'의 뜻으로 '이 옷을 내일 입도록 다려 주시오'와 같이 '무슨 일을 곧 한다'는 말이 아니고 그 일을 할 전단계가 되는 일을 한다는 말이다.

그런데 요즈음 교수·아나운서·연예인 등, 수준 높은 지식인이 당치 않은 경우에 판에 박아 낸 듯한 버릇으로 '~도록 하겠습니다'를 난발한다.

- 예술의 광장 여기서 마치도록 하겠습니다. (EBS「예술의 광장」)

  설명 마치도록 무엇을 하겠다는 것인가? 이 말에는 '~도록 한다'는 것 밖에도 두 가지를 더 고쳐야 한다.

  우선 '하겠습니다'에서 '겠'을 빼야 한다. '겠'은 미래시제, 행위자의 의지, 일이 되거나 일을 할 가능성을 뜻하는 접미사인데, 방송을 시작하거나 마치는 일은 일정한 예정표에 따라, 그 방송을 맡아하는 사람의 의지와 관계없이, 시작하거나 마친다고 말하는 바로 그 순간에 하는 것이기 때문이다.

  그리고 '여기서'는 곳을 나타내는 말이므로 때를 나타내는 '이제'로 바꿔야 한다. 이와 같이 빼고 바꿔서 표현하면 '예술의 광장 이제 마칩니다'가 된다.

- 전자계산과란 어떤 학과인지 <u>알아보도록 하겠습니다.</u> (EBS「직업의 세계」)

  설명 전자계산과가 어떤 학과인지 알아보려고 '어떤 무엇을' 하겠다는 것이 아니고 그저 '알아보겠다'는 것이므로 '알아보겠습니다'로 고쳐야 한다.

- ○○씨를 소개해 드리도록 하겠습니다.

  → ○○씨를 소개해 드리겠습니다. / ○○씨를 소개합니다.

- 이 시간을 여기서 마치도록 하죠. → 이제 마치지요.
- 수상자를 발표하도록 하겠습니다. → 수상자를 발표합니다.
- 시를 읽어 보도록 하겠습니다. → 시를 읽어 보겠습니다.
- 해석을 하도록 하겠습니다. → 해석하겠습니다.
- 감상해 보도록 하겠습니다. → 감상해 보겠습니다.
- 오늘의 공부를 이만 마치도록 하겠습니다.
  → 오늘 공부 이만 마칩니다.

～기로 한다

'～도록 한다'와 마찬가지로 버릇이 되어 지겹게 반복하는 표현이다. '～기로 한다'는 어떤 일을 하거나 안 할 것, 방법을 결정함을 뜻하는 말로 '임시국회를 열기로 여야가 합의했다', '공명선거를 보장하기 위해 관계기관 대책회의를 중지하기로 했다'처럼 써야 한다.

- 먼저 읽어 보기로 하겠습니다. (EBS) → 먼저 읽어 보겠습니다.
- 이번에는 해석해 보기로 하겠습니다. → 이번엔 해석하겠습니다.
- 다음엔 감상해 보기로 하겠습니다.
  → 다음엔 감상해 보겠습니다.
- 오늘의 공부를 마치기로 하겠습니다. → 오늘 공부를 마칩니다.

엉터리 '하다류(類)' 동사

일·말·사랑·걱정·생각 같은 순수 우리말 명사와 행진·출발·존경·복종·발전같이 자체에 '움직임'의 뜻이 있는 한자어는 '한다'를 접미사로 취해서 '일한다, 말한다, 사랑한다, 걱정한다, 행진한다, 출발한다, 존경한다, 복종한다, 발전한다'처럼 동사가 되지만, 때·곳·위·아래·사람 같은 순수 우리말 명사나 민주·평화·정의·속도·지위같이 자체에 '움직임'의 뜻이 없는 말은 그렇지 못하다. 그런데 요즈음 이런 원칙을 벗어난 말을 만들어서 어색하게 표현하는 지식인이 많다.

- 한국정치학회(회장 백영철 건국대 교수)는 23일 최장집 고려대 교수의 한국전쟁 연구를 다룬 「월간조선」11월호 보도와 관련해 성명을 내어 "문제의 기사는 기본논지의 공정한 인용에 ㉠바탕한 합리적 비판이 아니라 ㉡논지의 부당한 왜곡에 근거한 이념적 폭력"이라며 "학자의 연구를 ㉢이데올로기적 잣대에 의해 왜곡·매도하는 것은 학자의 인권과 명예, 그리고 학문의 ㉣자유에 대한 침해"라고 지적했다. (한겨레)

  ㉠ → 바탕을 둔

  ㉡ → 부당하게 왜곡한 논지에 근거를 둔

  ㉢ → 이데올로기의 잣대로

  ㉣ → 자유를 침해하는 것"이라고

- 북에 발목을 잡힌 우리의 안보정책이 미-일과 동위선상(同位線上)에서 기능(機能)하기에는 한계가 있다. (조선일보「사설」)

  → 기능을 다하는 데는 / 제 구실을 하는 데는

- 신한국당이 1996. 4. 11. 총선 민의에 기반한 야측 공세를 '과반수 공작'으로 꺾으려 한다면 그것은 반민주적 발상이다.

  → 민의에 기반을 둔 / 민의를 기반으로 삼은 / 민의에 따른

- 분업은 생산 활동을 기술적으로 나눌 뿐 아니라 그 생산활동에 기반한 사회 자체를 집단별로 분화한다.

  → 생산활동에 기반을 둔 / 생산활동이 기반이 된

- 산업사회는 본질적으로 집단 이기주의에 기초한 사회다.

  → 집단 이기주의에 기초를 둔 / 집단 이기주의로 기초를 이룬 / 집단 이기주의가 기초가 된

- 좋은 논술을 하려면 문제의 문면에만 집착하지 말고 문제를 거시적으로 조망(眺望)하고 여기에 바탕하여 자신의 논지(論旨)를 치밀하게 전개해야 한다. → 조망하여 / 조망한 바탕 위에

- 유교에서는 인륜을 중시하고, 불교에서는 생성론적 생명관에 바탕하여 인간이 아닌 자연의 생명까지, 상호 인과관계에서 생명이

있음을 알려 왔다.

→ 생명관에 바탕을 두고 / 생명관이라는 바탕 위에

• 멀리 신라 향가에 뿌리해 1천 년의 유구한 생명력을 지녀온 시조
는 그 형식미가 어느 나라 시가보다 우월하고 내용이 자유로운 시
형태다. (중앙일보 「시조짓기 교실」)

→ 향가에 뿌리를 두고 / 향가라는 뿌리에서 자라나

• 그가 내게 곰인형을 선물해 주었다. → 선물로 주었다. / 선사했다.
[설명] '선물'은 남에게 선사하는 물건인데, 많은 사람이 '한다'를 붙
여서 '○○에게 무엇을 선물한다'고 한다. 배운 사람들의 말이 점
점 유치해져서, '선사한다'는 졸업식 노래 '빛나는 졸업장을 타신
언니께 꽃다발을 한 아름 선사합니다'에만 남았다.

• 한탕주의 그만두고 정도(正道)로 승부하라. (서울신문 「사설」 제목)

→ 승부를 가려라.

• 지구상에는 나라가 하도 많아서 세계 지리에 밝은 사람도 그것이
도대체 어디에 위치해 있는지 모르는 국가가 적지 않다. (조선일보 「만
물상」) → 있는지 / 자리잡았는지

• 정권이 바뀔 때마다 도마 위에 오른 교육 개혁 한복판에는 언제나
과외 근절 방안이 자리하고 있었다. (한겨레 「여론」)

→ 자리잡고 있었다. / 있었다.

• 지금 여기 ○○선생님께서 자리하고 계십니다.

→ 와 계십니다. / 앉아 계십니다.

• 서 계신 여러분은 자리해 주십시오. (여러 방송국의 좌담회)

→ 자리에 앉으십시오.

• 안보문제에서 정부는 보수적인 자세를 취할 수밖에 없으나 포괄
적이고 총체적인 접근을 요구하는 국익 우선주의하에서는 정확한
사실 분석에 토대하여 판단하는 자세가 더 긴요하다. (조선일보 「사설」)

→ 사실을 정확히 분석해서 / 정확하게 분석한 사실의 토대에서

• 일본의 건축회사 '미쓰이(三井)홈'은 전 직원에게 가와사키(川崎)

시에 있는 주택에서 <u>생활연수를 받도록</u> 하고 있다. 이름하여 '노인체험 연수'. 이곳에서 젊은이들은 80세 노인의 신체조건을 직접 체험한다. (동아일보 국제란)

→ '노인체험'이라는 색다른 연수를 시킨다.

5. 일어식 서술

~있으시기 바랍니다

'있으시기 바랍니다'는 일본말 'ありたく おねがいします'를 충실히 직역한 말이다. '많은 협조 있으시기 바랍니다'는 '많이 협조해 주시기 바랍니다'라고, '많은 이용 있으시기 바랍니다'는 '많이 이용해 주시기 바랍니다'라고 해야 한다.

잘 부탁드립니다

일본말 'よろしくおねがい いたします'를 잘못 번역해서 쓰는 징그러운 말이다. 'よろしく'는 부탁하는 사람 자신의 일이 '잘 되도록', 자신에게 '이롭도록'이라는 속뜻을 지니고 있어서 'よろしくおねがい いたします'가 일본인 나름으로는 자연스럽게 통하지만, 우리말로 '잘 부탁한다'고 하면 자신이 '부탁을 잘한다'는 말이 되어 우습다.

우리말다운 말은 '잘 돌봐 주십시오', '많이 도와 주십시오' 등이다.

~을(를) 요(要)한다

국어사전마다 '요한다'를 표제어로 싣고 '필요로 한다'고 풀이했는데, '요한다'는 일본말 'よう(要)する'를, '필요로 한다'는 영어 'need'의 타동사 뜻을 직역한 말로, 다행히 서민의 말에는 침투하지 않았으나, 격식화한 표현을 좋아하는 공직자나 언론인이 즐겨 써서 우리말의 질을 떨어뜨린다.

'화급히 해결해야 할 문제'를 '화급을 요하는 문제'로, '정확하게 해야 할 일'을 '정확을 요하는 일'로, '정밀하게 관찰해야 할 것'을 '정밀을 요하는 것'으로, '막대한 비용이 드는 사업'을 '막대한 비용을 요하는 사업'으로 잘못 쓴다.

일제 때 고등경찰이 쓰던 것을 우리 경찰과 정보 기관에서 그대로 답습해 쓰는 요시찰인(要視察人)이나 요주의자(要注意者)도 '~을 요한다'와 같은 일어식 한자 성구다.

~에 다름 아니다

* 올림픽 특수(特需)를 이용해서 광고수입이나 챙기고 시청률이나 높여 보겠다는 방송사들의 속셈이야말로 이 시점에서 가장 경계해야 할 TV 방송의 추악한 이기주의에 다름 아니다. (동아일보「사설」)

  설명 체언에 붙어 다른 말과 비교하는 부사격 조사는 '와(과)'이므로 '이기주의에 다름 아니다'를 '이기주의와 다름없다'로 고쳐야 한다. '이기주의에 다름 아니다'는 일어 '利己主義에 ほかならない'을 직역한 말투다. '에'는 '남은 것은 다섯에 불과하다'처럼 수량이나, '작품이 습작 수준에 불과하다'처럼 정도, '옛날에 사람이 공중을 난다는 것은 공상에 불과했다'처럼 상태를 말할 때 쓰는 조사다.

* 밤마다 뉴스 첫부분에 얼굴을 내보이는 것은 정치라는 이름으로 자신의 <u>집권욕에 다름 아닌</u> 뻔한 행보를 연출하고 있는 것이다.
  → 집권욕에 불과한

* 여야가 합의해서 실정법으로 규정해 놓은 지방자치단체장 선거를 일방적으로 깨버린 집권세력의 행위는 고의로 <u>법을 어긴 것에 다름 아니다.</u> (동아일보「기자의 눈」) → 어긴 것과 다름없다.

* 그것은 김영삼 대표가 노 대통령을 축으로 한 범여권 결속은 이제 무방한 것으로 인식했다<u>는 얘기에 다름 아니다.</u> (동아일보)
  → 얘기와 다름없다.

~에 갈음한다

'~에 다름 아니다'와 비슷한 일본어투로, 젠체하는 사람이 취임 인사할 때, 할 말을 다한 다음 '간단하나마 이것으로 인사에 갈음합니다'라고 하는데, 이것은 '書面をもって あいさつに かへる(서면으로써 인사를 대신한다)'의 'に'를 '에'로 잘못 알고 '서면으로써 인사에 갈음한다'고 해석한 데서 온 기형 말투다.

생각해 보면, 잡담을 길게 늘어 놓고 그 말로 인사를 대신한다는 것은 우리 사고방식과 거리가 멀고, 사실과 맞지 않을 뿐더러 겸손한 자세도 아니어서 우습다.

인사말을 할 때는 마땅히 인사말을 해야지 왜 장황하게 딴말을 늘어 놓고 그것으로 인사를 대신한다고 하나?

~에 값한다

우리 생활에서 '값한다'는 어떤 사람의 행동을 비웃는 투로 '꼴값한다', '생긴 값한다'고 하는 것말고는 용례를 찾기가 어렵다. 그런데 일본말 '~にあたいする(~에 상당하다, ~할 만하다, ~의 가치가 있다)'의 'に'를 '에'로 번역한 투로 쓰는 예가 있다.

- 규모가 방대한 이 책은 그 자체가 우리나라 노사관계와 노동운동사의 한 단면을 보여 주고 있다는 점에서도 <u>주목에 값하는 것이다.</u> (한겨레) → 주목할 만하다. / 주목할 가치가 있다.

~에 틀림없다

'틀림없다'는 서술 기능이 불완전한 형용사이므로 '그 물건은 새것임이 틀림없다', '저 자가 도둑임이 틀림없다'처럼 반드시 보어를 취하는데, 그 보어에 붙는 조사(보격 조사)는 '에'가 아니고 '이'다. 일본말을 좀 알면서 우리 문법을 모르는 사람들은, それはうそに ちがいない(그것은 거짓말임이 틀림없다) 의 'に'를 '에'로 옮겨서 '그것은 거짓말임에 틀림없다'고 표현한다.

이수열 선생님의 우리말 바로 쓰기

- 가정 속의 일상인을 그리는 데 명수인 염상섭은 끝내 뿌듯한 사랑과 정열을 다룬 작품을 쓰지 못하고 말았다. 그것은 한 시대의 살림살이와 그 습속을 그리는 작가로서는 <u>치명적인 불구현상임에 틀림없다.</u> (인문계 고등학교 『문학』교과서)

  → 치명적 불구현상임이 틀림없다. / 치명적 불구현상이다.

- 김 정부는 출범과 더불어 민주주의와 시장(市場)경제라는 명제를 내걸었다. 그리고 지난 광복절에는 '제2의 건국'이라는 슬로건을 만들어냈다. 나름대로 철학이 담겨 있는 <u>고심의 역작임에 틀림없다.</u> (조선일보 「김대중」 칼럼)

  → 고심한 역작임이 틀림없다. / 틀림없이 고심한 역작이다.

  관형격 조사 '의'를 쓰는 일본어투가 많은데, 이는 제4장 조사에서 다룬다.

6. 영어식 서술

'~에 의하여'형

'~에 의한다'는 '~에 근거를 둔다'는 뜻이며, '증거에 의하여 사실을 밝힌다.' '형법 제○○조에 의하여 피고 ○○○를 ○○형에 처한다.' '포상규정에 의하여 상을 준다.'처럼 문어체에 쓰는 낡은 한문투인데, 요즈음 지식인들이 영어 'by'를 발명가나 작가가 한 행위의 뜻으로 쓴 영문, 예를 들면 'The phonograph was invented by Edison(에디슨이 축음기를 발명했다)'을 '축음기는 에디슨에 의하여 발명되었다', 'This book was written by Dr. Kim(이 책은 김 박사가 썼다)'를 '이 책은 김 박사에 의해서 쓰여졌다'고 번역하는 표현법을 그대로 모방해 쓰니, 참으로 어처구니없는 웃음거리다.

- 8차에 걸쳐 개정된 헌법을 이제 국회의 의결을 거쳐 <u>국민투표에 의하여</u> 개정한다. (대한민국 「헌법」 전문) → 국민투표로

- <u>㉠모든 국민</u>은 헌법과 법률이 정한 <u>㉡법관에 의하여 법률에 의한 재판을 받은 권리를 가진다.</u> (대한민국 「헌법」 제27조 제1항)

  ㉠ → 모든 국민에게

  ㉡ → 법관이 법률대로 하는 재판을 받을 권리가 있다.

- 조의관에 의해서 사당과 금고의 승계자로 지명된 덕기 (인문계 고등학교 『문학』 교과서)

  → 조의관이 사당(祠堂)과 금고(金庫) 승계자로 지명한 덕기

- 어민들의 직선에 의하여 뽑힌 대표 (KBS)

  → 어민들이 직선으로 뽑은 대표

- 이라크의 수송선이 미군에 의해 나포되었다. (걸프전 당시 신문 보도)

  → 이라크 수송선을 미군이 나포했다. / 이라크 수송선이 미군에게 나포당했다. / 이라크 수송선이 미군에게 잡혔다.

- 신호등을 무시하고 길을 건너던 김씨가 순경에 의해 연행됐다. (동아일보 「휴지통」) → 김씨를 순경이 연행했다.

- 앞으로 미군에 의해 돌려받을 땅이 백만평에 이른다. (동아일보 「횡설수설」) → 미군이 돌려 줄 땅이 / 미군이 반환할 땅이

- 중앙아시아 세 지역에서 본 말 그림은 이 지방에서 말을 사육하는 사람들에 의해서 그려진 것으로 생각된다. → 사람들이 그린

- 히로히토 일왕에게 전쟁책임이 있다고 발언한 나가사키 시장이 <u>우익단체 간부에 의해</u> 총에 맞은 것은 1990년 1월 18일의 일이었다. (동아일보 「휴지통」) → 우익단체 간부가 쏜

- 유엔 인권위원회는 종군위안부라는 말 대신 <u>군사목적에 의한</u> 성폭행 피해자라는 용어를 썼다. (경향신문 「사설」)

  → 군사목적으로 저지른

- 인민의, 인민에 의한, 인민을 위한 정치 (게티즈버그 연설문)

  → 인민이 하는

설명 미국 제16대 대통령 링컨의 게티즈버그 연설문 끝부분에 있는 'government of the people, by the people, for the people' 을 서투르게 번역해서 수십 년 동안 교과서에 실어 학생들에게 가르친 것도 '～에 의하여'형 구문을 퍼뜨리는 데 큰 몫을 했다.

• 어찌됐든 대의원 경선에 의해 선출된 야당총재의 자격을 거론하는 것은 과거의 권위주의 시절에도 별로 들어보지 못한 일이다. (동아일보 「데스크 칼럼」) → 대의원 경선으로 선출한

• 미국의 워싱턴 포스트지는 11일 김대중 대통령의 대북햇볕정책을 회의(懷疑)하는 국민이 늘어나, 온건론자들도 그 정책이 평양 강경파들에 의해 놀림감이 될까봐 걱정하고 있다고 전했다. (동아일보 워싱턴 특파원) → 강경파들의

'～부터(로부터, 으로부터)'형

우리말에서 '부터'는 본래 '출석번호 1번부터 10번까지', '여기부터, 경기도 행정구역이다', '9시부터 12시까지 시험을 본다'처럼, 차례나 곳, 때가 비롯하는 점을 보이는 부사격 조사인데, 근래 영어에서 출처·기원·근원·유래를 나타내는 데 쓰는 전치사 from구를 직역한 표현으로 마구 써서 우리말을 매우 어지럽힌다. 영어를 닮은 정도에 따라 크게 두 가지로 구별할 수 있다.

첫째는 영어를 닮은 정도가 좀 덜한 것이다.

◆ 단순 속격

• 적으로부터 공격을 받았다. → 적의

• 이웃으로부터 눈총을 받았다. → 이웃의

• 여당 총재인 대통령이 김 대표로부터 당무 보고를 받았다.
  → 김 대표의

◆ 출처

• 대한민국의 주권은 국민에게 있고 모든 권력은 <u>국민으로부터</u> 나온다. (대한민국 「헌법」 제1조 제2항) → 국민에게서(한테서)

◆ 출발점

• 9시에 <u>집으로부터</u> 떠났다. → 집을 / 집에서
• 부산행 열차는 <u>서울역으로부터</u> 시발한다. → 서울역에서

◆ 시작하는 때

• <u>9시부터</u> 수업을 시작한다. → 9시에
• 이 헌법에 의한 최초의 대통령의 임기는 이 헌법 <u>시행일로부터</u> 개시한다. (헌법 부칙 제2조 2항) → 시행일에

◆ 도래원(渡來源)

• 많은 노동자가 <u>아시아 지역으로부터</u> 왔습니다. (EBS)
  → 아시아 지역에서
• <u>해외로부터의</u> 통신 (민중서관 발행 『엣센스 영한사전』)
  → 해외에서 전해 온 통신
• <u>외국으로부터의</u> 수입장비를 내수산업으로 대체하고 있습니다.
  (EBS 「다큐멘터리 세계」) → 외국에서 수입하던 장비를

◆ 발생

• <u>밥으로부터</u> 김이 난다. → 밥에서
• <u>지면으로부터</u> 수분이 증발한다. → 지면에서
• <u>알로부터</u> 애벌레가 나온다. → 알에서

◆ 재료

• <u>석유로부터</u> 만들어진 물건(EBS) → 석유로 만든 물건 / 석유제품

◆ 탈격(奪格)

- 1971년 청와대의 박종규 경호실장은 60년에 김형욱 정보부장에 선을 대고 미국쌀 구입 대리권을 따낸 박동선 씨로부터 그의 이권을 잘랐다. (동아일보「남산의 부장들」) → 박동선 씨에게서(한테서)

◆ 상태

- 문제의 핵심은 구미(歐美) 여러 나라에서 연금기금이 확산함에 따라 기업이 자본가의 지배로부터 벗어나고 있다는 사실이다. (동아일보「문화와 지성」) → 지배에서 / 지배를
- 권력층으로부터 독립하지 못한 검찰에 무엇을 바랄 것인가? (한겨레「시론」) → 권력층에 예속한 검찰에

◆ 처소(處所)

- 학교로부터 버림받은 청소년들은 사회가 경원(敬遠)하므로 마음 붙일 곳이 없어 거리에서 방황한다. (한겨레「사설」) → 학교에서
- 우리나라와 북한은 유엔에 가입한 직후인 지난해 10월 유엔으로부터 똑같은 설문서를 받았다. (한국일보「월요 포럼」) → 유엔에서

◆ 상대격(相對格)

- 어린이로부터도 배울 것이 있다.
    → 어린이에게서도 / 어린이한테서도
- 친구로부터 돈을 빌렸다. → 친구한테서 / 친구에게서
- 아버지로부터 꾸중을 들었다. → 아버지께
- 스승으로부터 글을 배운다. → 스승께
- 할머니로부터 들은 옛이야기 → 할머니께
- 강도로부터 돈을 빼앗겼다. → 강도에게 / 강도한테

둘째는 영어 from 구문 형식에 맞추어 표현해, 한국인다운 생각과 **127**

정서를 치명적으로 해치는 마약과 같은 것이다.

- 내년 선거에서 기인할지도 모를 경제적 정치적 파탄으로부터 우리 국민을 보호하는 일은 결코 쉬운 일이 아니다. (동아일보 「동아시론」)

  → 내년 선거 때문에 국민이 겪게 될지도 모를 경제적·정치적 파탄을 막는 일은 결코 쉬운 일이 아니다. / 내년 선거의 후유증으로 올지도 모를 경제적·정치적 파탄을 국민이 겪지 않게 하는 일은 결코 쉽지 않다. / 내년에 국민이 선거 후에 겪을지도 모를 경제적·정치적 파탄을 막는 일은 결코 쉽지 않다. / 내년에, 국민으로 하여금 선거 때문에 생길지도 모를 경제적·정치적 파탄을 면하게 하는 일은 매우 어렵다.

  설명 밑금 그은 부분은 to protect people from economic and political failure를 직역한 기형 문장이다.

  비슷한 글 여럿을 보인 것은, 같은 상황을, 사람따라 다르게 표현할 수 있고 그렇게 하는 것이 당연함을 보이기 위해서다.

- 관동대지진 때 한국인을 학살로부터 지켜 준 일본인이 있었다. (EBS)

  → 한국인을 학살하지 못하게 한 / 한국인이 학살을 면하게 해 준 / 한국인이 일본인에게 학살당하는 것을 막아 준 / 일본인이 한국인을 학살하지 못하게 한

- 혼인 시기, 배우자 선택 등 사생활 형성에 관한 문제는 기본권 주체의 일신 전속권이기 때문에, 어떤 외부 간섭으로부터도 보호되어야 한다. (동아일보 「사설」)

  → 아무도 간섭할 수 없다. / 어떤 간섭도 배제해야 한다.

- 6공화국 정부는 한국 정치체제의 가장 큰 불안이었던 군부의 정치적 개입으로부터 해방될 수 있었다. (동아일보 「사설」)

  → 정치적 개입을 피할 수 있었다. / 정치적 간섭을 면했다.

- 이번 남북회담은 겨레를 공멸로부터 구하려는 위기의식의 산물이라 할 것이다. (한겨레 「사설」)

→ 겨레의 공멸을 막으려는 의식의 / 민족이 공멸할 위기를 극복하려는 의지의

- 영양을 잘 섭취하면 질병으로부터 자유로워집니다. (EBS)

  → 질병을 면합니다. / 병에 걸리지 않습니다. / 병을 예방합니다. / 병을 물리칠 수 있습니다.

- 정치는 돈으로부터 자유로워야 한다.

  → 정치는 돈에 얽매이지 말아야 한다. / 정치가 돈의 노예가 되면 안 된다.

- 유니세프(UNICEF) 회원이 되어 이 아이들을 죽음의 위협으로부터 지켜주십시오. (jtbc) → 구제해 주십시오.

- 국가는 재해를 예방하고 그 위험으로부터 국민을 보호하기 위하여 노력하여야 한다. (대한민국 「헌법」 제34조 제6항)

  → 국민이 위험에 빠지지 않도록 보호하여야 한다.

- 윤봉길 의사께서는 문맹이 없고, 일제로부터 보호받는 농촌을 만들려고 애쓰셨습니다. (EBS)

  설명 '일제로부터 보호받는'이 무슨 뜻인지 알 수 없다. 일제의 보호를 받는다는 뜻인가? 우리 나라를 침탈하고 농지를 강탈한 일제가 우리 농민을 보호해 준다는 것은 터무니없으니 말이 안 된다. '일제의 박해를 물리치는'이라고 해야 한다.

- 북한이 북침설을 내세워 반미시위를 하는 것은 그동안 비밀에 가렸던 남침기록이 백일하에 드러나자, 역사적 사실을 북한 주민들로부터 감추려는 것으로 보인다. (동아일보 「사설」)

  → 북한 주민들에게 / 북한 주민들이 모르게

- 돈으로부터 깨끗하고 과거로부터 자유로운 정치인은 없다. (조선일보 「김대중 칼럼」)

  → 돈때가 묻지 않고 과거가 깨끗한 / 항상 청렴 결백한

- 해묵은 양비론은 내키지 않지만 국회 마비의 책임으로부터 자유롭지 못한 건 여측도 마찬가지다. (동아일보 「오피니언 데스크 칼럼」)

→ 여측도 국회를 마비시킨 책임을 면할 수 없다. / 여측도 국회를 마비시킨 책임을 면할 수 없다. / 여측에도 국회를 마비시킨 책임이 있다.

- 일본이 그 국력에 걸맞은 역할을 제대로 하기 위해선 하루 빨리 ㉠과거사로부터 스스로 「해방」되어야 한다. ㉡과거로부터 자유롭지 못한 나라는 신뢰를 얻지 못한다. (조선일보「사설」)

→ ㉠ 과거의 잘못을 스스로 뉘우쳐 사과하고 용서를 받아야 한다.

㉡ 과거의 죄과를 청산하지 못한 나라는

- 막 호전되어가는 해외의 한국평가가 다시 악화될 경우에는 재벌들이 책임을 뒤집어 쓸지 모른다. 재벌도 할 말은 많을 것이다. 하지만 그들은 정치적 공격으로부터 그리고 대중적 정서로부터 결코 자유로울 수 없는 나라에서 사업을 하고 있다. (조선일보「태평로」)

→ 정치적 공격을 피할 수 없고, 대중의 정서를 무시(외면)할 수 없는

그 밖의 몇 가지 유형

◆ ~을 필요로 한다

- 한 사람이 필요로 하는 분량이 얼마나 됩니까? (MBC TV「여론광장」)

→ 한 사람에게 필요한 분량이 얼마나 됩니까? / 한 사람에게 얼마나 필요합니까?

설명 어근 '필요'에 '하다'를 붙이면 형용사 '필요하다'가 되는데, 이런 기본 상식도 없이 영어 마디나 배운 사람들이 'need food', 'need time'을 '음식을 필요로 한다', '시간을 필요로 한다'로 번역한 데서 위와 같은 엉터리 표현이 퍼져 우리말을 망친다.

- 남북 경협은 정치문제의 해결을 강하게 필요로 하고 있다. (동아일보「사설」)

→ 남북이 경제적으로 협력하려면 먼저 정치문제를 해결해야 한다. / 남북 경협은 정치문제 해결을 강하게 요구한다./ 남북이 경

제적으로 협력하는 데는 정치문제 해결이 대단히 필요하다.

설명 '필요로 한다'는 영어투 표현과 '문제의 해결'이라는 일어투 표현을 합쳐 놓은 기형문이다.

- 국정원 지역책임자, 도지사, 경찰청장, 지검장, 지역사단장이 머리를 맞대고 무슨 논의를 했는지는 구체적 <u>설명을 필요로 하지 않는다.</u> (한겨레 「사설」)

  → 설명이 필요없다. / 설명이 필요하지 않다. / 설명을 안 들어도 알 수 있다.

- 재판부는 흉기 조사가 아닌 다른 소지품 검사는 불심검문의 한계를 넘는 것으로 사전 영장을 받거나, 긴급할 경우에도 <u>사후영장을 필요로 한다고</u> 판시했다. (동아일보 「사설」)

  → 긴급한 경우에는 사후에 영장을 받아 제시해야 한다고

- 우리는 지구를, 땅을 얼마나 생각했을까. 진실로 <u>서로가 서로를 필요로 하는</u> 생태계를 얼마나 생각했을까. (동아일보)

  → 서로 필요한

◆ ~이 요구된다

- 나는 내게 요구되는 일은 모두 하겠다. (시사영어사 발행 『영한사전』)

  → 내게 요구하는 일은 다 하겠다. / 내가 할일을 다 하겠다.

  설명 한자어 어근 '요구'에 '한다'를 붙이면 '요구한다'는 동사가 되는 상식 수준의 조어법조차 모르는 것인지, 알면서도 일부러 외면한 것인지 require의 용례 문장 'I'll do all that is required of me'를 위와 같이 옮겨 사전에 실어서 영어 닮은 기형 구문을 보급해 우리말을 영어에 종속시킨다.

- 앞을 가로막는 두 가지 현안에 대해 <u>남한 당국의 과감한 자세 전환이 요구된다.</u> (한겨레 「사설」)

  › 남한 당국이 과감히 자세를 전환해야 한다.

- 정부와 기업의 원천적 책임과는 별도로 국민의 소비절약 동참이

요구되는 것은 그 때문이다. (동아일보「사설」)

→ 국민이 소비 절약 운동에 동참해야 하는 것은 / 국민에게 소비 절약을 요구하는 것은

◆ 아무리 강조해도 지나치지 않는다

• 공정방송의 중요성은 아무리 강조해도 지나치지 않는다. (한겨레「사설」)

→ 방송은 언제나 절대로 공정해야 한다. / 편파방송은 절대로 용서할 수 없다. / 편파방송은 바르게 알 국민의 권리를 짓밟는 범죄행위다. / 편파방송은 시청자의 적이다.

설명 The importance of the impartial broadcast can't be too emphasized를 직역한 표현으로, 제 생각을 남의 표현 형식에 맞추느라 개성을 버린 글의 대표적인 예다.

• 민주사회에서 법치주의의 중요성은 아무리 강조해도 지나치지 않는다.

→ 법치주의는 민주사회의 지상명제다. / 법치 없는 민주사회는 없다. / 법치주의는 민주사회의 근간이다. / 민주사회는 법치주의 사회다.

◆ 영어식 인사말

• 좋은 아침입니다. (KBS 2 TV)

설명 영어 'good morning'을 흉내낸 웃음거리다.

• 안녕하세요? 만나게 돼서 반갑습니다. (EBS)

설명 'How do you do? I am glad to meet you'를 철저히 모방한 것이다. '만나게 돼서'를 빼고 '안녕하십니까? 반갑습니다'라고 해야 한다. 만나면 반사적으로 반갑다고 하는 것이지 '만나게 돼서' 따위 조건을 붙이는 것은 우리 겨레다운 정감이 아니다.

• 좋은 시간 되시기 바랍니다.

→ 좋은 시간 보내시기 바랍니다.

설명 '사람'더러 어떻게 '시간'이 되라는 말인지 모르겠다.

- 오늘도 건강에 유의하시는 하루 되시기 바랍니다. (MBC TV)

  → 건강에 유의하십시오.

- 즐거운 주말 되시기 바랍니다.

  → 주말을 즐겁게 지내시기 바랍니다.

제3장

수식법

1. 부사를 옳게 쓰기

글을 쓰면서 주어에 상응하는 서술어의 뜻을 명사로 한정(수식)하려면, 그 명사에 각종 부사격 조사를 붙여서 다음 예와 같이 쓴다.

- 경부선 열차는 서울역에서 출발한다. (처소)
- 목수가 통나무를 톱으로 켠다. (기구)
- 패기와 신념으로써 사태를 해결한다. (수단)
- 국회는 국민의 대의기구로서 행정부를 견제한다. (자격)
- 한겨레 신문은 독자들이 진보적인 언론으로 평가한다. (사실)

그러나 본래의 부사로 한정할 때는 아무런 조사도 안 붙이고 오직 부사만 쓴다.

- 금강산은 경치가 매우 아름답다. (정도)
- 학생이 빨리 뛴다. (상태)
- 대한 사람 대한으로 길이 보존하세. (시간)

그런데, 많은 부사 중에서 상태 부사인 '그대로', '서로', '스스로'와 수량부사인 '모두'를 못 배운 사람들은 다음 같이 옳게 쓴다.

- 이 항아리를 이곳에 그대로 놔 두어라.
- 형제들끼리 서로 사이좋게 지내라.
- 네 일을 남에게 기대지 말고 너 스스로 해결하라.
- 애들이 모두 왔구나.

그런데, 많이 배운 사람일수록, 갖가지 격조사를 붙여서 우리 말과 글을 어지럽히므로 그 실례들을 모아서 바로잡는다. 아래에 든 예문 중에서, 끝에 ( ) 안의 숫자는 1996. 3. 1에 발행한 고등학교 『국어』 상

(上)에 그 문장이 실린 쪽수를 가리킨다.

그대로

'어떤 사물의 모양을 고치거나, 양이나 크기를 늘리거나 줄이는 일 없이 있는 대로'를 뜻하는 부사로, 어떤 격조사도 붙이지 말아야 한다.

- 문학이 ㉠실생활의 그대로의 모사(模寫)에 지나지 않는다면 그것을 제시하는 아무런 의미가 없다 …… ㉡있는 그대로를 보여 주는 사진에도 구도라는 것이 있고, 또 특별히 의미 있는 순간을 기념하기 위한 것이 보통이다. (인문계 고등학교 『문학』 교과서)

  설명 ㉠에 두 번이나 쓴 '의'를 빼어 버리고, '그대로'를 부사로 되돌려 쓰면 '실생활을 그대로 모사하는 데 그친다면'으로 간명해진다. ㉡도 말이 안 되는 표현이다. 보여 줄 것(목적어물)을 보이지 않았다. '그대로'에 '를'을 붙여 놓았으니까 목적어 같지만 '그대로'라는 실체는 세상에 없다.

  '그대로'는 뒤따르는 서술어의 뜻을 한정(限定)하는 말(부사)일 뿐이므로 결코 목적어가 아니다. '산 낙지를 그대로 먹었다'를 '산 그대로 먹었다'고 하면 무엇을 먹었는지 알 수 없고, '더러운 바지를 그대로 입었다'를 '더러운 그대로를 입었다'고 하면 무엇을 입었는지 알 수 없는 것과 마찬가지다. '그대로를'에서 '를'을 없애고 목적어(것)를 보충해서 '있는 것을 그대로 보여 주는 사진'이라고 고쳐야 한다.

- 느낀 그대로를 말하세요. (KBS 1 TV) → 느낀 것을 그대로 말하세요.

- 그 때의 모습 그대로를 보여 주고 있다. (EBS)

  → 그 때의 모습을 그대로 보여 주고 있다.

- 이들 동물이 사용하는 것들은 이미 만들어졌거나 자연물 그대로의 것이므로 인간의 그것과는 구별된다. (183)

  → 이런 동물은 남이 만들어 놓은 것이나 자연물을 그대로 쓰는

것이므로 인간의 그것과 다르다.

- 유추를 통한 내용 생성의 준비 단계로 「성북동 비둘기」의 <u>내용 그</u>
<u>대로</u>를 산문으로 요약하여 50자 정도의 글로 써 보자. (373)
   → 내용을 그대로
- <u>있는 그대로</u>를 모사한 것을 그림이라고 한다. (KBS 1 TV)
   → 있는 것을 그대로

서로

피아(彼我), 남녀, 노소 등 쌍방이 호혜(互惠), 교환(交換)하는 관계를 보이는 부사이므로, 어떤 격조사도 붙이지 말고 써야 하는데, 국어사전들이 명사로 규정하고 불구 문장(不具文章)을 예문이랍시고 내세웠다. 한글학회가 펴낸 『우리말큰사전』에는 '상대하는 양쪽'이라 풀고 ①'서로가 좋아한다'를, 민중서림이 발행한 『국어대사전』에는 뜻을 '쌍방'이라 풀고 ②'서로가 힘을 합하여'를 예문으로 보였지만, '서로'는 좋아하거나 힘을 합하는 실질적 주체가 아니므로, 실질적 주체를 내세워 ①을 '남녀 서로가 좋아하다', ②를 '쌍방 서로가 힘을 합하여'라고 해도, 두 문장의 주어는 '서로가'가 되고 행동의 주체인 '남녀'와 '쌍방'은 주어 '서로가'를 수식하는 종속 성분인 관형어가 돼 버려서 말본에 어긋나는 말(글)이 된다.

①을 '남녀가 서로 좋아한다'로, ②를 '쌍방이 서로 힘을 합하여'로 고쳐야 말본에 맞으면서 말맛이 살아난다. ②에서는 아예 '서로'를 빼고 '쌍방이 힘을 합하여'라고 하는 것이 낫다.

- 북경 아시안게임에서 남북한이 <u>서로를</u> 응원하기로 합의했다.
   → 서로
- 한·일 요트 경기를 벌여 <u>서로 상호간의</u> 친선을 과시했습니다.
   → 서로 / 상호
- 우리는 <u>서로가 서로를</u> 위하고 도와야 한다. → 서로

- 자주 만나지 않으면 <u>서로를</u> 이해하지 못한다. → 서로
- 남북 쌍방은 <u>서로가 서로를</u> 인정하는 바탕에서 만나 대화를 해야 합니다. → 서로
- 쌍방이 양보하지 않으면 <u>서로가 서로를</u> 해친다. → 서로

  설명 '서로'가 '양쪽이 같이'를 뜻하므로 '서로가 서로를'이라는 표현은 웃음거리다.

- 남녀 <u>서로간의</u> 진정한 화합과 만족을 줄 수 있는 성생활 지침서.

  → 남녀가 서로

- 우리는 <u>서로를</u> 사랑할 거예요. → 서로
- 이 붕 총리는 이상옥 장관을 만나서 한·중 두 나라가 아직까지는 <u>서로가 서로를</u> 잘 이해하지 못했다고 말했다. → 서로
- 아내가 입국한 뒤 세 번밖에 만나지 못해 <u>서로에</u> 대해 잘 알지 못하지만 신앙의 힘으로 화목한 가정을 이룰 수 있을 것이라고 말했다. (한겨레「동네방네」) → 서로
- 친구와 가족은 이미 상대자를 잘 알고 있으므로, <u>서로의 관계가</u> 우호적일 뿐 아니라 (24) → 관계가 서로
- 학습 활동을 중심으로 <u>서로의 의견을</u> 주고 받는 것이 좋은 방법이다. (212) → 의견을 서로
- 모든 사람들이 제멋대로 행동하는 것을 허용한다면 ㉠<u>서로가 서로의 길을</u> 방해하게 될 것이고 결국 ㉡<u>대부분의 사람들이</u> 심한 ㉢<u>부자유의 고통을 받는</u> 결과에 이르게 될 것이다. (310)

  ㉠ → 길을 서로   ㉡ → 사람들 대부분이

  설명 '대부분의 사람들'은 일본어 구조다.

  ㉢ → 고통을 받을 것이다.

- 여러 가지 병신 모습의 양반들이 다수 등장하여 자기들끼리 지체를 다투면서 <u>서로의 약점을</u> 폭로한다. (414)

  → 서로 약점을 / 약점을 서로

- 그의 시적 공간에서는 모든 사상(事象)이 <u>서로의 영역을</u> 넘나듦

으로써 명백한 죽음의 음악이…… (440) → 영역을 서로

• 우리 생존의 기본을 보장하는 것이 지구라는 터전이며 땅이다. 우리는 이 지구를, 땅을 얼마나 생각했을까. 진실로 <u>서로가 서로를 필요로 하는</u> 생태계를 얼마나 생각했을까. (동아일보「특별기고」소설가 박경리의 글) → 서로 필요한

스스로

'저절로, 자진하여, 제 힘으로'를 뜻하는 부사인데, 몇몇 국어사전이 부사 이외에 자기 자신을 뜻하는 명사로도 규정하여 '스스로가 스스로에게 물어 보라', '스스로를 보살펴라' 따위의 예문을 보였으나, 모두 분별 없는 짓이다. 아무 격조사도 붙이지 말고 순수하게 부사로만 써야 한다. '스스로가 스스로에게 물어 본다'에 주어를 보충해 표현해 보자.

1인칭 나 스스로가 스스로에게 물어 본다.
2인칭 너 스스로가 스스로에게 물어 보아라.
3인칭 철수는 스스로가 스스로에게 물어 본다.

정상적인 언어 감각을 지닌 사람이라면 실생활에서 도저히 자연스럽게 쓸 수 없는 표현임을 곧 감지할 것이다. 다음같이 말해야 어법에 맞고 말맛이 살아난다.

1인칭 나는 자문(自問)해 본다.
2인칭 너 자신에게 물어 보아라.
3인칭 철수는 제가 제게 물어 본다.
　　　　철수야, 너 자신에게 물어 보아라.

'스스로를 생각해 본다'를 위와 같은 방법으로 살펴보자.

1인칭 나는 스스로를 생각해 본다.

2인칭 너는 스스로를 생각해 보아라.

3인칭 철수는 스스로를 생각해 본다.

아무리 뜯어봐도 말 같지 않다. 다음같이 말하면 자연스럽다.

1인칭 내가(나는) 나 자신을 생각해 본다.

2인칭 너(네) 자신을 생각해 보아라.

3인칭 철수는 제 자신을 생각해 본다.

언론 매체에 난무하는 표현을 살펴본다.

• 우리 스스로의 문제는 우리가 풀어야 한다.

　→ 우리 문제는 우리가 스스로 풀어야 한다. / 우리 문제는 우리

　자신이 풀어야 한다.

• 정당이 ㉠이를 뒷받침할 힘이 없으면 ㉡스스로의 무게 때문에 무

　너질 수도 있다.

　㉠→ 자체를　　　　㉡→ 제 무게

• 일본 정부 고위층들은 ㉠그들의 가슴에 손을 얹고 ㉡스스로에게

　물어 보라.

　㉠→ 자신들의　　　㉡→ 스스로 물어 보라. / 자문해 보라.

• 권력은 무엇으로 스스로를 유지하는가? → 자체를

　설명 '자신'은 '자기'와 더불어 한자어임을 거의 의식하지 않고 친숙

　하게 쓰는 명사여서 '스스로'로 바꿔 쓰면 오히려 억지스러운 느낌

　이 든다. '스스로'가 '모두', '서로'와 함께 본디 부사로만 쓰는 말이

　므로 지극히 당연한 현상이다.

　'자기가', '자신이'를 '스스로가'로 바꾼다고 자주 정신이 돋보이거

　나 우리말이 더 순수해지는 것이 결코 아니다. 고유한 어법이 무

　너지고 말맛만 상하니, 절대로 섣부른 말놀음에 빠지지 말아야

한다.

- 주민 스스로도 자구(自救) 노력 필요. (동아일보)

  설명 '자구(自救)'가 '스스로 구함'을 뜻하니, 위 기사의 '스스로'는 군더더기다. '스스로도'를 빼어 버리고 '주민도 자구 노력해야'로 고쳐야 한다.

- 잘못된 행정행위는 취소하거나 백지화하는 것이 마땅하다. 그럼에도 정부의 그릇된 위신을 내세워 선경 스스로가 포기케 함으로써 정직하지 못함을 또 한 번 드러냈다. (동아일보 「사설」)

  → 선경이 스스로

- 정경유착의 고리를 끊는다든지, 경제 구출을 위해 새 역할을 담당한다든지 하는 재벌기업 스스로의 변화를 국민들은 기대한다. (동아일보 「사설」) → 자체의

다음은 고등학교 『국어(상)』에 있는 예문이다. ( ) 안의 숫자는 교과서의 쪽수다.

- 시집 출판을 단념한 윤동주는 1941년 12월 29일에 「간(肝)」을 썼다…… 그러나 그는 스스로를 달래지 않을 수 없었다. (125)

  → 자신을 스스로

- 그렇다고 남의 향락을 위하여 스스로는 고난의 길을 일부러 걷는 것이 학자도 아니다. (132) → 자신은

- 이를 위해서는 학생 스스로가 작품을 읽어 기본적인 것을 미리 안 다음……. (212)

  → 학생이 스스로 / 학생 자신이 / 학생이 제 힘으로

- 독자들은 ㉠그들이 읽고 있는 것을 실제로 잘 읽고 있는지 ㉡스스로에게 물어 볼 필요가 있다. (387)

  ㉠ → 자신들이

  ㉡ → 자신에게

모두

‘모두’는 ‘서로’, ‘스스로’, ‘그대로’처럼 원래 부사로만 쓰는 말인데, 요즈음 표현력이 미숙한 공직자와 언론인이 명사로 둔갑시켜 쓰는 사례가 만연하자, 주요 국어사전이 덩달아 명사로도 풀이해 우리의 언어 생활을 치졸하게 한다.

한글학회가 펴낸 『우리말큰사전』은 ‘모두’의 명사적 해석을 ‘한데 모은 수나 양’이라 하고 다음 용례를 늘어 놓았다.

① 모두가 건강하다.   ② 모두들 먹었다.
③ 모두에게 나누어 준다.   ④ 모두의 잘못.

하나같이 필수 성분을 갖추지 못한 표현이므로 적절한 성분을 보충해서 검토해 보자.

①에 주어로 ‘가족’, ‘학생들’을 보충해서 ‘가족 모두가 건강하다’, ‘학생들 모두가 건강하다’고 하면 요즈음 만연한 표현 양식에는 맞지만, 우리 언어 논리에는 어긋난다.

건강한 주체는 가족이나 학생이지 ‘모두’가 아니다. 실체가 아닌 ‘모두’를 주어로 삼아서 실체인 ‘가족’과 ‘학생들’은 ‘모두’를 수식하는 종속 성분인 관형어가 되었다. 주체를 주어로 삼아 ‘가족이 모두 건강하다’, ‘학생들이 모두 건강하다’고 해야 ‘모두’가 서술어 ‘건강하다’를 한정하는 부사로서 제 구실을 찾는다.

②에 주어와 목적어를 보충하면 ‘아이들이 떡 모두를 먹었다’가 되어서, 요즈음 만연한 표현 중에서도 가장 치졸하다.

모든 아이가 빠짐없이 떡을 먹었으면, ‘아이들이 모두 떡을 먹었다’고 해야 하고, 아이들이 떡을 남김없이 먹었으면 ‘아이들이 떡을 다(모두) 먹었다’고 해야 한다. ‘모두를’이라는 말은 아무리 억지로 써 보려고 해도 쓸 수 없다.

③에 주어와 목적어(직접, 간접)를 보충해서 ‘선생이 학생 모두에게

연필을 나누어 주었다'고 하면, ①처럼 이즈막에 유행한 표현법엔 맞는 듯하지만, 받는 '학생'이, 실체가 없는 '모두'를 꾸미는 종속 성분인 관형어가 되어, 어법이 무너지고 어감도 상한다. '선생이 모든 학생에게 연필을 나누어 주었다'고 해야 어법과 어감이 함께 살아난다.

④에 잘못한 사람(주어)을 보충해서, '학생들 모두의 잘못이다'고 하면 문법 성분의 주·종이 뒤바뀐 표현이므로 '모든 학생의 잘못이다'고 하거나, '학생이 모두 잘못했다'고 해야 한다.

다음 같은 상투적 표현도 이치에 맞게 고쳐 써야 한다.

국민 모두는 → 모든 국민은 / 국민은 모두
우리 겨레 모두가 → 우리 온 겨레가 / 우리 겨레가 모두
선수들 모두는 → 모든 선수는 / 선수들은 모두
칠천만 겨레 모두가 힘을 모아 → 칠천만 겨레가 모두 힘을 모아

한편, '우리가'를 '우리 모두가'라고 하는 것은 공동체 의식을 강조하기 위한 표현인 듯하지만, '우리' 자체가 나를 포함한 공동체를 뜻하는 개념이므로 굳이 덧붙인 '모두'는 사족이다.

'우리가'만으로 정히 성에 차지 않으면 '우리가 모두'라고 해야 한다.

• 우리 모두는 운명 공동체다.
  설명 '우리'라는 말이 내가 속한 집단을 뜻하므로 '모두'는 쓸 필요가 없다. 굳이 쓴다면, '우리는 모두 운명 공동체다'라고 해야 한다.
• 알고 있는 일 모두를 말할 수는 없다.
  → 알고 있는 일을 모두 말할 수는 없다.
• 저희 벽산건설의 임직원 모두는 국민 여러분께 머리 숙여 사죄를 드립니다. → 모든 임직원은
• 교육 위원은 주민 모두의 창조적인 역량을 모으는 데 최선을 다해야 한다. → 모든 주민의

- 1972년에 작고한 고복수 씨는 「타향살이」, 「짝사랑」 등의 히트송 들로 한국인 모두의 심금을 울려 주었다. → 모든 한국인의

- 임정의 마지막 생존자 조경한 옹은 독립운동을 하느라 가정을 돌 보지 못해, 슬하의 2남 1녀 모두가 제대로 학교 교육을 받지 못한 것이 늘 마음에 걸린다고 했다.
  → 2남 1녀가 / 2남 1녀가 모두 / 2남 1녀가 다

- 우리 국민 모두가 잘 사는 사회를
  → 우리 국민이 모두 잘 사는 사회를

- 우리 모두가 큰 곤란을 겪고 있습니다.
  → 우리 모두 / 우리가 모두 / 우리가 다

- 임직원 모두가 심혈을 기울여 건실한 시공에 주력해 왔으나…….
  → 모든 임직원이 / 임직원이 모두

- 이에 따라, 임명시장·도지사·군수 모두에 대하여 직무수행 정지 를 청구해야겠지만…….
  → 모든 임명시장·도지사·군수에

- 정치·사회·기업·관리·국민 모두가 가치관이나 도덕성이 무너지 는 위기 상황을 맞고 있다. → 국민이 모두 / 국민이 다

- 우리 칠천만 겨레 모두의 기쁨.
  → 우리 칠천만 겨레의 기쁨. / 우리 칠천만 모든 겨레의 기쁨.

- 통일을 향해 우리 모두는 달려나가야 한다. → 우리는 모두

- 이상으로 기념식을 모두 마치겠습니다. → 마칩니다.
  설명 어떤 의식이든, 일부분만 마치는 경우는 없으므로 '모두 마친 다'는 말은 우습다. 또 기념식은 사회자의 의지와 관계없이 마치는 것이므로 의지나 미래시제 등을 뜻하는 '겠'을 붙이지 말아야 한 다.

- 중립내각이기 때문에 이제는 한 정당 대신 세 정당 모두의 지지를 받을 수 있다고 주장할지도 모른다. (동아일보 「동아시론」)
  → 세 정당의 지지를 모두

- 이처럼 정치, 사회, 기업, 관리, 국민 모두가 분열한 가운데 가치관
  이나 도덕성이 붕괴하는 위기를 맞고 있다. (동아일보「사설」)
  → 국민이 모두 분열한
- 페로가 출마할 경우 9월 중에 50개 주 모두에서 등록을 마칠 것
  으로 전망됩니다. → 50개 주에서 등록을 모두 마칠 것으로
- 내 아이, 네 아이가 아니다. 모두가 우리 아이다.
  → 모두 우리 아이다.
- 우리는 선진국과 후진국 모두에게서 도전을 받고 있습니다. (EBS)
  → 우리는 선진국과 후진국에게서 다(모두) 도전을 받고 있습니다.
- 이 자리에 계신 여러분 모두께 감사 드리고 저는 이만 인사드리고
  다음 주에 다시 뵙겠습니다. (KBS 1TV「열린음악회」) → 모든 분께

다음은 고등학교 『국어(상)』에 있는 예문이다. ( ) 안의 숫자는 교과
서의 쪽수다.

- 지금까지 공부한 작품들 중에서 어떤 작품을 지정해도 좋고 다섯
  작품 모두를 아울러 생각해도 좋다. (72) → 다섯 작품을 모두
  설명 아울러 생각할 대상(목적어)이 '다섯 작품'이므로 목적격 조
  사는 '작품'에 붙여야 한다.
- 동양의 학문이 …… 결국은 성인(聖人)이 되어야 한다는 점에서는
  모두가 일치한다고 하겠다. (129) → 모두
  설명 '동양의 학문이'가 주어이며, '모두'는 '일치한다'를 한정하는
  부사다.
- 우리가 현재 민족 문화의 전통과 명맥을 이어준 것이라고 생각하
  는 것의 모두가 그러한 것이다. (190) → 생각하는 것이 모두
  설명 '모두'는 실체가 아닌 부사이므로 주어가 될 수 없다.
- 모두들 내릴 준비를 하라는 명령이 내린 것은 사흘째 되는 날 황
  혼 때였다. (338) → 모두

설명 '모두'에 '들'을 붙여도 부사 구실하는 데는 변함이 없지만 '모두'가 복수 개념이므로 '들'은 사족이다.

- 다섯 작품 모두가 중요하고 핵심적인 문제를 다루었다. (376)
  → 다섯 작품이 모두
- 국회의 파행이 지속할 경우 그 부담은 <u>여야 모두에게</u> 돌아간다.
  → 여와 야에 고르게

2. 그 밖의 남용하는 부사와 부사적 표현

굉장히

'광대함'을 뜻하는 굉(宏)과 '크고 훌륭함'을 뜻하는 장(壯)을 합해서 된 형용사 '굉장하다'에서 파생한 부사인데, 거의 모든 사람이 아무때나 입 속에 녹음해 둔 듯이 내뱉는다.

- ㉠<u>굉장히</u> 단 복숭아를 출하(出荷)하게 돼서 ㉡<u>굉장히</u> 기쁘다고 하십니다. (KBS 1 TV「6시 내고향」)

  ㉠→ 매우 / 무척 / 아주   ㉡→ 대단히 / 몹시
- 닭 요리는 <u>굉장히</u> 쉽게 할 수 있습니다. (KBS 1 TV) → 아주 쉽게
- 할아버님 <u>굉장히</u> 건강하시네요. (KBS 1 TV「6시 내고향」)
  → 참(무척 / 매우) 건강하시군요.
- 이 실험기구 <u>굉장히</u> 간단합니다. (EBS「초등 과학」교사) → 아주 / 극히
- 치어(稚魚)가 <u>굉장히</u> 작은데요. (KBS 1 TV「6시 내고향」) → 꽤 / 아주

이 밖에도 '덥다, 춥다, 부럽다, 자유롭다, 신기하다, 예쁘다' 등 '크기'와 전혀 어울릴 수 없는 온갖 형용사에 얹어 쓴다.

너무, 너무너무

꼭 알맞은 정도, 표준을 넘거나 거기에 미치지 못함을 보이는 부사
(예 : 책상이 너무 높다, 신이 너무 작다)인데, 아무것에 마구 쓴다.

- 지리산 감은 빛깔이 <u>너무</u> 고와요. (KBS 2 TV)
  → 참 / 매우 / 무척 / 더할 수 없이
- 젖소의 눈이 <u>너무너무</u> 맑고 그렇게 예쁠 수가 없어요. (KBS 1 TV「6시 내고향」) → 아주 맑고, 무척 예뻐요.
- 노래를 <u>너무</u> 잘해 주셨어요. (KBS 2 TV) → 참 / 정말 / 더할 수 없이
- 장기 이식 문제에 관한 한 ㉠<u>너무나</u> 다양한 생각이 존재할 수 있고, 실제로 존재해 왔기 때문에, 우리가 현시점에서 하고 싶은 최선의 충고는 이 문제만큼은 ㉡<u>너무</u> 서두르지 말라는 것이다. (조선일보)
  ㉠ → 매우   ㉡ → 성급하게
- 끝까지 시청해 주신 여러분께 ㉠<u>너무너무</u> 감사 드리고, ㉡<u>저는 여기서 인사드리겠습니다.</u> (KBS 2 TV)
  ㉠ → 진심으로 감사하고,   ㉡ → 이 순서를 마칩니다.

크게

형용사 '크다'의 부사형으로 '어린애가 크게 자랐다', '미세한 물건도 돋보기를 통해서 보면 크게 보인다', '기구(氣球)가 크게 팽창했다'처럼 사물이 크게 된 모습을 수식하는 데 쓰는 말인데, 대다수 지식인이 이런 한정 관계를 무시하고 생각없이 써서 우리말의 슬기를 죽인다.

- 오후부터 기온이 <u>크게</u> 낮아지겠습니다. (KBS TV 기상예보) → 많이
- 수은주가 <u>크게</u> 떨어지겠습니다. (KBS TV 기상예보) → 뚝
- 한국 여행 수입 너무 낮다. 타이, 인도네시아보다도 <u>크게</u> 뒤져 관광산업의 낙후성 입증 (서울신문) → 훨씬
- 농산물값이 <u>크게</u> 떨어졌습니다. (KBS 뉴스) → 많이 / 뚝

- 북한 식량 배급 최저. 필요량의 절반으로 크게 줄어. (한겨레)

  → '크게'를 지워 버린다.

  설명 '필요량의 절반으로'가 서술어 '줄어'를 더할 수 없이 분명하게 한정하였는데, 뜻도 맞지 않는 '크게'가 끼여들어 글의 진로를 방해하는 장애물이 되었다.

- 저소득층 전세 융자 '생색 내기'—1500만원 이하 세입자로 자격 제한해 수혜 대상 크게 줄어 기금이 남아돈다. (중앙일보)

  → 격감(激減)해

- 이번 연휴에는 교통사고가 크게 줄었습니다. (MBC 뉴스) → 많이

- 백화점 세일 매출 크게 줄어. (문화일보) → 많이 / 대폭 / 큰 폭으로

- 마산항의 컨테이너 물동량이 크게 늘었습니다. (KBS 1 TV 뉴스)

  → 많이

- 양호교사 크게 부족. 광주 전남 지역엔 57%만 배치. (문화일보)

  → 터무니없이

- 이 우산 생산업체는 종업원을 70명에서 30명으로 크게 줄였습니다. (KBS 1 TV 뉴스) → 대폭(大幅)

- 남녀 공학 대학의 합격선이 크게 높아질 것으로 보입니다. (KBS 뉴스)

  → 훨씬

보다

'보다'는 '이것보다 저것이 낫다', '여성이 남성보다 섬세하다', '나무보다 쇠가 단단하다'처럼 두 가지를 비교할 때 쓰는 조사다. 우리 문법을 모르면서 일본말을 섣부르게 배운 사람들이 '日本より大きな國(일본보다 큰 나라)'의 조사 'より'가 'よりよい生活(더 좋은 생활)'의 부사 'より'와 형태가 같은 것을 보고 '더 좋은 것'을 '보다 좋은 것', '더 부지런히'를 '보다 부지런히' 따위로 말하는데, 이러한 현상이 확산하자, 국어사전 편찬자들이 부화뇌동(附和雷同)해, 덩달아 '보다'를 '한층 더'를 뜻하는 부사라고 하며, 일본어 사전에 실린 예문 'よりよい生活(더 나은 생

활)', 'より正確に言へば(더 정확히 말하면)'을 '보다 나은 생활', '보다 정확히 말하면'이라고 옮겨 싣는 추태를 부리니, 국어 교과서에서조차 부사 '더'는 아예 폐기하고 조사인 '보다'를 부사처럼 써서 우리말의 품위를 낮추니 참으로 통탄할 일이다.

한글학회가 펴낸 『우리말큰사전』에는 '보다'를 어찌씨(부사)로 규정하고 '어떤 수준에 비하여 한층 더'라고 풀이하여, '보다 나은 내일', '보다 훌륭한 사람', '보다 작은 물건', '보다 적은 돈'을 용례로 열거했다. 아무리 되풀이해서 음미해 봐도 '더 나은 내일', '더 훌륭한 사람', '더 작은 물건', '더 적은 돈'이라고 할 때와 같이 실감이 나지 않을 뿐더러, '한층 더'라는 느낌은 어림도 없다.

'한층 더 나은 내일'이라고 말하고 싶으면 의도하는 것을 그대로 말하지, 왜 '보다 나은 내일'이라고 써 놓고 외국어 번역하듯이 해석을 해야 하나? '더 나은 내일'을 더 강조하고 싶으면 '더더욱 나은 내일', '더욱더 나은 내일'도 있지 않은가?

그리고 'より'는 결코 '한층 더'의 뜻이 아니다. '한층 더'에 맞는 일본말은 'よりいそう(一層)'다. 한 음절로 완벽한 뜻과 절실한 말맛을 지니고 깔끔한 표현미를 보여 주는 '더'를 밀치고, 일본말에서도 조사로만 쓰다가 영어의 영향을 받아서 부사로 쓰는 기형 표현을 엉터리로 번역하여, 치졸하게도 '보다 나은 내일'이니 '보다 훌륭한 사람'이니 하니 이렇게 못난 짓이 어디 있나?

일상의 대화와 강의·연설·방송·신문·잡지 등의 기사, 소설·시·수필 등의 창작품에서 부사처럼 행세하는 '보다'는 제 구실(조사)만 하게 하고 '더'를 되살려 우리말 본연의 특성을 빛내야 한다.

- 냉전종식 후 새롭게 국제질서가 형성되는 과정에서 PKO (Peace-keeping Operation of the UN, 국제연합 평화유지 활동) 참여는 장기적인 국가 외교전략과 불가분의 관련이 있기 때문에 정확한 정세판단을 기초로 <u>보다 적극적인</u> 자세가 필요하다는 지적도 있다.

→ 한 층 더 적극적인

- 탈냉전 이후에 증가추세를 보이고 있는 지역분쟁에 대처하기 위해 유엔 PKO 수요도 늘어나고 있으며 보다 많은 PKO 가용자원 확보가 불가피하다. (한국일보) → 더 많은

- 3당 대표의 국회연설에 대한 국민의 반응이 보다 구체적으로 검증돼야 한다. (동아일보「사설」)

  → 반응을 더 구체적으로 검증해야 한다.

- 정부는 지금까지의 엘리트 체육이 아닌 국민체육, 사회체육 진흥에 보다 큰 노력을 기울여야 한다. (한겨레「나의 의견」)

  → 더 많은 노력을

- 부동산업계와 보험사 등, 관련업계에서는 윤 상무의 주장을 보다 설득력이 있는 것으로 받아들이고 있다. (동아일보) → 더

- 단어를 정확하게 이해했을 때 글의 내용을 보다 쉽게 이해할 수 있다. (고등『국어』118) → 더

- 우리는 보다 높은 차원의 특징을 찾아 보아야 할 것이다. (고등『국어』 184) → 더 차원 높은

  설명 '높은 차원의 특징'은 일본어 구조다.

- 사람들은 자아의 실현을 중심으로 삼는 보다 높은 삶의 보람을 포기한다. (고등『국어』313)

  → 자아를 실현하면서 더 수준 높게 사는 보람을 포기한다.

- 아울러 보다 밝은 내일을 위한 길잡이가 될 것이다. → 더

- 보다 많이, 보다 오래 (민중서림 발행『국어대사전』의 표제어 '더'의 뜻풀이)

  → 더 많이, 더 오래

더 이상

'더'는 '설명을 좀 ①더 들어 보자', '그 얼굴 한번 ②더 보고 싶다', '돈을 좀 ③더 내야겠다'처럼 동사 위에 얹어서 '①계속하여, ②거듭하여, ③그 위에 보태어'의 뜻으로 쓰는 부사다. 그런데 요즈음 많은 인사가

어떤 점에서 위를 뜻하는 이상(以上)을 혹처럼 덧붙여서 말(글)답지 못하게 표현한다.

- 조사 결과가 밝혀져 더 이상의 의혹이 남지 않아야 비로소 금융 실명제도 존속할 당위성을 얻는다. (문화일보 「사설」)
  → 더는 의혹이 남지 않아야 / 의혹이 조금도 남지 않아야
- 청소년들의 환각제 사용문제는 더 이상 방치할 수 없는 심각한 문제다. (경향신문) → 더
- 6공 비자금 문제는 이제 더 이상 우물우물 넘어 갈 수 없다. (조선일보 「사설」) → 더
- 우리는 전직대통령이 국민 몰래 돈을 숨겨왔다는 주장이나 의혹을 더 이상 덮어둘 수 없다고 생각한다. (동아일보 「사설」) → 더 / 더는
- 이제 더 이상 영화 찍을 자본이 없어요. (KBS 2 TV 「폭소대작전」)
  → 이제 영화를 더 찍을 자본이 없어요.
- 더 이상의 입원 기록은 없었다. (KBS 1 TV 「일요스페셜」)
  → 입원 기록이 더는 없었다.
- 이현우 전실장은 검찰조사 과정에서 자금조달 경위와 방법 등을 대부분 진술했으나 삼백억 원 이외에 더 이상의 자금은 없다고 말한 것으로 전해졌다. (경향신문) → 이외의 자금은
- 재벌의 더 이상의 비대를 막아야 한다. (조선일보 「시론」)
  → 재벌이 더 비대해지는 것을
- 성북동 비둘기는 더 이상 성북동 사람들도 시인 자신도 아니다.
  → 성북동 비둘기가 더는 / 성북동 비둘기는 이미

라고, 라는

오늘날 지식인들이 따옴자리토씨(인용격 조사)라고 하면서 쓰는 '라고, 라는'은 원래 '이서 오라고 한다. 글을 읽으라는 말이다'처럼 시키는 뜻을 나타내는 동사의 부사형이나 관형사형 어미이고, '이것을 책이라

고 한다. 저것은 진달래라는 꽃이다'처럼 어떤 것을 '무엇'이라고 규정하는 잡음씨(지정사·서술격 조사)의 활용어미로 쓰는 형태소지, 결코 '"어서 이리 와봐"라고 말했더니, "그래, 곧 갈게"라고 대답했다'처럼 마구 쓰는 말이 아니다.

다음 예를 보자.

① 곡산모 일일은 흉계를 싱각ᄒ고 무녀를 쳥ᄒ여 왈,

　"내 일신을 평안케 ᄒ믄 이 곳 길동을 업시키에 잇ᄂ지라. 만일 내 쇼원을 닐우면 그 은혜를 후히 갑흐리라." ᄒ니 무녜 듯고 깃거 ᄃᆡ 왈,　(「홍길동전」)

② 잇ᄯᅥ 셔산 ᄃᆡ시 ᄉ명당을 보니고 쥬야 ᄉ렴ᄒ더니 일일은 밧ᄭᅴ ᄂ와 천지를 솗피다가 상지를 불너 왈,

　"ᄉ명당이 급ᄒᆫ 일이 잇셔 ᄂ를 향ᄒ여 지비ᄒᆫ다." ᄒ고 손쑵의 물을 뭇쳐 동을 향ᄒ여 셰 번 쑤리니……　(「임진록」)

③ 셩진이 ᄇ야흐로 셕교를 떠나 스승을 가 뵈니 늣게야 오믈 뭇거늘 ᄃᆡ답ᄒᄃᆡ "뇽왕이 관ᄃᆡᄒ고 말류ᄒ미 능히 셜치고 니러나디 못ᄒ너 이다."

　대ᄉ

　"물러가 쉬라."

　ᄒ거늘, 져 잇던 션방의 도라오니 날이 임의 어두엇더라. (「구운몽」)

④ 탄실이가 시집가던 해에도 그랬다. 물방앗간 옆 대추나무 밑에서 자근자근 빨간 댕기를 씹으며, "학이……" 하고 탄실이가 고개를 숙였을 때, 억쇠는 그름 사이 으스름 달을 쳐다보았다.　(이범선, 「학마을 사람들」)

⑤ 나는 대문까지 와서,

　"난 아저씨가 우리 아빠라면 좋겠다." 하고 불쑥 말해 버렸습니다. 그랬더니 아저씨는 얼굴이 홍당무처럼 빨개져서 나를 몹시 흔들면서,

"그런 소리 하면 못써."

하고 말하는데, 그 목소리가 몹시도 떨렸습니다. (주요섭, 「사랑방 손님과 어머니」)

⑥ 영신은 여간 미안하지 않아서……

"장로님, 저희도 따로 집을 짓고 나갈 테니, 올 가을까지만 참아 주십시오." 하고 몇 번이나 용서를 빌었다. (심훈, 「상록수」)

⑦ 춘돌이는 불을 솟구치고 고기를 이리저리 뒤치고 하다가, 한 다리를 북 찢어 가지고 옆에 있는 아이의 입에다 불쑥 디밀었다.

"자 먹어 봐라."

그 아이가 위로 움찔 물러나며 손등으로 입을 훔치자,

"그러면, 너 한번 먹어 봐라."

하고 다음 아이에게 또 디밀었다. (오영수, 「요람기」)

①~③은 고대소설이고 ④~⑦은 현대소설이다. 남의 말을 직접 인용해서 " " 안에 쓴 말 다음에 고대소설에는 '흐니, 흐고, 흐거늘', 현대소설에는 '하고'만 써서, 예나 이제나 품위 있는 사람들은 결코 '라고, 라는' 따위로 거북하게 말하지 않았음을 보여 준다.

다음 예를 보자.

직접 인용절에는 '라고'를, 그 밖의 인용절에는 '고'를 쓴다.

(1) 어머니께서 "청수야!" 하고 부르셨다.

(2) 북소리가 "둥둥" 하고 울렸다.

(3) 스님께서 "너도 어제 큰절 구경을 했느냐?" 하고 물으신다.

(1), (3)은 남의 말을, (2)는 북소리를 흉내 내어 옮긴 것인데, 이런 경우에는 '하고'를 붙인다. 이때에는 억양까지 그대로 흉내 내서 말한다. 이 중에서 (3)은 인용절이다. 남의 말을 그대로 흉내 내는 직접 인용에 '하고'를 쓸 수 있음을 알 수 있다. (고등학교 『문법』 p.130)

제시문(提示文)에는 요즈음 지식인(특히 교수, 교사, 대학생, 방송인)의 말투를 의식해서 "인용절에는 '라고'를 쓴다"고 해 놓고 바로 다음에 보인 예문에는 모두 '하고'를 썼다. '라고'를 쓸 때의 품위 없는 몰골을 의식한 결과다.

그런데 요즈음 도무지 어울리지 않는 인용법이 나쁜 전염병처럼 퍼져 우리말을 빠르게 저질화하고 있다. '인용'이랄 것도 없는, 단순한 자신의 생각이나 판단을 표현할 때도 '~다라고', '~다라는' 따위로 표현해서 듣기가 몹시 거북하다.

- 사람이 뭘 ㉠안다라는 것과 말로 ㉡표현한다라는 것과는 ㉢큰 차이가 있다라는 것을 말해 주는 예인 것 같습니다.
  ㉠ → 아는 것과   ㉡ → 표현하는 일은
  ㉢ → 사뭇(아주) 다름을
- 세 사람만 모이면 고스톱을 친다라는 말이 나올 정도로 고스톱이 유행하고 있습니다. → 친다는
- 패랭이는 상제가 외출할 때 쓰던 것이구나라는 것을 알았습니다.
  (KBS 2 TV「전국일주」) → 것임을
- 정씨는 "세금을 갖다 바치며 기업하는 사람들은 돈 귀한 줄 안다"라고 뼈 있는 발언을 했다. (한겨레) → 안다"고
- 김 최고위원은 "합당 정신은 어디로 ㉠갔느냐"라고 불쾌한 심기를 감추지 않았다 …… 조○○ 의원은 "대통령이 국민과 역사 앞에 부끄럽지 않을 결정을 할 테니 따라 ㉡주기 바란다"라는 말을 했다고…… (한겨레)
  ㉠ → 갔느냐"고   ㉡ → 주기 바란다"고 했다고
- 민정계는 민주계 주장의 내용을 면밀히 분석, 현재 상황이 위험 수위는 아니다라는 판단에 이른 것으로 알려졌다. (동아일보)
  → 아니라는
- 탈산업국이니, 정보 시대니라고 부르는 새로운 문명 시대는……
  → 정보 시대라고 하는

- 아무리 단순한 문제라도 너무 시간을 오래 끌면 그럴수록 더욱 해결이 불가능해진다라는 머피의 법칙도 있다. (조선일보 「사설」)

  → 해결할 수 없다는

다음은 현행 고등학교 『국어』 상권에 실린 글이다. ( ) 안 숫자는 그 책의 쪽수다.

- "말을 잘 한다."라는 것은 어떤 의미를 지니고 있는지 다양하게 생각해 보자. → 는 것은
- "이 작품은 예술적인 동시에 현대 우리 사회에 주는 경종이라고 나는 생각하였다"라고 평했다. (40)

  → "나는 이 작품이 예술적 가치를 지니고 우리 사회에 경종을 울린다"고 평하였다.
- "……맑은 하늘, 물고기 등같이 푸르다"라는 구절에서 (445)

  → 푸르다"는 / 푸르다"고 하는

~면서

ㄹ받침이나 모음으로 끝나는 어간에 붙여서 쓰는 연결어미로,

① 두 가지 움직임이나 상태가 동시에 나타남을 보인다.

  보기 울면서 겨자를 먹는다.

  노래하면서 춤춘다.

  걸어가면서 구경한다.

  물빛이 푸르면서 검다.

  의사이면서 예술가다.

② 서로 맞서는 관계를 나타낸다.

  보기 모르면서 아는 체하거나 알면서 모르는 체한다.

  부자이면서 가난뱅이 행세를 한다. (『우리말큰사전』)

사전의 풀이를 기준으로 삼아 용례를 살펴보자.

- 박태준 최고위원은 자신의 후보 출마 문제와 관련해 "㉠아직 생각해 본 바 없다"**면서**, ㉡금명간 동지들의 의견을 들어본 뒤 그들의 의견에 따를 생각이라고 말했다.

  이날 김 대표는 "㉢민자당의 대통령 후보를 선출하기 위한 경선에 출마할 것임을 엄숙히 선언한다"**고 밝히고** "㉣우리 당의 어느 누구와도 정정당당하게 선의의 경쟁을 벌일 용의가 있다"고 말했다. (한겨레)

  설명 밑금 그은 ㉡은 ㉠의 밑금 그은 부분에 뒤이어서 한 말이지 ㉠과 동시에 한 말이 아니므로(그렇게 하는 것은 불가능함) '**면서**'는 '고 하고'나 '고 하고 이어서'로 고쳐야 한다.

  ㉢과 ㉣의 관계도 같으므로 '**고 밝히고**'는 아주 적절하다.
- 중앙관상대는 오늘과 내일 ㉠소나기가 오겠다면서 ㉡강우량은 많지 않겠다고 말했다. (MBC 뉴스)

  설명 ㉠과 ㉡을 동시에 말하는 일은 불가능하고, 내용이 하나로 묶였으므로 '소나기가 오겠으나 강우량은 많지 않겠다'로 고쳐야 한다.

~가운데

'꾸준히 노력하는 가운데 성공의 문이 열린다', '계절이 바뀌는 가운데 자연에 대한 새로운 감각이 싹튼다', '바쁜 가운데 용케 틈을 냈다'처럼, 일이나 행동, 때가 나아가는 과정을 뜻하는 '가운데'를 아무데나 버릇처럼 쓰면, 말의 표현 방식이 일정한 틀로 굳어서 졸렬해진다.

- 정권교체를 앞두고 공직사회의 기강 해이현상이 사회문제로 대두하고 있는 ㉠가운데 사회의 안녕질서와 민생치안을 책임진 경찰도 근무자세가 이완(弛緩)해, 경찰관들의 독직 비리와 각종 사고

가 잇따라 발생하고 있다. ⓛ이런 가운데 방범대원들은 처우개선을 요구하며 집단행동으로 경찰과 마찰을 빚고 있다. (동아일보)

㉠ → 요즈음 / 요즈막 / 요사이 / 작금(昨今)

ⓛ → 한편

• ㉠법정시한(28일)이 일주일 앞으로 다가온 가운데 민주당 지도부가 여야협상 결과에 관계없이 등원, '준법투쟁'을 통해 지방자치단체장 선거 관철을 하려는 방안을 신중히 검토하고 있는 것으로 ⓛ20일 알려졌다. (동아일보)

㉠ → 법정시한(28일)을 일주일 앞둔 20일

ⓛ 은 빼어 버린다.

• 민자당의 대통령 후보 경선을 일주일 앞둔 가운데……. (MBC 뉴스)
  → 앞두고

• 지난 11일에 열릴 예정이던 이날 행사는 김명윤 전회장을 비롯한 간부급 회원 등 일백여 명만이 참석한 가운데 조촐하게 진행돼 여론에 신경을 쓰는 모습이 역력했다. (한겨레) → 참석하여

• 전국이 흐린 가운데 한두 차례 소나기가 오는 곳이 있겠습니다.
  → 흐리고

• 전교조는 오는 17일 수원, 경남, 부천, 의정부에서 백~2백 명씩의 전현직 교사가 참가한 가운데 해직교사 복직 촉구 걷기대회를 개최할 예정이라는 것. (동아일보) → 교사가 참가해

• 국회는 27일 현승종 국무총리를 비롯해 관계 국무위원들을 출석시킨 가운데 본회의를 속개하고……. (한겨레) → 출석시켜

• 민자당이 헌법재판소법 개정안을 마련해 이번 정기국회에서 통과시킨다는 방침을 정한 가운데 현재 내부에서 이런 움직임에 대해 거센 반발이 일고 있어 주목된다. (한겨레)

  설명 '가운데'를 없애 버리고 다음과 같이 재구성한다.

  → 민자당이 이번 정기국회에서 통과시키려고 하는 헌법재판소법 개정안에 대해 현재 내부에서 거센 반발이 일고 있다.

~ 이후(~한 뒤)부터, ~ 이전(~하기 전)까지

'~ 이후'나 '~한 뒤'는 일정한 때(時)가 아니고 어떤 일이 생긴 때부터 지속하는 '동안'이므로 '부터'를 붙여서 말하면 '언제부터'라는 것인지 알 수 없으므로 '~ 이후'나 '~부터'라고 말해야 한다. '~ 이전'이나 '~하기 전'도 일정한 때가 아니고 어떤 일이 생길 때까지 지속해 온 '동안'이므로 '까지'를 붙여서 말하면 '언제까지'라는 것인지 알 수 없으므로 '~ 이전'이나 '~까지'라고 말해야 한다.

- 조선 후기의 문학은 <u>임진왜란(1592) 이후부터 갑오경장(1894) 이전까지</u>의 문학을 가리킨다. (고등학교『고전문학』교과서)
  → 임진왜란 이후 갑오경장 이전의 / 임진왜란부터 갑오경장까지의
- 민주계쪽은 14대 총선을 담보로 <u>연말 이전까지</u>는 어떤 형태로든 김 대표 후보 지명을 위해 탈당 불사의 위협을 앞세워 노태우 대통령을 옥죌 게 자명하고……. (한겨레) → 연말까지는 / 연말 안에는
- '타이의 과도 수상 아난드 임명. 헌법개정안 ㉠<u>발효 전까지</u> 정치적 위기 타개 의도' (전략) 관측통들은 아난드 새 수상이 의회를 통과한 헌법개정안이 국왕의 승인을 얻어 ㉡<u>발효할 때까지</u> 국정을 이끌어 갈 것으로 보고 있다. (한겨레)

  설명 ㉠을 ㉡처럼 고쳐야 한다. '발효 전'과 '발효할 때'는 같은 때가 아니다.
- 유신 이래 5년 반 동안의 투옥, 3년여의 망명, 6년 반 동안의 연금과 감시 대상이라는 고난의 기록이 말해 주듯이, 김대중 후보는 <u>6·29 이전까지</u> 역대 정권의 주된 탄압과 박해의 대상이었다. (동아일보) → 6·29까지 / 6·29 이전에는
- "이봐, <u>내가 시키기 전까지</u>는 절대 딴 짓 할 생각하지 말고 이거나 다시 꼼꼼하게 확인해." (한겨레 연재 소설)
  → 내가 시키기 전에는 / 내가 시킬 때까지는
- 김영삼 전 대통령은 92년 대통령선거전에서부터 안기부의 '지원'

덕을 톡톡히 본 것으로 알려져 그의 「안기부관(觀)」은 이미 3당 통합 이후부터 달라졌다고 봐야 할 것이다. (조선일보 「김대중 칼럼」)

→ 3당 통합 이후로 / 3당 통합 때부터

다음은 고등학교 『국어』 상권에 있는 문장이다. ( ) 안의 숫자는 교과서 쪽수다.

- 체계를 이루는 각 항목이나 ㉠범주는 서로 긴밀히 연관되어 있기 때문에 그 중의 하나가 ㉡변화를 입게 되면 다른 항목이나 체계 전체에 영향을 끼쳐서, ㉢변화 전까지 유지되었던 균형이 깨지기도 한다. (86)

  ㉠ → 범주 사이에는 서로 긴밀한 관계가 있어서

  ㉡ → 변하면

  ㉢ → 변하기 전에 유지하던 / 변하기까지 유지하던 / 변할 때까지 유지하던

- 여행의 계기를 밝힌 서두 부분 다음에 시작되는 금강산의 경치 묘사부터 바다로 나가기 전까지를 가리킨다. (224)

  → 바다로 나가기까지를 / 바다로 나가기 전을

연결어미처럼 쓰는 종결어미 '가'

민중서림에서 발행한 『국어대사전』에는 '~는지'와 '~는가'를 다음과 같이 설명하였다.

~는지 동사나 형용사 '있다', '없다', '계시다'의 어간 또는 '았', '었', '겠'의 아래에 붙어 어렴풋한 의문의 뜻을 나타내는 종결어미, 또는 연결어미.

지금 그는 어디서 사는지? : 종결어미

돈이 얼마나 있는지 물어 보시오. : 연결어미

~는가 동사나 형용사 '있다', '없다', '계시다'의 어간이나 또는 '았',
'었', '겠'의 아래에 붙어 자기 자신의 의심이나 '하게' 할 자
리에 물음을 나타내는 종결어미.

언제 가는가?

어디에 계시는가?

위와 같이 '는가'는 종결어미로만 쓰는 말인데, 연결어미 '는지'와 구
별없이 마구 뒤섞어 쓴다.

다음은 인문계 고등학교 『문학』 교과서에 실린 보기다. 밑금 그은 부
분을 고치면 훨씬 더 간명해진다.

는지(ㄴ지, 은지)

- 규중칠우 쟁론기의 처세훈이 무엇인지 알아보자. → 처세훈을
- 근대 여명기 문학에 어떤 삶의 모습이 반영되었는지 이야기해 보
  자. → 반영된 삶의 모습을
- 이 비평문이 국문학사에서 차지하는 위치는 어떤 것인지 알아보
  자. → 위치를
- 수필의 내용에 따라 서술방식이 어떻게 달라지는지 살펴보자.
  → 내용에 따라 달라지는 서술방식을

는가(ㄴ가, 은가)

- 관념시의 장점과 단점이 무엇인가를 알아보자. → 장점과 단점을
- 한국 모더니즘 시가 추구하는 세계가 무엇인가를 알아보자.
  → 추구하는 세계를
- 일제의 탄압이 극렬해 가던 1920년대 이후 우리 시인들이 고향을
  어떻게 노래하고 그리워했던가를 알아보자.
  → 고향을 그리며(그리워하며) 노래하던 모습을
- 소설의 모든 요소들이 주제에 어떻게 이바지하는가를 파악한다.

→ 주제에 이바지하는 모습(양상)을
- 수필의 기본 **특성이 무엇인가**를 알아본다. → 특성을
- 딸깍발이의 **정신이 무엇인가**를 알아본다. → 정신을

신문과 방송에 나타난 예를 한 가지씩 들어본다.

○○씨가 목공업의 외길을 **어떻게 걸어왔는가**를 한눈에 볼 수 있습니다. (EBS)
중앙일보사 경영진에 압력을 가한 **장본인이 누구인가**는 아직 밝혀지지 않았다. (한겨레「사설」)

'는지'라고 써야 할 곳에 제대로 '는지'를 쓴 예보다 '는가'라고 쓴 예가 훨씬 많다. 말본을 의식하고 바르게 쓰는 사람보다 잘못 길든 버릇대로 아무렇게나 쓰는 사람이 더 많은 것이다.

말이 끝나지 않고 계속되는 곳에 연결어미 는지(ㄴ지) 대신 의문 종결어미 는가(ㄴ가)를 쓰니까, 서술형 종결어미 '다'나 명령형 종결어미 '라'에는 전혀 붙여 쓰지 않고 목적어인 체언에만 붙여 쓰는 격조사 '를'을 붙여 쓰는 엉터리 현상도 뒤따른다.

보기 : 무엇인가를, 하는가를, 왔는가를, 누구인가를

이렇게 불확실한 추정을 '는가를'이라고 말하는 것은, 의문 종결형과 불확실한 추정(推定)을 나타내는 말의 형태가 따로 없이 'か' 하나뿐인 일본어에서 온 것이다.

제4장

조사

1. 관형격 조사 '의'

관형격 조사 '의'를 쓰게 된 역사

'나, 너, 저'의 관형격 조사는 'ㅣ'뿐이었는데 조선 후기에 '의'가 나타나 함께 쓰다가 개화기에 이르러 여러 격조사로 쓰는 일본어 조사 'の'의 용법을 흉내 낸 지식인들이 '의'를 관형격(소유격)뿐 아니라 주격 조사나, 목적격 조사 등으로 두루 쓰기 시작한 것이 오늘날 '의' 조사 용법에 큰 혼란을 주는 원인이 되었다.

양주동은 『고가연구』 중 처용가 해설에서 우리말의 인칭대명사 '나, 너, 저'의 관형격 조사 원형이 'ㅣ'라고 다음과 같이 설명하였다.

'나'의 지격(持格) '내'는 '너, 그, 저' 등(等)과 공(共)히 지격 조사(持格助詞)의 원시적본형(原始的本形)인 'ㅣ'를 사용한 것이니, 이는 흔히 모음으로 끝난 단음절어(單音節語)에서 그러하다.

'내'는 '네', '제'와 함께 고가와 고시조 속에 허다한 용례가 있고, 지금도 우리 언어 생활에 생생하게 살아 있다.

둘흔 내해엇고 둘흔 뉘해어니오(「처용가」)

네 가시 럼난디 몰라서(「서경별곡」)

내 百姓 어엿비 너기샤(「용비어천가」)

늬 ᄀᆞᆷ 헤친 피로(신감의 시조)

내 마음 定흔 後니(안서우의 시조)

네 아들 효경 닑더니(정철의 시조)

네 집이 어디메오(신위의 시조)

제 얼굴 제 보아도(작자 미상)

제 分 죠흔 줄을(이간의 시조)

한편, 모든 체언에 두루 쓰는 관형격에 관해 이숭녕은 『중세국어문법』에서 다음과 같이 설명하고 용례를 열거하였다.

속격(屬格)은 '익, 의'의 두 종류가 있다. 어간말음절의 모음이 음(陰), 양(陽) 어느 것이냐에 따라서 모음조화 규칙에 의해 '익, 의'가 갈리는 것이다.

아 — 익 : 宮殿익 다시언마른

殿의 음이 음성모음(전)임에 비춰볼 때 보기말 '宮殿익'에는 문제가 있다.

오 — 익 : 赴京홇 소닉 마리

ᄋ — 익 : 도ᄌᆞ기 알폴 디나샤

　　　　ᄡᆞ리 그를 어엿비 너겨 보샤

어 — 의 : 見의, 性의

우 — 의 : 우희

으 — 의 : 이 ᄠᅳ듸, 等의

그러나, 어간 말음이 모음일 때는 여러 모양의 특이한 표기법이 나타난다.

ᄢᅦ(時가), ᄢᅴ(時의), ᄣᅳᆯ(時를)

나(吾) → 내(吾의)

너(汝) → 네(汝의)

누(誰) → 뉘(誰의, 誰가)

그리고 특히 조심할 것은 어간 말음이 '이'일 때에는 그 '이+익'에서 '이'가 탈락해 '익'가 된다.

아비+익 → 아빅

아빅 버들 공경ᄒᆞ야

아ᄃᆞ리 아빅 나해서

168　　이상의 설명과 용례는, 고대부터 중세까지 우리말에서 여느 체언의

관형격은 모음조화 법칙에 따라 '익, 의'를 엄격하게 구별해 썼으나 '나, 너, 저'의 관형격은 '내, 네, 제'로만 써 왔음을 보여 준다.

그러나 모음 조화가 문란해진 조선 후기 문헌에 극히 드물게나마 '나의', '너의'의 용례가 보인다.

네 가고자 ᄒᆞᄂᆞᆫ 곳이 너의 갈 곳이다. (김만중의 『구운몽』)
禍福이 在天ᄒᆞ니 ᄂᆞ의 行色이 텬쉬라. (『인현왕후전』)

개화기에 이르러 관형격 조사 '의'는 서구와 일본에서 공부하고 온 지식인들의 글에 끼여들면서 빠르게 널리 확산하였는데, 먼저 인칭대명사 '나', '너'에 붙여 쓴 것을 살펴보자.

① 너의 心腸 어뗘킬레 제 부모를 배척하고 (일진회를 규탄한 개화기 가사)
② 나의 큰 힘 아느냐 모르느냐
   내게는 내게는 나의 앞에는 (최남선의 신체시 「해에게서 소년에게」)
③ 나의 말삼한 바 권리가 동등이 됨은 여러분도 다 아시는 바이어니와 (구연학의 신소설 『설중매』)
④ 외외한 높은 산의 푸른 소나무, 얼마나 신신하냐 너의 가지가 (개화기 가사)
⑤ 온갖 오뇌(懊惱) 운명을 나의 끓는 샘 같은 애(愛)에 살적 삶아 주마 (『폐허』 창간호에 실린 황석우의 「벽수(碧手)의 묘(猫)」)
⑥ 경대 앞에 단장하는 저 미인아 얼마나 무신하냐 너의 가슴이 (롱펠로의 「미인의 가슴」 번역)
⑦ 임이시어, 나의 임이시어 (남궁벽의 「별의 아픔」)
⑧ 나의 침실로 (이상화의 시)
⑨ 오오, 사로라, 사로라! 오늘 밤! 너의 빨간 횃불을 (주요한의 시 「불놀이」)
⑩ 나의 살던 고향은 꽃피는 산골 (이원수 「고향의 봄」)

위 여러 예문에 쓴 '나의', '너의'를 '내', '네'로 바꿔 쓰면 훨씬 더 자연스럽고 발음도 썩 좋다. 그 때에 이 글을 쓴 사람들은 아마 선각자로 자처하느라 언문을 괴리시키는 이 거북한 표현을, 거리낌을 억누르며 썼음직하다.

특히 예문 ③의 '나의 말삼한 바(わたしのもうした ところ)'와 ⑩의 '나의 살던 고향(われの すんだ ふるさと)'은 우리말본에 없는 철저한 일본어식 구문이다. 뜻을 보면 주격이므로 '나의 말삼한 바'는 '내가 말한 바', '나의 살던 고향'은 '내(내가) 살던 고향'이라고 고쳐야 한다.

겨레의 넋이 깃들인 '내', '네', '제', '뉘'

'내 해', '네 해', '제 해', '뉘 해'를 '나의 해', '너의 해', '저의 해', '누구의 해'라고 하는 사람은 없다. 그러나 '내 집', '내 고향', '내 조국', '내 사랑'을 글로 쓸 때는 '나의 집', '나의 고향', '나의 조국', '나의 사랑'으로 쓰는 것이 일반화해서 '의'가 인칭대명사에 붙는 유일한 관형격 조사라는 인식도 상식화했다. 게다가 한글학회가 지은 『우리말큰사전』에는 '내'를 '나의'의 준말이라고 풀이해서 일반의 그릇된 인식을 정당화해 주고 있다.

'내'를 '나의'의 준말이라고 하는 것은 말이 변천해 온 과정을 거꾸로 인식한 표현이며, '옛말'쯤으로 여기고 글로 표현하기를 피하는 것은 이 말이 고대부터 이제까지 일관해 살아 움직이는, 일인칭 관형격의 원형이며 대표임을 바로 알지 못하는 탓이다.

'나의 사랑, 나의 고향, 나의 조국'보다 '내 사랑, 내 고향, 내 조국'이, '너의 자랑, 너의 얼굴, 너의 재주'보다 '네 자랑, 네 얼굴, 네 재주'가, '누구의 것, 누구의 집, 누구의 아들'보다 '뉘 것, 뉘 집, 뉘 아들'이, '저의 말씀, 저의 책임, 저의 몸'보다 '제 말씀, 제 책임, 제 몸'이 되씹을수록 훨씬 더 친밀하고 매끈하지 않은가?

개화기의 문란한 용례

다음은 개화기 지식인들이 비인칭 체언에 붙여 쓴 '의'의 용례를 살펴본다. 모두 지금 우리말에 퍼진 난맥상을 부른 일본어식 표현이다.

- ㉠此屢條의 合한 然後에 ㉡開化의 具備한 者라 始爲홀디라. (유길준의 『서유견문』)

  ㉠ → 此屢條가 / 此屢條를　　　　　㉡ → 開化를

- 血의 淚, 鬼의 聲 (이인직의 신소설 제목)

  설명 당시 일본에 유행하던 소설 '血の淚', '鬼の聲'을 번역한 것이다. 일본인들은 血, 淚, 鬼, 聲을 '음'이 아니라 '뜻'으로 읽어서 ちのなみだ, おにのこえ라고 하지만, 우리는 음으로 읽으므로 の를 번역한 '의'를 빼고 '血淚', '鬼聲'이라고 하든지, 순수한 우리말로 '피눈물', '귀신 소리'라고 써야 옳다. 일본말처럼 뜻으로 읽어 '血の淚'를 '피의 눈물'이라고 옮기면 웃음거리다. 우리는 소금 탄 물이나 설탕 탄 물을 '소금물, 설탕물'이라고 하지 '소금의 물', '설탕의 물'이라고 하지 않기 때문이다.

- 吾等은 玆에 ㉠我朝鮮의 독립국임과 ㉡朝鮮人의 자주민임을 선언하노라. (「기미독립선언문」)

  ㉠ → 我朝鮮이　　　　　㉡ → 朝鮮人이

- 자기를 책려하기에 급한 오인(吾人)은 ㉠타(他)의 원우(怨尤)를 가(暇)치 못하노라. 금일 오인(吾人)의 소임(所任)은 ㉡자기의 건설이 유할 뿐이요, 결코 ㉢타(他)의 파괴에 재(在)치 아니하도다. (「기미독립선언문」)

  ㉠ → 남(他)을 원우(怨尤)할 겨를이 없노라.

  ㉡ → 자기를 건설하는 일뿐이요,

  ㉢ → 남(他)을 파괴하는 데 있지 아니하도다.

- 이수일과 심순애의 양인(兩人)이로다. (장가가사)

  설명 밑금 그은 '의'는 빼어 버려야 한다. 일본어 'AとBの ふたり'는

'A와 B라는(이름이 A와 B인) 두 사람'이지만, '이수일과 심순애의 양인(兩人)'이라고 하면 '이수일과 심순애의 아들딸'이거나, '이수일과 심순애가 부리는 두 하인' 등을 뜻하게 된다.

오랫동안 이렇게 분별없이 쓴 관형격 조사 '의'는 오늘날 모든 문장과 구어에 확산하여 우리말을 극도로 어지럽힌다. 또, 필요없는 자리에 군더더기로 쓰고 주어나 목적어, 부사어 자리에도 마구 쓴다. 한결같이 철저히 배운 듯이, 아무렇게나 쓰는 치졸한 표현에 필수 성분처럼 쓴다.

현재의 난맥상

다음 예문 중 밑금 그은 '의'는 말의 매끄러운 흐름을 가로막는 군더더기다. 빼어 버리면 목구멍에 걸린 가시를 뱉은 것처럼 시원해진다.

- 그러나 오늘의 우리에게 더욱 절실한 것은 풀어질 대로 풀어진, 발전과 도약의 의지를 다시 집결하여 재도전의 에너지를 충전하는 것이다.
- 올림픽 방송 시청률의 확대나……
- 종일방송이나 다름없는 올림픽의 방송시간 확대는 이런 거시적 안목으로 자제함이 마땅하다.
- 올림픽 구경도 좋지만 우리에게 절박한 것은 근검과 자제를 통한 국민적 에너지의 결집력임을 방송사와 정부는 왜 모르는가? (동아일보 「사설」)
- 여름 패션 소품들은 색상면에서 어울리도록 조화의 미에 신경을 써야 한다.
- 디자인이 단순한 옷일수록 연출의 범위가 넓어 개성을 한껏 살릴 수 있습니다. (동아일보 「달리는 여성」)

관형어 구실을 하는 체언에 이렇게 빠짐없이 '의'를 붙여 쓰는 것은

그런 체언에 빠짐없이 'の'를 붙여 쓰는 일본말을 모방한 것이다.

다음은 주어·목적어·관형어에 분별없이 '의'를 붙여 쓴 표현을 살펴본다.

◆ 주격으로 쓴 것

개화기 지식인들이 속격(관형격) 조사 'の'를 주어에도 두루 쓰는 일본말본을 모방한 데서 온 것이다.

- 그녀는 나의 존경하는 어머니. (KBS 1 TV 오페라 가사)
  → 그분은 내가 존경하는 어머니.
- 법정은 잠시 휴게로 들어갔다. 재판관들의 형 심의를 위해서였다. (이무영의 단편소설 『죄와 벌』) → 재판관들이 형을 심의하기 위해서였다.

  설명 소설 속 상황이 쉽게 이해할 수 있는 내용이어서 오해할 독자는 별로 없겠지만, 말은 말답게 표현해야 한다.

  '재판관들의 형'이라고 하면 재판관들이 받을 형이지 재판관들이 피고에게 선고할 형이 아니니, 얼마나 터무니없는 말인가? 관형격 조사 'の'를 주격 조사로도 자연스럽게 쓰는 일본말본에는 맞지만 우리말본엔 어긋나는 황당한 표현이다.
- 우리 배달말에도 암소, 계집, 황소, 사내 등, 성을 드러내는 것이 있으나 그것들은 자연의 성을 드러낸 것이지, 그 말의 가진 말본에서의 성은 아니다. (최현배 지음 『우리말본』)
  → 그 말이 가진 말본의 / 그 말이 뜻하는 말본의
- 그것은 현정권의 개혁에 대한 가장 본질적 태도라고 말할 수도 있다. (한겨레 「아침햇발」) → 현정권이 개혁을 대하는
- 우리는 큰 기대를 가지고 군의 변하는 모습을 지켜볼 것이다. (동아일보 「군의 어제와 오늘」) → 군이 변하는 모습을
- 단순한 디자인의 옷일수록 연출 범위가 넓어 개성을 한껏 살릴 수 있습니다. (동아일보 「달리는 여성」)

→ 디자인이 단순한 옷일수록 / 단순하게 재단한 옷일수록

- 그는 일찍 미니스커트 등 짧고 단순하면서도 <u>경쾌한 감각의 디자</u>인을 고집해, 유행에 앞섰다는 평을 받고 있다. (동아일보 「달리는 여성」)

    → 감각이 경쾌한

- 공보처는 방송을 6시간 연장하는 것 이외에 ㉠<u>한국 선수들의 참가 경기</u>나 개·폐회식 등 중요행사는 ㉡<u>별도의 추가방송을</u> 허용할 모양이다. (동아일보 「사설」)

    ㉠ → 한국 선수들이 참가하는 경기나

    ㉡ → 따로 추가방송을

- 누대(樓臺)의 장려(壯麗)함과 경개(景槪)의 기절(奇絶)함이 완연히 봉래선경(蓬萊仙境)이러니 (고등학교 「국어」 교과서 상권)

    → 누대가 장려하고 경개가 기절하여

- 시중의 <u>실제 금리의 하락</u>에도 불구하고 주가가 연일 추락하는 이변이 일고 있다. → 실제 금리가 내렸는데도

- 전북 ㉠<u>부안에서 발생한 강도 용의자의 경찰관 총기 탈출 난사 사건</u>은 ㉡<u>경찰의 위기상황 대처</u>에 문제가 있음을 보여 준다.

    ㉠ → 부안에서 강도 용의자가 경찰관의 총기를 탈취해 난사한 사건은

    ㉡ → 경찰이 위기 상황에 대처하는 데

- 경찰이 <u>강력범의 출현을 신고받고도</u> 실탄도 없이 출동해 범인을 놓쳤다. (서울신문 「사설」) → 강력범이 출현했다는 신고를 받고도

- 김대통령의 집권당 탈당에 대해서는 <u>정당정치의 실종이라는</u> 부정적인 비판이 높다. (동아일보) → 정당정치가 실종했다는

◆ 목적격으로 쓴 것

개화기 지식인들이 관형격 조사 '의'를 목적격 조사로도 쓰는 일본말을 모방한 데서 온 것이다.

우리말의 목적어에는 목적격 조사 '을/를'을 붙여 쓰는 것이 원칙이

지만, 안 붙여 쓰는 것이 자연스러운 경우가 많다.

순수어 밥을 먹는다 → 밥 먹는다

이를 닦는다 → 이 닦는다

일을 한다 → 일한다

선을 본다 → 선 본다

한자어 국민정신을 양양하기 위해 → 국민정신 양양을 위해

국력을 배양하려면 → 국력 배양에는

소원을 성취하기 위해서 → 소원 성취를 위해서

- 군에 도사리고 있는 <u>부조리의 척결을 위해</u>

  → 부조리를 척결하기 위해 / 부조리 척결을 위해
- <u>국기의 게양 및 관리 요령을</u> 선생님이 학생들에게 지도해 주시기

  바랍니다. → 국기를 게양하고 관리하는 요령을
- 예산 편성 및 운영의 개선이 요구된다.

  → 예산을 편성하고, 운영을 개선해야 한다. / 예산 편성과 운영

  개선이 필요하다.
- 강한 군대의 유지가 필요하다.

  → 강한 군대를 유지해야 한다. / 강한 군대 유지가 필요하다.
- 국가 예산의 1/3 가량을 <u>군의 유지와 발전을 위해</u> 아낌없이 써 왔

  던 것이다.

  → 군을 유지하고 발전시키기 위해 / 군 유지와 발전을 위해
- 그리고 <u>예산의 집행에 관해서는</u> 구체적인 내용을 군이 알려 하지

  않았다.

  → 예산을 집행하는 일은(일에 관해서는) / 예산 집행에 관해서는
- 한국이 앞으로 강대국들과 공존하면서 살아가려면 <u>발상의 전환</u>

  <u>이 이루어져야 한다.</u> (문화일보「사설」) → 발상을 전환해야 한다.
- 이 어려움을 극복하기 위해서 우리에게 절실히 <u>요구되는 것은 발</u>

175

상의 전환이고 의식의 개혁이다. (조선일보「사설」)

→ 필요한 것은 발상을 전환하고 의식을 개혁하는 일이다. / 필요한 일은 발상 전환과 의식 개혁이다.

- 김대중 당선자는 경제난국을 헤쳐나갈 협의체의 추진을 위한 대책위를 발족시키고 인선에 착수했다. (동아일보「사설」)

  → 협의체를 추진할

- 한 번 추락한 신뢰의 회복에는 상당한 시간이 필요하다. (조선일보「사설」)

  → 신뢰를 회복하는 데는

- 대통령 선거의 높은 투표율은 우리가 위기를 극복하려는 의지를 보여 줄 것이며 그것은 한국에 대한 국제적 신인도의 회복에 궁극적 효과를 나타낼 것이다. (문화일보「사설」)

  → 신인도를 회복하는 데 / 신인도 회복에

◆ 관형격으로 쓴 것

'의'를 관형격으로 썼으므로 당연해 보이지만 구조가 일어투다.

- 전교조는, 전교조 인정이 학원의 갈등과 혼란을 몰고 올 것이라는 사회 한 쪽의 비판을 의식한 듯, 협조와 화합의 자세를 드러냈다. (한겨레「사설」) → 협조하고 화합하는

- 시중 은행과 증권사에 기업 어음 할인과 매출업무를 허용함에 따라 기업 어음 소화의 길이 넓어졌다. (동아일보「사설」)

  → 기업 어음을 소화할

- 전교조 합법화 여부를 노·사·정 위원회에서 흥정 대상으로 삼은 것은 논란의 여지가 충분히 있다. (조선일보「사설」) → 논란할

- 요즈음, 주택부금, 적금, 노후 건강보험까지 중도 해약이 부쩍 는 것은, 어려운 불확실성의 시대일수록 들어야 하는 것을, 이 고비만 쉽게 넘기려는 얄팍한 계산이 빚은 단견이다. (조선일보「시론」)

  → 어렵고 불확실한

• 인권의 획기적인 신장은 김대중 당선자의 대선 공약이자 일관한 정치적 신념이다. → 획기적인 인권 신장은

• 대한민국 헌법은 "국가는 개인이 가지는 불가침의 기본적인 인권을 확인하고 이를 보장할 의무를 가진다."고 규정하고 있다.
  → 침해할 수 없는 개인의

• 이 기회에 바로잡을 일은 불공정한 법 적용의 문화이다. _(한겨레「사설」)
  → 법을 불공정하게 적용하는 폐습(弊習)이다.

• 새해는 구조조정 완수의 해 _(동아일보) → 완수하는

◆ 그 밖에 원칙 없이 쓴 것

• 그리고 스스로의 약속과 스스로의 발언을 뒤집는 이중성 때문에 결국 국민 앞에 '유감'을 표명하는 대통령이 되고 말았다. _(동아일보「사설」)
  → 스스로 한 약속과 발언을 / 자신이 한 약속과 발언을

• 일본의 중국과의 경제관계는 별로 변동이 없을 것이다. _(동아일보)
  → 일본과 중국의 경제관계는

• 선생님들의 적극적인 협조 바랍니다.
  → 선생님들께서 적극적으로 협조해 주시기 바랍니다. / 선생님들, 적극적으로 협조해 주십시오.

• 신부의 입장이 있겠습니다. → 신부가 들어옵니다.

• 신입회원들의 많은 참석 바랍니다.
  → 신입회원들께서 많이 참석해 주시기 바랍니다. / 신입회원들, 많이 참석해 주십시오.

• 시청자 여러분의 많은 시청 있으시기 바랍니다.
  → 시청자 여러분, 많이 시청해 주십시오.

• 여러분들의 많은 협조 있으시기 바랍니다.
  → 여러분께서 많이 협조해 주십시오.

• 올림픽을 단순히 시청률 확대나 광고수입 올리기의 기회로만 생

각하지 말아야 한다. (동아일보「사설」) → 광고수입을 올릴 기회로만

- 국민의 방송은 …… 이기주의를 버리고 …… 국가경제나 국민생활에 진정으로 봉사하는 자세로 <u>소비욕구의 자제</u>와 각종 절약운동에 동참하고 이를 앞장서 이<u>끄</u>는 일이다. (동아일보「사설」)

  → 소비욕구를 자제하고

- '애련'이란 프랑스 영화의 제멋대로 번역해 놓은 것 같은 표제가 붙어 있는 것도 오늘의 독자들은 수긍하기가 어려울 것이다. (유종호의 평론「염상섭의 삼대(三代)」)

  → 프랑스 영화 제목을 제멋대로 번역해 놓은 것 같은 '애련'이라는 표제가

2. 다른 조사에 붙은 '의'

～마다+의

'마다'는 '낱낱이 다 그러함'을 보이는 조사로, 체언에 붙어서 부사어가 되게 한다.

- ㉠일본 동경의 궁성 앞 소나무들은 ㉡나무마다의 ㉢관리비가 중류층 한 사람의 생활비와 맞먹는다고 한다. (동아일보)

  설명 이 글의 내용은, 궁성 앞 소나무들의 관리비가 나무마다 중류층 한 사람의 생활비와 맞먹는다는 것이므로, ㉡+㉢을 '나무마다 관리비가 중류층 한 사람의 생활비와 맞먹는다'고 하면 뜻이 분명하며, '㉠ 주어+㉡ 부사어+㉢ 서술어' 구조로 완벽하고 정연한 문장이 되므로 ㉡ 중 일본말투 조사 '의'를 빼야 한다.

- 성실한 마음과 튼튼한 몸으로 학문과 기술을 배우고 익히며, 타고난 <u>저마다의 소질</u>을 계발하고, 우리의 처지를 약진의 발판으로 삼

아 창조의 힘과 개척의 정신을 기른다. (「국민교육헌장」)

설명 '타고난 저마다의 소질을'에서 일본말식 관형격 조사 '의'를 빼고 거꾸로 늘어 놓은 문장 성분의 차례를 바로잡아 '저마다 타고난 소질을'이라고 고쳐야 한다. '창조의 힘과 개척의 정신'도 일본말을 닮은 표현이므로 '창조하는 힘과 개척하는 정신'이나 '창조력과 개척 정신'으로 바로잡아야 한다.

• 사라지는 것들은 저마다의 흔적을 남기려 한다. (서울신문 신춘 문예 당선자 소감) → 저마다

～로부터의, ～으로부터의

영어의 영향을 받은 표현 형식의 대표적인 예다.

• 해외로부터의 통신. (민중서관 발행 『엣센스 영한사전』)

→ 해외 통신. / 해외에서 전해 온 통신.

• 셰익스피어로부터의 인용. (『엣센스 영한사전』)

→ 셰익스피어 작품에서 따온 말(글). / 셰익스피어 작품에서 인용한 말(글).

• 어머니로부터의 편지. (시사영어사 발행 『아카데미 영한사전』)

→ 어머님에게서(한테서) 온 편지. / 어머님이 보내신 편지. / 어머님의 편지.

• 김일성은 친일파였던 김옥균을 옹호하고 있다. 이는 그가 일본으로부터의 경제원조를 얻는 데 도움이 될지 모른다. (동아일보 김일성 회고록) → 일본의 / 일본에서

• 진실의 복원은 거짓으로부터의 해방에서만 기약된다. (한겨레 논단)

→ 진실은 거짓을 버려야만 복원할 수 있다.

• 영·미로부터의 장비 수입을 내수산업으로 대체하고 있습니다.

(EBS「세계의 다큐멘터리」) → 영·미에서 수입하던 장비를

• 위로부터의 개혁에 착수하겠습니다. (김영삼 대통령 취임사)

→ 개혁을 위에서부터 하겠습니다. / 위에서부터 개혁하겠습니다.

~에의

'에의'는 체언에 붙어서 진행 방향을 보이는 부사격 조사 '에'에 관형격 조사 '의'를 붙인 것으로, 일본어에서 동작의 방향을 나타내는 'ヘ'에 속격 조사 'の'를 붙인 'ヘの'를 모방한 것이다.

- 새로운 도약에의 길

  설명 '새로운 도약의 길', '새로운 도약으로 가는 길'로 고치면 말은 되지만 내용이 매우 치졸하다. '도약'은 한층 높은 번영에 이르기 위한 과정에서 하는 힘찬 행동인데, 그 행동을 궁극 목표처럼 표현했다. 웅대한 목표를 분명하게 보여 주는 뜻으로 표현해야 했다.

- 학업성적 불량으로 중도에 탈락한 학생들의 직업세계에의 적응을 돕기 위해 TECH PREP 프로그램이 장려되고 있다. (동아일보)

  설명 'TECH PREP'가 전문 기술직 준비교육이므로 '학생들을 직업세계에 적응하도록 돕기 위한 TECH PREP 프로그램을 장려하고 있다'고 고쳐야 한다.

- 그는 식민지 시대의 절망적인 상황과 그의 예술에의 꿈과 정열을 이해하지 못하는 부모의 반대에 부닥쳤다. (동아일보)

  설명 '예술에 대한 꿈'이라고 해야 우리말본에 맞는다. '예술에의 꿈'은 일본어 '藝術への ゆめ'를 직역한 꼴이다.

- 스위스는 유럽공동체 가입과 새로 창설될 유럽경제권에의 참여 희망을 공식적으로 표명, 영세중립국의 존재방식을 바꿀 것임을 확실히 했다. (동아일보) → 유럽경제권에 참여하겠다는 희망을

- 도저한 고독감으로 그를 절망케 할 수도 있었을 자리에서 육사에게 행동의 의미를 부여하는, 그리하여 그를 구제하는 것은 장엄한 ㉠미래에의 기대이다. 육사가 광야에서 기도한 것은 ㉡자신에의 다짐이라고 여겨진다. (고등학교 『국어』 교과서)

㉠ → 미래에 대한   ㉡ → 자신에게 한

- 사할린 잔류 한국인들을 대상으로 <u>한국에의</u> 영주 귀국 희망 여부, 귀국 후의 생활 및 연고자 유무, 현재의 생활 등을 조사한다. (동아일보)

  설명 내용이나 문맥을 보면 '한국에의'는 군더더기인데, 굳이 쓰자면 '한국으로'라고 고쳐야 한다.

- 우리나라는 두 가지 가정으로 중국에 접근해 왔다. 하나는 싼 임금으로 <u>제 삼국 수출에의</u> 경쟁력을 찾는 것이다. (동아일보「사설」)

  → 제 삼국에 수출할

- 우리나라 젊은이들은 25~35세에 결혼하지만 <u>부모에의 의존도가</u> 높다. (동아일보) → 부모에게 많이 의존한다.

- 민족 수난의 굽이마다 불굴의 의지로 나라를 구한 자랑스러운 선조들처럼, 우리도 오늘의 고난을 극복하고 <u>내일에의 도약을 실천</u>하는 위대한 역사의 창조자가 됩시다. (김대중 대통령 취임사)

  → 내일로 도약해 위대한 역사를 창조합시다.

~에게로의

- 자네에게로의 편지

  설명 일본어가 우리말에 끼치는 혼란상의 생생한 보기로, 민중서관이 발행한 『엣센스 일한사전』에 있는 'の'의 용례 '君への 手紙'의 번역문이다. 편지를 보내는 경우라면 '자네에게(한테) 가는(보내는) 편지', 받은 경우라면 '자네에게(한테) 온 편지'라고 해야 되는데, 보내는 경우와 받는 경우를 구별하지 않고 써 놓은 일본어를 아무렇게나 직역하여 우스운 표현이 되었다.

~에서의

- ㉠국회는 선전포고, ㉡국군의 외국에의 파견 또는 ㉢외국군대의 대한민국 영역 안에서의 주류에 대한 동의권을 가진다. (대한민국「헌법」제60조 제2항)

ⓐ → 국회에는　　　　　ⓑ → 국군을 외국에 보내거나

ⓒ → 외국군대를 대한민국 영역 안에 머무르게 하는 일에 동의하거나 거부할 권리가 있다.

• 뇌사체(腦死體) 처리 과정에서의 비리와 시행착오를 줄이기 위해서 뇌사에 관한 규범법을 정립하는 일이 긴요하다. (동아일보「사설」)
→ 과정에서 생기는 비리와

• 이런 문제는 종교 교육을 제대로 받지 못한 교주들이 '병든 사회에서의 병든 신자'의 신앙심을 교묘히 악용, 무조건 복종과 무리한 헌금을 유도하는 과정에서 빚어지고 있다. (동아일보 오대양 집단 사살 사건논평) → 병든 사회에서 병든 신자의 / 병든 사회의 병든 신자의

• 대통령 선거에서의 압승을 통해 제2의 경제도약을 이루자. (동아일보「여록」) → 대통령 선거에서 압승하여

• 육지에서의 개발 제한구역처럼 해상 블루벨트(blue belt)를 설정한다. (MBC 뉴스)
→ 육지의 개발 제한구역처럼 / 육지에 지정한 개발 제한구역처럼

• 대통령 ⓐ선거에서의 관권 개입 방지가 커다란 정치쟁점으로 떠오르고 ⓑ있는 가운데 민자당 지구당원 단합대회에 관할지역 동장들이 무더기로 참석한 사실이 밝혀져 물의를 빚고 있다. (한겨레)
ⓐ → 선거에 개입하는 관권을 막는 일이
ⓑ → 있는 때에

• 제2차 아시아·유럽 정상회담(ASEM)에 임하는 김대중 대통령의 목표는 국제 금융계에서의 우리의 신인도를 제고하는 것이었다. (조선일보「사설」) → 금융계에서

• 이명박 씨는 7월에 있을 선거법 위반 결심 공판에서의 실형선고 여부에 따라 시장 출마 자격이 제한될 수도 있다. (조선일보 정치란)
→ 공판의 / 공판에서

• 남극에서의 삶의 모습을 보여 드리겠습니다. (KBS 1 TV「세상은 넓다」)
→ 남극에서 사는 모습을

- 이번 경기(한·일 친선 축구 경기)에서는 지난번 일본에서의 치욕적인 패배를 설욕해야 하겠습니다. (SBS TV)
  → 일본에서 패배한 치욕을 썼어야
- 호주에서의 관광체험을 소개해 드리겠습니다. (KBS 1 TV 「세상은 넓다」)
  → 호주관광에서 체험한 일을
- 미국의 정치학자 새뮤얼 헌팅턴은 아시아 국가들에서는 민주적 제도들이 '경쟁과 변화'라는 서구적 가치가 아니라, '합의와 안정'이라는 유교적 가치를 증진하는 기능을 하는데 한국에서의 3당 합당도 이런 현상의 한 예라고 했다. (문화일보)
  → 한국에서 3당이 합한 것도

~와의

① 대통령(이) 국민과 대화한다.
② 대통령(이) 국민과의 대화를 한다.

①은 올바른 우리말 문장이고, ②는 일본어 토씨(と+の⇒との)를 흉내 낸 '과+의⇒과의'를 써서 표현한 기형 문장이다.

- 새 정부는 해외 동포들과의 긴밀한 유대를 강화하고 그들의 권익을 보호하기 위해서는 적극적인 노력을 기울일 것입니다. (김대중 대통령 취임사) → 해외동포들과 유대를 더욱 긴밀히 하고
- ○○장관은 은행장들과의 간담회에서 앞으로는 외국인도 은행 간부가 될 수 있다고 말했습니다. (KBS 1 뉴스)
  → 은행장들과 간담하는 자리에서
- 선생님께서 고쳐 주신 부분은 동료들과의 협의를 통해서 적극 반영하겠습니다. (한국교육개발원 국어교과서 편집부)
  → 동료들과 협의해서
- 21세기에 대비해 재도약하기 위해서는 고비용 저효율 구조를 저비용 고효율 구조로 바꾸고 선진국과의 지적 격차를 극복해야 한

183

다. (한겨레 「새 장관에게 듣는다」)

→ 선진국의 지적 수준을 따라잡아야 한다.

• 범죄와의 전쟁을 선포한다. (노태우 전 대통령)

설명 앞의 보기에서 말한 것처럼 '와의'가 일본말 '~との'의 직역임을 생각할 때, 대통령이 발표하는 선포문이라고 하기에는 무척 수치스럽다. '범죄와의 전쟁'은 '범죄와 싸울 것'이라고 하면 되고, 굳이 '선포한다'고 하기보다 '범죄를 없애겠다', '범죄를 엄단하겠다' 등, 우리말다운 표현으로 단호한 의지를 표명해야 옳다.

• 전설은 세계와의 대결에 의해 패배하는 주인공을 보여 주어 비극성을 내용의 특징으로 한다. (인문계 고등학교 『문학』 교과서)

→ 세계와 대결하다가 패배하는

• 교원지위법에 의한 정부와 교직자 단체와의 단체협의권의 획득도 작게 평가할 일이 아니다. (동아일보 「사설」)

설명 우리말본에 어긋난 표현과 영어투, 일어투가 뒤섞인 졸문이다. 말본에 어긋난 표현인 '정부와 교직자 단체와의'를 '정부와 교직자 단체의'로 고쳐야 한다. 체언을 둘 이상 나열할 때 쓰는 '와/과'는 맨 끝에 오는 체언에 붙여 쓸 수 없다. 예를 들어 보자.

배와 감을 샀다. (○)　　　　배와 감과를 샀다. (×)

배와 감과 사과를 샀다. (○)　　배와 감과 사과와를 샀다. (×)

영어식 표현인 '교원지위법에 의한'은 '교원지위법으로', 일어식 표현인 '단체와의'는 '단체의'로 고쳐야 한다. 나열할 때 끝에 온 체언에 쓰지 말아야 할 '와'를 써서 일어식 표현이 되었다. 이런 점에 유의하여 문장을 '교원지위법에 따라, 교직 단체가 정부와 협의할 권리를 얻은 것도 작게 평가할 일이 아니다'로 고쳐야 한다.

• L의원도 경기지역 의원들과의 접촉을 유지하고 있다. (한국일보)

→ 의원들과 계속 접촉하고 있다.

• 장석중 씨는 북한 통전부의 베이징 대표 김수택, 참사 정덕순 등과의 접촉 내용을 잇따라 안기부에 보고한 것으로 알려졌다. (한겨레)

→ 정덕순과 접촉한 내용을

- 교사가 주위의 눈총을 꺼려 ㉠학부모와의 접촉을 기피하고, 학부모는 돈봉투 부담으로 교사를 찾지 못한다면 ㉡학생과 교사와의 사이에도 마음의 빗장을 젖힐 수 없다. (동아일보「사설」)

  ㉠ → 학부모를 만나지 않고, / 학부모 만나기를 기피하고,

  ㉡ → 학생과 교사 사이에도

- 김대통령은 우리는 강력한 국방력을 바탕으로 한미연합방위체제를 강화하고 <u>일본과의 협조를 추진하면서</u> 중국 러시아와도 한반도 평화를 위한 협력을 게을리 하지 않을 것이라고 강조했다. (동아일보) → 일본과 협조하면서

~으로의

- 전후 복구를 명분으로 한 일본의 이 <u>지역으로의</u> 진출 의도는 분명해진 것으로 보인다.

  → 일본이 전후 복구란 명분으로 이 지역으로 진출할 의도는 분명해진 것 같다.

  설명 '으로의'는 일본말 '~への'를, '일본의'는 일본말식 변형 주어 '日本の'를 직역한 표현이다.

- <u>앞으로의</u> 의원 외교는 다변화(多邊化)해야 한다. (MBC)

  → 앞날의 / 미래의 / 장래의 / 향후의 / 이후의

- 독일인들은 집시들의 <u>독일로의</u> 이주를 막아야 한다고 주장하고 있다. (KBS 1) → 집시들이 독일로 이주하는 것을

- 일본 정부는 사할린 잔류 한국인 문제의 실태를 조사, <u>한국으로의 귀국을</u> 지원키 위해 10월 중에 첫 조사단을 현지에 보내기로 했다고…… (동아일보) → 귀국을

- 현재의 정국은 'JP총리 서리'라는 장애물에 걸려 한치도 나아가지 못하는 형국이다. 이 문제에 대한 김대중 대통령의 '해법'은 <u>앞으로의</u> 정국상황을 가늠하는 풍향계라고 할 수 있다. (동아일보 정치란)

→ 앞날의 / 향후의 / 이후의 / 장래의

- 최근 <u>일본으로의 밀항을 시도하는</u> 사람이 늘고 있습니다. (MBC TV 뉴스) → 일본으로 밀항하려는

- 「한겨레 문화 센터」는 제15기 가을 강좌에 세기말에서 <u>문명전환</u> <u>으로의</u> 문화적 흐름을 알아보는 「문화 비평」 강좌를 새롭게 선보입니다. (한겨레 「알림」) → 새 세기로 나아가는

- 김영수(金榮秀) 민정수석은 <u>문화체육부장관으로의 입각이 유력</u> <u>하다.</u> (중앙일보)
  → 문화체육부 장관으로 입각할 듯하다. / 문화체육부 장관이 될 듯하다.

~만으로의

- 한글만으로의 길 (모대학 교수가 쓴 평론집 제목) → 한글만 쓰는 길

~으로서의

- 세계 상위권에 도전하는 ㉠<u>체육강국으로서의 긍지를</u> 재확인하고 성숙한 ㉡<u>문화국민으로서의 긍지도</u> 살려 나가야 한다. (동아일보 「사설」)
  ㉠ → 체육 강국으로서(체육 강국의) 긍지를
  ㉡ → 문화국민다운 도량(度量)도

  설명 '으로서'는 체언에 붙어서 '어떤 신분이나 지위, 자격'을 보이는 부사격 조사이므로, '체육 강국으로서', '문화 국민으로서'처럼 부사어를 만들면 뒤따르는 서술어 '긍지를 확인하고', '긍지도 살려 나가야 한다'와 한정 관계를 이루어 우리말다운 글이 되는데, 쓸데없는 '의'를 붙여 일어식 체언구를 형성해서 기형문을 만들었다. 그리고 '체육 강국'이나 '문화 국민'이라는 말은 이미 그 말에 상응하는 자격이 있음을 뜻하므로, 군이 자격격 조사를 쓰지 않고 '체육 강국의 긍지를 재확인하고 성숙한 문화 국민의 도량도 살려 나가야 한다'고 해도 손색이 없다. 이와 좀 다르게 '체

육 강국다운 긍지', '문화 국민의 도량'처럼 다양하게 표현해도 좋겠다.

- 모든 국민은 인간으로서의 존엄과 가치를 가지며, 행복을 추구할 권리를 가진다. (대한민국「헌법」제10조)
  → 모든 국민에게 존엄한 인간 가치와 행복을 추구할 권리가 있다.

- 나는 헌법을 준수하고 …… 대통령으로서의 직책을 성실히 수행할 것을 국민 앞에 엄숙히 선서합니다. (대한민국「헌법」제69조)
  → 대통령의

- 한나라당이 대선 때 국민회의의 92년 비자금설을 폭로하면서 한편으로는 국가기관을 동원해 불법자금을 조성했다면 이는 국가 ⊙지도자로서의 도덕성 문제와 직결된다. ⓛ이총재로서는 이런 사실을 알았는지 여부와 관계없이 큰 정치적 상처를 ⓒ입을 수 있는 위기에 빠진 셈이다. (한겨레)
  ⊙ → 지도자로서 / 지도자의
  ⓛ → 이 총재는
  ⓒ → 입을

- 위정자의 철학이나 이념에는 국민이 피부로 느끼는, 생활에 밀착한 삶의 지표로서의 일체감이 있어야 한다. (조선일보「김대중 칼럼」)
  → 지표가 되는

~에 있어서의

일본어 '~に於いての'를 직역한 꼴이다.

- 근대신문이 자생하지 못한 우리 언론사에 있어서의 '독립신문'은 서구 근대신문을 일본을 통해 이식한 것이다. (세계일보)
  → 우리 언론사에서

- 일을 추진함에 있어서의 주의점
  → 추진할 때 주의할 점 / 추진하면서 주의할 점 / 추진하는 과정

에서 주의할 점

- 현재에 있어서의 <u>문화 창조와 관계가 없는 것</u>을 우리는 문화적 전통이라고 말할 수 없다. (고등학교 『국어』 교과서 상권)

  → 현재의 문화를 창조하는 일과

나름대로의(나름+대로+의)

'나름'은 '같은 지방 사람이라도 개성은 사람 나름'처럼 명사 다음에 와서 '됨됨이'를, '같은 사람이라도 성공 여부는 노력할 나름'처럼 관형사형 동사 다음에 와서 '~하기에 달림'을 보이는 의존 명사다. '대로'는 '느낀 대로 말한다, 될 대로 돼라'처럼 관형사형 용언의 수식을 받아 따로 서서 의존 명사 구실을 하거나 '사실대로 말해라, 소원대로 된다'처럼 체언에 붙어서 조사 구실을 한다.

- 자기 <u>나름대로의</u> 기준을 세워야 한다. (한글학회 지음 『우리말큰사전』의 표제어 '나름'의 용례) → 자기 나름의 / 자기대로

  설명 이 예문에 있는 '대로'는 '나름'과 유사한 의존 명사인데, '의'를 거느리고 '나름'에 붙어서 뜻과 문법 양쪽에서 기형을 이루었다.

- 독자 역시 그 <u>나름대로의</u> 견해나 관심이 있게 마련이다.

  → 각자 나름의 / 각자 나름으로 / 각자의

- 정부가 최근에 결정한 각종 이권과 관련한 주요 경제정책 중에는 <u>정부 나름대로의</u> 해명에 이해할 부분이 있다고 해도 한결같이 '정치성'이라는 음산한 냄새가 배어 있다. (한겨레 「아침햇발」)

  → 그 나름의 해명에

- 당사자들도 노숙생활에서 살아남기 위한 <u>나름대로의 생존전략을 소유하고 있음</u>을 인정하여 이들의 생존전략을 자치단체에서 잘 활용하는 것이 필요하다. (세계일보 「논단」)

  → 당사자들에게도 자기 나름으로 노숙생활을 극복할 전략이 있음을

- 최장집 교수 사건을 보는 ⊙지식 사회가 나름대로의 견해의 주장을 내세워 이에 대한 찬반의 성명을 언론에 ⓛ발표함으로써 독자들은 때 아닌 보혁(保革) 갈등 분쟁에 휘말려 무엇이 무엇인지 얼떨떨하다는 지적이다. (조선일보「시론」)

  ⊙ → 지식인들이 제 나름으로 / 지식인들이 각자 나름의

  ⓛ → 발표하여 / 발표하기 때문에

3. ~마다

하나도 빼지 않고 낱낱이 그러함을 보이는 조사 '마다'에 쓸데없는 조사를 붙여 쓰면 말꼴이 우스워지고 느낌도 나빠진다.

~마다에

- 지리산에는 산자락마다에 마을이 있다. (EBS「역사탐방」)

  → 산자락마다

  설명 '마다'를 붙이지 않고 쓸 때는 '지리산은 산자락에 마을이 있다'고 해야 되지만, 조사 '마다'가 들어가면 처격 조사 '에'를 빼야 한다. 이런 현상은 부사어뿐만 아니라 다른 성분에서도 나타난다.

주어 사람들이 노래한다.

사람마다가 노래한다. (×)

사람마다 노래한다. (○)

목적어 방들을 청소한다.

방마다를 청소한다. (×)

방마다 청소한다. (○)

부사어 모든 마을에서 도난을 당했다.

마을마다에서 도난을 당했다. (×)

마을마다 도난을 당했다. (○)

- 어린이날인 오늘 유원지마다에 사람이 붐볐습니다. (KBS 1TV)
  → 유원지마다 / 모든 유원지에
- 거리마다에 경찰이 주민의 통행을 막았다고 보도했습니다. (MBC 뉴스) → 거리마다

~마다에는

- 빼어난 곳마다에는 그곳에 얽힌 전설이 있다. (KBS「금강산 탐방」)
  → 곳마다 / 곳에는 모두(다)
- 출입문마다에는 공항경찰대 소속의 의경이 배치돼 있다. (동아일보「현장」) → 출입문마다 / 모든 출입문에

4. ~만이

그것(무엇)에 한하거나 강조하는 뜻을 나타내는 조사 '만'이나 거기에 '이'를 덧붙인 '만이'를 헤프게 쓰면 말본에 어긋나는 이상한 표현이된다.

용언의 명사형＋으로써＋만이

- "과거를 잊지 않고 그 반성을 현재에 살림으로써만이 미래를 향한 한점의 흐림 없는 시야가 열리게 될 것"이라고 역설했다. (동아일보「여록」)

  설명 밑금 그은 '살림으로써만이'에서 '만이'를 빼면 그런대로 미래를 향한 시야가 열리는 조건을 보이는 부사어로 어울리고, '만'을

붙여 '살림으로써만'이라고 하면 어감은 거북하지만 강조하는 뜻을 지니면서 그런대로 말본에 맞는다. 그러나 '이'를 덧붙여 '살림으로써만이'라고 하면 말본에 어긋나 논리를 잃는다. '살려야'나 '살려야만'이라고 고쳐야 한다.

- 그 소임을 <u>다함으로써만이</u> 권리를 주장할 수 있습니다.
  → 다하고서야 / 다한 다음에야 / 다해야만 / 다함으로써

용언의 연결형＋만이

- 우리가 ㉠<u>협조해야만이</u> ㉡<u>여성 지위가 향상할</u> 수 있습니다. (텔레비전 좌담) → ㉠ 협조해야, ㉡ 여성의 지위를 높일

- 튀길 때도 조심해 <u>튀겨야만이</u> 제맛을 낸다고 합니다. (KBS)
  → 튀겨야

- 내일까지 <u>봐야만이</u> 윤곽이 드러날 것 같습니다. (KBS) → 봐야

- 이렇게 <u>말해야만이</u> 정확한 표현이 되겠습니다. → 말해야

- 노력을 <u>해서만이</u> 성공할 수 있다. → 해야

- 경쟁력을 <u>높여야만이</u> 국제 시장에서 이깁니다. → 높여야

- 현명하게 <u>대처해야만이</u> 난국을 극복할 수 있다. → 대처해야

체언＋만이

- 흉악범이라도 그에게는 정당한 법절차에 따른 ㉠<u>재판이 보장돼야</u> 하고 그 죄과에 상응하는 ㉡<u>형벌만이 주어져야</u> 한다는 것도 당연한 일이다. → ㉠재판을 보장해야, ㉡형벌만(을) 가해야

- 새로운 민주적 사고가 정치와 행정 속에 실제로 녹아들기 위해서는 이런 <u>구태가 되풀이되지 않아야</u> 하고 <u>그럴 때만이</u> 기자가 질문 과정에서 대통령을 '각하'로 호칭하는 해프닝도 발생하지 않을 것이라는 생각이 들었다. (한겨레)
  → 구태를 되풀이하지 말아야 / 구태가 되풀이되지 않을 때에나

제5장

잘 가려 써야 할 말

1. 서로 구별해야 할 말

수많은 말 중에는 '정말과 참말, 무리와 떼, 세다와 강하다, 곱다와 아름답다, 옳다와 바르다, 밉다와 싫다'처럼 서로 바꿔도 생각을 전하거나 감정을 표현하는 데 아무 지장이 없는 완전한 동의어가 있지만, 다음에 제시하는 말들은 뜻이 확연히 다르므로 잘 구별해 써야 한다.

첫째, 둘째 – 첫 번째, 두 번째

'첫째, 둘째……'는 사물의 차례를 나타내는 말(차례셈씨)로 한자어로는 第一, 第二다.

① 나란히 있는 사람이나 물건의 차례 :

　둘째 줄의 셋째 사람

　셋째 줄의 넷째 책상

② 열거하는 사례의 차례 :

　첫째 장(章), 둘째 절(節)

③ 생겨난 차례 : 맏아들, 둘째아들

④ 등급 : 학급 석차 열두째

'첫번째, 두 번째……'는 반복하는 일의 횟수의 차례를 나타내는 말로 第一回(次), 第二回(次)와 같다.

① 운동경기 : 첫 번째 시합, 두 번째 시합

② 전쟁 : 제1차, 제2차 세계대전

③ 질문 : 세 번째, 네 번째 물음

④ 원둘레 돌기 : 김 선수는 트랙을 세 번째 도는 중이다.

⑤ 왕복 운동 : 그네가 네 번째 왕복한다.

- 우리 나라 선수단은 <u>구십이 번째로</u> 입장하고 있습니다. (올림픽대회 입
장식 중계방송) → 아흔 두째로

  설명 한 나라 선수가 아흔 두 번이나 입장한다는 것은 터무니없는
  표현이다.

- 지구상에서 <u>두 번째로</u> 큰 대륙인 아프리카로 여행을 떠나겠습니
다. (KBS1 TV「세상은 넓다」) → 둘째로

- 일본은 1인당 GNP 3만 7천 달러로 세계에서 <u>두 번째로</u> 부유한
나라로 판명됐습니다. (MBC TV 뉴스) → 둘째로 / 제2의

이르다 - 빠르다

- 후보 거론 아직 <u>빠르다.</u> (동아일보) → 이르다.

- 단체장 <u>빨라야</u> 95년에 선거 (동아일보) → 일러야

  설명 이상의 예는 각각의 시기를 나타내는 말이므로 '빠르다'거나
  '느리다'고 말할 수 없다. '이르다'거나 '늦다'고 해야 한다.

빠른 시일 - 이른 시일 - 가까운 시일(장래)

오랫동안 신문에서 가까운 장래에 일어날 일을 언급할 때에, 위의
예와 같은 맥락으로 '빠른 시일 내(안)'라고 하던 것을 요즘엔 '이른 시
일 내(안)'라고 표현한다.

그러나 이 표현도 옳지 못한 경우가 있다. 하루 중에서 오전은 이른
때이고 오후는 늦은 때이듯이 한 달 중에서 상순(上旬)은 이른 시일이
고 하순(下旬)은 늦은 시일이므로, 어느 달의 20일자 신문이 그달 그믐
께 있을 일을 언급할 때 '이른 시일'이라고 표현하는 것은 모순이다. '가
까운 시일'이나 '가까운 장래'라고 해야 옳다.

이 논리는 1년이나 10년(decade), 1백년(世紀) 단위에도 똑같이 적용
되므로 '가까운 시일(때)'이나 '멀지 않은 시대(장래)'라고 하는 표현이
어느 경우에나 적합하다.

다르다-틀리다

'다르다(異)'는 '같다(同)'와 맞서는 형용사고, '틀리다(誤·違)'는 '맞는다(正·合)'와 맞서는 자동사다. 뜻을 설명할 필요도 없는 쉬운 말이므로, 이 나라에 태어나서 자연스럽게 성장한 사람이면, 학교 교육을 못 받아도 다 분별해 쓴다.

그런데 요즈음에는 교육방송에서 어린이들을 지도하는 선생이 "같은 종이(紙)도 색깔에 따라 용도가 틀리다"고 말하고, 어떤 교수는 "처음 이민 간 동포들은 그 나라의 모든 생활문화가 우리와 틀리기 때문에 애를 많이 먹는다"고 하는가 하면, 어느 아나운서는 "자라는 아이들은 오늘 틀리고 내일 틀리고, 해마다 틀린다"고 한다. 현대인은 못 배워도 판단력이 옳던 조상과 달리, 많이 배울수록 생각이 틀려지나 보다.

작다-적다

글에서는 흔하지 않으나, 밥의 양이 적을 경우에 '밥이 너무 작다'고 말하고, 키가 작은 사람을 보고 '키가 적다'고 말한다. 많지 않은 것은 '적다'고, 크지 않은 것은 '작다'고 해야 한다.

낮다-얕다

이 말도 글보다 말에서 많이 혼동한다. '낮다'는 '높다'의, '얕다'는 '깊다'의 반대말인데, '높다'와 '깊다'는 혼동하지 않으나 '낮다'와 '얕다'는 많이 혼동한다. 두 말을 옳게 쓸 경우를 구별해 보면 다음과 같다.

- 낮다 : 천장, 산, 언덕, 지대, 계급, 지위, 정도, 온도, 습도, 기압, 압력, 물건값, 품삯, 비율, 소리
- 얕다 : 냇물, 계곡, 굴, 꾀, 생각, 수작, 지식, 연구, 경험

필요-이유

대학 입시에 낙방한 학생을 격려할 때 흔히 "낙심할 필요없어. 용기를 내!", "좌절할 필요없어. 더욱 노력해 봐." 하고 말하는 것을 들을 수

있다. 또 겁쟁이 아이에게 용기를 돋울 때 "겁낼 필요없어, 무서워할 필요없어" 한다.

낙심하거나 좌절하고, 겁내거나 무서워하는 것은 그럴 만한 까닭이 있어서 어쩔 수 없이 생기는 심리 현상이지 필요성을 느껴서 일부러 하는 행위가 아니므로 '필요없다'는 말은 기본 상식에도 어긋난다.

그러므로 '필요없다'를 '이유없다'로 바꾸면 좀 낫지만, '이유'에는 어느 정도의 자의(自意)가 있으므로 '것'으로 바꿔서 '낙심할 것 없어, 좌절할 것 없어, 겁낼 것 없어, 무서워할 것 없어' 하면 훨씬 자연스럽다. '좌절하지 말아, 낙심하지 말아, 겁내지 마, 무서워하지 마' 하면 더 깔끔하다.

이유-원인-목적

민중서림이 발행한 『국어대사전』에는 '이유'와 '원인'을 다음과 같이 정의했다.

> 이유(理由) : ① 까닭, 사유 ② 추리상(推理上) 결론이나 귀결의 전제가 되는 것.
> 원인(原因) : 사물이나 상태가 말미암아 일어나는 근본. 어떤 결과를 규정하면서 시간적으로 그것에 앞서는 상태.

그러나 '이유'는 어느 정도 의식이 작용하는 행위의 동기를 뜻하는 것으로,

① 학생이 결석하는 이유
② 근로자들이 파업하는 이유
③ 반대파가 가두에서 시위하는 이유
④ 야당 국회의원이 의사 진행을 방해하는 이유
⑤ 정당의 고위층 인사가 탈당하는 이유

처럼 쓰고,

'원인'은 과학적 논리로 규명할 대상을 뜻하는 것으로,

① 화산이 폭발하는 원인

② 날씨가 변하는 원인

③ 병세가 악화하는 원인

④ 사회 질서가 문란해지는 원인

⑤ 국운이 융성해지거나 쇠퇴하는 원인

같은 용례를 생각할 수 있다.

심오한 이론이 아니고 매우 평범한 생활 상식인데, 많이 배운 사람이 분별없이 쓰는 꼴을 보면 한심하기 짝이 없다.

- 경찰이 불이 난 <u>이유</u>를 조사하고 있습니다. (MBC TV) → 원인을
- 금년에 비가 많이 내리는 <u>이유</u>가 무엇입니까? (KBS 1 TV) → 원인이
- 연정(聯政)뿐인 독일 정치가 탄탄한 <u>이유</u>. (조선일보) → 요인(要因)

다음은 현행 고등학교 『국어』 상권에 실린 글로, ( ) 안의 숫자는 교과서의 쪽수다.

- "너는 냉면 먹어라. 나는 냉면 먹을게"와 같은 문장이 ㉠<u>어딘가</u> 이 상한 문장이라는 사실과 어떻게 고쳐야 바른 문장이 된다는 사실을 특별히 심각하게 따져 보지 않고도 거의 순간적으로 ㉡<u>파악해</u> 낼 수 있다. 그러나 막상 ㉢<u>이 문장이 틀린 이유가 무엇인지</u> 설명하라고 하면, ㉣<u>일반인으로서는</u> 매우 곤혹스러움을 느끼게 된다. (79)

  ㉠ → 어딘지 ㉡ → 감지할 수 있다.

  ㉢ → 이 문장에서 무엇이 틀렸는지 ㉣ → 일반인은
- 이 이야기에 담긴 주요 사건을 간추리고 그런 일이 벌어진 <u>이유</u>를 말해 보자. (159) → 까닭 / 원인 / 곡절

  설명 국어 사전마다 '이유'의 뜻을 '까닭'이라고 풀이했지만, 구체적인 상황에 따라 잘 가려 써야 한다. '이유'는 대체로 사람이 행동하

199

는 사유(事由)를 뜻한다.

- 자세히 읽어도 내용이 제대로 파악되지 않는 글이 있었다면 <u>그 이유</u>는 무엇이었는가? (181) → 그 까닭이 / 그 원인이
- ○<u>한글 창제가 빛나는 전통이 된 이유</u>는 이런 인습에 대항하여 일반 민중의 문자 생활의 어려움을 ○<u>해결하고자 한 데에 있다.</u> (190)

  ○ → 한글 창제의 위대성은   ○ → 해결한 데에 있다.
- 이 작품이 인기를 얻는 <u>이유에 대하여</u> 이야기해 보자. → 요인을
- 이 시대의 청년들이 <u>그런 생활 방식을 가지게 된 이유에 대해서</u> 알아 보자. (225)

  → 그런 방식으로 생활하게 된 원인을 알아 보자.
- 시대에 따라 시가 장르가 <u>변화한 이유</u>가 무엇이겠는지를 그 당시 삶의 조건이나 가치관 등을 통하여 추리한다. (254)

  → 변한 원인을
- ○<u>창문을 여는 이유</u>가 밖을 보기 위함이듯이, ○<u>책을 읽는 이유</u>는 무엇인가 새로운 것을 찾기 위함이다. (382)

  ○ → 창문을 여는 목적이

  ○ → 책을 읽는 목적은 새로운 것을

～으로해서－～ 므로해서

둘 다 말하는 사람이 제멋대로 된 버릇으로 쓰는 품위 없는 말투다.

- 발명을 <u>함으로해서</u> 산업 발전에 기여한다. → 함으로써 / 해서
- 태풍이 <u>불어오므로해서</u> 농작물 피해가 염려된다.

  → 불어오므로 / 불어와서

～로써·으로써－～로서·으로서－～로·으로

모두 앞의 것은 받침이 없거나 ㄹ받침으로 끝나는 체언에 붙여 쓰고, 뒤의 것은 ㄹ받침 이외 받침으로 끝나는 체언에 붙여 쓴다.

'로써·으로써'는 '～를 가지고'의 뜻을 나타내는 부사격 조사로 다음

같이 쓴다.

① 석굴암과 고려 자기로써 한국 예술을 자랑한다.
② 의협과 용기로써 사태를 해결한다.
③ 패기와 신념으로써 작전에 임하라.
④ 죽음으로써 나라를 지킨다.

'로서·으로서'는 '어떤 지위나 신분, 자격을 가지고'의 뜻을 나타내는 부사격 조사로 다음같이 쓴다.

① 김씨는 학자로서 명성을 떨쳤다.
② 국회는 국민의 대의 기구로서 행정부를 견제한다.
③ 유괴범은 사람으로서 차마 못할 짓을 했다.
④ 홍길동은 활빈당의 수령으로서 사회의 모순을 타파하겠다고 결심했다.

'로·으로'도 부사격 조사인데 '로써·으로써', '로서·으로서'와 달리, 다음같이 다양하게 쓴다.

• 기구, 방법, 수단
① 칼로 종이를 자른다.　② 붓으로 글을 쓴다.
③ 지혜로 백성을 다스린다.　④ 사진으로 상황을 설명한다.
⑤ 21세기 국가의 힘은 정보를 창출하고 활용하는 능력으로 신장한다.
• 재료
① 나무로 집을 짓는다.　② 양념으로 맛을 돋운다.
• 방향
① 강물이 동에서 서로 흐른다.

② 가족이 남북으로 흩어졌다.

• 자격

① 당수로 뽑혔다.　　　　② 사장으로 취임한다.

• 까닭

① 과로로 쓰러졌다.　　　　② 가난으로 고생한다.

③ 과대한 욕심으로 망신했다.

• 때

① 어제는 때때로 비가 내렸다.

② 아침 저녁으로 문안한다.

③ 만날 날짜를 이 달 보름으로 약속했다.

• 되는 대상

① 착하던 사람이 난봉꾼으로 변했다.

② 아들을 훌륭한 사람으로 키웠다.

• ~하게 한다

① 부하로 하여금 감시하게 했다.

② 동생으로 하여금 가 보게 한다.

• 사실

① 금강산은 온 누리에 명승지로 알려졌다.

② 그 여인은 시인으로 유명하다.

③ 파리는 예술의 도시로, 브라질은 축구 강국으로 유명하다.

④ 일반 독자들은 ○○일보를 보수적인 신문으로, ××신문을 진보적인 신문으로 인식하고 있다.

이처럼 '로·으로'는 '로써·으로써'와 '로서·으로서'의 뜻도 포함하므로, 어느 것을 써야 할지 헷갈리는 사람은 '로·으로'를 쓰면 실수할 염려가 없다.

　• 한국일보는 여성문제에 대해 진보적인 언론으로서 인식되어 왔

다. (한국일보 「한국논단」) → 언론으로 / 언론이라고

- 사상전향제는 '내심'에 있는 사상의 포기를 요구하기 때문에 양심의 자유를 침해하지만 준법서약제도는 '내심' 아닌 외부적 행동을 법에 어긋나지 않도록 하겠다는 <u>약속으로서</u> 본질적인 차이가 있다. (동아일보에 특별기고한 법무부 장관의 글)

  → 약속으로 / 약속이므로

- 최장집 교수가 쓴 '역사적'이란 말은 그 논문에서 앞뒤의 말과 어울려서 '엄청난, 중대한, 큰' 따위의 꾸밈말로 쓰인 <u>것으로서</u>, 전면전을 일으켜 이른바 해방전쟁이 실패한 결과까지 아우른 전면전의 참혹성을 강조한 것에 가깝다. (한겨레 「데스크칼럼」)

  → 것으로 / 것이어서

가르친다-가리킨다

- 시계가 열두 시를 가르치고 있습니다. (MBC) → 가리키고

  설명 '가르치다'는 지식이나 기술을 얻게 하는 행위를 뜻하는 말로, 예를 들면 '국어(수학·외국어·역사·지리 등)를 가르친다', '예의 범절을 가르친다', '헤엄 치는 법을 가르친다' 등이다.

  '가리키다'는 어느 것, 어느 쪽, 무엇인지를 보이거나 말해서 알리는 일을 뜻하는 말로, 예를 들면 '손가락으로 먼 산(동쪽·남쪽 등)을 가리킨다', '시계 바늘이 열 시를 가리킨다' 등이다.

놀란다-놀랜다

'놀란다'는 뜻밖의 일에 무서움을 느끼고 가슴이 두근거린다, 신기하거나 훌륭한 것을 보고 감동한다는 뜻으로 쓰는 자동사다.

'놀랜다'는 남을 놀라게 한다는 뜻으로 쓰는 타동사다.

총소리에 놀랐다.

학생의 솜씨에 놀랐다.

고함을 쳐서 놀래 주었다.

일절(一切)−일체(一切)

구별하기 까다로워서 논란이 많은 말이다. 말맛도 그다지 좋지 못하므로 구별해 쓰느라 애쓰지 말고, 경우에 알맞은 순수어로 쓰자.

품사＼단어	일절	일체
관형사		모든, 온갖 예 일체 중생
명사		모든 것, 온갖 것 예 소지품 일체를 조사한다.
부사	모두, 전혀, 아주, 통 예 일절 모른다. 일절 소식이 없다. 일절 하지 말라.	죄다, 모두, 통틀어 예 모든 권한을 일체 네게 맡긴다.

몇− 어느

김 일등병의 소속을 물을 때는 '몇 사단, 몇 연대, 몇 대대'가 아니라 '어느 사단, 어느 연대, 어느 대대'가 옳고, 박 선생의 주소를 물을 때도 '어느 군, 어느 면, 어느 동, 어느 번지, 어느 통, 어느 반'이냐고 해야 한다.

우리말을 일본어투나 영어투로 표현하는 것은 경계하고 배격해야 하지만, 일본인들이 'いく(幾)學年(몇 학년)'이라고 하지 않고 'なん(何)學年(어느 학년)'이라고 하고, 영·미국인이 'How many grade(몇 학년)'이라고 하지 않고 'Which grade(어느 학년)'라고 하는 것은, 우리가 '몇'과 '어느'를 구별해 쓸 이유를 일깨우는 데 도움이 된다.

• "너는 몇 학년, 몇 반, 몇 번 학생이냐?"

설명 위 물음에 대한 대답이 '3학년 5반 7번 학생'이라고 할 때, 숫자 '3, 5, 7'은 '학년, 반, 번호'의 수효가 아니라 학년과 반, 번호에 차례로 붙인 명칭이다. 그러므로 위의 물음은 "너는 어느 학년 어느 반, 어느 번 학생이냐?"고 해야 한다.

누구-아무

'누구(誰)'는 의문인칭대명사이고, '아무(某)'는 부정(不定)인칭대명사이므로, "이 문제를 풀 사람이 누구냐?"고 물으면 "그 문제는 몹시 어려워서 아무도 못 푼다"고 대답하듯이 구별해 써야 하는데, "그 문제는 몹시 어려워서 풀 사람이 누구도 없다"처럼 혼동해 쓴다.

- 70년대 말에 해외 건설 경기 호황으로 급성장했으나 외형 위주의 성장 전략을 선택한 탓에 87년 초에 무너진 고려개발의 회생은 <u>누구도</u> 믿지 못했다. (세계일보「사설」) → 아무도
- 경주 문화엑스포에는 <u>누구나</u> 직접 참여할 수 있는 문화마당이 있습니다. (KBS 1 TV「여기는 경주 문화엑스포」) → 아무나
- 우선 ㉠<u>선생의 사진을 통해서 본 인상은</u> '근엄'과 '과묵'이다. ㉡<u>누구도</u> 침범하기 어려운 위엄이 내비치며 꽉 다문 입술에서 굳센 의지가 ㉢<u>나타난다</u>. (국립국어연구원 발행 『새국어 생활』 1998년 가을호)

  ㉠ → 사진에 보이는 선생의 인상은

  ㉡ → 아무도

  ㉢ → 보인다.
- 이것은 한 가지 가정이며 <u>어느 누구도</u> 객관적으로 해명할 수 없다. (한겨레「여론」) → 아무도
- TV 화면에는 매를 맞은 택시기사와 파출소 순경들이 등장해 검찰수사관의 행패를 생생하게 증언했다. 이 뉴스를 본 사람이라면 <u>누구나</u> 이 검찰 수사관이 구속되리라는 것을 의심하지 않았을 것이다. (중앙일보「유승삼 칼럼」) → 아무도
- 인천에서 문학강좌를 마치고 만원 전철을 탄 백씨는 다리가 후들

거렸지만 누구 하나 백씨를 알아보고 자리를 양보해 주는 사람은 없었다. <small>(동아일보 문화란)</small>

→ 백씨를 알아보고 자리를 내 주는 사람은 아무도 없었다.

언제 – 아무때

'언제'는 의문시간부사이고 아무때는 부정(不定)시간부사이므로 "언제 가면 좋을까?" 하고 물으면 "아무때 가도 좋아."처럼 분별해서 써야 하는데, 대다수 사람은 "언제 가도 좋다"고 대답한다.

- 며느리도 언젠가 시어머니가 된다는 사실을 깨달으면 시어머니를 좀더 다정하게 모실 수 있을 것이다. <small>(조선일보「홍사중 문화마당」)</small>
  → 아무때라도 / 장차
- 부에노스아이레스에서는 두 명 이상 모여 순서가 필요한 곳이면 ㉠언제 어디서나 줄이 만들어진다. ㉡어느 누구도 줄에 서서 기다리는 데 조급해하거나 불만을 표하는 사람이 없다. <small>(조선일보「글로벌 에티켓」)</small>

  ㉠ → 아무때 아무데서나   ㉡ → 아무도

어디 – 아무데

'어디'는 의문처소부사고 '아무데'는 부정(不定)처소부사이므로 "그 물건이 어디 있는지 샅샅이 찾아보았으나 아무데도 없었다"고 구별해 써야 하는데 "어디에도 없었다"고 하는 사람이 대부분이다.

- 서○○ 의원은 한국정치 50년사에서 대선자금을 한번도 수사하지 않은 '관행'을 무시한 검찰 수사는 형평성이 없다고 주장하지만 그 성명(聲明)이나 편지 어디에도 자기 반성은 보이지 않는다. <small>(한겨레「취재파일」)</small> → 편지에는 아무데도
- 10월엔 유난히 결혼식이 많아서 고궁 공원유원지 어디서나 신랑

신부들을 흔하게 볼 수 있었다. (동아일보 「새아침 새지평」)

→ 아무데서나 / 곳곳에서

- 공주(公州)의 정지산 유적지가 군사 기지였다는 증거는 어디에도 없었다. (KBS 위성 TV) → 아무데에도

- 새로운 의료보험 제도에 따라 전국 어디서나 의료서비스를 받을 수 있습니다. (KBS 1 TV 뉴스) → 아무데서나

- 이젠 전파의 월경(越境)을 시비하는 사람은 어디에서도 찾아보기 어렵다. (중앙일보 「시론」) → 아무데서도

옳다-맞는다

'옳다'는 '사리에 꼭 맞고 바르다'는 뜻을 지닌 형용사로 '그르다'의 반대말이어서, 어떤 문제의 잘잘못을 가리다가 납득(納得)한 학생이 설득한 학생에게 "아, 네 말이 옳다"처럼 쓴다. '맞다'는 '서로 어긋나거나 틀리지 않는다'는 뜻을 지닌 자동사의 기본형으로 '틀린다'의 반대말이어서, "시험 문제의 답이 맞았다", "시계가 잘 맞는다", "하는 행동이 격에 맞는다", "서로 뜻이 맞는다"처럼 쓴다.

우리말의 형용사는 '네 말이 옳다, 산이 높다, 경치가 좋다'처럼 기본형으로 평서법 서술을 하지만, 동사의 기본형은 사전의 올림말이 될 뿐, 실생활에는 전혀 쓸모가 없어서 평서법으로 서술하려면 '맞았다, 맞는다, 맞겠다'처럼 시제를 넣어서 나타내야 한다. 그런데 많은 교수, 교사, 학생이 어떤 문제를 논의하다가 결론에 도달하면 '맞다, 맞다'고 한다. 영어를 배우고 가르칠 때는 품사를 철저히 구별하면서 우리말에는 그런 구별이 없는 줄 아는 모양이다. 옳고 그름을 따지다가 타당한 결론에 도달하거나 문제의 정답을 알았으면 '옳다, 옳아', '맞았다, 맞았어'처럼 말해야 한다.

- 부정부패를 개탄하고 걱정하는 목소리들이 높다. 신문을 펼쳤다 하면 하루도 빠짐없이 현기증 나게 지면을 장식하는 것이 공직비

리와 뇌물이야기다. 신문은 사회의 거울이라는 말이 맞다면 이건 예삿일이 아니다. (동아일보 「남중구 칼럼」) → 맞는다면 / 옳다면

답다-스럽다

'답다'는 명사류 어근에 붙어서 '그런 성질이나 자격이 있음'을 뜻하는 형용사를 이루는 접미사로, '꽃답다, 참답다, 여자답다, 학자답다, 어른답다'처럼 쓴다. '스럽다'도 똑같은 방법으로 형용사를 이루지만 뜻은 '답다'와 미묘하게 달라서, '고생스럽다, 사랑스럽다, 영광스럽다, 좀스럽다, 상스럽다'처럼 '~인 듯이 보이는 모습'을 나타내므로 서로 바꿔서 '꽃스럽다, 참스럽다, 여자스럽다……; 고생답다, 사랑답다, 영광답다……'처럼 쓰면 말이 안 된다.

'어른답다'를 '어른스럽다'고 하는 경우가 있는데 이것은 '어른다운 어른'이 아니고 하는 모습이 어른 같은 어린이를 뜻한다.

한편, 일부 언론인이 더러 쓰는 '우려(憂慮)스럽다'는 말 구조에는 흠이 없어 보이지만 보편적 언어 감각에 어울리지 않으므로 '걱정스럽다, 근심스럽다'고 말하는 것이 좋다.

진짜-참, 정말

'진짜'는 물건이 본디의 참것임을 뜻하는 명사로 '가짜'의 반대말이고, '참'은 사실이나 하는 일이 이치에 맞음을 뜻하는 명사이면서 '정말, 과연, 아주'와 뜻이 같은 부사이며, '정말'은 거짓이 없는 말임을 뜻하는 명사이면서 '과연, 틀림없이'와 뜻이 같은 부사인데, 많은 지식인들이 아무때나 '진짜'만 써서 말의 품위를 떨어뜨린다.

- 성분을 계량해 만든 음식은 진짜 맛있어요. (MBC 뉴스)
  → 참 / 참으로 / 정말 / 아주
- 제기 차기가 진짜 운동이 돼요. (KBS 1 TV 「여기는 경주 문화엑스포」)
  → 좋은

- 판문점 총격요청 사건 연루설이 도는 진로그룹 장진호 회장 <u>진짜</u>
  무슨 일 했을까? (중앙일보) → 과연
- 5대 그룹간 빅딜이 지지부진한 것도 알고 보면 충성파 경영인들
  이 <u>진짜</u> 구조 조정을 하기보다는 총수 개인과 가족의 이익 방어에
  골몰하기 때문이라는 분석이 있다. (조선일보「태평로」)
  → 진정한 / 실질적인
- <u>진짜</u> 도산해야 할 은행과 기업은 정부 증자로 건재하고 있다. (세계일보)
  → 정말 / 당연히

또-또한

'또'는 '거듭하여', '다시'의 뜻으로 '불탄 산에 불이 또 났다', '작년에
왔던 제비가 또 왔다'처럼 쓰는 부사로 한자어 '우(又)'에 맞고, '또한'은
'마찬가지'의 뜻으로 '형이 착하더니 아우 또한 착하구나', '네가 가면
나도 또한 가리라'처럼 쓰는 부사로 한자어 '역시(亦是)'에 맞는다. 그
런데 많은 지식인들이 '또'를 써야 할 경우와 아예 필요없는 경우에도
버릇으로 '또한'을 마구 쓴다.

- 승상이 한가한 곳에 나아간 지 <u>또한</u> 여러 해 지났더니 팔월 염간
  은 생일이라. → 또 / '또한'을 빼어 버린다.
- 어떤 책은 <u>또한</u> 대리를 시켜 읽게 할 수도 있고, 다른 사람이 만든
  발췌문을 읽어도 무방하다.
  설명 '또한'을 빼 버린다.
- 1999년은 작게는 지나간 한 세기를, 크게는 천년을 마무리하고
  2000년을 맞이하는 한해이기도 하다. <u>또한</u> 우리에게는 지난해
  IMF 경제위기와 수평적 정권교체라는 경제적·정치적 시험을 거
  치고 커다란 전환과 변화를 모색해야 하는 시점이기도 하다.
  → 또 / 그리고
- 내각제 여론조사 보도는 '약속은 지켜야 한다'와 '언제 실시해야

하는가'라는 상반된 쟁점 제시와 통계 수치 나열에 그쳤다. 또한 국회 529호실 사건보도는 정치권의 탈법 문서 갈취와 정치사찰이라는 명분을 둘러싸고 양쪽의 대립적 자세를 객관적으로 다루었지만 기계적인 균형보도에 머물고 말았다. (한겨레「언론비평」)

→ 그리고

고맙다 - 감사한다

'고맙다'는 남에게 좋은 일을 베풀어 은혜를 입히는 일을 기리는 말로, '갸륵하다' '거룩하다' '귀엽다' '착하다' '인자하다'와 병렬하는 형용사고, '감사한다'는 고마움에 감동해서 사례함을 뜻하는 자동사다. 그런데 국어사전들이 '고맙다'를 "은혜나 신세를 입어 마음이 뜨겁고 즐겁다. 감사하다.(이희승 편저『국어대사전』)", "도움을 받거나 은혜를 입거나 하여 마음이 흐뭇하게 느껍다. 감사하다.(한글학회 지음『우리말큰사전』)"고 풀어, 말하는 이 자신의 심정을 나타내는 형용사로 규정하고, 말의 구조와 뜻과 문법 기능이 완전히 다른 '감사한다'와 동의어라하여 "고마운 생각", "고마운 말씀", "고맙게 여기는 마음씨", "와 줘서 고맙네." 따위 불구 문장을 용례로 늘어 놓아 국민에게 이성과 지혜가 모자라는 무식쟁이 같은 말살이를 시키고 있다.

필자는 이 말들의 뜻과 문법 기능을 골똘히 연구한 끝에 위와 같이 정리하고 그 쓰임새를 다음과 같이 생각해 보았다.

○ 표는 옳은 용례, × 표는 옳지 못한 용례

(1) 도와 주셔서 고맙습니다. (○)

　　도와 준 사람의 행위를 기리는 말

(2) 도와 주신 데 대해 감사합니다. (○)

　　도움을 받은 사람이 감동해서 사례한다는 말

(3) 도와 주셔서 대단히 고맙습니다. (○)

　　고마운 행위를 강조해서 기리는 말

이수열 선생님의 우리말 바로 쓰기

(4) 도와 주셔서 대단히 감사합니다. (×)

　자신이 감사하는 행위를 대단하다고 치켜 세워서 우스꽝스럽다.

(5) 도와 주신 데 대해 진심(충심)으로 감사합니다. (○)

　감사하는 뜻을 더욱 정중하게 나타낸 말

(6) 도와 주신 분께 마음 깊이 감사합니다. (○)

　(5)와 같음.

(7) 도와 주신 분께 고마운 말씀을 드립니다. (×)

　자신의 말을 고맙다고 하는 것이 우스꽝스럽다.

　→ 고마워하는 / 감사하는

(8) 감사하신 하느님 (×) → 고마우신

(9) 고마우신 은혜에 감사합니다. (○)

(10) 호의를 고맙게 여긴다. (○)

(11) 호의에 감사한다. (○)

(12) 남의 도움을 받으면,

　①고마운 줄 알아야 한다. (○)

　②고마워할 줄 알아야 한다. (○)

　③고마워해야 한다. (○)

　④고맙게 여겨야 한다. (○)

　⑤고맙게 생각해야 한다. (○)

　⑥감사한 줄 알아야 한다. (×)

　⑦감사할 줄 알아야 한다. (○)

　⑧감사해야 한다. (○)

　⑨감사하게 여겨야 한다. (×)

　⑩감사하게 생각해야 한다. (×)

(13) 도와 주시면,

　①고맙겠습니다.(×)

　②감사하겠습니다. (×)

　남에게 도움을 청할 때는 절대적인 신뢰감을 보이면서 "아무쪼록(부디) 잘(많이) 도와 주십시오"라 하고, 도움을 받은 뒤에는 "대단히 고맙습니다, 진심으로 감사합니다"와 같이 사례하는 것이 마땅한데, '도와 주시면' 같은 조건을 제시하고 '고맙겠다, 감사하겠다'는 표현은 우리 민족 특유의 예의와 정서에 어긋난다.

(14) 사랑해 주시는 여러분께 고마운 인사를 드립니다. (×)

→ 사랑해 주시는 여러분, 고맙습니다. / 사랑해 주시는 여러분께 감사합니다.

(15) 도와 주신 분들께 감사하다는 말씀을 드립니다. (×)

→ 도와 주신 분들, 고맙습니다. / 도와 주신 분들께 감사합니다. / 도와 주신 분들께 고맙다는 말씀을 드립니다.

(16) 김대중 대통령은 과거 일본에서 민주화 투쟁을 할 때 도와 준 인사들에게 고마움을 표시했습니다. (×)

→ 고맙다고 인사했습니다. / 감사했습니다.

(17) 부처님께 항상 감사한 마음으로 절합니다. (×) (불교TV)

→ 감사하는

나이 많은 사람 중에는 '감사한다'가 일본말 찌꺼기이므로 버리고 '고맙다'만 써야 한다고 주장하는 이가 있지만, 그것은 오해다. 일본인이 '감사한다'는 말을 많이 하는 것은 사실이지만, 이 말이 일본인만의 고유한 정서를 지닌 것이 아닐 뿐더러, 그 뜻과 느낌이 우리말에도 맞는다. 게다가 '고맙다'는 자신에게 은혜를 베푼 사람의 도덕적·정서적 속성을 기리는 뜻을 지닌 형용사일 뿐이지, 자신이 고마움을 느끼고 사례함을 뜻하는 동사가 아니므로, 그런 뜻을 지닌 동사 '감사한다'도 써야 한다.

닦는다–씻는다–훔친다

이는 잇솔(칫솔)로 닦고, 구두는 구둣솔로 닦고, 유리창이나 마룻바닥, 책상, 옷장은 걸레로 닦고, 쇠붙이 그릇은 수세미로 닦는다. 이처럼 물건에 묻은 것을 씻고, 세게 문질러서 윤내는 일을 가리켜 '닦는다'고 한다.

속이나 겉에 묻은 것을 물을 써서 없애는 일을 '씻는다'고 하는데, 손이나 발 씻기를 비롯해서 세수나 목욕이 씻는 것이고, 음식을 마련할 때 곡물과 야채, 생선, 고기류도 씻고 식사를 마친 다음에 하는 설거지도 씻는 일이다.

수건이나 행주, 걸레 같은 것으로 물기를 제거하는 일은 '훔친다'고 하는데, 눈물이나 땀, 세수나 목욕을 한 다음에 몸에 묻은 물은 수건으로 훔치고, 음식을 먹은 뒤에 물로 씻은 그릇과 상이나 식탁은 행주로 훔치고, 마루나 방바닥에 흘린 물과 엎지른 우유는 걸레로 훔친다.

우리 조상은 학교 교육을 못 받고도 말을 이토록 잘 가려서 했는데, 국민이 모두 10년 이상씩 학교 교육을 받고 대학의 수 많기가 세계에서 상위에 든다는 오늘날 우리 국민의 말살이 수준을 보면 한심하기 그지없다.

공부 좀 했다는 사람이 눈물이나 땀을 닦는다고 하고, 야채나 과일, 생선도 닦는다고 한다. 씻거나 훔치는 일은 아예 모르는 것 같다. 일어를 아는 사람은 みがく(닦는다), あらう(씻는다), ぬぐう(훔친다)를, 영어를 아는 사람은 polish(닦는다), wash(씻는다), wipe(훔친다)를 잘도 구별하면서, 우리말을 할 때는 닦기, 씻기, 훔치기를 모두 '닦는다'고 한다.

맨다 – 묶는다

'결속(結束)'이라는 한자어를 보면 '매기(結)'와 '묶기(束)'가 동의어 같지만 우리 조상은 둘을 슬기롭게 구별해 썼다.

볏단이나 짚단, 땔나무, 야채처럼 거칠고 덩치가 큰 것은 '묶는다'고 하고, 옷고름이나 허리띠, 대님과 구두끈이나 노끈, 실처럼 섬세한 것은 '맨다'고 했다. 물건에 따라서 맨 것이 풀리지 않도록 '고'를 내지 않고 고정할 때는 '옭맨다'고 하고, 소녀의 머리를 흩어지지 않게 뒤쪽으로 모을 때는 '잡아맨다'고 하며, 죄인의 두 손을 뒷짐지어 오랏줄로 맬 때는 '동여맨다'고 하고, 바람이 센 지방에서 초가 지붕이 벗겨지지 않도록 굵은 새끼로 지붕을 그물 모양으로 뒤덮는 것은 '얽어맨다'고 했는데, 지금도 지긋한 촌로들은 다 이렇게 말한다. 그런데 요즈음에는 아무거나 '묶는다'고 한다.

계집아이의 머리를 끈으로 묶고, 한복 입은 사내아이 허리를 허리띠로 묶고, 대님으로 발목을 묶는다고 한다. 사람의 몸은 시신(屍身)에 수의(壽衣)를 입히고 염포(殮佈)로 매는 일을 천하게 표현할 때만 '묶는다'고 한다.

2. 잘못하는 배수 표현

작년에 백 원이던 물건 값이 지금은 삼백 원이 된 것을 말할 때 '2배가 올랐다'거나 '3배로 올랐다'고 함은 분명한 상식이다. 그런데 방송이나 신문에서는 '3배 이상 비싸다', '3배 이상 많아졌다', '3배 가량 비싸다', '3배나 올랐다', '3배나 늘었다' 등으로 표현하니 해괴하다.

- 30일 수산청에 따르면 이날 서울 가락동 농수산물 도매시장에서 연·근해산(沿近海産) 생태가 kg당 6,400~6,800원에 거래돼, 작년 같은 기간 1,860원보다 3배 이상 비싼 값에 팔렸다. (동아일보)
  설명 1,860원보다 3배 이상이 비싼 값은 1,860원+1,860원×3=7,440원 이상이므로 위 기사의 표현을 '1,860원의 3배(5,580원)를 넘는 값에 팔렸다'나 '1,860원의 2배(3,720원) 이상이나 오른 값에 팔렸다'고 고쳐야 한다.
- 우리나라 사람이 가장 즐기는 생선은 명태, 작년의 명태 소비량은 34만t으로 2위인 고등어(10만t)보다 3배 이상이 많았다. (동아일보)
  설명 10만t보다 3배 이상이 많은 중량은 10만t+10만t×3=40만t

이상이므로 '2위인 고등어(10만t)의 2배(20만t) 이상이 늘었다'나, '2위인 고등어(10만t)의 3배(30만t)를 넘는다'로 고쳐야 한다.

- 상담자는 여자(7,956명)가 남자(1,499명)보다 5배 가량 많았다. (동아일보)

  설명 남자 1,499명보다 5배가 많은 수는 1,499명+1,499명×5= 8,994명이므로 위 기사는 '상담자는 여자가 남자의 5배(1,499명× 5=7,495명)를 넘었다'고 고쳐야 한다.

- 자살자의 남녀비율은 2.02 : 1로 <u>남자가 여자보다 2배 가량 많았다.</u> (동아일보)

  → 남자가 여자의 2배 가량이다. / 남자가 여자의 2배를 넘는다.

- 우리나라 국민 1인당 GNP는 70년 252달러에서 89년에는 4,994달러로 19년 만에 <u>19.8배나 많아졌다.</u> (한겨레)

  설명 19년 동안에 많아진 GNP는 4,742달러(4,994달러-252달러)이고 70년의 GNP의 18.8배(4,742달러÷252달러=18.8…… 4.4달러)이므로 19.8배나 많아졌다는 말은 옳지 않다. '18.8배나 불어났다(많아졌다)'거나 '19.8배로 불어났다'고 표현해야 옳다.

- 귀경길 고속도로 거북이 운행, 일부 구간은 심한 체증, <u>평소보다 2배 걸려.</u> (한겨레) → 평소의 2배 걸려.

- 시국관련 구속자 하루 6명꼴, <u>5공 때보다 4배.</u> (한겨레)

  → 5공 때의 4배.

- 꽃값 한달새 ㉠2배로…….

  본격적인 졸업철을 맞아 선물용 꽃의 수요가 늘어서 시중 꽃값이 한달새 ㉡2배나 올랐다……. (한겨레)

  설명 ㉠의 '2배로'가 옳으면 ㉡의 '2배나'도 '2배로'이어야 하고, ㉡의 '2배나'가 옳으면 ㉠을 '3배로'로 고쳐야 한다. 2배나 올랐으면 본래 값과 합해서 3배가 되기 때문이다.

- 해방 이후 90년까지 46년 동안 서울시의 인구는 90만 명에서 1천 62만 8천 명으로 ㉠11.8배가, 가구 수는 18만 9천 호에서 2백

82만 3천 호로 ⓛ15배가 각각 증가한 것으로 나타났다. (동아일보)

㉠ → 11.8배로, ‥‥‥‥ 1,062만 8천÷90만=11.8(배)

ⓛ → 15배로 ‥‥‥‥‥ 282만 3천÷18만 9천=15(배)

• 미국방부가 개발예산을 대폭 요구한 무기는 이동미사일 요격미사일로 개발하고 있는 GPALS미사일로 현회계연도의 2억 달러보다 세 배나 많은 6억 달러로 책정되었다. (동아일보)

설명 2억 달러보다 3배나 많은 액수는 2억 달러+2억 달러×3=8억 달러이므로, '2억 달러의 3배나 되는'이나 '2억 달러의 3배에 달하는'으로 고쳐야 한다.

제6장

바로 써야 할 말들

1. 뜻을 잘 모르고 잘못 쓰는 말

어휘(語彙)

'말'이라는 말은, 우리 나라 사람이 '엄마'나 '맘마'라는 말을 배우는 것과 거의 같은 시기에 저절로 배운 지식으로, 가장 쉽고 평범하며 계층의 구별없이 어느 경우에도 알맞게, 정확히 쓸 수 있는 말 중에서 으뜸가는 말이다.

'낱말(단어)'이라는 말은, 학교에 들어가 배운 학식으로, 학습활동 중에는 많이 쓰지만, 일상 생활에서는 매우 드물게 쓴다. 그리고 '말수(어휘)'라는 말은, 언어학에서 사용하는 전문 용어로, 일반인에게는 아주 생소할 뿐더러 거의 쓸모도 없다.

그런데 몇몇 지식인과 학자는 '어휘'를 아무데서나 마구 쓴다. 결혼식에서 주례가 "사랑이라는 어휘를 가지고 한 말씀……, 다음에는 효도라는 어휘에 대해서……, 다음은 화목이라는 어휘를 가지고 한 말씀……"이라고 하는가 하면, 텔레비전 방송의 「고운말」 프로그램에 나와서 바른 말을 지도하는 서울대학교의 어느 언어학 교수는, "새라는 어휘, 나무라는 어휘, 꽃이라는 어휘……" 운운하였다. 참으로 어처구니없는 일이다.

'사랑이라는 낱말', '꽃이라는 단어'도 학습 용어로는 적합하지만 생활 용어로는 어울리지 않고, '사랑이라는 어휘', '새라는 어휘'는 상식을 벗어난 망발이다.

경우에 어울리지 않고, 알아듣지도 못할 어려운 말을 하면 자신의 박식이 널리 알려지고 위신이 서는 것이 아니라, 대중의 언어 생활에 혼란을 부르고, 올바로 아는 사람의 비웃음거리가 됨을 알아야 한다. '사랑이라는 말', '꽃이라는 말'이야말로 우리 겨레의 얼을 간직하고, 겨레와 운명을 같이하면서 영원히 살아 숨쉬는 우리말이다.

떫떠름한 지식 과시나, 거들먹거리는 권위 의식이 끼어들지 않은, 쉽고 평범한 표현으로 참말을 하는 것이 우리 겨레다운 품위다. 권위의식과 지식 과시는 우리말의 질을 떨어뜨리고, 문화 환경을 오염시키는 공해 요인일 뿐이다.

- '냉전(冷戰)'이라는 말은 미국의 정치평론가 월터 리프먼이 신문 칼럼의 제목으로 써서 일약 역사적인 <u>어휘</u>가 되었지만, 그 창안자는 따로 있다. 냉전이라는 <u>낱말</u>을 새삼스럽게 들먹이는 것은 한가한 용어풀이 놀음을 하자는 것이 아니다. (동아일보)

  설명 '냉전'이라는 단어의 유래를 말하면서 '어휘'를 말, 낱말, 용어와 동의어인 듯이 썼다. '어휘'를 '용어'로 바꿔 써야 알맞다.

- 말은 그 사람의 심중의 반영이며 인격의 표상이다. ㉠<u>정확한 어휘의 선택</u>과 ㉡<u>논리가 뚜렷한 말</u>은 상대를 쉽게 설득하고 설복케 한다. (동아일보 「사설」)

  설명 '정확한 어휘'를, '정확한 용어'나 '정확한 말'이라고 고쳐야 한다. 그리고 ㉠과 ㉡은 나란한 관계가 아니라 ㉠이 ㉡의 수단이 되는 관계이므로, 열거를 나타내는 접속 조사 '과'를 빼고 '적절한 용어를 쓴 뚜렷한 논리는'이라고 해야 한다.

다음은 현행 고등학교 『국어』 상권에 실린 문장이다. ( ) 안의 숫자는 교과서의 쪽수다.

- 우리말의 특질은 음운, <u>어휘</u>, 문장구조면 등의 세 측면에서 살펴볼 수 있다. (76) → 단어,

- <u>어휘</u> 능력은, 단어를 정확하게, 그리고 풍부하게 알아 사용하며 또 이미 알고 있는 단어를 바탕으로 해서 모르는 단어의 의미를 추리해 내거나 지시적, 문맥적, 비유적 의미 등을 이해하고 표현하는 능력을 말한다. (108) → 단어 구사력은,

- 말은 듣는 순간에 사라져 버리므로 명확한 <u>어휘로 말해야 한다.</u> (110) → 용어로 말해야 한다.
- ㉠<u>어휘력 신장을 위해서는</u> 사전을 이용하거나 문맥을 통하여 공부하는 것이 정확하고 효율적이다. 그렇게 하여 알게 된 ㉡<u>어휘를</u> 중심으로 그와 관련되는 ㉢<u>어휘들을</u> 연관시켜 알아 두면 도움이 된다. (126)

  ㉠ → 말(단어) 활용력을 높이려면

  ㉡ → 말(단어)을

  ㉢ → 단어들을

  설명 어휘가 '말 모음'이므로 그 자체로 복수인데, '들'을 붙여 쓴 것은 어휘를 '단어'의 동의어로 오인한 결과다.
- 어휘의 속성을 통해서 그 인물의 성격까지 짐작할 수 있다. (127)

  → 쓰는 말로
- ㉠<u>비슷한 의미를 가지고 있더라도</u> 한자어와 고유어는 ㉡<u>어감에 있</u>어 다른 점이 있다. 정확한 차이는 문맥 속에서 드러난다. 이 ㉢<u>어휘들이 쓰이는 사례를</u> 생활 주변에서 확인해 보도록 한다. (127)

  ㉠ → 뜻이 비슷해도   ㉡ → 어감에

  ㉢ → 단어(말)들의 용례를
- 사전적 의미를 먼저 확인한 뒤, 이 ㉠<u>어휘가</u> 한자어라는 점을 염두에 두고 다른 ㉡<u>어휘로</u> 바꾸어 보도록 한다. 그리고 그 ㉢<u>어휘의 사용이 적절한지도</u> 판단해 보도록 한다. (127)

  ㉠ → 말이   ㉡ → 말로

  ㉢ → 그 말을 적절하게 썼는지도
- 유의어, 반의어, 하의어 등으로 <u>어휘력을 확대할 수 있는가?</u> (134)

  → 말수를 늘릴 수 있나?
- ㉠<u>적절한 어휘인가,</u> 정확한 어법인가를 중심으로 살핀다. 또, 같은 ㉡<u>어휘를</u> 지루하게 반복하지 않았는가도 살핀다. (136)

  ㉠ → 적절한 말로 어법에 맞게 썼는지를

ⓛ → 말을

- 토속적인 어휘와 요설체(饒舌體)의 문장 (151)

　　→ 토속적인 말로 쓴 요설체 문장

- 이 작품에 쓰인 어휘의 특징을 이야기해 보자. (159)

　　→ 이 작품에 쓴 용어의 특징을

- 이러한 어휘를 어디서 들을 수 있는지를 생각한다. (16)

　　→ 이런 말을

- 말투를 어조(語調)라고도 한다. 어휘의 선택이나 말의 끝맺음에서 주로 드러난다. (248) → 선택해 쓰는 용어나

- 이 글에 나오는 '고하노니', '하늘이로되', '귀히 아니 여기는', '흔한 바이로다' 등의 어휘를 통하여 이 글이 현대문이 아님을 알 수 있다. → 구(句)를 보면

- '강산'을 '강', '산'으로 나누고, 이를 다시 세분하여 병렬할 수도 있고, '아름답다'를 그와 같은 뜻의 어휘로 나열할 수도 있다. (290)

　　→ 뜻이 같은 말로

- 글은 어휘들이 모여서 이루어진다. (EBS「고교국어」교사)

　　→ 글은 단어들을 모아서 이룬다. / 글은 단어들로 구성한다.

- 어휘 선택의 변화에 따른 표준어 규정 (현행「표준어 사정 원칙」제3장)

　　→ 단어를 다시 선택한 / 단어 선택을 고친

자문(諮問)

　공직자들이 일을 처리하다가 남의 의견이 듣고 싶을 때, '선생님 한 가지 여쭤 보겠습니다'쯤으로 말하면 될 것을 '자문을 좀 청하겠습니다', '자문을 좀 듣고 싶습니다', '자문을 좀 해주시기 바랍니다' 식으로 말하는 모습을 자주 본다. 제딴에는 유식과 권위를 뽐낸 듯하지만, 예의를 벗어나 무식을 노출하는 것이다.

　물을 자(諮)와 물을 문(問)으로 된 '자문'은 '아랫사람에게 묻는다'는 뜻이고, 자문에 대답하는 것을 '답신(答申)한다'고 하는데, 답신은 '상

사의 물음에 대하여 의견을 상신(上申)한다'는 뜻이니 실례치고도 이만 저만한 실례가 아닌 망발이다. 그리고 자문이나 답신이라는 말은 행정 관청의 행정 행위에 쓸 뿐이지 일반인 사이에서는 쓸모가 전혀 없다.

행정 관청이 행정의사 결정과정에서 자문하는 사항에 대해 광범위 한 의견을 수렴하고 정리해서 답신하는 사람과 기구를 '○○자문위원' 이니 '××자문회의'라고 하는 것도 모두 앞서 말한 예와 같은 무식에 서 나온 기어(畸語)들이다. '자문위원'은 '묻는 일을 맡은 사람'이고 '자 문회의'는 '묻는 일을 하는 회의'니 이런 사람이나 그런 회의가 세상에 어디 있나? 우리 나라 헌법에 있는 세 가지 '자문회의'도 그 기구의 구 실에 걸맞은 이름으로 고쳐야 한다.

- 제90조 국가원로자문회의 → 협의회의
- 제92조 민주평화통일자문회의 → 대책회의
- 제93조 국민경제자문회의 → 연구회의
- 옻탕요리가 가슴앓이에 어떤 효험이 있는지 한의사 박사께 자문 을 구해 보겠습니다. (MBC TV 뉴스) → 여쭈어
- 한 씨의 시체 부검(剖檢)을 지휘한 서울 지검의 추호경 검사는 총 기 전문가들의 자문을 들어 봐야 사인을 규명할 수 있을 것이라 고 말했다. (한겨레) → 견해를
- 박 회장은 광복동지회가 엄연히 존재하고, 독립운동가들이 국내 에만도 250명이 살아 있는데 우리에게 자문 한 번 구함이 없이, 잘못된 내용을 방영한 것은 매우 유감스러운 일이라며 속히 사실 대로 고칠 것을 촉구했다. → 한 번 물어 보지도 않고,
- 노 대통령은 북미 순방에 오르기 직전인 6월 27일 청와대로 전두 환, 최규하 전대통령을 초청해, 전직 대통령에게 자문을 구하는 형태로 노-전 면담을 추진하였으나 전두환 씨는 장세동, 안현태 씨 등 측근들을 데리고 서울을 떠나 도고로 내려갔다. (한겨레) → 전직 대통령들과 협의하는

- 단순한 법률적 자문을 해 준 것이지 파업을 유도하라고 압력을 가한 것이 아닙니다. (조폐공사 파업 유도 진상조사 국회청문회)
  → 단지 법률 문제에 관한 조언을

지양(止揚)

어려운 한자어나 학술 용어를 즐겨 쓰는 사람들이 뜻을 잘 모르면서 자주 쓰는 말 중에 '지양(止揚)'이 있다.

이 말은, 독일어 aufhēben이 지닌 여러 뜻 중에서 헤겔이 변증법 용어로 쓴 것을 일본 학자가 한자로 표현한 것이라는데, 『철학사전』에는 '부정·높임·보존'의 뜻을 포함한다고 풀이하였다. 이어서 "변증법에서 사물의 발전은 낮은 단계를 부정하고 높은 단계로 전진하는데, 높은 단계 속에 낮은 단계의 실질을 보존한다. 이것을 헤겔은 지양이라고 불렀다"고 하고 다음 예를 제시했다.

유(有)와 무(無)는 모순 대립하지만, 이 대립을 부정하고 생기는 '생성(生成)' 속에 유와 무가 통일되고, 그 계기로서 보존된다. 높은 단계 속에 보존된 낮은 단계는 '지양된 계기'라고 부른다.

개념 자체가 이해하기 어려운데다가 예도 추상적이어서 좀처럼 감이 잡히지 않으나, 다음 예문은 개념을 파악하는 데 도움이 된다.

- 1920년대에 있었던 민족주의와 계급주의 논쟁은 문학 자체의 저력으로써 바람직한 수준으로 지양, 통일되지 못하고 일제의 물리적 압력을 받아 저지당하고 말았다. (인문계 고등학교 『문학』 교과서)
- 개척자들은 다시 대륙으로 들어간다. 인디언과 만난다. 이어서 석기문명과 유럽문명을 만난다. 거기서 서로 다른 두 단계의 문명이 변증법적으로 지양되는 '풍요'가 자란다. (한겨레)

잘못 쓴 예를 보자.

- 장애인들을 질시하는 사회인들의 현재의 인식을 <u>지양해 주었으면</u> 좋겠습니다. (EBS 「함께 사는 사회」)

  → 고쳐 주었으면 / 바로잡아 주었으면
- 낭비적인 <u>휴가를 지양하고</u> 가족과 함께 건전한 휴가 실시. (모 고등학교의 「공직자 복무기강 확립 지침서」) → 휴가 중에 낭비하지 말고
- 개인별 <u>귀가를 지양하고</u> 같은 동네 학생끼리 모여서 갈 것. (모 여자고등학교의 「안전귀가 지침서」) → 개인별로 귀가하지 말고
- 현재와 같은 입시 위주의 지식 중심 교육은 하루 속히 지양되고 인간 교육을 지향하는 학교 교육으로의 과감한 전환이 요구되는 것이다. (동아일보 논단)

  → 지식 중심 교육을 하루 속히 개선하여
- 신년인사차 상급기관 방문 <u>지양할 것</u>. (서울특별시 교육청이 시내 각급 학교에 보낸 「건전한 연말연시 보내기 실천사항」) → 하지 말 것.
- '실적급' 없애 과잉 <u>주차단속 지양</u>.

  → 과잉 주차단속 중지. / 과잉 주차단속 금지. / 과잉 주차단속 안하기.
- <u>오물 버리는 일을 지양해</u> 주었으면 좋겠습니다. (MBC 자연보호 캠페인)

  → 오물을 버리지 말았으면
- 추경예산 편성 <u>지양</u>, 재정지출 고삐 죌 때. (동아일보) → 중지

차원(次元)

민중서림이 발행한 『국어대사전』에는 '차원'을 "어떤 사물을 생각하거나 행할 때의 입장. 또, 그 정도. 사고 방식이나 행위 등의 수준. 레벨(level)"이라고 설명하고, '차원 높은 논조(論調)', '차원이 다른 생활'을 용례로 들었다. 이 중에서 '입장'은 일본말이므로 '처지'로 고치고, 이 설명을 기준 삼아서 언론에서 즐겨 쓰는 '차원'의 용례를 검토해 보자.

225

- 민주당과 국민당은 7일 정보사 땅 사기사건에 대한 의혹이 커짐에 따라 <u>국정조사권 발동을 통한 국회 차원의 조사</u>가 필요하다는 주장과 함께 검찰에 철저한 조사를 촉구했다. (한겨레)

  설명 국정조사권 발동을 통한 조사를 하는 주체는 국회뿐이므로 '차원'은 빼어 버리고 '국정조사권을 발동해 조사해야 한다고 주장하고'라고 고쳐야 한다.

- <u>정부 차원의</u> 환경 오염 대책이 시급히 강구되어야 하겠습니다. (EBS)

  설명 환경 오염에 대처하는 일이 지방 행정력으로 할 수 없는 수준에 이르렀으므로 정부의 유관 기관이 서둘러야 된다는 뜻을 표현하기 위해서 적절하게 쓴 예다.

- <u>지구적 차원</u>에서 환경을 지킨다는 것은 지구 환경에 해를 끼치는 개발과 생산방식을 금지한다는 의미를 가진다.

  설명 지역과 지구는 높낮이로 대비되는 종적 관계가 아니라, 넓이로 대비되는 횡적 관계이므로, '지구적 차원'은 '지구적 규모'라고 하는 것이 적절하다.

- 교육이 진실로 국가의 백년대계이자 민족 발전의 도구라면, 교육은 <u>정권 차원의</u> 이해관계에서 다루어질 문제가 아니다. (한겨레)

  설명 교육이 정권보다 차원이 훨씬 더 높은 이상인 민족 발전, 국가의 백년 대계를 위한 것이라는 뜻을 표현하기 위해서 적절하게 쓴 예다.

- 옐친의 이번 방문은 양국관계를 <u>새로운 차원</u>으로 격상시키는 계기가 될 것이다. (MBC)

  설명 국가간의 외교 관계는 상호 의존도에 따라 등급이 있으므로 매우 적절한 표현이다.

- 철저한 수사와 수습 대책이 있어야 하며, 비슷한 구조적 비리를 <u>예방하는 차원</u>에서 모든 의혹을 벗겨야 한다. (동아일보)

  설명 비리를 예방하는 일은 높낮이(수준)의 차이를 생각할 수 없는 일이므로 '예방하기 위하여'라고 쉽게 말하는 것이 좋다.

- 김영삼 후보는 장관들을 불러 국정보고를 듣는 차원을 넘어 실질적인 권력 행사에 들어갔다고 보아야 한다. (한겨레 논단)

  → 들을 뿐 아니라
- 깨끗한 정치를 선언한 민주당 초선 의원들은 13일 오전 김수환 추기경을 찾아 가톨릭 교회 차원의 협조를 당부했다. (한겨레)

  → 가톨릭 교회의
- 정부는 유엔 회원국으로서 국제평화와 안전에 기여하고 일본의 군사대국화 움직임에 대해 나름대로 대처한다는 차원에서 국군을 유엔 평화유지활동(PKO)에 참여케 해 해외에 파병하는 문제를 긍정적으로 검토하고 있다. (한겨레) → 대처하기 위해
- 다른 인사들은 '표 관리' 차원에서 명분을 잃을 것을 우려해 '등원' 쪽으로 기울었다는 평가를 하고 있다. (한겨레)

  → 명분을 잃어 '표 관리'가 어려워질 것을 걱정해
- 도로 환경을 보호하는 차원에서 스파이크 타이어 사용을 삼가 주시기 바랍니다. → 보호하기 위해서
- 우리 나라 학교에서 학습지도 방법을 개선하는 것이 중요하다는 차원에서 창의력을 발전시키는 학습 지도에 대한 말씀을 드렸습니다. (EBS) → 중요하다는 생각에서 / 중요하므로
- 우리 나라 헌법은 한때 정당정치를 육성하는 차원에서 소속정당을 떠나면 의원직을 박탈하도록 규정하기도 했으나……. (동아일보)

  → 육성할 목적으로 / 육성하기 위해
- 국방부는 군의 명예와 ㉠긍지를 지킨다는 차원에서, 군을 신뢰하고 애정을 보내는 전체 국민들의 ㉡걱정을 씻어 준다는 차원에서라도 철저한 자체조사를 서두르는 것은 물론, 그 결과를 시원스럽게 해명했어야 마땅했다. (한국일보 「사설」)

  설명 엉뚱하게 '차원'을 반복해 써서 문맥이 통하지 않는다.

  ㉠ → 긍지를 지키고,

  ㉡ → 걱정을 없애 주기 위해서라도

- 물론 김 부총리 일행의 동정을 담은 사진자료도 <u>관급 차원</u>에서 제공되고 있다. (한겨레「투시경」) → 관비로 제공하고 있다.
- 지금까지 제목만 알려져 있던 열두 마당 중의 하나인 무수리타령의 사설 정착본(定着本)이 발견됐다. <u>판소리 차원을 떠나</u> 우리 민족예술의 커다란 수확이다. (동아일보「횡설수설」)

  설명 '판소리 차원을 떠나'를 빼 버려야 한다.
- 그린벨트 완화는 <u>국토 이용 계획의 재검토 차원</u>에서 보다 세밀한 검증을 끝낸 뒤 차분히 추진할 일이다. (동아일보「사설」)

  → 국토를 적절하게 이용할 수 있도록 더
- 국정은 <u>당략의 차원을 떠나서</u> 공정하게 운영되기를 바랍니다. (KBS 1 TV) → 당략을 떠나서
- <u>에너지 절약 차원</u>에서 그동안 금지해 온 냉방장치 가동이 서울 시내 각 구청과 동사무소의 민원실에 대해서는 22일부터 일부 해제된다. (한겨레) → 에너지를 절약하기 위해
- 엊그제 산업은행 이사장 후임에 권정달 옛 민정당 사무총장이 임명되었는데, 그 이유는 지난 총선에서 출마를 포기한 데 대한 <u>보상 차원</u>이라니, 대통령이 떡 한 개를 쥐어 준 격이다. (동아일보)

  → 보상이라니,
- 민자 <u>결자해지(結者解之) 차원</u>에서 매듭 풀어야. (동아일보 논설 제목)

  → 결자해지 원칙으로
- 야당도 <u>대승적 차원</u>에서 타협에 응해 정국을 풀도록 노력해야 한다. (동아일보) → 대승적 견지에서 / 대승적으로
- <u>학생 보호 차원</u>에서 생활 지도를 강화해야 합니다. (EBS)

  → 학생을 보호하기 위해서

측면(側面)

'측면'의 뜻을 한글학회에서 펴낸『우리말큰사전』에는 "사물의 한 부분이나 한쪽 면"이라고 풀고, 민중서림에서 펴낸『국어대사전』에는 "정

면이 아닌 방면(方面)"이라고 정의하고 용례로 '측면사(史), 측면을 찌르다, 측면 공격'을 들었다.

　일상 생활에 보이는 용례를 귀납해서 좀 첨가해 보면, 몇 가지 구성 요소를 생각할 수 있는 사물의 요소들을 뜻하는 말로, 한 나라나 특정 사회의 '정치적 측면, 경제적 측면, 문화적 측면'과 한 인격체의 '신체적 측면, 지적 측면, 도덕적 측면' 등을 들 수 있겠다.

　이 정도의 개념을 표준으로 삼아, 신문과 방송에서 보이고 들리는 용례를 검토해 본다.

- 교육부가 의대 신설과 증원을 일체 불허키로 한 데에는 문제가 있다. 보사부의 통보에 따른 것이라고 하지만, 그 같은 일률적 규제는 대학 정원을 융통성 있게 관리하는 측면, 그리고 의료 인력을 탄력성 있게 공급하는 측면을 모두 도외시한 처사이기 때문이다.

  (동아일보 「사설」)

  설명 대학 정원을 관리(조정)하는 일과 의료 인력을 공급하는 일 등을 행정의 여러 측면 중 일부라고 생각할 수 있으므로 적절하게 썼다.

- 88 서울올림픽을 전후하여 우리 나라 스포츠 열기는 절정으로 치달았다. 정부의 지원과 열성이 극진했고, 국민의 관심도 열렬했다. 그 결과로 세계 정상들의 치열한 경쟁을 뚫고 올림픽 메달 순위 4위라는 놀라운 성과를 올렸다. 올림픽을 서울로 유치하고 나라의 명예를 걸었다는 측면에서 세계 4위는 자부할 만했다.

  설명 올림픽을 서울로 유치하고 나라의 명예를 건 것을 한 측면으로 삼은 사물이 무엇인지 알 수 없으므로, '측면'은 터무니없는 말이다. '명예를 걸었다는 측면에서'는 '명예를 걸었으므로'나 '명예를 걸었기 때문에', '명예를 걸었으니'라고 하면 되겠다.

　'세계 4위는 자부할 만했다'는 말도 이상하다. '자부한다'는 것은, 이미 얻은 자격이나 지위가 자신의 능력이나 가치에 비추어 볼 때

229

당연함을 믿고 자랑스럽게 여기는 것인데, 위 기사는 올림픽을 앞두고 세계 4위를 할 자신이 있었다는 것이므로, '세계 4위를 자신할 만했다'고 해야 한다.

- 각 당 후보들이 '대선'이라는 본고사를 앞두고, 국민들의 '내신성적' 점수를 후하게 받으려는 몸짓이야 나무랄 게 못 된다. 따라서 집권당이 선거를 위한 인물구도를 짜는 것도 <u>습관성 인식 측면에서</u> 덤덤히 수용할 수밖에 없다. (한겨레 논단)

  → 습관적으로 하는 일로 / 으레 그렇게 하는 것이거니 하고

- 선생님께서 작문 지도를 하실 때, <u>학생들의 측면에서 애로점이 있으시다면?</u> (EBS)

  설명 '학생들의 측면에서 애로점'이란 말을 이해하기 어렵다. 학생들이 어려워하는 점이 무엇이냐고 묻는 말인 듯한데, 공연히 측면이란 말을 써서 묻는 뜻이 흐려졌다.

- 두 당의 설명만으로는 누가 먼저 사퇴를 요구했고, 이 문제를 얼마나 깊이 있게 다루었는지에 대해서 상세한 언급이 없어 왜 이 시점에서 그런 문제가 불거져 나왔는지 쉽게 <u>납득이 되지 않는 측면이 있다.</u> (한겨레)

  → 납득할 수 없는 점 / 납득하기 어려운 점

- 선수를 아낀다는 <u>측면에서</u> 교체를 하는 것입니다. (축구 중계방송)

  → 아끼기 위해서 / 아끼느라고

- 과연 선생님들의 단체행동권 행사가 학생들의 학습권을 <u>침해하는 측면은 없을 것인가는</u> 의심스럽다. (한겨레 「나의 의견」)

  → 침해하는 일이 없을지

- 민주주의의 <u>이론적 측면과 실천적 측면이</u> 일치하지 않는 <u>측면이</u> 있습니다. (EBS)

  설명 아무 데나 '측면'을 갖다 붙이는 것이 버릇이 된 예다. '민주주의 이론은 알지만 실천하지 못한다'는 것을 엉뚱하게 '측면'을 되풀이해서 매우 유치하게 표현했다.

- 과다한 이득이 중간 상인들에게 돌아가는 유통 구조가 <u>소비자 측면에서 보면</u> 모순이 많다. (텔레비전 좌담 내용)

  → 소비자 쪽에서 보면 / 소비자가 보면
- 임씨의 당선을 위한 관료들의 분투와 열성은 분명히 권력 심층부의 각별한 <u>관심의 반영이란 측면이</u> 짙게 깔려 있지 않은가 하는 <u>것이 누구나 가질 수 있는 짐작이다.</u> (동아일보 「사설」)

  → 관심을 반영한 것이라는 점을 누구든지 짐작할 수 있다.
- 문책의 선이 높아지고 폭이 커질 경우 정부 여당의 <u>단호한 의지를 보여 준다는 측면도 있지만</u> 이는 사실상 한 군수의 폭로가 사실임을 입증해 주는 것이기 때문에 고민……. (동아일보)

  → 단호한 의지를 보여 주기는 하지만

다음은 현행 고등학교 『국어』 상권에 실린 글이다. ( ) 안의 숫자는 교과서의 쪽수다.

- <u>언어를 체계와 구조의 측면으로 구별하여</u> 살필 수 있다는 점에 대해서는 앞에서도 공부한 바 있다. (256)

  → 언어를 체계와 구조로 구별하여
- 역사적 사실도 무수한 사실에서 취사 선택해서 재구성한 사실이며, 그러한 점에서 사색적 상상력의 <u>소산이라는 측면을</u> 부정할 수 없다. (448) → 소산임을

반증(反證)

권위 있는 『국어사전』에는 '반증(反證)'과 '방증(傍證)'의 뜻을 다음과 같이 설명했다.

> **반증** ①사건과 반대되는 증거 ②범죄와는 관계없는 증거 ③재판에 신립한 사실이나 증거를 반박하기 위한 증거

방증 직접적인 증명이나 증거 밖에 곁가지가 되는 증거

그런데 수준 높은 지식인들이 쓴 신문 논설류에 '방증한다'고 해야 할 경우에도 모두 '반증한다'고 써 놓은 것이 보인다. '방증한다'고 바르게 써 놓은 경우는 거의 찾아볼 수 없다.

- 백범 암살 후의 안두희 씨의 행적들은 김 특무대장 이외에도 광범위한 비호 내지 배후 세력의 존재를 <u>반증하는</u> 것으로 지적되고 있다. (동아일보)
  설명 안두희 씨의 행적들에 해당하는 구체적인 예는 번거로워서 옮기지 못했으나, 여기 적은 글만으로도 그 행적들이, 암살의 배후 세력이 있음을 증명한다는 뜻을 충분히 반영하므로 '반증하는'을 '방증하는'이라고 고쳐 써야 옳다.

- 32년 전(4·19 의거)에 정의와 민주주의의 고리로 이어진 민과 군 사이의 뜨거운 일체감은 실종하고, 지금은 반전한 민군관계의 냉기류만을 확인한다. 이지문 중위와 이원섭 일병의 선거부정 고발과 그 응수로 몰아닥친 구속의 고난은 오늘의 냉기류를 <u>반증하는</u> 하나의 보기에 지나지 않는다. (한겨레 논단)
  설명 글의 정연한 논리에 비춰 보아 '반증'을 '방증', '입증', '증명' 등으로 고쳐야 한다.

- 정부가 국민들을 상대로 '일을 더하자', '과소비를 줄이자', '고통을 분담하자'고 강압적으로 몰아치는 것으로는 문제가 풀리지 않는다. 이는 요즈음 경제부처 관리들이 경제의 활력을 되찾자며 동분서주하면서도 '과연 어느 정도나 분위기가 살아날까'라고 회의하고 있다는 것으로도 <u>반증된다</u>. (한겨레「아침햇발」)
  설명 글의 내용으로 보아 밑금 그은 부분이 앞에서 언급한 주장을 뒷받침한다는 것이므로 '반증된다'는 결론은 '입증된다', '증명된다' 등으로 고쳐야 한다.

- 모든 사람이 흰 쌀밥에 고깃국을 먹으며 비단옷을 입고 기와집에서 사는 것이 인민의 세기적인 염원이며, 우리가 달성해야 할 목표라고 강조한 김주석의 신년사는, 식의주조차 해결하지 못한 절박한 사정이 아직도 북쪽에는 계속되고 있음을 그대로 <u>반증하고 있다</u>. (동아일보「오늘과 내일」)

  → 입증하고 있다. / 증명하고 있다. / 말하고 있다.

- 어쨌든 일제시대에 정도를 꿋꿋이 걸으면서 꾸준히 그물 같은 지하조직을 형성, 44년 건국동맹(맹원 1만 명)·농민동맹을 결성하고, 해방이 되자마자 건국준비위원회를 띄운 능력은 몽양(夢陽)이 탁월한 지도자요, 대중정치인임을 <u>반증하는 것이다</u>. (한겨레)

  → 입증하는 것이다. / 증명하는 것이다. / 말해 주는 것이다. / 보여 주는 것이다.

- 정치와 무관해야 할 군 정보수사기관의 책임자가 이처럼 정치 불개입을 잇따라 강조하는 것은 지금까지는 그렇지 못했음을 <u>반증하는 것이다</u>. (한겨레)

  → 입증하는 것이다. / 증명하는 것이다. / 말해 주는 것이다. / 보여 주는 것이다. / 드러내는 것이다.

문화(文化)

요즈음 지식인이 남용하는 말 중에 '문화'가 있다. 어떤 뜻으로 알고 쓰는지 모르겠다. 이희승이 펴낸 『국어대사전』에는 '문화'를 다음같이 설명하였다.

> **문화** ①인지(人智)가 깨고 세상이 열리어 밝게 됨. ②권력이나 형벌보다 문덕(文德)으로 백성을 가르쳐 이끎. ③인간이 자연 상태에서 벗어나 일정한 목적, 또는 생활 이상(理想)을 실현하려는 활동과정에서 이룩해 낸 물질적·정신적 소득의 총칭. 특히, 학문·예술·종교·도덕 등, 인간의 내적 정신활동의 소산을 말함.

유사어는 '문명'이고 반대어는 '자연', '야만'이다.

문화와 결합한 많은 용어 중에 우리가 일상 생활에 익히 쓰는 말에 문화적 가치·문화 국가·문화 민족·문화 유물·문화재·문화 생활·문화 시설·문화 정치·문화 양식 등 여러 가지가 있는데, 모두 '문화'를 관형어 형태로 앞세운 말이다.

그런데 요즈음에는 주거문화(住居文化)·복식문화(服食文化)·음식문화(飮食文化) 등, 문화를 뒤에 결합한 말이 만연한다. 앞에 제시한 사전의 뜻풀이에서 보듯이, 문화는 인류가 숭고한 이상을 실현하려는 과정에서 이룩한 소득의 총체를 뜻하므로, 가장 고차적이고 포괄적인 개념이다.

그러므로 문화의 지엽적 세목이라 할 주거·복식·음식 등에 문화를 붙여, 주거문화·복식문화·음식문화라고 하는 것은 어울리지 않는다. 양식·법식·양상·방식·종류 등 차원에 어울리는 말로 가려 써야 한다.

더욱이 신문이나 방송에서 별의별 말에 다 '문화'를 붙여 써서 사뭇 어리둥절하다. 이런 현상은, 가뜩이나 문란해 가는 우리 언어 생활을 더욱 혼탁하게 하고, 사회의 온갖 병폐를 문화와 혼동케 하여 가치관을 망가뜨린다.

다음에 언론에서 남용하는 '문화' 관계 기사들을 제시하고 분석해 본다.

- 자기 자식만을 위하는 작은 <u>이기심이 학교에서는 촌지문화를, 사회에서는 뇌물문화를 낳는다.</u> (조선일보 「시론」)
  → 이기심 때문에 학교에서 촌지가 판을 쳐 만사를 뇌물로 해결하는 썩은 사회상을 드러낸다.
- 마약은 개인과 가정을 망칠 뿐 아니라 사회와 나라의 기초를 파멸시킨다. 이른바 <u>마약문화</u>는 전통적인 인간 가치와 가정윤리, 나아

가서는 사회기강을 뒤흔들어 놓는 파괴와 무정부주의를 배양한다. 미국 정부가 파나마의 노리에가를 생포한 배경에는 바로 이같은 마약문화의 원인을 제거하기 위한 의도가 깔려 있다. 마약이 미국에서처럼 청소년 층에까지 파고들면 그때는 근절하기 어려운 마약문화가 우리 사회에도 나타날 것이다. (동아일보 「사설」)

설명 마약을 의료와 과학에 이용해서 인류의 복지 증진에 크게 이바지하는 효능을 말할 때는 '마약문화'란 말이 성립할 만하겠다. 그러나 이 사설에는 마약의 긍정적 효능에 대한 언급은 전혀 없고, 오직 인간 사회를 파멸하는 가공할 해독을 되풀이해 강조하면서 그 주체를 '마약문화'라고 표현하였으니 아연해진다.

인간의 육체와 정신을 파괴하고, 종국에는 인류 문명을 말살할 독소 기능을 어떻게 문화라고 표현하나? 말장난도 한계가 있어야 할 것이 아닌가? 이러한 말장난은 문화와 야만을 구분하지 못하는, 가공할 도덕적 타락을 부른다. 그저 '마약'이나 '마약 해독'이라고 해야 한다.

• 6월 여성평화 한마당은 생명을 잉태하고 키우는 어머니, 여성들이 폭력문화·전쟁문화의 잔재를 추방하고 평화와 생명의 존귀함을 일깨우기 위해 올해 처음 열리는 행사다. (한겨레)

설명 부조리한 세태를 표현할 때에도 말은 조리에 맞게 써야 한다. '폭력'은 어떤 경우에도 정당화할 수 없는 만행이므로 이것을 전제로 한 '폭력문화'란 있을 수 없다.

성전(聖戰)이나 정의의 전쟁이라고 미화하더라도 전쟁은 폭력이므로 전쟁문화란 말도 성립하지 않는다. '잔인한 사랑'이나 '패륜한 효도'라는 말이 있을 수 없는 것과 같다. 따라서 '폭력문화·전쟁문화의 잔재'는 '전쟁의 잔재인 폭력'쯤으로 표현하면 좋겠고, '열리는'은 '여는'으로 고쳐야 주어인 '어머니, 여성들이'에 바르게 호응한다.

• 민주화란 편리한 방패 아래 잘못된 놀이문화가 번창해 왔다. 정

부의 물가정책 실패를 빌미로 한 임금인상, 주택정책 실패에 따른 좌절감이 젊은 근로자들의 자동차 먼저 사기를 자극하고, 아직은 때가 이른 <u>자동차문화가</u> 온 나라의 소비수준을 한꺼번에 몇 단계씩 뛰어오르게 했다. (동아일보 「사설」)

설명 사람에게 활력을 주는 건전한 놀이라도 '놀이문화'는 어울리지 않는 말이다. 사람이 하는 수많은 일과 행동을 모두 '문화'라고 표현할 수는 없다. 더구나 이 글에는 '잘못된 놀이문화'라고 했다. 잘못된 놀이가 무슨 문화인가? '놀이문화'는 '놀이모습'이나 '놀이 풍조'쯤으로 표현했으면 좋겠다.

다음에 '자동차문화'란 말을 생각해 보자.

자동차는 현대 과학이 낳은 우수한 문명의 이기(利器)다. 그러나 '이기'가 곧 '문화'는 아니고, 문화 발전의 수단도 아니다. 자동차는 물질 생활에 편리를 주지만, 교통사고를 유발하고, 대기를 오염시키고, 범죄 수단이 되며, 과소비를 조장해 경제를 좀먹고, 허장과 허식을 불러 이웃간의 위화감을 조성하는 등, 반문화적인 요소가 많다. 위 사설 내용도 자동차의 역기능뿐이다.

'자동차문화가'는 '자동차가'로 표현해야 한다. 같은 문명의 이기인 비행기·기차·배 등에 대한 언급에는 비행기문화, 기차문화, 배문화 등의 표현이 없음을 봐도 '자동차문화'란 말이 웃음거리임을 알 수 있다.

• 10일 오전 10시부터 태평로 언론회관 국제회의장에서, 2시간여 동안 연세대 사회과학연구소 주최로 <u>시위문화</u> 개선방향을 위한 공청회가 열렸다. (한겨레)

설명 시위는 특정한 목적을 이루기 위한 행위로, 경우에 따라서는 문화 발전을 위한 몸부림일 수도 있겠지만 그 자체를 '문화'라고 표현하는 것은 앞에 든 여러 경우와 마찬가지로 어울리지 않으므로, '시위 방법'이나 '시위 질서'라고 하면 좋겠다.

• 직장내의 성적 희롱이나 괴롭힘을 <u>직장문화</u>처럼 방치해 두는 이

러한 상황에서 토머스 판사 사건은 성적 괴롭힘도 성폭력이라는 사실을 인식할 수 있는 계기를 주었다. (한겨레「더불어 생각하며」)

설명 여성을 성적으로 희롱하고 괴롭히는 직장의 추태를 표현하는 말로 '문화'는 도저히 어울리지 않는다. '공기', '분위기', '풍조'쯤으로 표현하면 좋겠다.

• '뉴키즈 온 더 블록'의 내한공연 현장에서 청소년들이 부린 광란 사태는 우리 ㉠공연문화, 나아가 우리 ㉡청소년문화에 심각한 문제점을 제기했다. (동아일보「뉴키즈 사태가 남긴 것」)

  ㉠ → 공연물 / 공연 예술

  ㉡ → 청소년 정서 / 청소년 생활

• 관객의 ㉠관람문화와 경찰의 ㉡통제문화와 주최측의 어설픈 ㉢진행문화가 한데 어울려 광란을 불러왔고, '이럴 수가……' 하고 분개하는 기성세대의 대청소년 관념도 여태까지 개탄의 수준에 머물러 있다.

  ㉠ → 관람하는 자세와

  ㉡ → 통제 수단과 / 통제 방법과

  ㉢ → 진행 솜씨가

• 대학생들의 소비 향락문화가 만연하고 있습니다. (MBC 9시 뉴스)

  → 소비성 향락풍조가

• 군이 앞장서서 폭탄주를 비롯한 '변칙주' 관행을 추방하자고 나섬으로써 일반 사회의 음주문화에도 적지않은 영향을 미칠 것으로 보인다. (동아일보) → 음주 습관 / 술버릇

• 원래 '나체문화'는 나체촌, 나체 일광욕, 남녀 혼용 사우나 등 나체생활이 일상생활화하고 나체 그림, 조각 등 나체 예술과 섹스숍 등 성문화가 발달한 서구문화의 소산이다. (한겨레「아침햇발」)

설명 기사 내용은 사회의 타락상을 염려하는 필자의 충정으로 가득 차 있지만, 글에 나오는 나체문화·성문화 따위 표현은 이해력이 단순한 독자에게 문명과 야만을 혼동케 하고, 저속한 취향을

문화적 교양으로 오인케 할 소지를 다분히 지녔다.

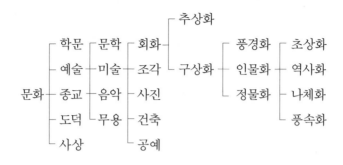

이처럼 회화·조각·사진의 소재가 나체면 나체화·나체상·나체사진이라고 해야지, 나체문화가 무엇인가? 산수(山水)·화조(花鳥)·인물(人物)을 그린 그림을 산수화·화조화·인물화라고 하지 산수문화·화조문화·인물문화라고 하나? 그리고 항상 벌거벗고 사는 인종은 미개한 민족이거나, 야만회귀 성향을 지닌 반사회적 변태집단일 터이므로 그런 행태를 '나체주의'라고 부르는 것도 가소로운 일이다. '성문화'란 말도 마찬가지고, 이 같은 행태를 '서구문화'라고 하는 것도 당치 않다. 서구의 퇴폐 풍조다.

- 가끔 신문 지면 한쪽 구석에 실리는 나체사진이지만, 몇 십만 또는 몇 백만에 이르는 엄청난 독자를 가진 이 신문들의 영향력으로 인해 도색문화에 앞장선다는 지탄을 면할 수 없을 것이다. (한겨레)
  설명 반사회적인 풍기문란 행위를 '도색문화'라고 하는 것은 터무니없는 소리다. '선정(煽情)행위'쯤으로 고쳐 써야 한다.
- 정국 분석에서 전망에 이르기까지 지역감정 문제를 떼어놓고 생각할 수가 없으며, 좋든 싫든 이 문제가 현재의 우리 정치문화의 수준을 규정하는 큰 요소임을 현실적으로 부정하기 힘들다. (한겨레 「아침햇발」)

  설명 무단정치에 대립하는 '문화정치', 정치의 도덕성을 의미하는

'정치도의'라는 말은 자연스럽지만, 정립(鼎立)하는 대위개념(對位槪念)인 '정치·경제·문화'를 주종 관계로 이어서 만든 정치문화라는 복합어는 있을 수 없다. '정치문화의 수준' 대신 '정치 수준'이라고 하면 좋겠다.

공식 방문(公式訪問)

- 체코 대통령이 우리 나라를 공식 방문하기 위해 오늘 우리 나라에 옵니다. (MBC)

  → 체코의 대통령이 오늘 우리 나라를 공식 방문합니다.

- 영국의 에드워드 찰스 왕세자와 다이애너 왕세자비가 노태우 대통령의 초청으로 우리나라를 공식 방문하기 위해 2일 하오 특별기편으로 서울 공항에 도착, 현승종 국무총리의 영접을 받았다. (한국일보)

  → 노태우 대통령의 초청을 받아 우리 나라를 공식 방문하는 영국 의 에드워드 찰스 왕세자와 다이애너 왕세자비가 2일 하오 특별기편으로 서울 공항에 도착하여 현승종 국무총리의 영접을 받았다.

  설명 어떤 인사가 우리 나라를 공식 방문한다는 것은 그 인사가 제 나라를 떠나 우리 나라에 와서 볼일을 끝내고 돌아가기까지 전과정을 뜻하는데, 공식 방문하는 일과 공항에 도착하는 일, 우리 나라에 오는 일을 서로 다른 일처럼 말한다. 무식을 드러내는 치졸한 표현이다.

2. 치졸하게 쓰는 서술적 표현

~뿐이 없다

'뿐'은 '아들이 하나뿐이다', '보이는 것은 산뿐이다'처럼 체언 아래

와서 그것만이고 다른 것은 없다는 뜻으로 쓰고, '들을 뿐이다', '먹을 뿐이다'처럼 용언 아래 와서 오직 그렇게만 한다는 뜻으로 쓰는 말이다. 그런데 이것을 '연필이 한 자루뿐이 없다', '돈이 천 원뿐이 안 남았다', '잠을 세 시간뿐이 못 잤다', '북한산까지 이십 분뿐이 안 걸린다'처럼 도무지 말이 안 되게 쓰는 현상이 만연하였다.

'한 자루뿐이 없다'는 말은 '한 자루만이 없다'와 같은 뜻이다. 그러면 몇 자루나 있다는 것인가? 두 자루? 세 자루? 말이 안 된다. '연필이 한 자루밖에 없다', '남은 돈은 천 원뿐이다', '잠을 세 시간밖에 못 잤다', '북한산까지 이십 분밖에 안 걸린다'고 해야 한다.

바라겠습니다

'겠'은 미래·추측·가능·의지를 나타내는 형태소인데, 이런 뜻과 관계없는 말에 마구 쓴다. 특히 연예 방송 사회자들이 판에 박은 듯 '박수로 맞아 주시기 바라겠습니다'고 한다.

'바란다'는 소원대로 되기를 기다리는 정신적 행동으로 그 자체에 '의지'가 담겨 있고, 말하는 '순간'에 하는 것이므로 '의지'나 '미래'의 뜻을 지닌 '겠'이 끼여들 여지가 없다. '박수로 맞아 주시기 바랍니다'고 해야 한다.

~이 아니겠습니까?

'겠'을 잘못 적용해 쓰는 딴 예로 '~이(가) 아니겠습니까?'가 있다.

'저 선수가 김○○ 선수 아니겠습니까?'라는 말이 운동경기 중계방송에서 자주 들린다. 그 선수가 김○○ 선수임을 익히 아는 사람끼리 하는 말이어서 우습다. '겠'은 추측을 나타내는 성분이므로 이 경우에는 끼여들 수 없다. '저 선수가 김○○ 선수군요'나 '저 선수가 김○○ 선수 아닙니까?'라고 해야 한다.

• 여름은 건강에 조심해야 할 철이 <u>아니겠습니까?</u> (KBS)

→ 아닙니까?

- 우리 팀이 팔강에 올랐지 않았겠습니까? (축구 중계방송)

  → 오르지 않았습니까?

- 오늘이 단오절이 <u>아니겠습니까?</u> (KBS 2) → 아닙니까?

- 제가 운전수 출신 <u>아니겠습니까?</u> (KBS1 드라마 「토지」) → 아닙니까?

- 벨기에는 조그만 나라가 <u>아니겠습니까?</u> (EBS) → 아닙니까?

바라고 싶다

'싶다'는 '먹고 싶다', '일하고 싶다', '놀고 싶다'처럼 희망이나 의욕을 나타내는 보조 형용사다. 여러 동사 아래 연결해 쓰지만 자체가 '희망함'을 뜻하는 '바라다' 아래에는 붙여 쓸 수 없는데, '협조를 바라고 싶다', '바라고 싶은 말씀 한마디 해 주십시오' 등 마구 내뱉는 소리가 도처에서 들린다. '협조해 주기 바란다', '바라는 말씀 있으면 한 말씀 해 주십시오'라고 해야 한다.

'싶다'를 동사 '먹고, 일하고, 놀고'에 연결해 썼다고 해서 보조 동사라고 생각하면 안 된다. 동사의 모자라는 서술 기능을 보조하고 있지만 그렇게 하고(먹고, 일하고, 놀고) '싶은' 마음의 상태를 보이는 말이므로 보조 형용사다.

기대하고 싶다

- 참으로 개인의 이익보다 당의 이익을, 당의 이익보다 국가의 이익을 앞세우는 참된 정당인의 도덕적 용기를 <u>기대하고 싶다.</u> (동아일보 「동아시론」)

  설명 '기대하고'도 '바라고'처럼 희망을 뜻하는 말이므로 '싶다'를 붙여 쓸 수 없다. '기대한다'로 고쳐야 한다.

있게 되겠습니다

- 국기 배례가 있게 되겠습니다. → 국기 배례를 하겠습니다.

- 애국가 제창이 있게 되겠습니다. → 애국가를 제창하겠습니다.
- 기념사가 있게 되겠습니다. → 기념사 차례입니다.
- 경과 보고가 있게 되겠습니다. → 경과 보고를 하겠습니다.
- 만세 삼창이 있게 되겠습니다. → 만세를 삼창하겠습니다.

～ㄴ 것 같아요

시상식에서 아나운서가 "최우수상을 받은 소감이 어떻습니까?" 하고 물으면, 수상자는 초등학교 어린이부터 대학생, 사회인에 이르기까지 "좋은 것 같아요"라고 대답한다. 자신의 소감을 말하는 게 아니라 마치 남의 소감을 짐작해서 하는 것처럼 말하는데, 그 지식 수준과 슬기로움에 어울리지 않게 치졸해서 민망하다.

영광이 넘치는 상을 탔으면 뛸 듯이 기쁘고, 즐겁고, 감격스러울 터인데, 왜 그토록 흐리멍덩하게 대답하는지 모르겠다. 'I think I am very happy'에서 온 것인가?

외래 문화를 수용해서 우리 문화를 더욱 가멸게 하는 일은 긴요하지만, 그 일도 우리 고유한 사상과 정서의 틀로 이루어야 한다.

모양 같다

'모양 같다'는 어떤 일을 추측하는 뜻을 나타낼 때 잘 쓰는 표현이다. '철수와 영희가 서로 좋아하는 모양 같다', '비가 올 모양 같다', '성적이 나쁜 모양 같다', '그 사람이 곧 결혼할 모양 같더라'의 '모양'과 '같다'는 둘 다 추측하는 뜻을 나타내지만, 다른 형태를 가지고 독자적으로 쓰는 말이므로 한데 어울러 쓸 수 없다.

'모양'은 '이다' 앞에 쓰고, '같다'는 '～ㄴ 것', '～ㄹ 것' 뒤에 쓴다. 따라서 앞에 든 예문은 '철수와 영희가 서로 좋아하는 모양이다', '비가 올 모양이다', '성적이 나쁜 것 같다', '그 사람이 곧 결혼할 것 같더라'고 바로잡아야 한다.

기억난다

알고 있던 지식이나 사람 이름이 잘 떠오르지 않을 때 '기억이 안 난다'고 하는 이가 많은데, 이런 경우에는 '생각이 안 난다'고 해야 옳다. 사전에 실린 '기억'의 뜻을 살펴보자.

한번 지난 일을 잊지 아니함. (한글학회 지음 『새한글사전』)

어떤 일을 마음에 간직하여 잊지 않음. (민중서림 발행 『국어대사전』)

지난 일을 마음에 간직하거나 도로 생각해 냄. (한글학회 지음 『우리말큰사전』)

각 사전의 풀이가 거의 같으나, 최근에 발행한 『우리말큰사전』 풀이에 있는 '도로 생각해 냄'이라는 표현에는 문제가 있다. 많은 사람이 '기억이 난다', '기억이 나지 않는다'처럼 말하는 것을 받아들여서 이전에 나온 사전의 풀이에 없던 설명을 덧붙여 새 사전다운 특징을 보인 듯하다. 그러나 '도로 생각해 내는 일'은 기억과는 다른 억기(憶起)─관념의 연상 작용으로 과거 경험을 마음에 불러일으키는 일─라는 정신 작용이다.

기억을, 소리를 음반에 '취입하는 일'에 비유하면, 억기는 취입한 소리를 다시 들으려고 '재생하는 일'에 비유할 수 있다. 기억은 재산(지식)을 축적하는 일이고, 억기는 그 재산을 쓰려고 꺼내는 일이다.

이 사전은 또 '기억이 나다'를 표제어로 내 보이고, '그의 이름이 기억이 안 난다'를 보기로 들었다. 참으로 어처구니없는 짓이다. 그리고 표제어 '생각나다'의 용례로는 '이제야 그 사람의 이름이 생각이 난다'를 들어 놓았다. 매우 적절한 기술이다. '기억난다'는 말이 잘못되었음을 스스로 확인한 셈이다.

배워 준다

지식이나 기능 따위를 가르치는 일을 '배워 준다'고 말하는 사람이 있다. '먹는다', '입는다', '잔다', '탄다', '깬다', '오른다', '내린다' 등은 스스로 할 수 없거나 하기 어려운 사람에게 할 수 있도록 해 주는 뜻을 나타내는 말이 따로 없어서 사동사의 부사형으로 바꾸고 조동사 '준다'를 붙여서 '먹여 준다', '입혀 준다', '재워 준다', '태워 준다', '깨워 준다', '올려 준다', '내려 준다'와 같이 말하지만, '배운다'는 그 일을 할 수 있게 해주는 뜻을 가진 말(가르친다)이 따로 있으므로 '가르쳐 준다'고 말해야 한다.

있으시다

'있다'의 존대말은 '선생님 계십니까?', '아버님께서는 사랑방에 계십니다'처럼 쓰는 '계시다'다.

다만, 웃어른이 무엇을 지니고 계시다는 말을 할 때에는 '그 어른은 재산이 많이 있으시다', '좋은 일이 있으시다', '말못할 사정이 있으시다'와 같이 '있으시다'고 한다.

그런데 요즈음 엉뚱한 경우에 '있으시다'는 말을 많이 한다. 어떤 의식을 치를 때, '○○님께서 기념사가 있으시겠습니다', '교장 선생님께서 말씀이 있으시겠습니다'고 한다. '○○님께서 기념사를 하시겠습니다', '교장 선생님께서 말씀하시겠습니다'고 해야 정상이다.

이런 표현은 다분히 봉건 잔재와 권위주의적 풍토가 자아 낸 아부성 표현이고, 다음과 같은 표현은 일본어투다.

- 여러분의 많은 협조(이해, 양해) 있으시기 바랍니다.
  → 여러분께서 많이 협조(이해, 양해)해 주시기 바랍니다.
- ○○ 회장님께서 선언문 낭독이 있으시겠습니다.
  → ○○ 회장님께서 선언문을 낭독하시겠습니다.
- 양 선수에게 기념패 전달이 있겠습니다.
  → 양 선수에게 기념패를 전달하겠습니다.
- ○○님께서 개식사가 있으시겠습니다.

→ ○○님께서 개식사를 하시겠습니다.

~이(가) 그렇게(이렇게) ~ㄹ 수가 없다

- 등산 코스가 그렇게 좋을 수가 없어요. (KBS)

  → 등산 코스가 더할 수 없이 좋아요. / 등산 코스가 참 좋아요.

- 뛰는 모습이 그렇게 시원스러울 수가 없지요? (육상경기 중계방송)

  → 뛰는 모습이 참 시원스럽군요. / 뛰는 모습이 참 시원스럽지요!
  / 뛰는 모습이 얼마나 시원스럽습니까?

- 바닷속이 그렇게 아름다울 수가 없어요. (KBS 2TV「전국은 지금」)

  → 바닷속이 참 아름다워요. / 바닷속이 더할 수 없이 아름다워요.

- 산호초와 고기들이 그렇게 예쁠 수가 없더군요. (KBS 2「전국은 지금」)

  → 산호초와 고기들이 참 예쁘더군요. / 산호초와 고기들이 더할
  수 없이 예쁘더군요.

- 아! 물결이 이렇게 빠를 수가 없군요.

  → 아! 물결이 몹시 빠르군요. / 아! 물결이 어쩌면 이렇게 빠를까
  요? / 아! 물결이 참 빠르군요!

- 돌고래를 만났을 때 그렇게 반가울 수가 없었습니다.

  → 무척 반가웠습니다. / 더할 수 없이 반가웠습니다.

- ○○씨는 경찰관직이 그렇게 마음에 들 수 없었다면서 자부심을
  피력했다. (MBC)

  → 아주 마음에 들었다면서

  설명 방송을 다 들어보면 ○○씨가 경찰관직이 몹시 마음에 들어
  서 선택했다는 내용인데, 밑금 그은 부분은 '그다지 마음에 들지
  않았다'는 말이 됐다.

- 가로 세로 구겨지고 접힌 채 잠든 취한 잡군들의 모습이 그렇게
  추해 뵐 수가 없었고…….(동아일보)

  → 더할 수 없이 추해 보였고

- 오손도손 얘기하는 모습이 그렇게 좋을 수가 없더군요. (MBC)

→ 더할 수 없이(무척) 좋더군요.

• 바다에 나오니까 이렇게 좋을 수가 없구나.

→ 참 좋구나! / 정말 좋구나!

～이(가) 아닐 수 없다

입후보자가 유권자들에게 금품을 제공하는 일이 '위법'이라는 말을 '위법이 아닐 수 없다'고 하면 얼핏 듣기에 뜻을 강조해 말한 듯하지만, 오히려 모호하다.

'위법이 아닐 수 없다'를 '위법일 수 있다', '위법이 아닐 가능성이 없다', '위법일 가능성이 있다'로 바꿔 말할 수 있는데, 어느 것도 '위법'이라고 단정하는 것만큼 실감이 나지 않는다.

위법이라고 단정하고도 아쉬우면 '명백한 위법이다', '파렴치한 위법이다'처럼 수식어를 더해서 말할 수 있고, '위법이라고 아니할 수 없다'고 하면 '반드시 위법이라고 해야 한다'는 뜻이 되므로 강조하는 표현으로 매우 적절하다.

• 권위주의 청산을 부르짖은 6공 정권과 새로운 정치문화를 표방하며 3당 합당으로 출범한 민자당이 법안을 날치기로 통과시킨 것은 허구에 찬 의정 작태가 아닐 수 없다. (동아일보)

→ 분명히 허구에 찬 의정 작태다. / 허구에 찬 의정 작태라고 아니할 수 없다.

• 난방을 기름보일러로 하는 것은 농촌생활의 큰 변화가 아닐 수 없습니다.

→ 큰 변화입니다. / 큰 변화라고 아니할 수 없습니다. / 놀랄 만한 변화입니다.

• 전문성이나 민주적 신념이 없이 돈만으로 판가름나는 지방자치라면 근본적으로 잘못된 것이 아닐 수 없다고 생각한다. (한겨레 「독자기고」) → 잘못된 것이라고

- 초등학생 어린이가 불량배에게 시달리다 못해 투신자살한 사건은 '범죄와의 전쟁 선포'를 무색케 하는 충격적인 사건이 아닐 수 없다. → 아주(매우 / 몹시) 충격적인 사건이다.
- 제자를 체벌하다 상처를 내고 가책을 느낀 교사의 투신자살은 우리 교육풍토의 병리현상을 보이는 것 같아 큰 충격이 아닐 수 없다. (동아일보) → 병리현상을 드러내어 큰 충격을 준다.

~이(가) 아닌가(~않을까) 싶다

수중발레는 올림픽 경기의 꽃이 아닌가 싶습니다. (KBS)
앞으로 자라는 어린이들에게는 수학이나 과학 상식이 없이는 살아 나가기 어려운 때가 오지 않을까 싶습니다. (EBS)

이 표현과 관계 있는 '싶다'의 사전 풀이를 소개한다.

싶다: 풀이씨의 물음꼴과 베풂꼴 다음에 써서 그렇게 생각됨을 나타내는 도움그림씨(보조 형용사).
　잘 될까 싶다.
　좀 클까 싶다.
　지난 일이 꿈인가 싶다.
　되겠다 싶다. 　　　　　　　　　　　(한글학회 지음 『우리말큰사전』)

싶다: 말끝 'ㄴ가, 은가, 는가, ㄹ까, 을까' 아래 붙어서 근사(近似)함이나 추측됨을 확실하지 않게 나타내는 말.
　먼가 싶다.
　적은가 싶다.
　보는가 싶다.
　탈까 싶다.

죽을까 싶다.　　　　　　　　　　　(민중서림 발행 『국어대사전』)

　두 사전이 다 '싶다'를 의문형 아래 쓴다고 한 점은 위 방송 표현과 같으나, 용례는 모두 긍정의문형(큰가, 먼가, 적은가)이어서, 두 방송이 부정의문형(아닌가, 않을까)으로 표현한 점과 다르다.

　그래서 사전의 예문 '될까 싶다', '먼가 싶다'를 '될 듯하다', '먼 듯하다'처럼 바꾸어도 뜻이 같아지는데, 방송 표현 '아닌가 싶다', '않을까 싶다'를 '아닌 듯하다', '않을 듯하다'고 바꾸면 뜻이 사뭇 달라진다.

　대체로 '~이다'를 '~이 아닌가?', '~이 올 것이다'를 '~이 올 것 아닌가?'와 같이 설의법으로 표현하면 뜻을 강조하는 효과가 있으나, 말을 끝내지 않고 추측하는 '싶다'를 덧붙이면 사전처럼 확실치 않은 추측이 되어 의사 전달 효과가 떨어지므로 이런 표현은 될 수 있는 대로 피하는 것이 좋다. 그러므로 앞의 예문은 '수중발레는 올림픽 경기의 꽃인 듯합니다', '수중발레는 올림픽 경기의 꽃인가 싶습니다', '앞으로 자라는 어린이들에게는 수학이나 과학 상식이 없이는 살아나가기 어려운 세상이 올 것 같습니다'로 고쳐야 한다.

　다음 표현도 고정한 틀을 깨고 융통성 있게 말해야 한다.

• 이것은 가족 단위로 봐도 좋은 영화가 아닌가 싶습니다. (MBC)
　→ 이 영화는 가족이 함께 봐도 좋겠습니다. / 이 영화는 가족 단위로 봐도 좋을 듯싶습니다.
• 이번 올림픽에서 가장 주의를 끈 종목은 복싱이 아닌가 싶습니다.
　(MBC)
　→ 복싱인 듯합니다. / 복싱인가 싶습니다.
• 저분이 정말 내 고향 스타가 아닌가 싶습니다. (MBC)
　→ 저분이야말로 정말 내 고향의 별이시군요. / 저분이야말로 정말 내 고향의 별인 듯싶습니다.

종이 난다

각급 학교에서 고질적으로 쓰는 치졸한 기형어다.

종을 치면 울리는 것인데 '종이 나면', '종 아직 안 났어', '종 났다' 따위로 말한다. '종소리가 난다'를 줄인 꼴이라고 하는 사람도 있으나 말이 안 된다. '피아노 소리가 난다', '징소리가 난다'를 '피아노 난다', '징난다'고 할 수 있나?

일제 시대에는 'かね(鍾)が なる(종이 울린다)', 'かねが なった(종이 울렸다)'고 했는데 해방이 되면서 'かね(鍾)が'는 '종이'라고 고치고 'なる(鳴)'를 '난다'고 말하던 것이 그대로 버릇이 되어 오늘에 이르렀다. 'なる'의 어간 'な'가 우리말 '나다(生)'의 어간 '나'와 소리가 같아서 생긴 현상인 듯한데, 우습고 부끄러운 말이다.

축하드린다, 진언(進言)드린다

남의 경사에 기쁘고 즐겁다는 뜻으로 인사할 때, 상대방이 누군지에 따라서 '축하합니다', '축하하오', '축하하네', '축하한다'고 하는데, 요즈음 더 공손하게 하려는 심리에서인지 '축하드린다'고 하는 사람이 많다.

'축하'의 '하(賀)'에 경축, 하례의 뜻이 담겨 있으니 '축하합니다'고 하면 높이는 뜻을 더 보탤 여지가 없다.

웃어른에게 '축하드린다'고 해야 한다면 아랫사람에게는 '축하준다'고 해야 할 법하지 않은가? '지나침은 미치지 못함과 같다(過猶不及)'는 말이 있듯이 인사말도 지나치게 공손하면 아첨이 된다.

- 1971년 6월 문교부장관을 맡은 필자는 박대통령께 여러 차례 한자 교육의 필요성을 <u>진언드렸더니</u> "한글을 존중하라는 것이었지, 한자를 버리고 한글만 쓰자는 이야기가 아니었어."라고 말씀하셨다. (조선일보 「시론」)

  → 진언했더니 / 말씀드렸더니 / 아뢰었더니 / 여쭈었더니

  설명 '진언'이 '윗사람에게 의견을 말한다'는 뜻이므로 '진언드린다'

249

는 지나친 공손이다.

바꿔 줘, 끊어

전화를 걸 때, '○○ 바꿔 달라'는 말은 더할 수 없이 치졸하고 망측하다. '엄마 바꿔 줘', '아버지 바꿔 줘', '영희 바꿔 주세요', '사장님 바꿔 드릴까요?' 등등, 아무리 좋게 이해하려 해도 용납할 수 없다. '네 아내 바꿔라', '새아기 바꿔라', '김서방 좀 바꿔라' 이것이 어찌 예의와 도덕을 숭상하고 뛰어난 문화의 터전인 우수한 말과 글을 가진 겨레가 문명 이기를 다루면서 쓰는 표현이 됐을까?

직접 만나는 경우에 상대자가 아랫사람이면 '○○을 데리고', 자신과 같은 또래면 '○○를 만나서', '○○와 면대해서', 웃어른이면 '뵙고', '모시고'로 표현해야 한다.

전화를 걸 때도 자신이 이야기하고자 하는 상대자에 따라서 '○○ 좀 불러다오', '○○ 좀 대해 주십시오', '○○님 좀 모셔 주십시오'라고 해야 한다.

'바꿔'와 음절 수가 같은 '불러', '대해', '모셔'를 잘 가려 쓰면 예의에 맞고 품위를 갖춘 말이 된다. 통화를 끝낼 때 말하는 '끊어'도 말맛이 나쁘다. '안녕', '또 만나', '잘 있어'라 하면 얼마나 좋은가?

~받다

요즈음 학교나 사회 단체, 문화 단체에서 어떤 시상식을 할 때 사회자가 '아무개가 ○○상을 수여받겠습니다' 하고 말하는데 이런 유형의 표현을 신문이나 방송에서 공식화한 것처럼 쓴다.

수여(授 : 줄 수, 與 : 줄 여)가 준다는 뜻이니까 '받는다'는 말을 하는데 '수여받는다'고 하면 말이 안 된다. 그저 '받는다'고 하는 것보다 '수여받는다'고 하면 더 권위가 선다고 생각하는 모양이지만, 사실은 무식을 드러내면서 말의 논리성을 해쳐 우리말을 조잡하고 치졸하게 할 뿐이다.

- 대의원들은 투표통지서와 주민등록증을 제시, 본인임을 확인시킨 후 투표용지를 <u>교부받아</u> 기표소에서 지지 후보 성명 밑에 ○표를 한 뒤 투표함에 넣는 순으로 진행. (동아일보)

  설명 이 경우에 '교부(交付)'는 선거 업무를 맡은 사람이 유권자에게 투표 용지를 내어 주는 일이고, 유권자는 그것을 받는 것인데 왜 '교부받는다'고 하나? '받아'로 고쳐야 옳다.

- 광주 북부경찰서는 행사 전에 압수 수색영장을 <u>발부받아</u> 병력을 동원해……. (한겨레)

  설명 압수 수색영장은 법원이 발부하고, 경찰서는 그것을 받아서 집행하므로 '수색영장을 발부받아'는 '수색영장을 받아'로 고쳐야 한다. 같은 논리로 학생증, 주민등록증, 여권, 진단서 등도 모두 '발부'나 '발급받는 것'이 아니고 '받는 것'이다.

- 지금까지 신규로 임명된 교사들은 유효기간이 없는 자격증을 무시험으로 <u>부여받았다.</u> (동아일보)

  설명 자격증을 부여(賦 : 줄 부, 與 : 줄 여)하는 일은 정부의 담당부서에서 하고, 교사는 받기만 하므로 '받았다'고 고쳐야 한다.

- 일정한 교육을 받고 시험에 합격하면 자격증을 <u>부여해 줍니다.</u>
  → 줍니다. / 부여합니다.

- 주식회사 한양은, 주택업체 중에서 가장 많은 35만 평의 택지를 <u>분양받아</u> 국내 최대의 주택업체로 발돋움하는 (한겨레)

  설명 분양(分讓)은 '땅을 가진 정부'가 '주식회사 한양'에게 땅을 분할해서 파는 일이니까, 한양이 '샀다'거나 '받았다'고 해야 한다.

- 이씨는 1950년 12월 대공세 때 붙잡혀 52년에 <u>7년형을 선고받고</u> 복역하다 59년 1월 27일에 만기 출소했다. (한겨레)

  설명 7년형을 선고한 사람은 판사고, 피고 이씨는 형을 받았으므로 '7년형 선고를 받고'라고 해야 한다.

- 경제기획원장관은 김우중 회장으로부터 <u>방북 결과를 설명받았다.</u>
  → 방북 결과에 대해 설명을 들었다.

- 경찰에 따르면 김씨 등은 한씨를 납치해 2천만 원을 <u>송금받기로</u> 했다. → 받기로
- 우등상을 <u>수상한다.</u>

  설명 '수상(受賞)'이 '상을 받는다'는 말이므로 '상을 수상한다'는 것은 '상을 상 받는다'는 기형어다. '상을 받는다'고 해야 한다.
- 김 씨는 남원 포로수용소 야전병원에서 치료를 받은 뒤 그 해 6월에 5사단 군법회의에서 <u>사형을 언도받았다.</u> (한겨레)

  → 사형 선고를 받았다. / 사형 언도를 받았다.
- 후기대 문제지 도난으로 큰 파문을 일으킨 서울신학대학의 관계자들이 9일 오전 <u>인쇄소로부터 인수받아</u> 철제 캐비닛에 보관했던 후기대 학력고사 문제지를 10일 오전 경찰관 입회하에 수험생에게 배부하기 위해 꺼내고 있다. (동아일보)

  설명 '인쇄소로부터'를 '인쇄소에서'로 고쳐야 한다. '부터'는 계속되는 일을 시작하는 때나 장소에 붙여 쓰는 부사격 조사다. 예를 들면 '9시부터 작업을 했다', '걸어가다가 마을 앞에서부터 뛰었다'이다. 학력고사 문제지를 인수하는 일은 인쇄소에서 끝나는 것이므로 '로부터'는 맞지 않는다.

  '인수(引受)'가 '넘겨받다'는 뜻이므로 '인수받아'는 '인수하여'나 '받아'라고 써야 한다. '인계받아'도 마찬가지다.
- 청명(한학자 유창순 씨의 호)은 충북지방 대지주 선정훈 씨가 보은에 개설한 '관선정'이라는 서당에 들어가 <u>무료로 숙식을 제공받으면서</u> 한학을 공부했다고 한다. (한겨레) → 무료로 숙식하면서
- 입상자는 장학금을 <u>전달받으시겠습니다.</u> → 받으시겠습니다.
- 오늘부터 이산가족의 고향방문 신청서를 <u>접수받습니다.</u> (KBS)

  → 접수합니다.
- 구비서류를 <u>제출받아</u> 심사한다. → 제출시켜 / 받아 / 접수해서
- 수매하는 벼값의 인상분은 추후에 <u>지급받을 수 있습니다.</u> (KBS)

  설명 '지급'은 정부가 하고 농민은 받기만 하면 되므로 '받을 수 있

습니다'로 고쳐야 한다.

- 농한기를 이용해 인근 마을에서 돼지를 기르는 ㉠신영섭 씨로부터 양돈기술을 ㉡지도받고 있는 강민수, 장순범, 김덕일 씨. (한겨레)

  ㉠ → 신영섭 씨에게 　　　　㉡ → 배우고 있는

안 좋다

부정하는 뜻을 나타내는 부사 '아니'와 준말 '안'은 원래 '아니한다⇒안 한다', '아니 된다⇒안 된다', '아니 간다⇒안 간다', '아니 먹는다⇒안 먹는다', '아니 온다⇒안 온다'처럼 행동을 부정하는 데 쓰고, 상태를 부정할 때는 '검지 아니하다⇒검지 않다', '높지 아니하다⇒높지 않다', '편하지 아니하다⇒편치 않다⇒편찮다', '좋지 아니하다⇒좋지 않다', '귀하지 아니하다⇒귀하지 않다⇒귀찮다'처럼 쓴다. 요즈음 이 중에서 특히 '좋다'를 부정할 때 '안 좋다'고 하는 사람이 많다.

'좋지 않다'와 뜻이 같고, 많은 사람이 그렇게 말하니까 별로 문젯거리가 아닌 듯싶으나 '안'을 여러 상태에 두루 적용해 보면 '편찮으시다'가 '안 편하시다', '귀찮다'가 '안 귀하다'가 되는 등 본래 어감을 손상하는 예가 생긴다.

한편, '아니'와 같은 범주에 속하는 부정(否定)부사 '못'을 행동에 적용하면 '안 간다⇒못 간다', '안 먹는다⇒못 먹는다', '안 잔다⇒못 잔다', '안 산다⇒못 산다'처럼 자연스럽지만, 상태에 적용하면 '안 높다⇒못 높다', '안 착하다⇒못 착하다', '안 기쁘다⇒못 기쁘다', '안 해롭다⇒못 해롭다', '안 좋다⇒못 좋다'가 돼서 전혀 말이 안 되니 '안 좋다'를 본래의 표현법대로 '좋지 않다'고 하거나, 그 정도가 심하면 '나쁘다'고 하는 것이 우리말의 체계를 슬기롭게 지키는 길이다.

∼시(視)한(된)다

한문투로 표현허기 좋아하는 사람들이 무엇이 ∼하게(한 것으로) 보인다는 뜻으로 즐겨 쓰는 사족(蛇足) 같은 말이다.

◆ 금기시한다

● 공중파 TV가 지니는 표현의 한계가 케이블 TV로 숨통이 트이면
서 과거에 금기시(禁忌視)하던 주제를 정면으로 다루는 경향이
늘어나 시청자의 볼거리도 많아졌다. (신문 연예란)

  → 금기하던 / 꺼리던

● 우리는 일부에서 떠올리고 있는 대통령 4년 중임제나 내각 책임
제로 전환하는 헌정 구조 개편에 관한 논의 자체를 금기시하지는
않는다. (세계일보「사설」) → 금기하지 않는다.

● 중대한 역사적 사건에 대해서는 성급한 판단을 금기시해서 으레
정부의 평가는 역사에 맡긴다고 말한다. (조선일보「시론」)

  → 자제하고 / 피하고 / 꺼리고

◆ 우선시한다

● 한국은 아직도 북한의 위협에 대한 국지전략을 우선시해야 하므
로 우리는 이제 미국 외교에 맹종만 할 수는 없다. (문화일보「포럼」)

  → 위협에 대해서는 국지전략을 적용할 수밖에 없으므로

◆ 의문시된다

● 전기 자동차는 성능이 의문시됩니다. (KBS 1 TV 뉴스)

  → 의심스럽습니다.

● 그동안 주인이 두 번이나 바뀐 기업을 인수할 사람이 나올지 의문
시되고 있습니다. (MBC TV 뉴스)

  → 나올지 궁금합니다. / 나올 것 같지 않습니다.

◆ 확실시된다

● 버섯 채취하던 주민 세 명의 피살사건이 공비 잔당의 소행임이 확
실시되는 가운데, 10일 대관령 ○○기지에 군 작전 병력을 추가 투
입하고 있다. (중앙일보 사진 기사) → 확실해 보이는

가로챈다

남의 물건을 부당하게 차지한다는 뜻으로, 한자어로는 '횡령(橫領)한다'고 하는데 뜻을 잘못 알고 쓰는 언론인이 많다.

- 검찰은 윤락행위를 묵인해 주고 오백만 원을 받아 <u>가로챈</u> 경관을 구속했습니다. (KBS 1 TV 저녁 6시 뉴스) → 받은
- 정부가 중하위직 공직자의 비리척결을 선언하고 나선 가운데 전직 고속도로 순찰대 간부 2명이, 경찰 순찰차 한 대가 교통법규 위반자들로부터 스티커 발부를 면제해 주는 조건으로 하루 평균 30만~50만 원, 많게는 1백만 원을 받아 <u>가로챘다고</u> 폭로해 충격을 주고 있다. (동아일보) → 갈취한다고 / 착복한다고

~인(~해야 할) 것이다

'무엇'이라고 할 것을 '무엇인 것'이라고 하는 것은 더없이 자명(自明)한 명제를 뜻없이 격식화해서 말에 때를 묻히는 버릇이며, 국가나 사회의 과제와 국민의 관심사를 '어떻게 해야 한다'고 단정하지 못하고 '어떻게 해야 할 것'이라고 얼버무리는 것은 그 문제에 대한 소신도 없이 남의 일처럼 무책임하게 내뱉는 표현이다.

- 우리는 부동산 경기를 되살리되 경기가 과열로 치닫게 만들지 말라고 ㉠<u>권고하는 것이다</u>.…… 인플레 정책이 경제구조 개혁과 본질적으로 배치한다는 사실을 ㉡<u>간과해서는 안 될 것이다</u>. (조선일보 「사설」)

  ㉠ → 권고한다

  ㉡ → 간과해서는 안 된다. / 간과하지 말아야 한다.
- 우리 길의 혼잡, 정체는 승용차 과용이라는 개인 문제이기 이전에 적절한 제도를 마련하지 못한 사회의 <u>책임인 것이다</u>. (문화일보 「포럼」) → 책임이다.

- 특히 금번 규제 작업을 원활히 하기 위해서 민관합동의 규제개혁 위원회를 설치하여 산하에 많은 민간전문가와 연구기관을 두어 피규제자 입장에서 핵심과제를 발굴심사하는 체제를 갖추었던 것이다. (동아일보에 특별기고한 국무조정 실장의 글) → 갖추었다.
- 문제해결의 틈을 열어줄 주변의 관심이 없는 것이 바로 문제인 것이다. (중앙일보 「김성호 세상 보기」) → 문제다.
- 신정 연휴를 하루 줄이자는 정부 결정 자체는 우리도 적극 지지한다. 그러나 결정을 내리기 전에 그것이 가져올 파급효과나 부작용, 이해관계자의 반응, 국민 여론 등을 고려하고 수렴했어야 했을 것이다. (중앙일보 「사설」) → 수렴해야 했다.
- 그동안 사양사업으로 치부해 온 공중파 방송을 디지털화하는 데 갑자기 신경을 쓰는 이유를 음미해 볼 필요가 있는 것이다. (동아일보 「시론」) → 있다.

~고 있다 / ~아(어) 있다

우리말다운 논리로 판단하면 '움직임'이나 '상태'는 모두 그 자체가 찰나(刹那)에 끝나지 않고 잠시라도 지속(진행)하는 것이므로, 움직임이나 상태를 나타내는 말에 '계속 진행함'을 뜻하는 말을 덧붙일 필요가 없다.

예를 들면, 아이가 논다(잔다, 운다, 젖을 먹는다)고 할 때, 그 표현 자체에 놀거나 자거나 울거나 젖 먹는 행동을 계속하는 뜻이 있으므로 '아이가 놀고 있다, 자고 있다, 울고 있다, 젖을 먹고 있다'고 할 필요가 없다. 정 성에 차지 않으면, 동사 서술어 앞에 계속, 마냥, 아직도, 여전히 따위 부사어를 쓰면 된다.

이는 일어의 '~ている'와 영어의 'be+~ing'형을 흉내 낸 것이지만, 오래 익어서 우리 어감을 별로 해치지 않는 것까지 부정하기는 어려우므로 굳이 절대로 쓰지 말라고 할 수는 없다. 다만 마치 우리말을 서투르게 배워 쓰는 외국인 말 같은 표현은 피해야 한다.

- 교실에 난로를 ⊙설치해 있습니다. ⓛ불을 피어 있는 난로에 접근
  하면 위험합니다. (모 중학교 교장의 훈화)

  ⊙ → 설치했습니다. / 놓았습니다.

  ⓛ → 불을 핀

- 국내에 진출해 있는 외국 가수들의 음반이 값 횡포를 부리고 있
  습니다. (KBS 1 TV 뉴스) → 진입한 / 파고 든

- ⊙물자는 한정되어 있다. ⓛ에너지도 한정되어 있다.

  ⊙ → 물자는 무진장이 아니다.

  ⓛ → 에너지에도 한정이 있다.

- 비는 여전히 쏟아지고 있다. (동아일보) → 쏟아진다.

- 4일 오전에 인천 공군부대에서 오발한 미사일 파편이 도로에 떨
  어져 널려 있다. (동아일보) → 널렸다.

- 지금 열차가 도착하고 있습니다. (지하철의 안내 방송) → 도착합니다.

- 41개국 선수단이 입장하고 있습니다. (KBS 1 TV 방콕 아시안게임 중계방송)
  → 입장합니다.

- 아시아지역에서 ⊙펼쳐지고 있는 일본의 전략과 전술을 읽고 국
  제무대에 ⓛ얽혀 있는 힘의 역학관계를 들여다보는 예지도 필요
  하다. (중앙일보「글로벌 포커스」)

  ⊙ → 펼치는   ⓛ → 얽힌

- 20세기가 저물어가고 있다. → 저문다.

- 우리의 경제개혁은 구조적 모순과 장애를 제거하고 이미 낡아 부적
  절한 '발전 모델'을 뜯어 고치는 데만 매달려 있다. (동아일보「동아광장」)
  → 매달렸다.

- 이라크 군이 발사한 대공화포가 붉은 궤적을 그리며 바그다드 상
  공을 날아가고 있다. (동아일보「사진 보도」) → 날아간다.

- 리비아의 관영통신인 JANA는 "한국 정부가 그 입장을 바꾸지 않
  을 경우 아랍국들에 진출해 있는 한국기업들이 추방될 수 있음을
  명심해야 한다"고 경고해 리비아에 진출한 한국 업체들이 추방당

할 수 있음을 강력히 시사했다. (동아일보) → 진출한

- 오늘 아침에도 기온이 좀 올라 있습니다. (KBS TV 기상예보)

  → 올랐습니다.

- 인명 피해 현상은 아직도 확인되지 않고 있는 상황입니다. (여러 방송

  사의 아시아나항공 사고 현황 방송)

  → 확인하지 못한 상황입니다. / 확인하지 못했습니다.

- 오늘의 주식 시장은 내림세로 시작하고 있습니다. (SBS TV 뉴스)

  → 시작했습니다.

  설명 '시작'은 시간을 두고 계속하는 것이 아니고 '순간'에 끝난다.
  시작한 후에는 그 일을 계속 하는 것이다.

∼이었습니다

과거시제 형태소 '었'을 잘못 쓰면 웃음거리가 된다.

① 이곳이 옛날에는 농촌이었습니다.
② 철수가 30살 때는 회사원이었습니다.
③ 옛날에는 이곳에 바위가 있었습니다.

①은 이곳이 지금은 농촌이 아님을, ②는 철수가 30살 이후에 직업
을 바꾸었음을, ③은 지금은 이곳에 바위가 없음을 보여 주는 것으로
'었'을 모두 옳게 썼다.

그러나 다음 같이는 쓸 수 없다.

④ 고조선의 건국 시조는 단군이시었습니다.
⑤ 한글을 창제하신 분은 세종대왕이시었습니다.
⑥ 우리를 생육해 주신 분은 부모님이시었습니다.

세월이 아무리 많이 지나도 고조선의 건국 시조가 단군 아닌 다른

사람으로 바뀌고, 한글 창제자가 세종대왕 아닌 다른 인물이 되고, 우리를 생육해 주신 분이 부모님 아닌 딴 사람이 되는 일은 있을 수 없으므로 서술어를 모두 '이십니다'로 고쳐야 한다.

다음은 각 방송국 아나운서들이 뉴스를 전하고 나서 판에 박은 듯이 하는 말이다.

⑦ 지금까지 김○○이었습니다.
⑧ 지금까지 부산(울산, 대전, 광주)이었습니다.
⑨ 지금까지 부산에서 김○○이었습니다.
⑩ 지금까지 KBS(MBC, SBS)였습니다.

지금까지 김○○이던 사람이 이후에 다른 사람으로 변하거나, 부산이 울산, 대전, 광주로 변할 수 없고, KBS가 MBC나 SBS 등으로 변하는 일은 상상도 할 수 없으므로 다음과 같이 고쳐야 한다.

⑦ 지금까지 김○○가 전해 드렸습니다.
⑧ 지금까지 부산에서 전해 드렸습니다.
⑨ 지금까지 부산에서 김○○가 전해 드렸습니다.
⑩ 지금까지 KBS(MBC, SBS)에서 전해 드렸습니다.

～어야 / 해야 했다

목표를 성취하려는 노력과 법 준수, 납세나 병역 의무 이행, 충·효·의리 같은 윤리 행위는 '해야 할 일(當爲)'이지만 고생, 수모(受侮), 부상, 손재(損財), 희생 같은 일은 필요해서 하는 것이 아니고 피치 못할 운명을 당하면 '할 수 없이 하는 것'이므로 다음 표현은 옳지 않다.

• 우리 민족은 오랫동안 수많은 외환(外患)에 <u>시달려야 했다.</u>
   → 시달렸다.

- 6·25 남침으로 피난을 해야 했다. → 했다.
- 경남 고성의 산불로 주민들이 할아버지 때부터 살던 집을 잃어야 했습니다. → 잃었습니다.
- 예고 없이 정전이 된 지역 주민들은 긴 밤을 추위에 떨어야 했습니다. → 떨었습니다.

~드라구요

보거나 듣거나 겪은 사실을 서술할 때, 손아랫사람에게는 '좋더라, 시끄럽더라, 힘들더라', 제 또래에게는 '좋데, 시끄럽데, 힘들데', 스스럼 없는 윗사람에게는 '좋습디다, 시끄럽습디다, 힘듭디다'고 한다. 'ㅂ(습)디다'를 '아주높임씨끝'이라고 설명한 사전(한글학회 지음 『우리말 큰사전』)이 있으나 표준어의 본거지인 서울·경기 지방 사람들은 건방진 말투로 느끼는 경향이 있어서, 조심스러운(스스럼 있는) 윗사람에게는 '좋습니다, 시끄럽습니다, 힘듭니다'와 같이 현재형으로 말한다.

그런데 얼마 전부터 전에 없던 '~드라구요'가 방송 드라마에 등장하더니 빠르게 퍼져서 젊은이들이 '좋드라구요, 시끄럽드라구요, 힘들드라구요' 따위 표현을 아무에게나 내뱉어 우리말의 품위가 말이 아니다. 과거회상 형태소 '더'를 '드'라고 발음하는 것도 부끄러운 일이고, 아주낮춤씨끝(어미) '더라'에 뜻도 없는 '구요'를 붙인다고 높임말이 되지도 않으므로 품위 있는 지성인으로 살고 싶은 사람은 절대로 쓰지 말아야 한다.

~는(하는) 거 있지

주로 여성들이 '~드라구'와 비슷하게 쓰는 버릇말이다. 매우 빨리 걷는 사람과 같이 걷다가 뒤쳐진 경험을 또래에게 말할 때 "그 사람 날아가듯이 걷더라."고 하는 대신 "그 사람 날아가는 거 있지."라고 한다. 감기로 몹시 고생한 경험은 "열이 나고 사지가 쑤셔 죽겠는 거 있지.", 심한 잔소리를 들은 일은 "달달 볶는 거 있지." 하는 모습이, 나이와 학식, 지위와 몹시 동떨어져서 한없이 유치하다.

- 나이 드니까 왠지 빨간색이 좋아지는 거 있죠. (SBS TV「생방송 행복찾기」)
  → 나이가 들면서 빨강색이 좋아져요.

  설명 나이가 든 것을 빨간색을 좋아하게 된 원인으로 밝혀 놓고 '왠지'라고 의문을 나타낸 것도 우습다. 어떤 현상의 까닭이 궁금할 때에는 '어쩐지, 왜 그런지, 웬 일인지'라고 한다.

식사하세요

『논어(論語)』술이(述而) 편에는 "飯疏食飲水曲肱而枕之樂亦在其中(거친 밥을 먹고 물 마시고 팔을 베고 누어도 그 가운데 즐거움이 있다)"이라고 하여 밥 먹는 일을 반사(飯食)라 했고,『동아한한대사전(東亞漢韓大辭典)』에는 '食'을 '밥 식, 밥 사'라 하고『논어』의 같은 편에 있는 "發憤忘食(학문을 하려고 분발하면 먹는 일을 잊는다)"를 용례로 들었으나 食을 앞세운 표제어로 '食事'는 싣지 않았다.

한편, 진명출판사에서 발행한『한중사전(韓中辭典)』에는 '食事'를 '吃飯'이라 하고 용례로 "吃完了早飯(아침 식사가 끝났다)"을 들었다.

이것으로 보아 식사(食事)는 중국어는 물론 우리말에도 없던 일본어임이 확실하며, 어느 지긋한 인사가 "식사하세요" 하는 새 며느리를 보고 "너 군대 생활했니?" 했다는 말은 우리 정신을 일깨운다.

우리말의 특유한 존대법은 우리 겨레의 높은 도덕 의식이 낳은 재산이며 '밥'의 높임말 '진지'와 '먹는다'의 높임말 '잡수신다'는 그 중에서도 백미(白眉)다.

그러므로 하게할 대상에게 하는 말 "조반(점심, 저녁) 자셔."와 높일 상대에게 하는 말 "아침(점심, 저녁) 진지 잡수십시오."를 그대로 보존해서 우애하며 경로하는 전통을 빛내야 한다.

수고하세요

직장에서 남보다 일을 먼저 끝내고 일어서는 사람이나, 사무실에 찾아가 볼일을 마치고 가는 사람이 계속 남아서 일하는 사람에게 하는 인사말이 언제부터인지 '수고하세요'가 되었다. 학교 교무실에 찾아와 볼일을 끝낸 학생도 교사에게 '수고하세요' 하면서 나간다. 가관(可觀)이다. '수고'를 무슨 뜻으로 알고 하는 말인지 모르겠다. '힘들이고 애쓴다'는 말이 아닌가?

남이 열심히 일하는 데 가서 '애쓰십니다'나 '수고하십니다' 하면 위로를 겸한 인사가 되지만, 함께 일하다가 먼저 자리를 떠나면서 '수고하세요' 하면 남아 있는 사람에게 고생 더 하라고 하는 것과 마찬가지니 적절한 인사말이 아니다.

어떤 간부가 막역한 친구나 후배, 부하들이 일하고 있는데 먼저 퇴근하면서 '미안하지만 좀더 수고들 해주시오'라고 할 수 있겠다. 또, 직장에서 일하다가 윗사람보다 먼저 떠날 경우 '수고하시는데 먼저 나가게 돼 죄송합니다. 안녕히 계십시오' 하면 예의에 어긋나지 않겠다.

'수고하세요'는 직장의 선배, 상사, 스승, 특히 나이 많이 든 어른에게는 절대로 쓰면 안 되는 말이다. '안녕히 계십시오(가십시오)', '추위(더위)에 몸조심하십시오'라고 하는 것이 전통적인 우리 나라 인사말이다.

신경 쓰지 마세요

사람이 어떤 일을 성취하려면 목표를 정하고 방법을 생각해서 활동한다. 이 때 일이 몹시 어려워서 잘 안 되면 고심하는 중에 심신이 피로하고 짜증이 나서 신경을 자극한다.

신경은 이처럼 무의식적으로 받는 자극에 반응하는 것이지, 일부러 '쓰는' 것이 아니다. 그러므로 젊은이들이, 자신의 일에 관심을 가지고 염려해 주는 부모나 선배에게 입버릇처럼 말하는 "신경쓰지 마세요"는 논리에 어긋나고 공손하지도 못한 말이다. '너무 걱정(염려)하지 마십시오, 안심하십시오, 마음 놓으십시오'라고 해야 한다.

알겠습니다

부모나 교사, 선배가 타이르는 말을 들은 학생의 대답이 대체로 "알 겠습니다"다. 시청자가, 아나운서들이 잘못한 말을 지적해서 알려 주면 방송사 사람들은 "알겠습니다" 하고 전화를 끊는다. 그렇게 대답하는 사람의 진의가 다 그렇지는 않겠지만, 그 말을 논리대로 해석하면, 들은 말의 내용이나 요지를 아직은 잘 몰랐다는 뜻이 된다.

현행 학교 문법에서 '선어말어미'라고 하는 '겠'에는 ①미래시제-장차 알겠다, ②의지-그 일은 내가 하겠다, ③가능성-그런 문제는 나도 풀겠다, ④추측-내일은 비가 오겠다의 뜻이 있다. 훈계나 충고, 알려 주는 말을 듣고 나서 '알았다'고 하지 않고 '알겠다'고 하면 당장은 몰랐지만 차후에 알겠다는 뜻인지, 알아볼 의지가 있다는 뜻인지, 생각해 보면 알 수 있겠다는 뜻인지, 생각해 보면 알 수 있을 것 같다는 뜻인지, 매우 모호해서 그 내용이 당장 실천에 옮겨야 할 일이면 도무지 신뢰성이 없다. 성실한 자세로 다 듣고도 숙지하지 못했으면 다그쳐 물어서 보충 설명을 들어 충분히 납득하고 '알았다'고 실천 의지를 보이는 것이 신용 있는 사람의 자세다.

시작하겠습니다, 마치겠습니다

공식 회의나 경축, 기념 행사 때 사회자가 ○○회의(××식)를 '시작하겠습니다'로 시작해서 '마치겠습니다'로 끝낸다.

누누이 말한 대로 '겠'에는 미래시제와 말하는 이의 의지, 가능성, 추측의 뜻이 있는데, 미리 정한 차례대로 진행하는 공식 행사는 사회자의 의지나 추측을 떠나서 '시작'과 '끝'을 말하는 순간에 하는 것이므로, 철저히 객관적으로, 마치 취입해 놓은 녹음기처럼 ○○회의(식)를 '시작합니다'로 시작해서 '마칩니다'로 끝내야 한다. 마이크를 잡으면 겉멋이 드는 사람은 행사를 마치 제 권능으로 주관하는 양, '시작하도록 하겠습니다'로 시작해서 '마치도록 하겠습니다'로 끝낸다. 생선가게 망신시키는 꼴뚜기라고나 할까?

출사표(出師表) 던진다

'표(表)'는 '임금에게 올리는 글'을 뜻하는 문장 형식이다. 우리 나라에서는 고려 시대에 김부식(金富軾)이 『삼국사기(三國史記)』를 편찬해 인종(仁宗)에게 올릴 때 지은 「진삼국사기표(進三國史記表)」가 대표적이고, 중국에서는 촉한(蜀漢)의 재상 제갈량(諸葛亮)이 출진(出陣)할 때 후주(後主) 유선(劉禪)에게 바친 「출사표(出師表)」가 유명해 고유 명사처럼 알려졌다.

출사(出師)는 출병(出兵)과 같은 뜻이며 '출사표'는 군사를 동원해 출전하면서 충성심을 적어 임금에게 정중하게 바치는 글인데, 언론인들이 선거에 입후보하거나 운동 경기에 나가는 것을 흔히 '출사표를 던진다'고 표현하니 한심하다.

- 여검객 3인이 여자 에페 단체의 기대 속에 <u>첫메달에 출사표를 던진다.</u> (한겨레) → 첫메달을 목표로 출전한다.
- 이기택 총재 포항 <u>보선 출사표</u> (신문 기사) → 보선에 출마
- 이봉주 내년 4월 네덜란드 대회에 <u>야심 찬 출사표</u> (세계일보) → 패기로 도전
- 여자 핸드볼 <u>3연패 출사표</u> (한겨레) → 3연패 향해 출전

3. 엉터리 말

냉탕(冷湯)

욕실에서 찬물을 채워 넣은 곳에 '냉탕'이라고 쓴 표를 붙여 놓았고, 방송에서는 건강 유지에 관한 이야기를 하는 중에 냉탕과 온탕에 여러 번 번갈아 드나들면 혈액 순환이 잘 되어 건강에 이롭다는 말을 한다. 그리고 근래에 증보 발간한 국어사전들이 '냉탕'을 표제어로 실었다.

'탕(湯)'이 '끓는 물'인데 어떻게 냉탕(冷湯)이나 온탕(溫湯)이란 말이 성립하나? 무식한 사람이 표현해 놓은, 말이 아닌 소리를 지성인들이 방송에서 말이랍시고 지껄이고, 심지어 국어사전에다 싣고 설명을 붙이는 것은 우리말에 말 같지 않은 소리를 마구 섞어 넣어서 온통 저질화하는 짓이다.

이희승이 지은 『국어학개론』에는 국어의 첫째 요건을 '언어이어야 한다'고 했다. 여기서 '언어'란 말답지 않은 '소리'가 아닌, 말다운 '말'을 뜻한다. 그러므로 말답지 않은 소리를 국어사전에 실으면 안 된다. 뒤집어 말하면, 말답지 않은 소리를 모아 놓은 것은 국어사전이라고 할 수 없다.

'냉탕', '온탕'은 한자 지식이 짧은 사람이 짜맞춰 놓은 한자음이지 한자어가 아니다. 말다운 한자어도 될 수 있으면 순수어로 바꿔 써야 우리말이 아름다워진다. 참으로 감각적이고 친밀한 '찬 물', '따뜻한 물', '더운 물', '뜨거운 물'을 비켜 놓고, 무식쟁이들이 짜맞춰 놓은 한자음을 말입네 하고 쓰는 것은, 기름기가 자르르한 쌀밥을 버리고 거멓고 거칠한 피죽을 먹는 것보다 더 어리석은 일이다.

뒤바뀐 안팎

일제 식민지 시대에 우리 나라에 와서 살던 일본인들은 저희 본토를 내지(內地)라 하고 제 고장에 다녀온 것을 '들어갔다 나왔다'고 하면서 지배자의 우월 의식을 과시했다. 우리 나라 사람 중에서도 그들에게 아부하거나, 뚜렷한 식별력이 없는 사람들은 확실한 뜻도 모르면서 덩달아 그런 표현을 썼다.

그러나 이제 일제의 지배에서 벗어나 주권을 되찾은 우리에게는 이 땅에서 들어갔다 나올 어떤 땅도 나라도 있을 수 없는데, 외국에 다녀온 이야기를 할 때 '~에 들어갔다 나왔다', '~에 들어갔었다', '~에 또 들어간다'고 하는 사람이 많다.

"미국(일본·영국·독일)에 들어갔다더니 언제 나왔나?", "지난달에

나왔어", "또 들어가나?", "내년에 한번 더 들어가야겠어" 따위 얼빠진
소리는 절대로 하지 말자.

버스값, 수매값

버스를 사는 돈이 '버스값'이고, 탈 때 내는 돈은 '삯', '요금'이다. 여
느 교통 수단도 마찬가지다. 해마다 가을에 정부에서, 농민이 추수한
벼를 살 때 방송과 신문이 말하는 '벼 수매값'은 정부가 수매하는 '벼
값'이므로 '수매 벼값'이라고 해야 옳다.

- 서울−경기 구간 버스값 횡포 공동 대응. (한겨레)
  설명 일반 서민이 생각없이 버스값, 기차값, 배값, 비행기값, 택시값
  이라고 하더라도 국민 언어 생활에 본보기가 될 인쇄물과 방송 등
  의 전달 매체나 공인(公人)은 언어 논리에 맞도록 신중하게 표현해
  야 한다.

피로회복제

몸이 피로해서 고단하면 피로를 풀어서 건강을 회복해야 하는데, 어
떤 약국에는 '피로회복제'라는 표를 붙여 놓고 약을 판다. 굳이 표를
붙이려면 '피로해소제(피로 푸는 약)'나 '건강회복제' 라고 하면 좋겠다.

입장(立場)

역지사지(易地思之)는 '처지(處地)를 바꿔서(易) 그것(之)을 생각(思)
한다'는 순수 국어를 한역(漢譯)해 놓은 문자(文字)다. 이 경우에 '문자'
는 '글자'가 아니라 유식한 체하느라고 쓰는 한자 숙어를 뜻한다.

그런데 요새는 이 문자를 역장사지(易場思之)라고 고쳐야 할 형편이
다. '처지를 바꿔 생각한다'고 말하는 사람은 좀처럼 볼 수 없고, 모두
'입장을 바꿔 생각한다'고 하기 때문이다.

'입장'은 'たちば'라는 순수 일본어를 한자로 써 놓은 것인데, 요새

우리 나라 사람이 '어려운 처지에 있다'거나 '난처하다'고 하면 무식하고 촌스럽다고 생각함인지 '어려운 입장에 있다', '입장이 곤란하다'고 하는가 하면 '입장이 난처하다'고도 한다.

더욱 한심스러운 것은, 이 말의 주인인 일본인도 안 쓰는 별의별 뜻으로 다 쓰고, 전혀 소용 없는 경우에도 장식물처럼 군더더기로 끼어 쓰는 일이다.

◆ '처지'의 뜻으로 쓴 예
- 탈북자들을 받아들이면서 주재국의 입장을 곤란하게 만드는 것은 바람직하지 않으나, 하기에 따라서는 말썽을 일으키지 않고 매끄럽게 처리할 수도 있을 것이다. (조선일보「사설」) → 처지를
- 이 대표측은 이날 만남을 계기로 "재향군인회만이라도 우리 입장을 이해해 주었으면……" 하고 은근히 기대하는 눈치였다. (문화일보) → 처지를
- 현재의 경제 난국에 대해서 오인환 공보처 장관과 삼성(三星)그룹의 이건희 회장이 자성과 비판, 후회, 자책의 말을 했다. 경제 파탄의 총책임이 정부와 재벌에 있음을 당사자의 입장에서 자인한 것이다. (조선일보「사설」) → 처지에서

◆ '원칙'의 뜻으로 쓴 예
- "정부 불개입 ㉠입장 불변"
  기자 : 기업 인수·합병(M&A) 등 구조조정 정책을 마련하고 있나?
  강경식 부총리 : 현 M&A 제도에 문제점이 있으면 보완하겠다는 게 정부의 ㉡일관된 입장이다. (중앙일보)
  ㉠ → 원칙　　　　　　　㉡ → 변함없는 원칙이다.
- '주한 미군 철수' 의제 불가
  한·미 대표단 ㉠입장 재확인
  한국 대표단은 5일 열릴 4자(남·북한과 미국, 중국)회담 예비회담

에 앞서 미·중 대표단과 각각 사전협의를 했는데, 한·미 양측은 '주한 미군 철수'는 의제로 채택할 수 없다는 ⓛ입장을 재확인했다. (동아일보)

㉠, ⓛ → 원칙

- 정부 고위 관계자는 9일 전두환·노태우 두 전직 대통령 사면 문제와 관련, 사면은 김영삼 대통령의 고유 권한이므로 김영삼 대통령이 결자해지(結者解之) 입장에서 재임중에 매듭지을 것으로 안다고 말했다. (문화일보) → 결자해지하는 원칙으로

- 정부는 미·일 방위협력 지침 개정 작업과 관련해 어떤 경우에도 일본 자위대가 우리 영역(영토·영공·영해) 안에서 전투행위를 하는 것은 허용할 수 없으며, 일본군의 활동은 일본 영역에 국한해야 한다는 입장을 정한 것으로 알려졌다. (한겨레) → 원칙을

◆ '주장'의 뜻으로 쓴 예

- 미국에 대해 북한과 미국간의 새로운 평화 보장 체제를 만들자고 한 북한은 5일 새로운 제도적 장치를 마련하기까지는 지난 53년에 체결한 정전협정이 유지되어야 한다는 입장을 밝혔다. (동아일보) → 정전협정을 준수해야 한다고 주장했다.

- 미국 정부는 전세계적인 대인지뢰 전면 금지 추세와 관련해 "한반도는 예외를 인정해야 한다"는 입장이었으나 미국내의 거센 반대 여론에 밀려 방향선회를 시도하고 있다. (한겨레) → 한다"고 주장했으나

- 4자회담은 지난해 4월에 한·미 정상이 공동으로 북한과 중국에 제의했으나 북한은 휴전협정에 조인하지 않은 한국은 휴전협정을 평화협정으로 전환하는 회담에 참가할 자격이 없다고 거부했고 중국도 이같은 북한의 ㉠입장에 동조했다. 그러나 북한과 중국이 ⓛ입장을 바꾸어 4자회담을 위한 예비회담에 참석하기에 이르었다. (문화일보)

㉠ → 주장에　　　　　　　　㉡ → 태도를

◆ '견해(의견)·동향'의 뜻으로 쓴 예

• 상이군경회를 비롯한 보훈 관련 단체들이 "병역 기피 문제는 공인의 자세를 의심하게 한다"는 ㉠입장을 표명했기 때문에 이대표는 회원이 5백50만 명이나 되는 재향군인회의 ㉡입장에 촉각을 곤두세우지 않을 수 없기 때문이다. (문화일보)

　　㉠ → 견해를　　　　　　　　㉡ → 동향(動向)에

• 괌섬 희생자 보상 문제에 대한항공과 유족과의 입장차가 커서 합의를 이루지 못한 것으로 알려졌습니다. (KBS 1 TV 뉴스)

　　→ 유족의 의견이 맞지 않아서

• 장태완 향군회장은 12일 향군 안보교육국에 "다른 호국단체들과 협의해 우리의 구체적인 입장을 정리하라"고 지시했다. (한겨레)

　　→ 견해(의견)를

◆ '판단'의 뜻으로 쓴 예

• 여권의 한 고위 당국자는 15대 대선의 중요성을 감안해서 공안사건을 둘러싸고 불필요한 국민적 오해가 일어나서는 안 된다는 게 정부의 입장이라고 말했다. (중앙일보) → 판단이라고

◆ '자세'의 뜻으로 쓴 예

• 김영삼 대통령은, 새 내각은 불편부당한 입장으로 대선에 임할 것이라고 시사했습니다. (KBS 1 TV 뉴스) → 자세로

• 그들(신한국당의 대선후보 경선에 출마한 정치인들)이 존경한다는 김구 선생이라면 全·盧 전직 대통령 사면 문제에 대해 어떤 입장을 취할까? (한겨레) → 자세를

• 우리가 다른 나라에 폐를 끼치지 않고 탈북 난민을 모두 받아들인다는 원칙을 세우면 그 나라들의 입장도 달라지지 않을까? (조선

- 이회창 신한국당 대표의 두 아들 병역문제에 대해 신중한 입장을 보이던 각 단체들이 조심스럽게 입을 열었다. (한겨레) → 자세를

◆ '태도'의 뜻으로 쓴 예
- 이대표의 간청을 들은 장태완 향군회장은 10월 안보토론회 때, 질문에 병역문제를 넣어 여·야 후보들의 견해를 듣고 산하 단체의 의견을 종합해 최종 입장을 정리하겠다고 말했다. (문화일보)
  → 태도를 결정하겠다고
- 이회장 후보의 두 아들 병역 문제에 대해 자유총연맹 등은 사태 추이를 지켜본 뒤 공식 의견을 표명한다는 신중한 입장이다. (한겨레)
  → 표명하겠다고 하며 태도가 신중하다.
- 조순 서울시장이 민주당호에 승선하자, 조시장의 대선 출마를 일찍부터 독려해 온 국민통합추진위원회(통추)의 입장이 애매해졌다. (동아일보)
  → 태도가 모호해졌다.
  설명 '애매'는 일본말이다.
- 4자 회담 北의 입장 변화 기대 (문화일보) → 태도
- 국민회의 김대중 총재에 대한 신한국당의 고발 사건에 대해 불과 몇 시간 만에 '수사 불가피'에서 '수사 불가'로 급선회한 것은 너무도 전격적인 입장 변화였기에 그 배경에 관해 여러 가지 설이 분분하다. (중앙일보) → 태도

◆ '방침'의 뜻으로 쓴 경우
- 비자금 수사 요청받은 검찰 ㉠'대선 후까지 유보' ㉡입장 불변 (중앙일보)

  ㉠ → 대선 후로　　　　　　　㉡ → 방침
- 강경식 부총리 겸 재정경제원 장관은 5일 기아사태에 관한 정부

입장을 발표한다. (동아일보) → 방침을

- 정부는 한반도 유사시에 원활한 한·미 공동 군사작전을 위해 일본이 주일 미군에 대해 탄약 등의 무기를 제외한 물품 공급과 수송을 맡는 일에는 찬성한다는 입장을 정했다. (한겨레) → 방침을

- 보도에 따르면 대통령직인수위원회의 어떤 기구에서 나온 개인 의견이나 설익은 정책이 공식 입장인 양 쏟아져 나온다고 한다. (동아일보「사설」) → 공식 방침인 양

◆ '생각'의 뜻으로 쓴 경우

- 신한국당의 '후보 교체 불가' 언급 역시 김영삼 대통령의 입장은 그동안 여러 번 여권인사들과 회동할 때 확인된 바 있다. (중앙일보) → 생각은

- 우리는 금융실명제 도입을 지지해 왔고 지금도 실명제 폐지는 곤란하다는 입장이다. (동아일보「사설」) → 곤란하다고 생각한다.

- 이회창 총재의 한 측근 의원은 국민의 60% 이상이 검찰 수사가 필요하다는 입장인데 이런 다수 국민의 의사를 계속 대변하면 된다고 말했다. (한겨레) → 필요하다고 생각하는데

◆ '해명'의 뜻으로 쓴 경우

- 우리 정부는 일본의 일방적 직선기선 설정에 대한 공식 입장을 요구했습니다. (KBS 1 TV 뉴스) → 해명을

- 이인제(李仁濟) 경기도지사는 6일 저녁 기자들에게 "많은 고민 끝에 지사직을 사퇴하기로 결심했으며 이에 따른 입장을 8일 설명하겠다고 말했다. (중앙일보) → 이에 대해 8일에 해명하겠다고

◆ '인식'의 뜻으로 쓴 경우

- 김대중 차기 대통령은 8일 측근을 통해 "외환 시장이 알려진 것보다 훨씬 더 나쁘고 전망도 밝지 않다"고 현재 외환 위기에 대한 입

장을 설명했다. (동아일보) → 인식을

◆ '요구'의 뜻으로 쓴 경우
• 13일 상이군경회장과 전몰군경회장 등 보훈단체 간부들은 국가 유공자 예우에 관한 법률 적용 대상에 광주 민주화운동 관련자들을 포함하는 문제를 신중하게 처리해 달라는 입장을 정치권에 전달하기 위해 자민련을 방문했다. (한겨레) → 요구를

◆ '뜻'의 뜻으로 쓴 경우
• 일본을 방문한 김덕룡 신한국당 의원은 "당인으로서 당의 정권 재창출에 나서겠다"는 입장을 분명히 하고 있다. (조선일보)
→ 뜻을 밝혔다.
• 조순 서울시장은 11일 민주당의 대선후보 추대결의에 ㉠수락 입장을 밝혔으며, 이인제 경기도 지사도 이달 중에 당 개혁안을 제출한 뒤 대선 출마를 위한 공직 사퇴 시한인 새달 19일에 앞서 새달 초순까지는 분명한 ㉡입장을 밝힐 것으로 전해졌다. (문화일보)
㉠ → 응하겠다는 뜻을   ㉡ → 뜻을

◆ '의지'의 뜻으로 쓴 경우
• 저는 이 자리에서 한국과 남미(南美)가 공동의 번영에 도움이 되는 보완적 관계에 있음을 강조하고 교역과 투자를 확대하기 위한 우리의 입장을 밝히고자 합니다. (김영삼 전 대통령) → 의지를 밝힙니다.

◆ '결심'의 뜻으로 쓴 경우
• 이회창 총재는 이번 기회에 김영삼 대통령을 포함한 3김씨와 완전히 선을 긋고 나가는 쪽으로 입장을 굳히고 있다. (한겨레)
→ 나가기로 결심했다.

◆ '정의, 학설'의 뜻으로 쓴 경우

• 비교문학에 대해서는 르네게르그의 ㉠입장 외에 로랑스의 실증주의적 ㉡입장과 웰렉스의 총체성을 강조하는 ㉢입장이 있습니다.

(EBS TV 방송통신대학 「문학」 강좌)

㉠ → 정의   ㉡, ㉢ → 학설

◆ '쪽, 편'의 뜻으로 쓴 경우

• ㉠중국의 입장에서 볼 때 한반도에서 전쟁이 일어나는 것이 결코 바람직하지 않다. 그것은 한반도에서 통일이 점진적이면서 평화적으로 성취돼야 한다는 논리다. 그런데 다시 ㉡중국의 입장에서 볼 때 북한의 최근 대내외 상황은 자칫 잘못하면 한반도의 안정을 깨뜨릴 위험이 있다. (문화일보 「포럼」)

㉠ → 중국 쪽에서 볼 때 / 중국은

㉡ → 중국이 / 중국 편에서

◆ 뜻 없이 쓴 경우

• 김영삼 대통령은 긴급 경제 명령 발동 요구를 거부하는 입장을 밝혔습니다. (KBS 1 TV 뉴스) → 거부했습니다.

• 방역(防疫) 당국자는 일본 뇌염의 만연 가능성을 배제할 수 없다는 입장을 밝혔습니다. (KBS 1 TV 뉴스) → 없다고 말했습니다.

• 민주당은 조순 서울시장이 대통령 후보로 출마하겠다는 의사 발표를 환영한다는 입장을 밝혔습니다. (KBS 1 TV 뉴스)

→ 환영했습니다.

• 4자회담의 의제에 대한 중국의 태도가 주목되지만 우리측 주장에 동조하는 입장입니다. (KBS 1 TV 뉴스) → 동조하고 있습니다.

• 맥낼리사는 이미 출간한 '뉴 인터내셔널 아틀라스', '코스모폴리탄 월드 아틀라스', '투데이 월드 아틀라스' 등 3종의 세계지도들도 추가 인쇄할 때, '일본해' 표기에 '동해'를 병기하겠다는 입장을

밝혔다. (문화일보) → 병기하겠다고 했다.

- 국민회의 김대중 총재의 비자금 의혹 사건을 전역량을 동원해 수사하겠다던 검찰이 하루 만에 수사를 대선 이후로 연기한다고 입장을 번복했다. (중앙일보「사설」) → 연기한다고 했다.

- 신한국당 이회창 총재는 22일 기자회견에서 김영삼 대통령 탈당을 요구하는 입장을 밝힐 생각인 것으로 알려졌다. (조선일보)
  → 요구할 것으로

- 3김 청산을 대선 구호로 내건 이회창 총재의 의지는 확고해서 앞으로 강총장의 입장은 더욱 난처해질 것으로 보인다. (동아일보)
  → 강총장은 더욱

- 한 검찰 관계자는 "한보사건에서 정치인들을 입건하지 않아 검찰이 엄청난 비난을 받았으므로 앞으로 정치자금법에 처벌조항을 두지 않으면 뇌물죄의 확대 적용이 불가피하며 그럴 경우 전반적인 정치자금 경색을 초래할 수 있기 때문에 정치인 입장에서도 정치자금법에 처벌규정을 두는 것이 좋을 것이라고 말했다. (한겨레)
  → 정치자금법에 처벌규정을 두는 것이 정치인에게도

- 한·미 양국은 겉으로는 '아무래도 좋다'는 입장이지만 일본과 동해 명칭 전쟁을 벌이고 있는 정부는 '동해발전소'로 하자는 북한쪽 주장에 동조하고 있다. (중앙일보) → 아무래도 좋다고 하지만

- 국민회의측은 내각제 개헌시기와 방법, 권력, 분배, 후보 단일화를 병행 ㉠협상하자는 입장인 반면, 자민련은 단일화 협상은 막바지에 하자는 등 단일화의 앞길에는 난기류가 짙다.
  그동안 국민회의는 협상 진척 상황을 그때그때 국민에게 알려 국민적 ㉡관심을 높이자는 입장이었으나 자민련은 '은밀한 협상'을 요구해 왔다. (문화일보)
  ㉠ → 협상하자고 하는 반면,
  ㉡ → 관심을 높이자고 하였으나

- 국민회의 김대중 총재에 대한 신한국당의 고발 사건을 원칙대로

수사하겠다던 대검이 하루 만에 수사를 대선후로 <u>유보하겠다는</u>
<u>입장을 밝혔다.</u> (중앙일보) → 유보하겠다고 했다.

- 대통령직인수위원회는 탈옥수 신창원 검거에 실패한 경찰관을
  문책하는 인사에 <u>완강한 반대 입장을 보였습니다.</u> (SBS TV 뉴스)
  → 완강히 반대했습니다.
- JP 모건안(案)에 한국 정부 <u>반대 입장</u> (조선일보) → 반대
- 김대중 대통령 당선자는 "정부는 앞으로 기업가와 노동자 사이에
  서 엄정 중립을 지키고 <u>공정·공평한 입장에서 문제를</u> 처리하겠다
  고 말했다. (조선일보) → 문제를 공정하고 공평하게
- 검찰은 여야를 가리지 않고 성역없이 수사한다는 <u>원칙적인 입장</u>
  <u>을</u> 세운 것으로 밝혀졌습니다. (MBC TV 뉴스) → 원칙을

불이익(不利益)

'불(不)' 자는 형용사의 뜻을 지닌 한자나 한자어와 어울려서 그 뜻
을 부정하는 '하다류 형용사'의 어근인 부정(不正)·불공평(不公平)·불
미(不美)·불리(不利)·불량(不良) 등을 이루고, 동사의 뜻을 지닌 한자
와 어울려서 그 뜻을 부정하는 '하다류 동사'의 어근인 불문(不問)·불
발(不發)·불신(不信)·불응(不應) 등이 된다.

그러나 명사의 뜻을 가진 한자나 한자어와 어울려서 그 뜻을 부정
하려고, 불근(不根)·불력(不力)·불주(不主)·불심(不心)·불감각(不
感覺)·불관심(不關心)·불이익(不利益)·불자비(不慈悲)·불이자(不利
子)·불원칙(不原則)·불손해(不損害)라고 하면 말이 안 된다.

불(不) 대신 무(無)를 써서 무근(無根)·무력(無力)·무심(無心)·무감
각(無感覺)·무관심(無關心)·무익(無益)·무자비(無慈悲)·무이자(無利
子)·무원칙(無原則)·무손해(無損害)라고 해야 한다.

그런데, 요즈음 '불이익'이라는 표현이 공인의 말과 글에 만연하고,
헌법(憲法)에도 실렸다. 언어학의 조이법에 어긋남은 물론이고, 평범한
상식과도 동떨어진(말이 안 되는) 소리다.

명사 '이(利)'의 반대말은 '해(害)'고, '익(益)'의 반대말은 '손(損)'이다. 또 형용사 '이롭다'에는 반대말 '해롭다', '무익하다', '불리하다'도 있으므로 이해에 관계 있는 말을 할 때 활용하면 완미하게 표현할 수 있는데 왜 기형어를 만들어 쓰는지 모르겠다.

- 지난해 교육부로부터 'C등급' 판정을 받아 입학정원 조정과정에서 불이익을 당한 대학들이, 떨어진 명예를 되찾기 위해 시설 확충에 박차를 가하고 있는 것은 반가운 일이다. (한겨레 「사설」)
  → 불리해진 / 손해를 본
- 더욱이 최근의 인권유린 사태 등에 대해서도 언론이 그 진실을 파헤쳐 억울하게 불이익과 희생을 당한 사람들의 인권을 회복할 수 있도록 공정한 보도를 하게 되기를 바란다. (한겨레) → 손해를 보고
- 구직(求職)할 때, 보호시설 출신이라는 점으로 인해 불이익을 당한 경험이 있다고 응답한 청소년이 38.6%나 됐다. (동아일보)
  → 보호시설 출신이어서 불리한 일이 있었다고 / 보호시설 출신이어서 불리한 대우(대접, 처분)를 받은 적이 있다고
- 경고를 3회 이상 받은 교사는 다른 학교로 전보할 수 있다는 인사관리 지침이 지난해 일부 지역에서 확정된 것과 관련해 이들 경고는 교사들에게 직접적 신분상 불이익과 연결될 수 있다. (한겨레)
  → 이 경고들은 교사들 신분에 매우 불리하다.
- 검찰이 법리를 잘못 해석해서 재소자가 불이익을 당했을 때 국가가 손해 배상을 해야 한다는 첫 판결이 나왔다. (동아일보)
  → 불리한 처분을 받았을 때 / 손해를 봤을 때
- 육군본부는 알자회 회원 중 12명을 인사상 불이익 조처를 하기로 했다. (한겨레) → 인사에 불리한 조처를 취하기로 했다.
- 우리가 일본의 군사적 팽창을 경계할 대목은 제3국을 통해 받게 될 각종 경제적 불이익에 대한 것이다. (한겨레 「사설」)
  → 경제적 손실에 / 경제적 피해에

- 알자회원들의 전역은 안 바라지만 합당한 <u>불이익</u> 있어야. (한겨레)
  → 합당한 처분(조치)
- 서울과 부산을 제외한 지방공무원들의 직급이 내무부보다 한 등급씩 낮아서 승진과 보직 등에 <u>불이익</u>을 받고 있다. (한겨레)
  → 불리한 대우(처우)를
- 해직기간의 경력을 인정치 않으므로 정기승진 평정을 할 때, <u>경력 평정의 불이익으로</u> 연하의 후배들과도 경합의 상대가 되지 못한다. (한겨레「나의 의견」) → 경력 평정에 불리해서
- 모든 국민은 자기의 행위가 아닌 친족의 행위로 인하여 <u>불이익한</u> 처우를 받지 아니한다. (헌법 13조 3항) → 불리한
- 누구든지 병역 의무의 이행으로 인하여 <u>불이익한</u> 처우를 받지 아니한다. (헌법 39조 2항) → 불리한

안전사고

살아가는 중에 뜻밖에 일어나는 탈(頉)을 사고라 하고, 그 원인이나 상황에 따라서 감전사고, 누전사고, 폭발사고, 추락사고, 추돌사고, 충돌사고, 낙반사고, 붕괴사고, 익사사고, 질식사고, 오발사고 등, 각양각색으로 이름을 붙인다.

그런데 사고나 위험과는 아주 동떨어진 '안전사고'란 말이 나돈다. 참으로 해괴하고 창피한 일이다. '안전'이 어떻게 사고에 속하나? '위험사고'라면 모르겠지만.

최근에 증보 발간한 『우리말큰사전』에는 이제까지 없던 이 말을 표제어로 싣고, '주의를 소홀히 하여 사람과 재산에 해를 끼치는 사고'라고 풀이했다. 참으로 몰상식한 표현이다.

잘 갈고 닦은 말은 사람을 더욱 슬기롭게 하지만, 막된 말은 사람을 막되게 한다. '안전사고'와 같은 말은 결코 슬기로운 말이라고 할 수 없다. '주의를 소홀히 해서 사람과 재산에 해를 끼치는'이라는 표현도 수준 미달이다. 아무리 조심해도 피할 수 없는 사고가 얼마나 많은가?

저희들

'저희'는 일인칭대명사 '나'의 낮춤말인 '저'의 복수로, 또래가 한편이 되어 윗사람을 상대할 때 쓰는 말인데, 사회자나 대담자가 상식에 어긋나는 표현을 예사로 쓴다.

- ㉠저희들이 광복 이래 얼마나 많은 노래를 불렀던가요? 6·25 전쟁으로 ㉡저희들은 이산의 비극을 맛봐야 했습니다.
  → ㉠ 우리가 / 우리 국민이 / 우리 겨레가, ㉡ 우리들은
  설명 광복 이후에 많은 노래를 부른 사람들과 전쟁으로 이산 가족이 된 사람들은 '우리 국민'이지 결코 이 방송의 사회자와 그 또래만이 아니다. 이 방송을 표현 그대로 받아들이면 광복 이후에 많은 노래를 부르고 전쟁으로 이산의 비극을 맛본 사람들은 '아나운서 집단뿐'이란 말이 된다.

- 저의(저희) 나라
  설명 텔레비전 방송에 저명 인사가 나와 '저의 나라', '저희 나라'라고 말하는 장면을 자주 볼 수 있다. '저의 나라'나 '저희 나라'는 그 말을 하는 사람이나, 그 사람을 포함하는 또래만이 속하는 나라가 따로 있을 수 없으므로 쓰면 안 된다. 온 세상에는 그 사람을 포함하는 국민이 하나가 되어 공손하게 섬겨야 할 사람도, 나라도 없으므로 어느 때 어디에서도 쓰면 안 되는 말이다.

이 밖에 어떤 학교·회사·단체에서 자체의 문제를 저희끼리 의논하는 자리에서 발언자가 '저희 학교', '저희 회사', '저희 단체'라고 하는 것도 우습다.

들, 등(等)

둘 이상의 사물을 나열할 때, 맨 끝에 쓰는 '들, 등'을 사람마다 마음내키는 대로 쓰면 혼란이 생기므로, 통일해 쓸 만한 표준을 최현배 씨

가 지은 『우리말본』에서 찾아본다.

'들'의 구실이 두 가지 있다.

하나는 '사람들', 아이들', '새들'처럼 다른 말에 붙는 뒷가지(접미사)로 그것이 붙은 말이 복수임을 나타내고, 또 하나는 영어의 'etc', 일본 말의 'など'에 해당하는 완전한 독립품사로 '개, 말, 소 들'처럼 써서 열거한 개, 말, 소 이외에도 두 가지 이상의 동물이 더 있음을 보이는 것이다.

그러나 어떤 경우에는 이 '들'이 그 앞에 열거한 것들을 도로 가리키는 일이 있는데, 그런 경우에는 아예 안 쓰는 것이 좋다. 즉, 갑·을·병들이 모였다고 할 때, 모인 사람이 '갑·을·병'뿐이면 '들'을 쓰지 말아야 하고, 몇 사람 더 있으며 써야 한다.

여기에 비추어 다음 예문을 보자.

- 김씨, 이씨, 박씨 들 세 분이 왔다 가셨다오. (『우리말큰사전』)
  → 박씨가 / 박씨 이렇게 세 분이
- 김씨, 박씨, 이씨 등 세 분이 주역이다. (『국어대사전』)
  → 이씨가 / 이씨 이렇게 세 분이
- 새해에 이씨가 준비하고 있는 작품은 「소리의 방」과 「마리 이야기」 등 두 편이다. (한겨레 문화란) → 「마리 이야기」다.
- ○○부, ○○청, 경기도 등이 감사원에 의해 감사됩니다. (MBC 뉴스)
  설명 감사 대상이 ○○부, ○○청, 경기도뿐이었고 문장 표현이 치졸하므로, '○○부와 ○○청, 경기도가 감사원의 감사를 받습니다'나 '감사원에서(이) ○○부와 ○○청, 경기도를 감사합니다'로 고쳐야 한다.
- 양국 정상들, 양국 외무부장관들.
  나라마다 정상이나 외무부 장관은 한 사람뿐이므로 '들'을 쓰지

말아야 한다. 사물이 복수임을 보이는 뒷가지 '들'을 너무 헤프게
쓰면 말이 너덜너덜해진다.

- 선진 각국들.

  설명 '각국'이라는 말 자체가 복수임을 뜻하므로 '들'은 필요없다.

- 여러분들.

  설명 '여러분'이 복수니까 '들'이 필요없다.

- 쿠르드족 난민들에게 이들(연합국) 수송기들이 식량과 의약품들
  을 투하했습니다. (MBC 뉴스) → 이 연합국 수송기들이

  설명 관형사 '이, 그, 저'에는 수(數)개념이 없으므로 관형사의 수식
  을 받는 체언이 복수일 때 '들'은 체언에만 써야 하는데, '이들 학
  생, 이들 학생들', '그들 학교, 그들 학교들', '저들 나라, 저들 나라
  들' 따위로 망측하게 쓰는 것은 우리말을 업신여기고 성실하게 배
  우지 못한 결과다. '이 학생들', '그 학교들', '저 나라들'이라고 써야
  한다.

- 의약품들 → 의약품 / 각종 의약품

  설명 의약품은 식량과 같이 셀 수 없는 명사이므로 '들'을 붙이지
  말아야 한다.

  사람이 복수임을 나타내는 수관형사(數冠刑詞)를 잘못 쓰는 예를
살펴보자.

  형제자매가 세 사람 이상 있을 경우에 한자어로 삼형제, 사형제, 삼
자매, 사자매, 오남매, 육남매라고 하지만, 두 사람뿐일 경우에는 이형
제, 이자매, 이남매라고 하지 않고 그냥 형제, 자매, 남매라고 한다. 그런
데 요즈음 이것을 두 형제, 두 자매, 두 남매라 하고, 언제나 두 사람일
수밖에 없는 부부를 두 부부라고 하는 사람이 많다. 삼남매는 세 사람
이지만 세 남매라고 하면 (3×2) 여섯 사람이 되고 두 형제, 두 부부라
고 하면 각각 (2×2) 네 사람이 되므로 분별없이 표현하면 우리말의 위
상과 말하는 이의 품위를 더불어 상실한다.

중국 동포

중국에 사는 동포를 말할 때, 신문이나 방송이 예외없이 '중국 동포'라고 한다. 기괴하다. 중국 동포는 중국인을 뜻한다. 일본에 사는 동포를 재일 동포, 미국에 사는 동포를 재미 동포라고 하듯이 중국에 사는 동포는 당연히 '재중 동포'라고 해야 한다.

무어가

사물지시대명사 '이것, 그것, 저것, 무엇'을 주격으로 쓸 경우에 주격 조사 '이'를 붙여서 '이것이 책이다', '그것이 사전이다', '저것이 그림이다', '무엇이 좋으냐?'고 하고, 줄인 꼴로 쓸 때에는 '이게 책이다', '그게 사전이다', '저게 그림이다', '무에 좋으냐?'고 하는데, 요즈음에 '무에'를 '무어가'로 바꿔서 '무어가 좋으냐?', '무어가 걱정이냐?' 등으로 말하는 사람이 많다.

'이것이', '그것이', '저것이'를 '이거가', '그거가', '저거가'로 해보면 '무엇이⇒무에⇒뭬'라고 하는 대신 '무어가'라고 하는 소리가 매우 자연스럽지 못함을 깨달을 것이다.

먹거리

요새 '식품(食品)'이란 말을 유난히 순수 우리말로 바꿔 쓰느랍시고 '먹거리'라고 하는 사람이 많다. 한자어 대신 순수어를 쓰려는 생각은 가상하지만, 말 만듦새가 좋지 못하고, 청각 인상도 괴악하다. '거리'는 밥거리, 국거리, 찬거리, 김칫거리와 같이 명사와 자연스럽게 어울려서 그것이 재료가 됨을 보이지만, 먹을거리, 씹을거리, 마실거리, 입을거리처럼 받침으로 끝난 동사 어간에는 조모음(으)과 관형격 어미(ㄹ)를, 모음으로 끝난 동사 어간에는 관형격 어미만을 붙인 것에 어울려 쓰는 말이므로 '먹거리'라는 말은 없다. 누구든지 위에 '먹을거리'와 함께 열거한 말을 '먹거리'식으로 만들어 보면, 씹거리, 마시거리, 입거리가 돼서 절대로 못쓸 소리임을 곧 알 것이다.

끼(기, 氣)

단음절 명사 '기(氣)'는 인간을 비롯한 만물이 생성하는 바탕이 되는 힘을 뜻하는 말로, 기가 왕성하다, 기를 쓴다, 기를 편다, 기가 부족하다, 처럼 쓰고 '기'를 첫음절로 쓰는 말에는 기개(氣槪), 기미(氣味), 기백(氣魄), 기상(氣像), 기질(氣質)처럼 평범하거나, 적극성을 띤 인성(人性)에 관한 것이 많다.

끝음절로 쓰는 말로 용기(勇氣), 원기(元氣), 의기(義氣), 장기(壯氣), 정기(精氣), 정기(正氣), 패기(覇氣), 호연지기(浩然之氣) 처럼, 예사소리로 발음하는 말은 모두 고상한 품성을 나타내지만, 된소리로 발음하는 말은 결기(-氣), 숙기(淑氣), 인기(人氣) 말고는, 객기(客氣), 광기(狂氣), 바람기(-氣), 장난기(-氣), 화양기(-氣) 처럼, 모두 병들었거나 못된 성품을 나타낸다.

한 음절만으로 된 '기(氣)'는 ①동양 철학에서 만물이 생동(生動)하는 힘을 뜻하고, ②사람이 살아가는 힘으로, 원기(元氣), 정기(精氣), 생기(生氣), 기력(氣力)이라는 뜻으로, 기가 넘친다, 기가 세다, 기가 부족하다, 기가 꺾인다처럼 다양하게 쓴다.

된소리인 '끼'는 정상적인 말이 아닌 속어(俗語)로 ①바람기나 화양기 같은 것이 속에 맺혀 있다가 밖으로 발산하는 달뜬 기운으로 '끼가 있는 계집', '끼를 부리는 사내' 같이 쓰고 ②객기(客氣), 객쩍게 부리는 혈기(血氣)로, '객기를 부리는 무리' 같이 쓴다.(민중서림 「국어대사전」)

그런데, 요즈음에 신문과 방송에서 '끼 있는 남자', '끼로 사는 여자' 따위로 망측한 표현을 남발해, 우리말의 품위를 추락(墜落)시키느라고 광기를 부리니, 참으로 통탄할 일이다.

- 끼로 사는 사람들 (SBS TV「출발 모닝 와이드」)
  설명 '끼'를 '장난끼'로 이해하면 '끼 있는 사람들'은 장난꾸러기들이겠고, '광끼'로 이해하면 '미치광이들'이겠다.
- 인조 가죽옷 <u>가을 끼</u> 발산 (동아일보「홈&쇼핑」) → 가을 정취

- 흥선대원군이 그린 것으로 보이는 치마(裳) 그림이 발견되어 당시의 끼가 곁든 풍류의 한 흐름을 볼 수 있다. (조선일보 「이규태 코너」)
  → 기품(氣品)이
- '끼'와 적극성으로 도전해 보세요 (신문 광고) → 끈기와 용기로
- MC 최은경은 라디오 프로 '최은경~'에서 가장 '끼'가 많은 아나운서로 꼽힌다. (동아일보)

  설명 기사 내용에 '무스를 잔뜩 바른 쇼트 컷 머리에 보랏빛 선글라스, 동전 만한 귀고리로 치장한'이라고 묘사한 것으로 봐, '멋있는'이라고 고치면 좋겠다.
- 주체할 수 없는 끼를 발산하는 데는 대중가요가 적격이다. (조선일보)
  → 정열을

아주 극도로 해괴한 것은 국립국어원의 표준국어대사전이다. '끼'를 표제어로 싣고, 그 뜻을 연예에 대한 재능이나 소질을 속되게 이르는 말이라고 풀이한 것이다. 연예에 대한 재능이나 소질을 그대로 '재능이나 소질'이라고 하지 어찌해서 '바람기나 화양기'를 뜻하는 '끼'로 바꿔서 말하라는 것인가?

국립국어원의 표준국어대사전은, 관심이 깊은 식자들이 주지하다시피 1990년대 초에 10년 예정으로 사업을 시작하다가 김영삼 대통령이 취임하면서 자신의 임기 안에 사업을 끝내라고 명령함에 따라 국어원이 학문적 소신과 사명감을 떠나 자질이 모자라는 구성원들이 허겁지겁 서둘러서 펴낸 결과, 국민의 혈세 120억 원을 쏟아부어 내놓았지만 폐품에 가까워 각계에서 비난이 쏟아져서 전면적으로 다시 만들어야 할 작품인데, 그러기는 고사하고 더욱 더 저질화하는 처사를 보니 그 존재 가치가 의심스럽다. 국어를 갈고 닦아 완미한 수준으로 순화하는 일이 절실하고 시급한 이때에 그 일에 역행하는 처사를 어찌 용납할 것인가? 다음에 적은 내용은 모두 저질 표현이다.

- 모든 국민의 <u>끼</u>와 꿈이 이루어지는 나라를 만들겠다. (박근혜의 대통령 선거 공약)
- 학생들의 <u>끼</u>와 꿈이 이루어지는 교육을 실현하겠다. (2013년 서남수 前 교육부장관)
- 우리들의 <u>끼</u>와 꿈이 이루어지는 학교 (서울시 내 각급 학교에 걸린 펼침막)

설명 교육은 학생들로 하여금 건전한 체력을 바탕으로 창조적 지능을 계발해 원만한 인격을 형성하고 민주정신이 투철한 국민, 홍익인간하는 세계인이 되게 하는 것이 건국 이래 일관해 온 우리나라의 교육 이념인데, 난데없이 '끼'와 꿈이 이루어지는 교육을 실현하겠다니, 도대체 무엇을 어찌하겠다는 것인가?

왠지

까닭이 분명치 않은 현상을 평서문으로 표현할 때는 의문부사 '어쩐지'를 써서 "오늘은 어쩐지 되는 일이 없다."고 하고, 의문문으로 표현할 때는 "오늘은 왜 되는 일이 없냐?"고 한다. 그런데 수준 높은 지식인 중에도 '어쩐지'를 써야 할 경우에 '왠지'를 쓰는 사람이 있다. '왠지'가 '왜 그런지'를 줄인 형태로 알고 쓰는 듯한데 그런 말은 없다.

- 은행에 돈을 넣어두자니 손해보는 느낌이 들고 주식투자는 <u>왠지</u> 불안해 보인다. 이것이 여유자금을 갖고 재테크를 하려는 사람들의 공통된 심리다. (한겨레) → 어쩐지

및

다음 글은 『맹자(孟子)』 제1편 「양혜왕장구(梁惠王章句)」의 두 토막이다.

晉楚之富不可㉠及也
진나라와 초나라의 부(富)에는 <u>미치지</u> 못한다.

是日害喪 予㉡及汝偕亡

이 해가 언제 없어지나? 너는 너와 함께 죽겠다.

㉠은 '미친다'는 동사이고 ㉡은 '서로 함께 함'을 뜻하는 조사이므로 '와'로 해석해야 옳은데, 한문투에 집착한 사람들이 억지로 '및'이라고 해석해서 보급한 결과 공문서와 신문 기사, 논설, 교과서 문장에 끼여 들어 언어 생활의 이상(理想)인 언문 일치를 가로막는다.

'및'을 '미치다(及)'의 어간 '미치'를 줄인 꼴이라고 하겠지만, 형태가 같은 '고치다, 그치다, 끼치다, 마치다, 바치다……'의 어간을 줄인 꼴 '곷, 긎, 끿, 맟, 밫……'이 모두 말이 아니듯이 '및'도 말이 아니다.

국어사전들이 접속부사로 규정하고 ㉠'현상, 인화 및 확대(한글학회 지음『우리말큰사전』)', ㉡'문학에는 시, 소설 및 희곡 등이 있다.(민중서림 발행『국어대사전』)'를 용례로 들었지만 그 구실이 접속조사 '과/와'와 똑같으므로 부사라고 할 수 없고, 반드시 앞말과 떼어 쓰니 조사라고도 할 수 없다.(「한글 맞춤법」 제5장 1절 41항 '조사는 앞말에 붙여 쓴다'에 어긋남)

즉, 부사도 아니고 조사도 아니고 그 밖의 어떤 품사에도 들지 못하므로 말 자격이 없는 '음절'이다. 위 예문 ㉠은 '현상, 인화와 확대', '현상과 인화·확대', ㉡은 '문학에는 시와 소설과 희곡이 있다', '문학에는 시와 소설, 희곡이 있다'고 표현해야 말다운 말, 글다운 글이 되어서 언(言)과 문(文)이 온전하게 일치한다.

많은 글에 쓴 '및'은 덜 마른 벼를 찧은 쌀에 섞인 뉘와 같고, 홍수 때 벼랑에서 떨어져 찻길에 널린 돌멩이와 같다. 쌀에 섞인 뉘는 골라낸 뒤에 밥을 지어야 하고, 길에 널린 돌은 치워 버려야 차가 달리듯이, '말 아닌 소리'를 모두 솎아 버려야 말이 깨끗해지고 수준이 올라 우리 문화가 평탄 대로를 달리는 차처럼 빠르게 발전한다.

- 교원공제회는 이 때문에 그동안 현행 소득세법 제16조(이자소득) 제1항 ㉠제11호 및 동 시행령 제25조, 26조에 명문화된 직장공제

회 초과반환금 과세 조항을 삭제하거나 향후 상당기간 동안 유예
될 수 있도록 재경부 등 ⓛ관계부처 및 기관에 이의 타당성을 강
조하고 ⓒ대정부 및 국회차원의 지원을 요구하는 등 노력을 계속
해 왔다. (대한교원신문)

ⓐ → 제11호와   ⓛ → 관계부처와

ⓒ → 정부와 국회에

- 옛말의 교육 및 교양 → 옛말 교육과 교양
- 김대중 대통령은 3일 국세청을 동원한 대선자금 불법 모금 및 판
문점 총격요청사건과 관련해 "지금은 야당에 법적 책임이 있다고
말할 수는 없으나 야당에 마땅히 정치적 도의적 책임은 있다"고
말했다. (동아일보) → 불법 모금과 판문점 총격 요청 사건에 관해
- 최근 교육당국이 연이어 발표한 교육 개혁 내용은 개혁의 차원을
넘어 가위 혁명이라고 할 수 있다. 대입 무시험 전형, 새 학교문화
창조, 교사 수습제 및 수당 차등화 방안, 그 중 어느 하나도 도입하
기 쉽지 않은 개혁안들이다. (중앙일보「시론」) → 수습제와

또는

이것은 우리말에 쓸모가 없어서 아예 없던 소린데, 글을 말과 다르
게 써야 권위가 선다고 생각하는 지식인들이 영어의 'or'와 일어의 'ま
た(又)は'를 흉내 내서 많이 쓰자, 국어사전들이 올림말로 실어 부사라
고 규정하고, '내일 또는 모레', '오늘은 비 또는 눈이 오겠다'를 용례로
실었지만, 정상적인 지능과 언어 의식을 지닌 한국인들은 모두 '내일이
나 모레', '오늘은 비나 눈이 오겠다'고 한다.

◆ 체언 접속
- 군인 또는 군무원이 아닌 국민 (대한민국「헌법」제27조 제2항)
    → 군인도 군무원도 아닌
- 임시국회는 대통령 또는 국회 재적의원의 4분의 1 이상의 요구에

의하여 집회된다. (대한민국 「헌법」 제47조 제1항) → 대통령이나

- 국회는 헌법 또는 법률에 특별히 규정이 없는 (대한민국 「헌법」 제49조)

　→ 헌법이나

- 국민투표 관리 또는 정당사무에 관한 (대한민국 「헌법」 제114조 제6항)

　→ 국민투표 관리와

- 선거 때마다 정치권은 여러 이름 있는 언론 종사자들에게 장관 자
리, 수석비서관 자리 또는 지역구 국회의원을 보장해 줘가며…….
(조선일보 「김대중 칼럼」) → 수석비서관 자리나

◆ 용언 접속

- 외교사절을 신임·접수 또는 파견하며 (대한민국 「헌법」 제73조)

　→ 접수하고

- 정부에 제출 또는 회부된 정부의 정책과 관계도는 청원이 심사 (대
한민국 「헌법」 제89조 제15항) → 제출하거나

- 수력과 경제상 이용할 수 있는 자연력은…… 일정한 기간 그 채
취·개발 또는 이용을 특허할 수 있다. (대한민국 「헌법」 제120조 제1항)

　→ 채취·개발하여 이용하도록

- 선거 때마다 정치권은 여러 이름 있는 언론 종사자들에게 자신의
당선을 위해 기사를 통하거나 또는 다른 방법으로 도와달라고 미
끼를 던졌다. (조선일보 「김대중 칼럼」)

　설명 '또는'을 빼 버린다.

- 일부 언론은 본질 규명보다 자사에 ㉠유리 또는 불리한 내용을
㉡확대 또는 축소하거나 선정적 보도로 전쟁을 부추긴다. (대한일보
「김상웅 칼럼」)

　㉠ → 유리하거나

　㉡ → 확대하거나 축소하여

내지(乃至)

'내지'는 수량의 범위를 나타낼 때, '얼마에서 얼마까지'의 뜻으로 '만원 내지 삼만 원', '3년 내지 5년'처럼 쓰는 말(부사)인데, 대등한 개념어(概念語) 사이에 마구 써서 우리말의 논리성과 세련미를 망가뜨린다.

- 특히 정치와 과학의 개념이나 쟁점을 해설할 때는 청중이, 주장 내지 설득하는 말로 오인할 수 있다는 점에 유의해야 한다. (세계일보)
  → 주장하거나
- 인간이 자연을 개발하고 문화를 세련하는 것은 다양한 욕망의 충족 내지 확장이기도 하다. (조선일보 「아침논단」)
  → 욕망을 충족하고 확장하는 것이기도 하다.
- 앞서 언급된 대로 이번 사안의 전후가 그러한데도 검찰·법원이 상식적인 수준의 대응을 넘어 구속 조치를 강행한 것이 언론에 대한 감정적 대응 내지 언론 길들이기의 불순한 의도라는 의혹이 있다면 이는 그들에게 또 다른 불행이다. (중앙일보 「사설」)
  → 언론을 감정으로 대하거나 길들이려는

~같은

- 선진국은 자유의 천국이라 하지만 실은 ㉠거미줄 같은 법망과 치밀한 투명성 보장장치와 영(令)이 서는 공권력, 그리고 ㉡추상 같은 신상필벌이 지배하는 '규칙의 나라'다. ㉢미국 같은 나라에서 한번 '규칙을 어긴 자'로 찍혀서 신용을 잃으면 그 사람의 운세는 거기서 끝난다. (조선일보 「사설」)

  설명 위 글에서 ㉠은 치밀한 법망을 거미줄에, ㉡은 신상필벌하는 엄격한 규칙을 추상에 직접 비유한 것으로 적절하지만, ㉢은 단순히 미국을 가리키므로 '미국 같은 나라에서'를 '미국에서'로 고쳐 써야 한다. 이 세계에 '미국과 같은 나라'는 없다.
- 제1야당의 2인자인 김상현 지도위원장 같은 이가 무지한 존경심

이 지도자를 죽인다고 총재 주변에 직격탄을 날렸다.

→ 김상현 지도위원장이

- 자민련 김복동 수석부총재 같은 이가 제3의 야권 후보론으로 당을 벌집처럼 만들어 놓은 데는 여러 이론이 뒤따르는 것 같다. (조선일보 「현장의 눈」) → 김복동 수석부총재가

현주소

비유법은 이해를 돕고 표현을 멋있게 하는 수사법인데, 설익은 지식인들이 즐겨 쓰는 '현주소'라는 비유는 직감하는 이해를 방해하고 멋을 죽인다.

- 북한 자연을 사실적으로 묘사한 작품들이 대거 선보여 실향민들에게 고향의 추억을 일깨워주고 북한예술의 현주소를 이해하는 데 큰 도움이 되고 있다. (서울신문 「북한 미술 공예품전」 기사)

  → 현재 수준을

- 주부대학에서 강의를 하면서 어버이날에 받고 싶은 선물을 다섯 가지씩 적어 보라고 했더니 40명 중에 절반도 다섯 가지를 채우지 못했다. 이게 우리 나라 어머니의 현주소다.

  → 어머니들의 모습이다.

- "시민들이 알아서 하라."고 손놓은 서울시 교통지옥 그 현주소 (한겨레)

  → 진상(眞相) / 참상(慘相)

- 누구를 대선주자로 지지할지는 아직 이렇다하게 교통정리가 된 상황이 아니다. 내부 지지도 이회창 대표, 이수성, 박찬종 고문, 김덕룡 의원 등으로 엇갈리고 있다. 아직은 때가 아닐 테지만 한보 사건 이후 급격히 추락한 민주계의 현주소를 잘 말해주는 대목이다. (문화일보) → 실정을 / 형편을

- 막연한 일본예찬이나 감정에 치우친 일본때리기류의 폐해를 분명히 의식하고 일본의 현주소를 최대한 객관적으로 살펴보고 있다.

• 아동심리학의 권위자인 이화여대 김재은 교수가 최근 펴낸 에서
   이 『부모 노릇 한번 제대로 해봅시다』(프레스빌 간)에서 자녀교육
   의 <u>현주소를</u> 진단하고 부모의 올바른 역할을 소개하며 부모들에
   게 제시한 말이다. → 현황을

미지수

방정식으로 풀어서 밝혀야 할, X로 표현하는 수를 뜻하는 말인데,
무식한 언론인들이 전하려는 상황에 적합한 말을 모를 때 유치하게 끌
어다 쓴다.

• 그러나 여야간의 이런 합의가 얼마나 실효를 거둘지는 <u>미지수다.</u>
   검찰 수사결과에 따라 상황이 달라질 수 있기 때문이다. (동아일보)
   → 예측할 수 없다.
• 김대통령의 방일이 일본측의 망언과 사과의 악순환을 끊는 <u>계기</u>
   <u>가</u> 될지는 <u>미지수다.</u> 그만큼 양국 관계를 에워싼 환경은 복잡 미
   묘하며, 지난 5년간 양국 관계는 더욱 경직·악화됐다. (중앙일보「데스
   크의 눈」) → 계기가 되리라고 믿기는 어렵다.
• 미국은 지난달 북한의 리형철 미주국장을 만났을 때도 당사자인
   한국에 직접 사과하도록 종용했다고 하지만 북한이 남북접촉을
   기피해 오던 오랜 방침을 바꿀지는 여전히 <u>미지수다.</u> (한겨레「사설」)
   → 의심스럽다.
• 「정태수 리스트」 정치인 수사 중간 점검.
   줄줄이 소환 불구 성과 <u>미지수</u> (서울신문)
   → 소환하지만 성과는 불확실
• 범야(汎野) 공동집권 구상은 김대중 총재가 일찍이 시도해 본 적이
   없는 것이며 앞으로도 그것이 가능할지는 <u>미지수다.</u> (조선일보「사설」)

→ 의심스럽다.

- "야당에 돈 주고 소문내도 괜찮다."고 한 김대중 당선자의 발언이 실제로 정치 자금의 관행을 바꿀지는 <u>미지수다.</u> (동아일보)

  → 알 수 없다. / 의심스럽다. / 궁금하다.

- 경제전반이 불확실하고 소득이 감소하는 상황에서 1~2% 정도 금리가 낮다고 해서 빚을 내가면서까지 물건을 살 사람이 얼마나 될지는 <u>여전히 미지수다.</u> (한겨레)

  → 짐작할 수 없다. / 알 수 없다. / 예측할 수 없다. / 궁금한 일이다.

변수(變數)

변수는 함수 관계로 대응하여 일정한 범위 안에서 변하는 수를 나타내는 수학 용어인데, 무식한 언론인들이 표현하려는 상황에 알맞은 말을 모를 때 비유하듯이 편하게 끌어 쓰지만 당치 않다.

- 내년 대선 전략-여권 향배가 <u>최대변수 될 듯</u>

  → 여권의 향배가 좌우할 듯 / 여권 향배에 따라 전적으로 달라질 듯 / 전적으로 여권 향배에 달릴 듯

대명사(代名詞)

대명사는 사람, 물건, 일, 곳을 뜻하는 명사를 대신해서 쓰는 품사의 이름인데 미숙한 지식인들이 어울리지 않는 비유로 쓴다.

- 청백리(淸白吏)의 <u>대명사</u> 황희(黃喜) 정승, 관복 장만하기 힘들 만큼 가난했다. → 상징 / 전형 / 귀감 / 본보기 / 별명

- 존 듀이는 <u>실용주의의 대명사적인</u> 사람입니다. (EBS)

  → 실용주의를 대성한

- 무서운 지옥꿈을 꾸고 나서 반성하고 너그러운 할아버지로 여생을 마친 <u>구두쇠의 대명사</u> 스크루지 영감도 죽을 날이 임박해 당장 끼니가 없는 조카는 모른 체하고 재산을 하느님께 기부를 했을

수도 있다. (한겨레 「아침햇발」) → 세상 없는 구두쇠

절체절명(絶體絶命)

한글학회가 발행한 『우리말큰사전』에 '절체'는 '몸을 크게 다침', '절명'은 '목숨이 끊어짐', '절체절명＝진퇴양난'이라고 풀고, '진퇴양난'은 '이러지도 저러지도 못함'이라고 했으니 '절체절명＝진퇴양난'이라는 등식은 성립하지 못한다.

몸을 심하게 다쳐 목숨이 끊어지면 그만인데 그 와중에 어떻게 진퇴를 고민하나?

- 국민회의 김대중 총재와 자민련 김종필 총재는 4·11 총선 이후 여권의 과반수 의석 확보 기도 등 공세적 정국운영에 공동 대처해야하는 절체절명의 필요에 따라 밀월 관계를 유지해 왔다. (조선일보 「양김공조 어디까지 갈까」) → 긴박(緊迫)한 / 긴절(緊切)한 / 긴중(緊重)한
- 지금이야말로 우리 경제의 진정한 잠재력을 재확인해 볼 수 있는 절체절명의 기회다. (조선일보 「사설」) → 절호의 / 다시 없을
- 절체절명의 소원을 의탁한 '내나무'란 무엇인가.
  우리 전통에 아들이 태어나면 그 놈 몫으로 선산에 소나무를 심고, 딸이 태어나면 밭두덩에 오동나무를 심었다. 그 놈 몫으로 심었다 하여 그 놈에게 '내나무'다. (조선일보 「이규태 코너」)
  → 비원(悲願)을 / 간절한 소원을

정체성(正體性)

우리가 쓰는 모든 말에는 형식인 '소리'와 실질인 '뜻'이 있다. 아주 간단한 말은 뜻도 간단해서 쉽지만, 복잡하고 어려운 말은 뜻이 어렵고, 수준이 높다. 어린애들이나 장성한 범인들의 말은 쉽지만, 모두 일정한 소리에 상응하는 정확한 뜻이 있어 문제가 없는데, 우리나라에서 많이 배운 사람 중에는 유식한 체하느라고 어려운 말을 상황에 맞지

않게 쓰거나, 실질(뜻)이 없는 소리를 지어 쓰기도 하는데, 그 중에서 현재 우리 나라 지식인들이 쓰는 말(뜻이 없는 소리나 말이 아님) 중에서 대표적인 것이 '정체성'이다. 정체(正體)의 뜻은 모든 사물의 모습을 뜻하며, 아래와 같은 용례를 들 수 있다.

- 저 느닷없이 나타나 이곳 저곳 기웃거리는 괴한의 정체가 필시 정탐꾼(偵探—)인 듯하다.
- 탁월한 학문적 권위와 고매한 인격으로 학생들의 존경을 받아 온 ○○○ 교수의 정체가 ××정권의 지령을 받아 암암리에 활동해 온 고정간첩으로 밝혀졌다.

그러나 그 말에 가능성, 개성, 자연성, 인간성, 동물성 등과 같이 그 사물의 본질(本質)을 뜻하는 성(性)을 붙인 '정체성'이란 말은 없다. '정체'라는 말 자체가, 어떤 사물의 '본질'을 뜻하는 말이기 때문이다. 이 소리를 쓰는 사람들은 그 뜻이 identity라고 말한다. 우리말에, 어떻게 우리말로 설명할 수 없어 영어로 풀어야 하는 뜻이 있다는 말인가? 그러니 identity에 '정체성'이란 뜻이 있을 리가 만무하지 않은가? 말이 아닌 소리를 내 놓고 궁여지책으로 내세우는 말이니, 궤변(詭辯) 중에서도 최상급 궤변인데, 명색이 학자라는 자들이 차원 높은 개념어(槪念語)인 줄 알고, 아무 생각 없이 쓰니 참으로 한심하다.

identity의 뜻은 설익은 지식인들이 말하는 '정체성'이 아니라, "똑같음, 일치, 동일성(同一性)"을 뜻하는 말로, 동일한 명사형은 identification이고, 동사 표기는 identify다. 그래서 신분증이 identity card다. 특정인의 인적정보(人的情報)가 그 카드에 적힌 내용과 동일하다는 뜻이다. 그런데도 2003년 4월에 문화관광부가 국어기본법 제정 목적을 밝힌 글에 "21세기 세계화 · 지식정보화 · 문화 시대에는 우리 문화의 정체성 확립 차원에서 모국어 발전의 필요성이 요청될 뿐 아니라, 강력한 국어 정책의 추진이 요청되고 있기 때문"이라고 했다. 이

글 중의 밑금 그은 부분을 '본질을 밝혀' 쯤으로 고치면, 그런대로 법 제정 취지에 맞을 듯싶다. 지식 수준이 이 정도인 사람이 입안해서, 형식적인 토론과정을 거쳐, 국회에서도 진지한 검정 없이 통과한 법이니, 제정한 지 10년이 지나도록 아무런 효과도 없음이 지당한 일이 아니겠는가? 또 한가지 오용례(誤用例)를 아래에서 볼 수 있다.

- 이런 역사관은 대한민국 임시정부의 법통과 4.19 혁명의 정신을 국가 정체성의 핵심으로 규정한 헌법 정신에 정면으로 어긋한다.
  (한겨레 사설 '우영식 국사편찬위원장 내정 철회하라') → 정통성(正統性)

『국어대사전』(이희승 편저, 민중서림)에 따르면, 정통성(正統性)이란 특정집단의 정치 체제, 정치 권력, 전통 등을 정당하다고 인정하는 일반적 관념을 뜻한다. 이 정통성에 따라 집단의 성원들이 자발적으로 복종하고, 정치 권력은 권위를 확보해서 그 집단을 안정하게 지배할 수 있다. 독일의 사회학자 베버(Weber. Max W)는 정통성의 근거를 세 가지(전통, 카리스마, 합법)로 유형화(類型化)했다.

섣부른 지식으로 국어를 저질화하는 무리들의 대오각성을 촉구한다. '말이 올라야 나라가 오른다'고 하신 주시경 선생의 말씀이 만고의 진리임을 일깨주는 엄연한 현실이다.

~에 대한(대해, 대해서)

'대한다'는 '~에 응한다, ~에 대항한다'는 뜻의 자동사와 '~을 상대한다, ~을 맞이한다'는 뜻의 타동사로 긴요하게 쓰는 말이지만, 타동사로 서술할 대상(목적어)에 관형사형(대한)이나 부사형(대해, 대해서)을 덧붙여서 쓰면 말의 맥이 빠져 박력 없는 표현이 된다.

- 정부가 국민학교 5~6학년 과정부터 환각성 약물의 위험성에 대해 가르친다. (경향신문 「사설」) → 위험성을 가르친다.

- 거액을 수탁한 은행 관계자가 예금주의 <u>실체에 대해</u> 아리송한 말로 얼버무려 떳떳하지 못한 돈임을 입증하고 있다. (동아일보 「사설」)
  → 실체를

- 오늘은 <u>민속박물관에 대해</u> 설명해 드리겠습니다. (광주 비엔날레 도우미)
  → 민속박물관을

- <u>이희성 씨에 대한 조사를</u> 마치고 총격요청 문제의 수사를 마무리합니다. (SBS TV 뉴스) → 이희성 씨 조사를

- 경찰이 '39쇼핑'의 <u>박경홍 사장에 대한</u> 정확한 사인(死人)을 조사하고 있습니다. (KBS 1 TV 뉴스) → 박경홍 사장의 정확한 사인을

- 지금부터 <u>농어촌 문제에 대해</u> 토론을 갖겠습니다. (KBS 1 TV 「대통령 후보 초청 농어촌 정책토론회」 사회자) → 농어촌 문제를 토론합니다.

- 경주에 오시는 분들은 여러 나라의 <u>문화에 대해</u> 이해하실 수 있을 것입니다. (MBC TV 「여기는 경주 문화 엑스포」) → 문화를

- 경찰은 30일 현재 수사대상 학부모 75명 중 40명, 현직교사 1백 40명 가운데 <u>30명에 대한</u> 소환조사를 벌여 이 가운데 교사 26명을 불구속 입건했다. (동아일보) → 30명을 소환 조사해

- 미 공화당은 이번 중간선거에서 사실상 패배함에 따라 탄핵조사에서 증인 축소 등을 통해 빌 클린턴 <u>대통령에 대한 탄핵을</u> 조기에 종결할 방침이라고 워싱턴 포스트지가 5일 보도했다. (중앙일보)
  → 대통령 탄핵을

- 대입 수능고사 <u>수험생들에 대한</u> 예비소집이 실시됐습니다. (KBS 1 TV 저녁뉴스) → 수험생들을 예비소집했습니다.

- 경찰은 인천 ○○고등학교 <u>○○씨에 대해 구속영장을 청구했습니다.</u> (MBC TV 뉴스)
  → ○○씨를 구속하려고 법원에 영장을 청구했습니다.
  설명 혐의자에 대해 구속 영장을 청구한다는 것은 참으로 해괴한 소리다. 혐의자가 자신을 구속하라고 영장을 발급하나?

- 검찰은 ○○씨에 대한 가택 수색을 했습니다.

→ ○○씨의 가택을 수색했습니다.

- 이희성씨에 대한 구속 영장이 오늘 아침 9시에 청구됩니다. (KBS 1 TV 6시 뉴스)

→ 이희성 씨를 구속할 영장을 오늘 9시에 법원에 청구합니다.

누군가가, 무언가가

'누군가'는 '누구냐'와 같은 '의문종결형'이다. 여기에 주격 조사 '가'를 붙인 '누군가가'는, "꼭 할 일인데 그것을 할 사람이 누군가가(누구냐가) 문제다. 즉, 누가 하느냐가 문제다"처럼 쓰면 자연스럽지만, '해야 한다'는 당위성이나 책임을 강조하는 말의 주어로는 어울리지 않으므로 말하는 이 자신이 강조하는 일의 책임 소재를 충분히 생각해서 그것을 주어로 삼아 말해야 한다.

- 공인(公人)은 검증돼야 한다. ㉠대통령이 매듭지을 일……이런 시시비비도 ㉡결말은 오로지 대통령에게 달렸다. ……공인 최장집 교수에 대한 검증은 ㉢누군가가 해야 하고, 그 검증이 정치학회 성명처럼 「마녀사냥」이나 다름없는 무분별한 규탄을 해서는 안 되는 것이다. 학회는 학회다워야 한다. (조선일보 「시론」)

    설명 글의 부제(副題) ㉠과 문장 ㉡으로 봐서 ㉢은 마땅히 '대통령이'로 고쳐야 한다.

- 더군다나 혼수가 품위 운운하는 장사꾼의 잇속에 놀아날 때 혼수 준비가 안 돼 결혼을 하지 못한다는 것은 심각한 문제다. 그렇다면 ㉠누군가가 그 고리를 끊어내야 한다. 그런데 우리의 현실에선 여자 집안이 그 얘기를 꺼내기는 어렵다. ㉡남자 집안의 누군가가 해줘야 한다.

    ㉠ → 그 고리를 끊는 사람이 있어야 한다.

    ㉡ → 가장(家長)이 / '누군가가'를 아예 빼어 버리고 '남자 집안에서'

- 높은 사다리 위에 뭔가가 뻗어 있죠. (KBS 2 TV 「생방송 좋은 아침」 119 체험)
  → 뻗은 것이 있죠.
- 가슴 속에서 무언가가 올라 왔지만 꿀꺽 삼켜 버렸다. (한겨레 「공지영
  장편 소설」) → 올라 오는 것이 있었지만

~에 빛나는

다음 예문을 보자.

① 꽃잎이 바람㉠에 나부낀다.
② 금강산은 뛰어난 경관㉡으로 유명하다.

조사 ㉠·㉡을 '때문에'로 바꾸면 ①은 '꽃잎이 바람 때문에 나부낀
다', ②는 '금강산은 뛰어난 경관 때문에 유명하다'가 되어서 ㉠·㉡이
'까닭'을 뜻하는 동일한 부사격 조사로 보이지만, 그 기능이 미묘하게
달라서 ㉠·㉡을 맞바꿔 ①을 '꽃잎이 바람으로 나부낀다', ②를 '금강
산은 뛰어난 경관에 유명하다'고 하면 둘 다 기형문이 된다.

- 유구한 역사와 <u>전통에 빛나는</u> 우리 대한 국민은 (대한민국 「헌법」 전문(前
  文) 첫머리)
  설명 우리 나라 헌법 첫머리 문장은 예문 ②와 같은 범주에 속하므
  로 '유구한 역사와 전통으로 빛나는 우리 대한 국민은'으로 고쳐
  야 한다.

~에 있어서

일본어 '~にお(於)て'를 직역한 것으로 우리말에는 전혀 필요없는
기형인데 일본어를 모르는 사람들도 굳이 써서 공연히 시간과 공간, 노
력을 낭비하고 우리말의 위상을 훼손한다.

- 정치, 경제, 사회, 문화의 모든 영역에 있어서 각인의 기회를 균등
히 하고, 능력을 최고도로 발휘하게 하며…… (대한민국 「헌법」 전문)
  → 모든 영역에서
- 기업의 구조를 조정해야 한다는 데는 의견이 일치했지만 그 대책
에 있어서는 이견(異見)이 많습니다. (SBS TV 외환위기의 원인과 처방 토론회)
  → 대책에는
- 현대 여성들에 있어서 고등 교육은 필수적입니다. (EBS 방송 토론회)
  → 여성들에게
- 실천강령에 있어서는 바른 규칙, 바른 사회적 예절, 바른 제도를 확
립해서 그것을 바르게 집행하는 기풍을 세워야 한다. (조선일보 「사설」)
  → 실천 강령에는
- 비즈니스를 하는 데 있어서 나라와 나라를 가르는 국경과 민족의
의미는 과연 무엇이며…… (조선일보 「태평로」)
  설명 '있어서'를 빼 버린다.
- 미야자키 역사포럼 역시 '민족주의에 눈감아선 안 돼'와 '민족주
의만으론 안 돼' 사이에서 피차 고민하는 것으로 끝났다. 그러나
'접근방법'에 있어서만은 우리는 재래식과는 다른 노하우로 임해
야 할 것이라는 것이 개인적인 결론이었다. (조선일보 「유근일 칼럼」)
  → 우리는 재래식과 다른 방법으로 접근해야 한다는 / 우리가 접
근하는 방법은 재래식과 달라야 한다는
- 알 필요가 없다는 것은 정치사에 있어서일 뿐이지 복식(服食)의
역사에서는 그렇지 않을 것이다. 그것은 맞는 말이다. (조선일보 「홍사중
의 문화마당」) → 정치사에서일 뿐이지
- 국민적 관심의 초점이 된 북한을 연구함에 있어서 정치학의 효용
성은 어느 정도일까? (동아일보 「김학준 칼럼」) → 연구하는 데

~의 경우

'경우'는 '비가 오는 경우, 서로 처음 만나는 경우, 뜻밖에 어려운 일

을 당할 경우'처럼 어떤 조건에 따르는 사정이나 형편을 뜻하는 말인데, 미숙한 언론인들이 뜻에 맞지 않게 아무렇게나 쓴다.

- 파리에서 여러 곳을 거닐면서 프랑스 사람들은 파리를 아름다운 도시로 만들기 위해 세느 강의 물빛마저 이용했다는 것을 느꼈다. 그러면 아름답다는 우리 서울의 경우는 어떨까? (문화일보)
  → 서울은
- 지난 정부에서 육군본부 인사참모부장·수도군단장 등의 요직을 돌며 YS의 측근실세로 알려진 김희상 1군 부사령관의 경우도 군 내화합과 지역안배를 고려한 결정이라는 평가. (세계일보) → 승진도
- 눈이 많이 내린 미시령의 경우는 차량 통행을 제한하고 있습니다. (MBC TV 아침 뉴스) → 미시령에서는
- 지금까지 남북 경제협력이나 인도적 지원 목적으로 방북해 북쪽의 가족을 만난 사례는 있으나, 개인 자격으로 당국에 이산가족 상봉 목적을 밝히고 방북해 북쪽의 가족을 만난 경우는 이번이 처음이다. (한겨레) → 일은 / 예는
- 올해 들어 서울시 교육청은 단란주점의 경우 신청한 284건 중 225건을 허가해 주었다. (조선일보)
  → 접수한 단란 주점 영업 허가 신청
- ㉠외국의 경우 언론사가 창간기념일마다 대통령 특별회견을 ㉡요청하는 경우는 없다. 특별회견이 그 포장에 비해 내용이 극히 빈약하거나 질문 한번 제대로 하지 못하는 ㉢경우가 적지 않다. (한겨레 「언론비평」)
  ㉠→ 외국에서는   ㉡→ 요청하는 일이
  ㉢→ 예가

~ㄴ(한)다면

- 온국민이 다시 뭉친다면 우리는 머지 않아 다시 일어설 수 있습니

다. (KBS 1 TV) → 뭉치면 / 뭉쳐야

설명 '뭉친다면'은 '뭉친다고 말하면'이나 '뭉친다고 가정하면'이라는 뜻이므로, 뒷말인 '다시 일어설 수 있는'의 절실한 전제가 되지 못한다.

～로 인하여

'～로 말미암아'와 같은 뜻으로 쓰는 말인데, 한자자전마다 '인(因)'을 '인할 인'이라고 해 놓아서 사람들이 순수 국어로 알고 쓰지만 분명히 한자어다. 다른 '하다류' 한자어와 달리 친숙미가 없으므로 '말미암아'를 쓰는 것이 옳으나, 발음하기 거북하고 참신미가 없으니 '～때문에'로 바꿔 쓰는 것이 가장 자연스럽다.

- 태풍으로 인해서 남부지방에 많은 피해가 발생했습니다. (SBS TV 뉴스)
  → 태풍으로 / 태풍 때문에

  설명 '으로'가 '원인'을 뜻하는 부사격 조사이므로 '인해서'는 군더더기다.

모처럼 만에

'모처럼'은 '벼르고 별러서 처음', '벼른 끝에'의 뜻으로 '모처럼 새옷을 입었다', '모처럼 한 일이 허사가 됐다'처럼 쓰고 '일껏 오래간만에'의 뜻으로 '모처럼 서울 나들이를 했다', '모처럼 오셨는데 대접이 부실해서 죄송합니다'처럼 쓰는 부사다.

'만에'는 십 분, 한 시간, 사흘, 석달, 십년…… 같은 '동안'이 지났음을 보이는 의존명사 '만'에 부사격 조사 '에'가 붙어, 뒤따르는 서술어를 한정하는 문장 성분으로 다음같이 쓴다.

한 시간 만에 수술이 끝났다.
집을 나간 지 열흘 만에 돌아왔다.

뜻을 세운 지 십년 만에 성공했다.

오래간 만에 비가 내렸다.

위 뜻풀이와 용례가 보여 주듯이, '모처럼'은 그 자체에 '오래간만에'의 뜻을 지니고 사람의 동정(動靜)에 관한 서술을 한정하는 부사다.

- 내일은 모처럼 만에 포근한 날씨가 되겠습니다. (SBS TV 뉴스)
  → 여러 날 만에 / 오래간 만에

우연치 않게

'우연(偶然)'의 일반적 뜻은 '뜻밖에 생기는 공교로운 일'이고 철학적 정의는 '인과 관계의 필연적 계열에 인과 관계가 다른 사건이 뛰어드는 일'로 '필연'의 반대 개념이다.(한글학회 지음 『우리말큰사전』)

그런데 아주 무식하지도 않은 사람들이 "오늘 ○○에 갔다가 우연치 않게 ○○를 만났어.", "요즈음 우연치 않게 감기에 걸려서 고생했어." 하는가 하면, KBS TV의 유명 아나운서는 사건 이야기를 하는 중에 "우연치 않게 두 사람의 말이 일치했습니다."고 했다.

어떤 사람을 '우연치 않게 만났다'고 하면 '필연적으로 만났다'는 말이 되므로 만난 원인을 알았어야 하고, 두 사람의 말이 '우연치 않게 일치했다'고 하면 '필연적으로 일치했다'는 말이 되므로 일치한 원인을 알았어야 하는데 위 경우의 정황은 모두 그렇지 않으므로 '우연치 않게'를 '우연히'라고 고쳐서 말해야 한다.

비단(非但)

이 말의 뜻을 『동아한한대사전』은 '다만…… 뿐만 아니라 또'의 뜻으로 '첨가하는 문장 앞에 쓰는 부정어(否定語)'라고 풀었다.

예문을 제시하지 않았으므로 '非但昆(孝子) 季亦孝子—만이가 효자일 뿐 아니라 막내도 효자다—라는 용례를 만들어 보면 다음에 보이는 국어사전들의 뜻풀이와 예문은 어이없이 치졸하다.

부정의 뜻을 가진 문맥 속에서 '다만', '오직'의 뜻을 나타냄
① 이런 일은 <u>비단</u> 어제 오늘만의 일이 아니다.
② <u>비단</u> 동물뿐아니라, 사람도 본능의 지배를 받는다.

(한글학회 지음『우리말큰사전』)

'다만'의 뜻으로 부정의 경우에 쓰는 말
③ <u>비단</u> 사람뿐아니라 동물도

(민중서림 발행『국어대사전』)

두 사전이 예문에 쓴 '비단'은 ①의 '만의 일이 아니다', ②·③의 '뿐아니라…도'와 뜻이 같으므로 빼 버려야 한다.

말과 글에 걸림돌이 되는 한문 성구(漢文成句)를 내세워 유식한 체하는 것은 중국의 냇가나 산기슭에서 주워 온 잡석(雜石)을 옥석(玉石)인 줄 알고 품고 다니면서 제멋에 겨워하는 것과 같다.

- ○○○ 총리의 야심은 싱가포르를 <u>비단</u> 상업의 중심뿐만 아니라 인력, 지식, 정보, 예술의 중심지로 만들겠다는 비전이다. (조선일보)
  설명 '비단'을 빼어 버린다.

차별성

차등(差等)을 두어 구별하는 것이 '차별(差別)'이고 여기에 '한다'를 붙인 '차별한다'는 타동사인데, 요즈음 언론에 '차별성'이 등장해 우리말 저질화에 '큰몫'을 한다.

- 공보처는 22일 배포한 「케이블 TV백서」에서 「SOS」에 대한 지역 정치 뉴스 보도 허용은 케이블 TV의 지역성을 강화하고 공중파

방송과 차별성을 강화하여 지역주민들의 관심을 높여 케이블 TV 활성화에 크게 기여할 것이라고 했다. (문화일보)

→ 분명하게 구별하여 / 뚜렷이 다르게 하여 / 다른 점을 뚜렷이 밝혀

- 경쟁자들이 특정지면을 강화하거나 편집상의 특이성을 부각시켜 차별성을 드러내듯이, 한국일보도 모든 지면을 고루 잘 구성하려 하지 말고 가장 자신 있는 특정 지면을 집중적으로 강화해야 할 것이다. (한국일보) → 특성 / 장점

- 재선 의원 L씨는 "야당은 기본적으로 여당과 정치적 노선의 차별성이 분명해야 한다."며 "자민련과 합쳐야 할 정도라면 굳이 정권을 교체할 필요가 없지 않으냐는 유권자의 질문에 대답할 말이 없다."고 말했다. (한겨레) → 노선이 달라야 한다.

- 김영삼 대통령도 자신들과 동시대인이라고 여기고 있는 전·노 두 전직 대통령의 논리에 대해, 현직 대통령이 그 역사적 차별성을 드러내려면 오직 '과거사 바로잡기'만으로 만족할 수 없다. (문화일보)

→ 특성

- 세계에서 교원노조를 인정하지 않는 나라가 없는 터에, 노동조합이기 때문에 인정할 수 없다는 논리는 이전의 정권과 차별성을 강조하는 현 정부의 올바른 선택이라고 볼 수 없다. (한겨레)

→ 다름을 주장하는 / 다르다고 주장하는(강조하는)

- 각 정당의 정책 공약에 일관성과 차별성이 결여되었다. (세계일보)

→ 특성이 없다.

시각

'시각' 중에서 '視角'은 물리학 용어로 물체의 두 끝에서 눈에 이르는 두 직선이 이루는 각으로, 그 크기에 따라 물체의 크기가 다르게 보인다는 것이고, '視覺'은 생물학 용어로 빛의 자극을 받아 눈으로 느끼는 감각인데, 언론인과 교수들이 글에 쓴 '시각'은 視角인지 視覺인지 구

별할 수 없고, '시각'과 아주 다른 뜻으로 쓴 것도 있다.

- 대체로 청문회의 진행과 그 내용을 보면 두 가지 ㉠시각이 교차되고 있는 것 같다. 하나는 '절망을 확인했다'는 ㉡시각인바, 앞뒤가 안 맞는 진술, 후안무치한 태도, 뉘우침과 죄의식이 결여한 자세, 그리고 무대 뒤에서 벌어졌을 것으로 연상되는 정경유착의 냄새 등에 주목하면서 '과연 이 나라가 가능성이 있겠는가' 하고 망연자실하는 국민들의 ㉢시각이 여기에 해당된다.
㉣또 다른 하나의 시각은 '그래도 위안을 얻는다'는 ㉤시각인바……
얼마 전에 망명한 황장엽 씨는 과연 이번의 청문회를 ㉥보면서 어떤 시각을 갖게 되었을지 궁금하다. ㉦이른바 절망의 시각을 갖게 되었을까? 아니면 역시 ㉧'대한민국은 다르다'는 시각을 갖게 되었을까? 청문회를 통해서 드러난 부패구조와 정경유착의 실상을 보면서 그가 북한에 있으면서 북한체제에 대하여 느꼈던 한계를 다시금 남한체제에 대해서도 느꼈을지도 모르겠다.
그러나 그는 사상가이기 때문에 ㉨조금은 보는 시각이 복잡하고 균형적이 아닐까 생각한다. (서울신문 「시론:한보사태의 교훈」)

㉠ → 인식을 할 수 있을   ㉡ → 것으로,

㉢ → 인식이   ㉣ → 또 한 가지 인식은

㉤ → 것으로   ㉥ → 보고 무엇을 생각했을지

㉦ → 절망을 했을까?

㉧ → 대한민국은 다르다고 느꼈을까?

㉨ → 여러 모로 생각하고 해석했을 것 같다.

- 북·미 관계가 개선돼 가는 게 아니냐는 시각이 제기되고 있습니다. (KBS 1 TV 뉴스)
→ 호전하는 듯하다고 보는 인사(人士)들이 있습니다.

- 김대중-김종필 공조(共助)체제 노선·정국 운영 등 시각차 조율

수준에 관심 집중 (동아일보) → 주장 / 견해차 / 정책
- 세상을 <u>긍정적 시각으로</u> 보는 사람은 대체로 사회생활에 성공한 다. (조선일보 「시론」) → 긍정적으로 / 좋게
- 정치권에는 김영삼·김대중, 김영삼·김종필 회담에 이어 김대중· 김종필 총재의 회담이 끝나면 3김씨의 향후 정치적 존립을 위한 밑그림이 완성된다고 보는 <u>시각도 있다.</u> → 사람도 있다.

여부(與否)

'여(與)'는 '그러하다, 그렇게 한다'는 뜻이고 '부(否)'는 '그렇지 않다, 그렇게 하지 않는다'는 뜻으로 다음 같은 용례를 생각할 수 있다.

① 한 집단의 발전 여부는 모든 성원의 의지와 노력에 달렸다.
② "자네 약속 지켜야 하네."
　"그럼, 여부가 있나?"

그런데 이 말의 뜻을 잘 모르는 사람은 경우에 맞지 않거나 쓸데없이 쓴다.

- 문제의 하모씨(河某氏) 계좌만 역추적해도 비자금 <u>조성설의 진위 여부가</u> 가려질 것으로 보인다. (조선일보 「사설」)
  → 조성설의 진위가 / 조성설이 참인지 거짓인지가
  설명 '진위 여부'의 뜻을 풀면 '참인지 거짓인지, 그런지 아닌지'가 된다. 그러므로 뒷말 '여부'는 군더더기다.
- 강력한 야당은 대결해야 할 사안과 타협할 사안에 대한 주관(主 觀)이 뚜렷하다. 판단의 기준은 집권이란 장기 목표 달성에 도움이 <u>되느냐의 여부</u>다. (조선일보 「태평로」) → 되느냐 안 되느냐다.
  설명 '되느냐'와 여(與)의 뜻이 같아서 표현이 어색하다.
- 대통령 정책기획위 위원장 최장집씨가 딱히 그런 <u>수정주의자인지</u>

의 여부를 우리가 여기서 단정할 생각은 없다. (조선일보「사설」)

→ 수정주의자인지 아닌지를

설명 '인지'와 '여'가 동의어이므로 표현이 어색하다.

• 부정선거 대여(對與) 협공에 공감 '대선 자금 청문회 강행 여부는 불투명. (동아일보「김대중-김종필 공조」)

설명 적절한 표현이다.

뿐만 아니라

'뿐'을 "가진 것이 하나뿐이다."처럼 쓰면 '그것뿐이고 더는 없음'을 보이는 접미사이고, "들었을 뿐이지 보지는 못했다, 외로울 뿐이지 슬프지는 않다."처럼 쓰면 '오직 어찌하거나 어떠할 따름임'을 보이는 의존명사다. 어느 편이나 독립성이 없어서 홀로 문두(文頭)에 쓰지 못하므로 체언이나 관형사형 용언에 의존하는 형식으로 써야 한다.

• 타협과 협상의 정치문화가 정착되지 않고서는 내각제는 성공하기 힘들다. 무원칙한 이합집산과 극한적 대립의 폐단을 고치지 못하는 우리 정치문화에서 과연 내각제가 성공할 수 있을까.
뿐만 아니다. 돈정치, 패거리정치, 지역할거정치로 집약되는 낡은 정치 구도는 내각제 아래에서 더욱 악화될 위험이 크다. (문화일보「사설」) → 그것 뿐이 아니다.

~에도 불구하고

'불구(不拘)한다'는 '어떤 일에 얽매이거나 거리끼지 않는다'는 뜻인데 많은 사람이 필요없이 상투적·획일적으로 써서 말과 글의 세련미를 해친다.

• 내년 상반기까지 2백40억 달러 상환 등 외채만기 일정이 우리의 목줄을 압박해 오고 있다. 그럼에도 불구하고 수출은 감소추세이

고 외국인 직접투자 유입은 너무 부진하다. (세계일보)

→ 압박해 오는데 / 압박해 오지만

• 한일관계는 국교 정상화 조약 체결 후 30여년이 흘렀음에도 불구
하고 「과거사 청산」에 대한 양국간 인식차이로 인해 계속 갈등을
빚어왔다. (조선일보 「사설」)

→ 흘렀지만 '과거사 청산에 대한 양국간의 인식' 차이 때문에

• 날로 치열해 가는 북(北)의 헤게모니 도전을 정면으로 받아 대결
해야 함에도 불구하고 민족애를 무슨 축문처럼 외우며 적과 동지
의 구별을 희석시키려고 안달하는 정치 무의식과 치매가 무서운
것이다. (조선일보 「해외기고」)

→ 도전에 결연(決然)히 대처해야 할 이 때에

• 금강산을 사전 답사하고 돌아온 관계자들은 고된 여행에도 불구
하고 모두 건강한 모습이었습니다. (KBS 1 TV 뉴스)

→ 여행을 했는데도

• 관광객 중 최고령자인 심재린(97)씨는 고령에도 불구하고 하루도
쉬지 않고 산행에 나서 노익장을 과시했습니다. (동아일보 「관광객 스케치」)

→ 고령자 같지 않게 / 젊은이 못지 않게

• 우리나라 재벌은 각종 문제점에도 불구하고 수출과 생산과 고용
에 기여해 왔다. (조선일보 「최청임 칼럼」) → 모든 문제를 극복하고

• 중국 경제는 아시아 경제 위기에도 불구하고 큰 타격을 받지 않았
다. (동아일보 「국제경제」)

설명 빼어 버린다.

• 북한은 사회주의 국가임에도 불구하고 가족을 사회의 기본 단위
로 인식하고 있습니다. (EBS TV 「통일의 길」) → 사회주의 국가지만

• 아나운서 분야는 방송에서도 여성 진출과 활동이 특히 많은 직종
임에도 불구하고 경력 쌓기가 쉽지 않은 곳으로 이름 높았다. (조선
일보 「인터뷰」) → 직종이지만

떡값

매우 순수한 이 말이 썩은 정치인과 탐관오리가 남의 돈이나 공금을 부당하게 착복한 사실이 드러났을 때 발뺌하느라고 내세워서 '뇌물'이라는 더러운 뜻을 지니게 되었다.

관례(慣例)

백과사전에 '관례'는 관습(慣習, custom)이 된 전례(典例)로, 한 사회에서 역사적으로 발달하여 그 사회 성원이 일반적으로 승인한 통속적인 행동 양식이라 하고, 관습에 근거를 두고 성립하는 법이 전형적 불문법(不文法)인 관습법인데, 국가기관 특히 법원의 관례에 근거를 두는 것과 민간에서 행하는 관습으로 성립하는 것이 있다고 했다. 그리고 영국은 세계에서 유일하게 헌법(憲法)이 불문 관습법이라고 한다.

이런 설명과 예를 보면 '관례'는 선진 문명 사회의 고등한 법의식을 지닌 '개념'인데, 우리 나라에서는 부패한 관리가 뇌물을 상습적으로 주고 받는 행동을 정당화하는 데 쓴다. 뇌물을 받은 사실이 드러나면 오래 된 관례이므로 위법 행위가 아니라고 우긴다. 비행을 오래 지속해 온 것 자체가 부끄러운 일인데, '관례'라는 표현으로 오히려 미화(美化)한다.

대가성 없는 돈

인간 세계에서 대가 없이 주고받는 것은 옛날 성현군자가 제자에게 베푼 교육과 슈바이처 같은 위인이 불쌍한 사람들에게 베푼 자선, 독지가가 희사하는 장학금이나 의연금, 거지에게 주는 동냥, 혈육간에 주고받는 애정과 어려운 이웃끼리 상련(相憐)하는 감정쯤이다.

그런데 우리 나라의 썩은 정상배는 적어도 몇백만 원, 많게는 몇백억 원에 이르는 거액을 착복한 것을 대가성 없이 받은 활동비라고 버틴다.

돈은 원래 물건과 노력의 대가를 치를 필요 때문에 생긴 것이어서 동서 고금을 통해 어느 사회에서나 건전한 사상을 지닌 사람은 거저 주

고받지 않는다. 더욱이 생존 경쟁이 심해지고 이기심이 극에 달한 오늘
날 아무런 반대 급부를 전제하지 않고, 건전한 근로자는 상상도 못할
천문학적 거액을 거저 줄 사람이 어디 있나? 설사 남에게 어떤 시혜를
한 경우에라도 그 사례가 과분하면 미안해하는 것이 인지상정인데, 그
엄청난 돈을 대가성 없이 받았다니 사람의 탈을 쓰고 어떻게 그처럼
파렴치할 수가 있단 말인가? 염치없는 인간들이 펼치는 썩은 정치가
말을 극도로 더럽히고, 오염한 말은 인간의 이성과 양심을 마비시킨다.

망명 요청

- 지난 주말 북한의 대외 교역 분야 주요 관계자 한 명이 부인과 함
께 미국으로의 정치적 망명을 요청한 것으로 알려졌다. (조선일보)
- 독일 주재 북한 2등 서기관 김경환 씨 부부가 현재 미국에 정치적
망명을 요청한 것으로 알려졌습니다. (KBS 1 TV 저녁 7시 뉴스)
→ 미국에 정치적 망명을 허용해 주기를 요청한 것으로 / 미국에
정치적으로 망명하기를 원한 것으로 / 미국이 자신들의 정치적
망명을 허용해 주기를 요청한 것으로
설명 미국에 망명을 아무리 강력하게, 간절히 요청해도 미국은 망
명하지 않는다.

4. 짜임새가 거북한 말

순수 국어+한자어

- 앞렬(列) → 앞줄 / 전열
- 놀이 실(室) → 놀이방
- 벽돌조(造) 건물 → 벽돌집
- 생각하에서 → 생각으로

- 장난조(調) → 장난투

- 열한 매(枚) → 열한 장 / 십일 매

- 다섯 종류 → 다섯 가지 / 오종(五種)

- 두 나라간(間) → 두 나라 사이 / 양국간

- 스물두 석(席) → 스물두 자리 / 이십이 석

- 올해 내(內) → 올해 안 / 금년 내

- 올해 말(末) → 올해 그믐 / 금년 말

- 지난해 말(末) → 지난해 그믐 / 작년 말

- 우리말화(化) → 우리말 되기 / 국어화

- 마음자세 → 마음가짐

한자어＋순수 국어

- 소(小)모임 → 작은 모임 / 소집단(小集團) / 소규모 집회

- 대(大)잔치 → 큰잔치

- 대(大)제사 → 큰 제사

- 삼(三)겹살 → 세겹살

- 각(各)곳 → 곳곳 / 여러 곳 / 각처

- 내(來)달 → 다음달 / 내월 / 새달

- 내(來)달말 → 새달 그믐

- 내(來)달초 → 새달 초승

- 매(每)달 → 매월 / 달마다 / 다달이

- 매(每)번 → 번번이

- 오십(五十)여덟 → 쉰여덟 / 오십팔

수관형사＋개(個)＋명사

- 다섯 개소(個所) → 다섯 곳(군데)

- 네 개 마을 → 네 마을

- 사 개 섬 → 네 섬

- 스물여섯 개 국→이십륙 국 / 스물여섯 나라
- 다섯 개 지구→다섯 지구 / 오 구역
- 백이십 개 교→백스무 학교 / 백이십 교
- 이백 개 종목→이백 종목
- 이 세상에는 약 ㉠3천개의 언어가 있고 ㉡약 4백개의 문자가 있는 것으로 알려져 있다. 따라서 대부분의 언어에는 문자가 없다.

(동아일보「시론」)

㉠→3천 가지 언어

㉡→문자는 4백 가지쯤 있는 것으로

설명 위와 같은 표현 논리를 적용하면 우리 나라에는 문자가 두 개 (한글 한 개, 한자 한 개)만 있다는 말이 된다. 한심하다고 해야 하나, 우습다고 해야 하나?

- 칠 개 대학→일곱 대학
- 십이 개 나라→열두 나라
- 삼 개 사단→세 사단
- 백 개 석→백 자리 / 백 석

설명 이처럼 수관형사에 어김없이 '개'를 붙이는 것은 중국말이나 일본말식 표현이어서 발음이 딱딱하고 어감도 좋지 않으므로 쓰지 말아야 한다.

~적(的)

◆ 마음적

'~적'의 뜻을 한글학회가 발행한 『우리말큰사전』은 '한자말 뿌리에 붙어서 그 성질을 띠거나, 그 상태로 되거나, 그에 관계되거나 하는 뜻을 나타낸다'고 설명하고, '문학적·예술적 가치', '국제적 문제', '적극적이다', '공적(公的)으로' 등을 예로 제시했다.

그러니까 한자어가 아닌 '몸, 마음' 같은 순수어와는 어울릴 수 없는 뒷가지인데, 아나운서가 '현대팀이 이 경기 후반전을 마음적으로 기다리고 있다는 증거' 운운하는 방송(MBC 축구 중계)을 하고, 개인들은 대화 중에서 '실질적(물질적)인 도움은 못 주지만 마음적으로 염려를 많이 한다'는 말을 자주 한다.

'기다림'이나 '염려'는 다 마음으로 하는 것이므로 굳이 '마음적으로' 따위 기형어를 앞세울 필요가 없다. '현대팀이 후반전을 기다리고 있다는 증거', '물질적으로는 못 돕지만 많이 염려한다'고 하면 된다.

중국어에서는 '∼적'이 체언을 속격(屬格)과 형용사형, 부사형으로 표현하는 데 필요한 형태소지만, 우리말에는 관형격 조사 '의'가 있고 용언의 관형사형, 부사형 활용어미가 풍부하므로 앞에 적은 사전의 보기말처럼 '∼적'을 쓰지 않을 수 없는 개념어말고는, 모두 우리말의 고유한 조사와 활용어미를 올바르게 써서 품위 있게 표현해야 한다.

◆ 합목적적, 유목적적

교육을 연구한다는 사람들이 즐겨 쓰는 말로 '합목적적 행동', '유목적적 활동' 등으로 표현한다. '합목적적'은 '목적에 맞는'으로, '유목적적'은 '뚜렷한 목적이 있는'이라고 하면 된다.

◆ 그 밖의 아무렇게나 쓰는 다양한 보기

• 가장 우리적인 것이 세계적인 것입니다. (KBS 1 TV 「6시 내고향」)
  → 가장 뛰어난 우리 것이

• 전국적으로 비가 내립니다. → 전국에 / 전국에 걸쳐

• 안정적 생활 → 안정한

• 개성적인 문장 → 개성 있는 / 개성이 드러난 / 개성을 드러낸

• 신체적 고통 → 신체의 / 몸의

• 정신적 안정 → 정신의 / 마음의

• 자의적으로 행동한다. → 자의로 / 제 마음대로

• 직접적인 교류 → 직접 / 직접 하는

- 간접적으로 유추(類推)한다. → 간접
- 대회를 성공적으로 개최했다.

  → 대회 개최에 성공했다. / 대회를 잘 치렀다.
- 점차적으로 변한다. → 점차 / 점점 / 천천히
- 전문적인 교육 → 전문 교육
- 차별적 대우 → 차별 대우
- 인공적으로 만든 물건 → 인공물 / 사람이 만든 물건
- 오염한 물을 자체적으로 정화(淨化)한다. → 자체로 / 제 힘으로
- 기밀 자료를 경쟁적으로 폭로한다.

  → 경쟁하듯이 / 경쟁삼아 / 앞다투어
- 연속적으로 일어나는 사건 → 연속해서 / 연속 / 잇따라
- 강수량의 계절적 특징 → 계절마다 특징 있는 강수량
- 가시적(可視的) 부당 노동 행위 → 드러나는 / 눈에 띄는
- 가시적인 조치를 취해야 한다. → 뚜렷한 / 확실한
- 위력적인 타격 → 위력 있는 타격
- 한국적 실정 → 한국의 실정
- 조정(調整)적 역할 → 조정 기능

  설명 역할(役割)은 일본 한자다.
- 추가적 세 부담 → 추가하는 / 덧붙이는
- 갈등적 관계 → 갈등하는
- 협동적 관계 → 협동하는
- 압축적으로 서술하는 → 압축해서 / 줄여서
- 일탈적 행동 → 일탈하는
- 가장 우리적인 것

  → 가장 우리다운 것 / 우리 특성이 가장 두드러진 것

5. 뜻이 같은 말을 겹친 표현

필요 없는 수식어를 덧붙인 말

- 이번 대선은 군부정권과 잇달아 국민의 선택을 왜곡한 세력에 대한 역사적 심판이다. 이 심판은 국민의 의식수준이 어느 정도인지 <u>주어진 여건 속에서</u> 역사 발전을 어느 단계까지 끌어올릴지 투표장을 향하는 유권자 한 사람 한 사람에게 달려 있다. (한겨레)
  → 현재 상황에서

  설명 '주어진다'는 말 자체가 못마땅하지만 굳이 말로 인정한다면 '여건'이 '주어진 조건'을 뜻하므로 그 앞에 있는 '주어진'은 옥상가옥(屋上架屋) 같은 군더더기다. 옆에 '속'이란 군더더기가 하나 더 붙었다.

- 어린이들이 <u>남은 여가</u>를 선용하도록 지도해야 합니다. (KBS)

  설명 '여가(餘暇)'가 일을 하고 남은 시간이나 겨를이므로 군더더기인 '남은'은 빼야 한다.

- <u>새로운 신년</u>을 맞아 복 많이 받으십시오. (KBS) → 새해에

  설명 '신년(新年)'의 뜻이 새해이므로 수식어 '새로운'은 군더더기다.

- 선거관리위원회의 엄정한 관리가 <u>반드시 필요하다.</u>

  설명 '필요(必要)하다'가 '꼭(반드시, 必) 있어야 한다'는 뜻이므로 앞에 붙인 '반드시'는 군더더기다.

- <u>긴 장문</u>의 편지. (MBC)

  설명 '장문(長文)'이 긴 글이므로 수식어 '긴'은 빼야 한다.

- 인간은 누구나 <u>오래오래 장수하기</u>를 바랍니다. (EBS)
  → 오래오래 살기를 / 장수하기를

- 우리 조상들은 기쁠 때 <u>함께 더불어</u> 춤추고 즐겼다. (EBS)

  설명 '함께'와 '더불어'는 뜻이 같은 말이므로 둘 중 하나만 써야 한다. '더불어 같이 살아가야 할 우리들'이라고 하는 경우에도 '더불

어'와 '같이' 중에서 하나만 써야 한다.

- 소위 말하는 여소야대 정국 출현 (경향신문 '정동 칼럼')

  설명 '소위(所謂)'가 '이른바, 말하는바'라는 뜻인데, '소위 말하는'이라고 하는 것은 무식한 주제에 유식한 체하면서 거들먹거리기 좋아하는 사람들이 쓰는 웃음거리다. "소위 학자라는 사람이 어떻게 그런 말을 하나?", "이렇게 혼탁한 것이 '이른바' 공명 선거인가?"처럼 둘 중에서 하나만 써야 한다.

- 공부를 하는 목적은 대학에 가는 수단이라기보다 자신이 '해야 할 일'을 하기 위한 것이어야 한다. (한국일보 서울대 국문과 학생의 글)

  설명 '하지 말아야 할 일'이나 '하면 안 될 일'과 맞세워 구별할 경우에는 '해야 할 일'이라고 하는 것이 옳지만, 위에 든 예문에서는 중복을 피해서 '할 일'이라고 써야 한다.

비슷한 예를 몇 가지 더 들어 본다.

- 방금전(方今前)에 들어온 소식 → 방금 들어 온 소식
- 과반수(過半數) 이상 → 과반수 / 반수 이상
- 호우주의보가 발효중인 가운데 → 호우주의보가 발효하고
- 몸보신(補身)한다 → 몸을 보(補)한다 / 보신한다
- 역전 앞 → 정거장 앞 / 역전
- 외국 나라 말 → 외국어 / 딴나라 말
- 이미 벌써 → 이미 / 벌써
- 남은 여생 → 남은 생애 / 여생
- 마음속에 내재돼 있는 생각 → 마음속에 있는 생각
- 정거장이 평소 때보다 조용하군요. (SBS) → 평소보다
- 본지 편집 내용 중 가장 역점을 둔 것은 매호마다 권두에 수필론을 연재한 것이다. (『수필문학』) → 매호 / 호마다
- 시드니 오페라 하우스는 해변가에 자리잡고 있다. (KBS)

→ 해변에 / 바닷가에

- 오늘의 증권 정보 소식을 알아보겠습니다. (MBC)

  → 증권 정보를 / 증권 소식을

- 과거와 현재가 함께 공존하는…….

  → 과거와 현재가 공존하는 / 과거와 현재가 같이 있는 / 과거와 현재가 함께하는

시대나 시기를 나타낼 때 보이는 겹말

- 부처님 당시 때부터……. (KBS)

  → 부처님 당시부터 / 부처님 때부터

- 1914년 충북 옥천에서 태어난 청명은 일제 강점기 아래서 집안이 어려워서 학교에 못 다녔다고 한다. (한겨레)

  → 일제 강점기에 / 일제 치하에

- 느는 것은 빚뿐…… 누가 남겠느냐. 농번기 때는 '도시 인력' 모셔와. (동아일보) → 농번기에는

  설명 유사한 예로 '삼국시대 때에, 통일신라시대 때에, 고려시대 때에, 조선시대 때에, 일제시대 때에, 냉전시대 때에, 성수기 때에, 비성수기 때에' 등도 방송에 출연하는 인사들의 입에서 자주 튀어나온다. '삼국시대 때에'를 '삼국시대에'로 고쳐야 한다.

'하다'를 취해 동사로 써야 할 말을 겹말로 변형한 말

- 요즈음 스포츠 신문의 음란, 폭력만화를 추방하자는 시민운동이 일고 있다. 이 운동이 결실맺기를 성원한다. (동아일보 「횡설수설」)

  설명 '결실'이 '열매를 맺는다'를 뜻하므로 '결실을 맺는다'는 말은 '식사를 먹는다'는 말과 똑같이 유치하다. '결실하기를'이나 '열매 맺기를'이라고 해야 한다.

- 오늘 아침엔 기온이 영하로 내려가 ㉠얼음이 얼었습니다. 실내에서도 살얼음이 ㉡얼었습니다. (KBS 1 TV 아침 7시 뉴스)

ⓐ → 물이　　　　　　　　　ⓑ → 잡혔습니다.

• 순찰을 돌거나……. (MBC)

　설명 '순찰'이 '돌아다니면서(巡) 살펴본다(察)'는 말이므로 '순찰 돈
다'는 쓴웃음을 자아내는 표현이다. '순찰하거나'로 고쳐야 한다.

• 자수(刺繡)를 놓는다. (KBS)

　설명 '자수'가 '수놓기'를 뜻하는 말이므로 '자수를 한다'나 '수를
놓는다'로 고쳐야 한다.

• 시범(示範)을 보인다.

　설명 '시범'이 '모범(模範)을 보여 준다'는 뜻이므로, '시범한다'고 하
거나 '모범을 보인다'고 해야 한다.

• 박수(拍手)를 친다.

　설명 '박(拍)'이 '친다, 손으로 두드린다'는 뜻이고 '박수(拍手)한다'
가 '손뼉을 친다'는 말이므로 '박수를 친다'는 것은 무식을 드러내
는 말이다. '손뼉을 친다'나 '박수(를) 한다'고 해야 한다.

• 이 회의에서 협상을 ⓐ타결짓고 곧이어 시장접근 및 농산물 서비
스 분야의 국가별 감축계획에 관한 협상을 시작해 3월말까지는
UR협상을 완전 ⓑ타결하자고 말했다. (동아일보)

　설명 타결(妥結)의 뜻이 '서로 좋도록 일을 마무리한다'는 것이므로
ⓐ의 '타결짓고'는 '타결하고'라고 말해야 한다. ⓑ의 '타결하자고'
는 바르게 표현했다.

• 표창을 수여합니다. (MBC)

　설명 표창(表彰)은 '공로나 선행, 업적 등을 널리 칭찬해 알림'의 뜻
이고, 표창장(表彰狀)은 '표창하는 뜻을 적은 문서'이므로 '표창을
수여합니다'를 '표창한다'나 '표창장을 준다(수여한다)'로 고쳐야
한다.

• 큰 피해 입은 재미 동포 표정. (한겨레)

　설명 피해는 '해침(害)을 입(被)'는다는 말이므로, '피해 입은'은 '피
해한', '해를 입은', '재해를 당한' 등으로 고쳐야 한다.

참고 피해 ↔ 가해, 피해자 ↔ 가해자, 피해한다 ↔ 가해한다

- ○○씨는 하산하다가 강풍을 만나 조난당한 것으로 보입니다. (KBS 1 TV 9시 뉴스) → 조난한 것 같습니다.

   참고 조난(遭難): 재난을 만남

- 부상을 입는다 → 부상한다 / 상처를 입는다 / 몸을 다친다

   참고 부상(負傷): 상처를 입음

- 세기말하면 어감상 절박감을 느낀다. 20세기 상반기에 태어나 19세기 문화를 전수받고 20세기를 다 살아온 세대들은 어떤 의미에서 두 번의 세기말을 경험한 것과 같다 할 것이다. (한겨레「비평」)
   → 전수하고 / 전하여 받고

- 오늘부터 정시 모집대학이 입학원서 접수를 받습니다. (KBS 1 TV 뉴스)
   → 입학원서를 받습니다. / 입학원서를 접수합니다.

   설명 학생들이 입학원서를 제출하면 학교에서 접수하는 것인데, 요즈음에 학생뿐 아니고 교수, 기자, 아나운서도 학생이 입학원서를 '접수한다'고 하고 학교에서는 '접수받는다'고 하니 해괴 망측하다.

6. 졸문을 만드는 '그녀', '그'

'그녀'와 '그'를 쓰지 말아야 한다

◆ 우리말에는 인칭을 표현하는 말이 풍부하다

지금 우리 나라 많은 사람이 즐겨 쓰는 이른바 3인칭 여성대명사 '그녀'와 남성대명사 '그'는 우리 언어 문화에 동화할 수 없는 이질 요소 중의 하나다. 찹쌀에 섞인 잡초씨와 같고, 보석에 섞인 잡석과 같다.

영어에서 1인칭 지시대명사는 '아이(I)', 2인칭 지시대명사는 '유(You)'뿐이고, 3인칭 지시대명사는 성을 구별해 쓰는 '히(He)'와 '쉬

(She)'다.

　　그러나 1인칭을 저·나·소자·소녀·소생·불초, 2인칭을 너·자네·그대·임자·당신·어르신네와 같이 예를 갖추어 다양하게 쓰는 우리말에는, 3인칭도 그애(개)·그이·그분·그 어른·당신 등, 존비법에 따라서 다양하다. 그리고 황순원의 소설 『소나기』에서 볼 수 있는 소년과 소녀 외에도 사나이·여인·부인·여사·노파·나그네 등, 남녀 구별이 있는 명사나 없는 명사도 경우에 따라 3인칭 대명사로 쓰는 데 손색이 없다.

◆ 부끄러운 유래

　　'그녀'는, 사람의 여성뿐 아니라 동물의 암컷과 생명이 없는 물건에 이르기까지 존비 구별 없이 쓰는 영어의 '쉬(She)'를 억지로 번역한 일본말 '카노조(彼女, かのじょ)'를 쌍둥이처럼 모조한 것이다. 본고장에서는 그 족속의 문화와 전통, 관습에 맞게 제 구실을 하겠지만, 두 단계(영어⇒일어⇒순수 국어 '그'+한자음 '녀')의 번역 과정을 통해 우리말에 끼어든 것은 아무런 의식, 감정, 넋도 없는 소리덩이에 불과하다.

　　손색없는 내 말을 버리고 말이 안 되는 '소리'를 만들어서 진기한 양쓰고 있으니, 찹쌀을 버리고 잡초씨로 양식을 삼으며, 귀중한 보석을 버리고 잡석을 주워다가 좋아서 어루만지는 것과 다를 바 없다.

　　1920년대에 이런 말장난을 한 철부지 문인들은 대단한 창조를 이룬 듯이 자화자찬을 늘어 놓았지만, 우리 언어 문화에 좀처럼 지워지지 않고 번져 나가는 오염을 남겼다.

◆ 우리 조어법에 어긋나는 구조

　　'그녀'는 우리말 만들기 방식에 없는 소리덩이이며, 만듦새에 여성을 비하하는 의식을 반영했다. 우리말에는 명사성 한자음 위에 관형사 '그'를 얹어서 만든 말이 없음을, 다음 보기가 하나도 말이 안 됨을 보고 알 수 있지 않은가?

그시(時), 그일(日), 그월(月), 그년(年)

그남(男), 그인(人), 그부(父), 그제(弟)

그수(水), 그천(川), 그해(海), 그양(洋)

언어 현실이 이런데 어떻게 유독 '그녀(女)'만을 말이라고 할 수 있나? 고도의 논리나 지성을 떠나 기본적인 언어 의식이 살아 있는 한국인이라면 입에 담거나 글로 쓰려야 쓸 수 없는 소리덩이다.

관형사 '그'를 남녀 구별없이 '그 사람'의 뜻으로 쓴다면 수긍할 수도 있겠지만, 이것을 남성대명사라고 하는 것도 기괴한 일인데, 거기에다가 '녀'를 붙여 놓고 여성대명사라니. 지혜의 여신이 진노하고, 소와 개, 돼지의 암컷이 배를 움켜쥐고 웃을 일이다. 여성이 남성의 부속품인가, 소지품인가? 여성이 '그녀'라면, 남성은 '그남'이라야지 어째서 '그'인가? 뜯어볼수록 해괴망측하다.

◆ 우리 언어 예절과 민족의 정감을 해친다

'그녀'에다 조사 '는'을 붙여서 발음해 보라. '그녀는=그년은'이 되지 않는가? '그년'이 누군가? 이 망신스러운 '소리'를 마치 첨단 지성의 상징이나 되는 듯이 즐겨 쓰며, 민망스러워 차마 입에 담거나 글로 쓰지도 못하는 지적 서민들 위에 군림해서 거들먹거리는 이 땅의 문인들은 제정신을 되찾아야 한다.

금지옥엽 같은 딸 이름인 '나리', '애영'에서는 부모를 매혹하는 애교가 반뜩이고, '누나', '이모', '고모'에서는 변함없는 혈육간의 그리움이 굼실거린다. '아내'에는 내조자의 알뜰한 정이 맺혀 있고, '어머니'에는 망아적 사랑과 우주 같은 포용이, '할머니'에서는 햇솜 이불 속같이 따뜻한 인애가 샘솟는데, 이런 말들을 어떻게 여성을 능멸하고 겨레의 윤리 의식을 마비시키는 '그녀'가 대신할 수 있나?

◆ 우리말은 주어를 번거롭게 반복해 내세우지 않는다

우리말에서는 한 번 제시한 주어는 좀처럼 반복하지 않고, 여러 사실을 나열하여 서술한다. 그리고 필요한 경우에는 3인칭 재귀대명사 '저', '자기', '당신'을 쓴다. 다음 예를 보자.

할머니께서는 올해 고희를 맞으셨는데도, 몹시 정정하셔서 집안의 젊은이들을 무색하게 하신다.

( ) 추운 겨울에도 새벽에 일어나셔서 이 일 저 일 만들어서 하신다.

( ) 평생 잔병 치레 한 번 안 하셔서 병원을 모르고 사신다.

( ) 이웃 마을 나들이에 버스를 외면하시고 삼사십 리 길을 걸어 다니신다.

( ) 온 집안이 모여서 큰일을 할 때는 모든 일을 친히 건사하시는데, 자잘한 일들을 나눠 맡기시고, 제일 번거로운 일은 당신께서 맡아 하신다.

위 글줄 앞에 있는 괄호 안을 주어 She를 쓰는 영어처럼 '그녀는'으로 채우고, '당신'을 '그녀'로 바꾸면 어떨까? 그렇게 해 가지고 할머니 앞에서 큰소리로 읽으면 얼마나 망측할까?

◆ 겨레의 고유한 정감을 죽인다

황순원은 단편소설 『소나기』의 여자 주인공을 처음부터 끝까지 '소녀'라고 표현해서, 어수룩한 소년을 데리고 가을의 전원에서 그림 같은 동심의 세계를 펼쳐 놓은 다음 깜찍한 유언을 남기고 죽어 간 소녀를 인상 깊게 그렸다. 이 작품에서 자주 반복한 '소녀'를 '그녀'로 표현했더라면 주인공의 소녀다운 인상은 희미하고 몽롱해졌을 것이다.

김유정의 단편소설 『동백꽃』의 한 장면을 보자.

이번에도 점순이가 닭쌈을 붙여놨을 것이다. 바짝바짝 내 기를 올리느라고 그랬음이 틀림없다. 고놈의 계집애가 요새로 접어들어서 왜 나를 못 먹겠다고 그렇게 아르릉거리는지 모르겠다.

극히 짧은 한 장면에 성격이 이렇게 뚜렷한 주인공을 '그녀'로 표현한다면 얼마나 맥이 빠지겠는가? 동백꽃 피는 두메 마을에서 당차게 행동하는 소녀에게 더할 수 없이 잘 어울리는 이름은 몇 번을 거듭해도 '점순이'고, 바짝바짝 기가 오른 서술자(남자 주인공)가 점순이에게 붙일 수 있는 대명사는 '고놈의 계집애'를 대신할 것이 없다. 그녀? 어림도 없다.

용례

◆ 소설
다음은 한국문학상을 받은, 김정한의 소설 『수라도』의 첫장면이다.

가야 부인은 오봉 선생이 마지막 눈을 감았을 때 비로소 합장 기도를 올렸다. ㉠그녀의 곱게 감은 눈 속에는 사랑 앞 모란꽃이 소리없이 뚝뚝 떨어지기 시작했다. 그렇게 떨어지는 꽃잎들이 흡사 아버지 오봉 선생이 이승에서 이루지 못한 소원같이 느껴질 때, ㉡그녀의 눈귀에 이슬 같은 눈물이 솟아올랐다. 그것이 가야 부인이 시집에 온 이후 허씨 가문에 생긴 세 번째의 비극이다.

이 글에 두 번 등장한 '그녀'는 '곱게 감은 눈'과 '눈귀' 위에서, 마치 '눈 위의 가시' 같은 구실을 한다. '그녀'를 모두 빼어 버리고 읽으면, 눈 위의 가시가 빠진 듯이 통쾌한 글이 된다.

오래된 버릇 때문에 허전하게 느껴지면 ㉠을 '부인의' ㉡을 '부인의'

로 바꿔 쓰면 작자의 의도를 살리면서 글의 품위를 높일 수 있다.

다음은 황순원의 『일월』의 한 장면이다. 인칭을 '인철'과 '나미'로 계속 써 내려가다가 이 장면에서 '그네'가 불쑥 튀어나와서 작품의 격을 낮췄다.

나미의 팔이 올라와 인철의 목을 감았다. ㉠<u>그네의</u> 손에서 트럼장이 흘러 떨어졌다. 인철은 나미를 침대에 쓰러뜨렸다. ㉡<u>그네의</u> 눈에 약간 놀라는 빛이 어렸으나 거부하는 기색은 아니었다.

㉠의 '그네의'를 빼어 버리거나 밑줄 친 부분을 '나미의 팔이 올라와 인철의 목을 감을 때, 손에서는 트럼장이 흘러 떨어졌다'고 하면 된다. ㉡의 '그네의'는 그냥 빼어 버려야 한다. 이 장면에 있는 여인은 나미뿐이므로 '그네의'는 군더더기다.

다음은 한말숙이 쓴 『신과의 약속』의 첫장면이다.

간호원이 체온계를 들여다보며 고개를 끈다. <u>영희의 가슴이 뜨끔해졌다. 그녀는</u> 얼른 "몇 도지요?" 했다.

'그녀는'은 괜히 끼여들었다. "몇 도지요?" 하고 물을 사람은 영희 이외에 없지 않은가? 밑줄 친 부분을 '영희는 가슴이 뜨끔해지면서 몇 도지요? 했다'고 해도 되겠다. '그녀'를 애용해 온 습성이 유명 작가의 작품에 얼룩을 만든다.

다음은 김동리 소설 『이곳에 던져지다』의 한 장면이다.

석애의 발길이 경준의 하숙집 앞을 돌게 되었다고 해서 반드시 의식의 밑바닥 속에 서리고 있는 연모의 정이 가셔지지 않은 증거라고 볼 수는 없다. 적어도 ㉠<u>그녀 자신</u>은 그렇게 생각하는 편이다. ㉡<u>그보다 그녀더러</u> 솔직히 고백하라고 한다면 기애를 감시하기 위해서라고 할 것이다. 경준이 어저께 서울로 돌아왔다고 들었으니까 오늘 밤쯤엔 틀림없이 기애와 만날 것이라고 짐작되었기 때문이다.

그러나 막상 ⓒ그와 그녀가 만나는 것을 본다면 어떻게 할 작정이냐고 누가 묻는다면 ⓔ그녀는 대답을 하지 못할 것이다. 정말 ⓜ그녀 자신으로서도 이해할 수 없는 심사였다. 아주 ⓗ그녀에게 양보하기로 결심까지 했던 ⓢ자기가 지금 와서 이렇게 악착같이 찾아다니며 기어이 흩뜨려 놓고야 배길 것 같은지 모를 일이었다.

경준이 방 들창에 불빛에 환히 비쳐 있는 것을 바라보자 ⓞ그녀는 여전히 가슴이 떨리는 것을 느꼈다. ⓩ그녀는 발소리가 나지 않게 들창 밑으로 다가섰다.

이 글에 여러 번 등장한 '그녀'도 습관적으로 마구 쓴 것이다.

㉠은 옥상가옥(屋上架屋)이므로 지워 버려야 한다. '적어도 자신은 그렇게 생각하는 편이다'고 하면 손색이 없고 이해하는 데도 전혀 지장이 없다.

ⓛ의 '그보다 그녀더러'도 군더더기니까 빼어 버리고 '제삼자가'를 넣으면 어울린다.

ⓒ의 '그와 그녀가'는 '두 사람이'라고 하는 것이 한국인다운 표현 방식이다.

ⓔ의 '그녀는'도 빼어 버려야 한다.

ⓜ을 '석애 자신도'라고 표현하면 한결 선명해진다. 자격격 조사 '으로서'는 가당치 않은 습관적 표현이다.

ⓗ은 '기애에게'라고 명시해야 한다. 기애의 이름을 제시한 뒤 '그녀'를 여러 차례 반복해서 혼란하기 때문이기도 하고, 양보할 대상을 선명히 하기 위해서도 그렇다.

ⓢ은 이런 류의 글에서 드물게 보이는 올바른 표현이다. '그녀'가 못쓸 '소리'임을 극명하게 보여 주는 좋은 예다.

ⓞ은 단락이 바뀌었으니까 '석애'라고 써야 하고, 이렇게 하면 ⓩ의

'그녀는'은 바로 앞 문장 주어 '석애는'이 있으니까 전혀 필요없다.

두 여인 석애와 기애를 등장시켜 놓고 두 사람을 똑같이 '그녀'라는 감각 없는 '부호'로 바꿔서, 발걸음마다 발 끝에 채이는 돌뿌리처럼 글줄에다 촘촘히 박아 놓았다. 가능한 한 넓은 장면을 순간에 파악하면서 계속 시선을 옮겨야 하는 독자를 괴롭힌다. 석애를 '그녀'라고 했으면 기애는 '이녀'나 '저녀'로 구별이나 해서 부르면 한결 도움이 되지 않을까?

다음엔 '그녀'를 염주알 꿰듯이 늘어 놓은 단편소설의 한 장면이다.

별안간 그녀의 흐느끼는 소리를 듣고 나는 깜짝 놀라 그녀의 잡았던 손을 놓았다. 그녀는 무슨 말인가를 하고 있었다. 불을 좀 켜달라 했다. 왜 그러지? 나의 말은 떨려 나왔다. 잠깐만 켜주세요. 애타는 목소리였다. 불을 켰다. 뜻밖에도 그녀의 얼굴은 눈물에 함빡 젖은 채 처참하도록 창백하게 질려 있었다. 그녀는 애처로운 눈으로 나를 한번 쳐다보고는 그냥 세워 놓은 무릎에 이마를 괴고 흐느꼈다. 잠시 무거운 침묵이 흘렀다. 그녀의 파도치는 어깨를 내려다보는 나의 가슴은 자꾸만 비어져 가고 있었다. 얼마 후에야 그녀는 다시 한 번 머리를 들고 아까보다 더욱 처절한 눈으로 역시 나를 한 번 쳐다보고는 무엇을 결심한 듯이 돌아앉아 방 윗목에 있는 백을 들추어 웬 노트 한 권을 꺼내어 말없이 나의 앞에 밀어 놓았다. 그녀는 다시 돌아 앉아…….

등장한 여자가 하나뿐이니까 '그녀'를 수용하더라도, 첫째 것만 놔두고 다른 '그녀'는 다 빼 버려야 글의 질이 좀 나아진다.

내용인즉 '그녀가 흐느끼는 소리에 놀라 불을 켰더니 노트를 내놓았다'는 것인데, 과장한 엄살과 실감이 나지 않는 감상을 풍선처럼 부풀려 중언부언 400자나 늘어 놓았다. '나'는 누구고, '그녀'는 누구며, 무엇 하는 자며, 어떤 인물인지 전혀 감이 안 잡힌다.

작품을 다 읽어 보면 안다고 하겠지만, 쓸 만한 나무는 한 단면만 봐도 종류와 나이, 쓸모를 알 수 있다. 단지 두어 줄 속에 주인공의 성격을 뚜렷이 부각한 김유정의 『동백꽃』을 보라.

다음은 조정래의 장편소설 『태백산맥(太白山脈)』 첫권의 일부다.

정하섭은 두 팔을 휘저으며 울음도 비명도 아닌 소리를 다급하게 지르고 있었다. 흉악한 꿈에 쫓기고 있거나 가위에 눌리고 있음이 분명했다. 그녀는 그를 깨워야 한다고 생각했다. 팔을 뻗쳤다. 그러나 그녀의 손은 그의 몸 가까이에서 멈춰지고 말았다. 감히 그의 몸에 손을 댈 수가 없었다. 그가 맨몸이어서가 아니었다. 그는 계속 괴로운 몸부림을 하고 있었고, 그녀의 손은 허공만을 자꾸 잡아쥐며 가늘게 떨렸다. 잡귀에게 잡히면 안되는디…… 혼을 빼앗기면 안되는디…… 그녀는 안타까움으로 팔을 뻗쳤다가 자기의 가슴을 뜯다가 안절부절 못하고 있었다. 잡귀를 물리쳤는지 그는 잠시 후에 편안한 잠을 이어갔다. 그녀는 조심스럽게 이불을 끌어당겨 그의 어깨까지 덮었다. 그러다가 그의 이마에 맺혀 있는 땀방울을 보았다. 그녀는 벽에 걸린 삼베수건을 내렸다. 그녀는 돌아서다가 그 수건을 방구석에 떨어뜨렸다. 그리고 반닫이로 급히 다가갔다. 흰 광목수건을 꺼냈다. 조심조심 땀을 찍어내기 시작했다. 그러면서 그녀는 비로소 정하섭이라는 남자의 생김새를 낱낱이 살피고 있었다. 희고 넓은 이마, 숱 많은 새까만 눈썹, 산줄기처럼 곧게 뻗어내린 콧등, 골 깊은 인중 아래 뚜렷한 윤곽의 입술…… 세월은 한 소년을 이렇듯 준수한 남자로 바꾸어 놓았고, 그 남자의 땀을 손수 닦아내고 있다는 사실에 그녀는 그저 목메일 뿐이었다.

식은땀을 다 닦아낸 소화는 깊은 잠에 빠져 있는 그의 모습을 하염없이 바라보고 있었다. 안쓰러울 정도로 그 모습은 지치고 피곤해 보였다. 이 사람은 어젯밤 어디서부터 온 것일까. 새벽녘에 들이닥친 것으로 보아 사람의 눈을 피해 밤새껏 먼 길을 걸어온 것이 분명했다. 「그렇소, 제대로 맞췄소. 내가 바로 빨갱이오.」 서슴없이 말하던 그의 목소리가 다시 귀를 쟁쟁하게 울려왔다. 그는 왜 좌익을 하는 것일까.

빼곡이 쓴 '그'를 정하섭, '그녀'를 소화로 고치거나 빼어 버리고, 문장을 다듬어서 고쳐 쓰면 아래와 같이 훨씬 짧고 선명해진다.

정하섭은 두 팔을 휘저으며 울음도 비명도 아닌 소리를 다급하게 지른다. 무서운 꿈을 꾸거나 가위에 눌리고 있음이 분명하다. 소화는 깨워야겠다고 생각하고 팔을 뻗쳤으나 손이 사내의 몸 가까이서 멈추고 만다. 몸에 감히, 손을 댈 수가 없다. 사내가 맨몸이어서가 아니다. 계속 괴로운 듯 몸부림을 치는데 여인의 손은 자꾸 허공만 잡아 쥐며 가늘게 떤다. 잡귀에게 잡히면 안 되는디…… 혼을 빼앗기면 안 되는디…… 여인은 안타까워 또 팔을 뻗치다가 제 가슴을 뜯으며 안절부절 못한다. 사내는 잡귀를 물리친 듯 잠시 후에 편안하게 잔다. 여인은 이불을 조심스럽게 끌어당겨 어깨까지 덮어 준다. 그러다가 사내 이마에 맺힌 땀방울을 보고 벽에 걸린 삼베 수건을 잡고 돌아서려다가 방구석에 떨어뜨린다. 그리고 급히 반닫이로 다가가서 흰 광목 수건을 꺼내서 조심조심 땀을 찍어 내면서 비로소 정하섭이라는 사내의 생김새를 낱낱이 살핀다. 희고 넓은 이마, 숱 많고 새까만 눈썹, 산줄기처럼 곧게 뻗어내린 콧등, 골 깊은 인중, 아래 윤곽이 뚜렷한 입술…… 세월이 한 소년을 이렇게 준수한 남자로 바꾸어 놓았고, 자신은 이렇게 그 사내의 땀을 씻어 준다는 사실에 그저 목이 멘다.

식은땀을 다 씻어 낸 소화는 깊은 잠에 빠진 하섭의 모습을 하염없이 바라본다. 몹시 피곤해 보여 안쓰럽다. 이 사람이 어젯밤에 어디서 왔을까? 새벽녘에 들이닥친 것으로 보아 사람의 눈을 피해 밤새껏 먼 길을 걸어온 것이 분명하다. 「그렇소, 바로 맞췄소. 나는 빨갱이오.」 서슴없이 말하던 목소리가 다시 귀에 쟁쟁하게 울려온다. 이 사람이 왜 좌익을 하는 것일까?

◆ 신문
• 이럴 때 최양은 직업적 비애를 느낀다. 최양은 S여전 무용과 1학

년 때 아르바이트로 치어걸을 선택했다. <u>그녀는</u> '처음에는 몹시 쑥스럽고 창피했다'며…… <u>그녀가</u> 전담하고 있는 것만도 일주일에 세 차례씩 있는 야구경기…… 등 다양하다. 따라서 <u>그녀</u> 하루 일과는 숨찰 정도로 **빡빡하다**. 사귀고 있는 남자친구도 최양이 일에 쫓겨 자주 만나지 못하는 데 대해 불만이 대단하다. 가족들도 최양이 치어걸로 일하는 것을 극력 반대했다. 최양의 월 실소득은 55만 원 정도. (동아일보)

설명 기사의 주인공은 최양 한 사람뿐인데, 문장이 바뀔 때마다 '최양'과 '그녀'가 번갈아 가며 여덟 번이나 등장했다. 첫 번째 '최양'만 남기고 나머지 '최양'과 '그녀'를 다 없애 버리면, '최양'과 '그녀'가 다른 사람인 듯한 인상이 없어지고 깔끔한 글이 된다. 여러 군데 길을 막고 있는 바리케이드를 다 치워 버린 것 같은 느낌이다.

◆ 번역물

다음은 영어신문 번역판에 담긴 '그녀'의 보기다.

NEW YORK(AP)-A young African man leaned against a pole on a crowded Fifth Avenue corner, glanced furtively from side-to-side and popped open a briefcase filled with sparkling gold and silver watches labeled Rolex and Cartier.

Moments later, <u>an elderly woman</u> walked past and stared at a silver watch.

"Is it real?" <u>she</u> asked. "How much is it?"

뉴욕(에이피)-한 젊은 아프리카 남자가 복잡한 5번가 한 모퉁이 기둥에 기대서서 이쪽 저쪽을 은밀하게 훔쳐보고는 로렉스와 카르티에 딱지가 붙은, 번쩍이는 금시계, 은시계가 가득 든 손가방을 열었다.

잠시 후에 한 중년 여자가 지나가다가 은시계를 유심히 보았다.

"이거 진짜예요?" <u>그녀는</u> 물었다. "얼마죠?"

번역문의 둘째 단락은 다음같이 해야 우리 표현양식에 맞는다.

　잠시 후에 한 중년 여자가 지나가다가 은시계를 유심히 보더니 "이거 진짠가요, 값이 얼마죠?"라고 물었다.

◆ 방송

종래에는 '그녀'를 소설의 주인공에게만 썼는데 요즈음에는 이 '소리'가 방송에서 허구와 현실을 가리지 않고 기승을 부린다.

가장 두드러진 프로그램은 동시통역으로 들려 주는 '세계 소식'이고, 그 다음이 외국어를 가르치는 교육방송, 그 다음이 남녀 아나운서가 한 쌍이 되어 진행하는 좌담 방송이다. 동시통역사들은 외신기사에서 여성을 가리키는 말은 하나도 빼지 않고 철저하게 '그녀'라고 통역한다. '그녀가', '그녀를', '그녀에게', '그녀도' 등은 그런대로 듣겠는데, '그녀는(그년은)'을 연발할 때는 민망하기 짝이 없다.

외국어 교육 담당자들도 마찬가지다. 우리말과 표현 방식이 판이한 외국어를 가르칠 때, 철저한 직역이 필요할 경우가 많지만, 자연스럽게 의역해야 할 때도 '그녀가', '그녀는'을 연발할 때는 그 자질을 의심하지 않을 수 없다.

◆ 남성대명사 '그'

남성 지시대명사라는 '그'도 '그녀'와 마찬가지로 말이 아닌 '소리'다. '그'는 이, 저와 병렬하는 관형사일 뿐이지 결코 남성을 뜻하는 대명사가 아니다. 국어사전들이 '그'를 '그이', '그 사람'의 준말이라고 한 것은 어처구니없는 소리다.

'그 사람, 그이'의 준말인 '그'가 남성만을 가리키는 3인칭 지시대명사라면, 그 본딧말인 '그 사람, 그이'도 당연히 남성만을 가리키는 3인칭 지시대명사여야 할 터인데 과연 그런가? 그렇다면 '이 사람, 이이'의 준말은 '이', '저 사람, 저이'의 준말은 '저'이고, 그것도 남성만을 가리키는 3인칭 대명사인가?

아무리 몰상식해도 한국 사람이라면 이, 이 사람, 이이; 저, 저 사람, 저이; 그, 그 사람, 그이를 남자만을 가리키는 말이라고 하지 않을 텐데, 어떻게 '그'만을 남성을 가리키는 말이라 할 수 있나?

앞에서 '그녀'에 대해서 말한 모든 내용은 '그'에 대해서도 똑같이 적용된다.

다음은 1998년 10월 30일 한글학회에서, 정부가 '10월의 문화인물'로 선정한 석인(石人) 정태진(丁泰鎭) 선생—일제 때 '조선어학회 사건'으로 감옥살이를 하고, 한글연구와 교육에 전념하다가 1952년에 49세를 일기로 서거한 국어학자—을 추모하려고 개최한 학술대회에서 모 대학 교수가 발표한 논문 「석인 정태진 선생의 옛말 연구」의 머리말이다. 겨레의 스승인 애국자를 기리는 글이지만 세련미 없는 문장에 '그'를 남발해 한없이 불경스러워 민망하다.

석인(石人) 또는 쇠돌이라 불리우는 정태진 선생(1903~1952)은, ㉠그의 연보에서도 확인할 수 있듯이, 50 평생이란 길지 않은 생애를 국어 연구와 국어 교육 및 국어 운동에만 바친 국어학자요, 국어교육자요, 국어운동가였다. 이와 같은 ㉡그의 생애는 조선어 학회 및 그 회원들의 나라와 겨레 사랑의 정신과 그 맥을 같이하는데, 그러한 정신은 주시경 선생에서 비롯한다.

㉢그의 연보를 보면서, 우리는 먼저 ㉣그의 이력이 너무 간단한 데 놀란다. 우리가 평소 익히 들어 알고 있는 ㉤그의 명성과는 너무나 차이가 나기 때문이다. 서울 고등보통학교 4년, 연희 전문학교 문과 4년, 미국 유학 4년 등 모두 12년간의 수학 기간과 함흥 영생 고등여학교 교사 생활 13년, 그리고 조선어 학회에서 『큰사전』편찬에 종사한 11년, 그것이 모두 다다. 이 사실만으로도 우리는 ㉥그의 인간으로서의 면모를 얼마쯤 엿볼 수 있다. ㉦그는 평생 동안 오로지 우리말과 글을 가르치고, 널리 펴고, 연구하는 데에만 온힘을 쏟았던 것이다. 그리고 ㉧그

가 1942년 '조선어 학회 수난'에 연루되어 2년 반 동안이나 영어의 생활을 한 것은 우리들 모두가 잘 알고 있는 사실이다.

글을 전면적으로 고치지 않아도 밑줄 친 부분을 다음과 같이 삭제하거나 호응하는 서술어를 경어로 고치면 글의 품위가 훨씬 나아진다.

ㄱ → 그분의

ㄴ → 선생의

ㄷ → 그

ㄹ → 고인의

ㅁ → '그의'를 아예 빼어 버린다.

ㅂ → 인간 석인(石人)의

ㅅ → 선생은

ㅇ → '그가'를 아예 빼어 버린다.

부록

일본어 찌꺼기

1. 순수 일본어

기스 ― **きず(傷)** 우리말의 상처·흠·흠집·결점·티 등의 뜻을 지닌 말이다. 새것에 흠집이 생겼을 때 예사로 쓴다.

도오세 ― **どうせ** 우리말의 어차피·어떻든·하여간 등의 뜻을 지닌 부사다. '어차피 할 일이면 빨리 해야 한다'고 할 경우에 '어차피' 대신으로 쓴다. '도저히 안 될 일이니까 단념하는 게 좋겠다'고 해야 할 경우에 '도저히' 대신 쓰는 사람도 있는데, 이 경우에는 도오세를 도저히, 아무리 해도의 뜻인 'とうてい(到底)'와 혼동해 쓰는 것이다.

사라 ― **さら** 접시를 뜻하는 말인데, 접시에 담은 음식을 세는 단위로도 쓴다. 주로 음식점에서 음식을 주문할 때 '생선회 한 사라, 야채 한 사라 주시오'라고 한다.

앗사리 ― **あっさり** 산뜻하게·담백하게·시원스럽게·간단하게 등의 뜻을 지닌 부사다. 많은 사람이 일본어인 줄 모르고 '싫으면 앗사리 싫다고 해라', '의견을 앗사리하게 말하라' 등 '솔직히', '분명히' 등의 뜻으로 쓴다.

오차 ― おちゃ(お茶) 차(茶)의 뜻인 'ちゃ'에, 일본어에서 공손한 말이
되게 하느라고 여러 말 앞에 붙여 쓰는 접두사 'お(御)'를 이어 쓴 것인
데, 우리말에 적용하면 웃음거리가 된다.

마아 ― まあ 좀 머뭇거리는 듯한 느낌을 드러내는 감탄 부사다. 영남
지방 출신의 고위급 인사들이 연설이나 대화에서 자주 내뱉어서 어색
한 느낌을 준다.

- 말하자면, 학자라 할 수 있지. まあ, 學者と いへましょう.
- 뭐, 괜찮지요. まあ, いいでしょう.
- 글쎄, 좀 생각해 봅시다. まあ, ちょっと 考へて 見ましょう.
- 아니, 그런 말씀일랑 마시고. まあ, そう おっしゃらずに.
- 뭐 그렇게 걱정할 건 없어. まあ, それほど 心配するには 及ばない.

에에또 ― ええと 할 말이 얼른 생각나지 않을 때 쓰는 감탄사다. 우리
말의 '저어', '거시기'와 같은데, 일본어를 알지도 못하는 사람이 거드름
을 피우면서 내뱉는 모습을 보면 우습기 짝이 없다.

요오이 ― ようい(用意) 마음을 먹다, 마음의 준비를 한다, 용의 주도하
다 등, 우리말에도 쓰는 한자어의 일본어 발음인데, 달리기 경기의 출
발선에서 구령하는 사람 중에 '요오이' 한 다음에 호각을 불거나 신호
총 쏘는 사람을 볼 수 있다.

오이 ― おい 친한 벗이나 아랫사람을 부를 때 쓰는 '여보게', '여봐라'
와 같은 뜻으로 쓰는 감탄사다. 일본말을 전혀 모르는 젊은이들이 많
이 쓰니 기괴하다.

입빠이 ― いっぱい(一杯) 한 잔, 한 그릇 등의 명사와 그릇에 물건이 가득 있는 모양을 나타내는 부사로 쓰는 말인데, '가득히'의 뜻으로 예사롭게 쓴다.

일응 ― いちおう(一應) 우선·일단·한번 등의 뜻을 지닌 부사다. 한자어지만 순수 일어 같은 어감이 짙어서 여느 한자어처럼 우리말에 섞여들기가 쉽지 않을 듯한데 지도층 인사들이 즐겨 쓴다.

•교육 및 훈련을 위해서 장병들의 TV 시청을 제한할 수도 있다는 점에서는 <u>일응</u> 수긍할 수 있는 면도 없지 않으나 납득할 수 없는 일이다. (동아일보 「사설」)

적의 ― てきぎ(適宜) 적당히, 알맞게 등의 뜻을 지닌 부사로, 우리말에 섞어 쓰면 쌀에 섞인 뉘처럼 거부감이 생기는데, 지식층 인사들이 즐겨 쓴다.

•<u>적의</u>한 조치를 강구해야 한다. •각 반별로 <u>적의</u> 해결할 것.

기라성 ― きらぼし(綺羅星) '기라(綺羅)'는 별이 반짝이는 모양을 표현한 일본 의태어 'きら'의 취음한자(取音漢字)다. 그러므로 '기라성'은 일본말 'きらぼし(반짝별)'일 뿐이지 우리말이 아니다. 우리 나라 몰지각한 지식인들이 이것을 국어 사전에 올리고, 일어사전에 실린 '顯官たちが〜のごとく〜ぶ'까지 '현관(顯官)들이 〜처럼 늘어서다'로 옮겨 싣고 '신분이 높은 사람이 많이 모여 있는 모습을 비유하여 일컫는 말'이라고 설명했다.(민중서림 발행『국어대사전』)

그래서 이제 덜 떨어진 지식인들이 애용하는 단골말이 되었다. 대학 교수가 강연하는 중에 유명 인물을 인용할 때 '기라성 같은 존재'라고 힘주어 말하고, TV에 출연하는 연예인들이 저희끼리 치켜세울 때 '기라성 같은 스타들이 늘어섰다'고 하는 등, 참으로 꼴불견이다.

우리말에는 뛰어난 인물을 비유하는 말로, 별, 큰별, 태두(泰斗) 등의 명사가 있고, '쟁쟁(錚錚)하다'는 형용사도 있는데 기형어 '기라성'에 밀려나 빛을 잃었다.

무데뽀 — むてつぽう(無鐵砲) 앞뒤 생각없이 무턱대고 하는 모양, 분별 없음, 경솔함 등을 뜻하는 일본말 'むこうみず(向こう見ず)'의 속된 표현으로, 방향과 시각을 겨냥하지 않고 맹목적으로 쏘아대는 발포 행위에 비유한 것이다.

우리말에는 순수어로 '무턱대고', '공중대고' 등이 있고, 한자어로 '저돌적으로', '맹목적으로' 등이 있으니 일본말 중에서도 이처럼 저속한 말을 무심코라도 쓰지 말아야겠다.

나라비서다 '나라비'는 '나란히'를 뜻하는 일본말이고, '서다'는 우리말이니까 한·일 양국어의 혼합체다. '줄지어선다'가 우리말이다.

뗑깡친다 사람이 행패를 부릴 때나, 응석받이 어린애가 투정할 때 흔히 말하는 '뗑깡친다'는, '지랄병'이라고도 하는 '간질(癎疾)'과 뜻이 같은 한자어 전간(癲癇)의 일본음 'てんかん'과 우리말 '친다'를 합한 기형어다.

선호(選好)한다 특정 대상을 가려서 좋아한다는 순수 일어 에리고노미(えりごのみ)에 맞추어 쓴 한자 '선호'에 '한다'를 붙인 기형어다.

2. 일어식 한자어

수많은 한자어를 우리말과 일본어에서 같이 쓰고 있지만, 일본인이 만들어 쓰는 한자어 중에는 우리말다운 언어 구조와 어감에 맞지 않은 것이 많으므로 생각없이 받아 쓰지 말고, 그것에 상응하는 우리말을 찾아 쓰고, 없으면 슬기롭게 만들어 써야 한다.

각선미(脚線美) '각선미'를 한글학회가 지은 『우리말큰사전』에는 '다리맵시', 민중서림이 발행한 『국어대사전』에는 '여자 다리의 곡선에서 느끼는 미'라고 풀었다. 그러나 많은 사람이 뜻을 정확하게 알지도 못하면서 아무렇게나 말한다.

- 각선미가 늘씬하다. (EBS) → 다리가 늘씬하다.
- 각선미가 예쁘다. → 다리맵시가 예쁘다.

설명 '미(美)가 늘씬하다', '미(美)가 예쁘다'는 말이 안 되는 표현이다.

고수부지(高水敷地) 『우리말큰사전』에는 '고수부지 → 강터, ①강의 언저리 ②강이 흐르던 자리'라 하고, 올림말(표제어) '강턱'은 '큰 물이 들거나 수면이 높은 때에만 잠기는 강변의 턱진 땅'이라고 풀었다. 한자의 뜻을 보면 '강턱'이 옳은데 '→ 강터'로도 해놓아서 좀 헷갈린다.

한편 '고수부지=둔치'로 알고 쓰는 사람들이 있는데 '둔치'는 '물이 있는 곳의 가장자리' 즉, 강턱과 물가 사이에 있는 비탈진 곳이므로 구별해 써야 한다.

단초(端初) 일본인들이 '실마리'를 뜻하는 우리 한자어 '단서(端緒)'와 같은 뜻으로 신문에 많이 쓰는데, 최근 흉내쟁이 지식인들이 지각 없이 써서 급속히 퍼지는 바람에 '실마리'와 '단서'는 악화(惡貨)에 밀려난 양화(良貨) 신세가 되었다.

대합실(待合室) 일본말 '대합(待合)'은 '기다림'의 뜻인 순수 일어 'まちあい'에 맞춘 한자이지, 우리가 쓰는 것과 같은 개념의 한자어가 아니다. 우리 나라 일부 인사가 한자어로 알고 쓰는 대합실은 순수 일본어를 적어 놓은 한자를 우리식 한자음으로 읽은 것이다.

대합이란 한자어가 우리말에 없으니 대합실도 있을 수 없다. 대신 '기다림방', '기다리는 방', '기다리는 곳'이라고 하면 쉬우면서 순수함과 희망감마저 느낄 수 있다.

매물(賣物), 매물(買物) 상인들이 우리말처럼 쓰는 매물(賣物)도 '팔 것'의 뜻인 일본어 'うりもの'에 맞춘 한자고, 우리말로 독음이 똑같은 매물(買物)은 '살 것'이란 뜻의 'かいもの'에 맞춘 한자다.

일본말에서 매물(賣物)은 'うりもの', 매물(買物)은 'かいもの'인데 우리 독음은 매물(賣物)과 매물(買物)이 똑같이 '매물'이어서 변별력이 없어지는 것도 언어 기능상 큰 결함이다. 그러므로 매물(賣物)은 '팔 것', 매물(買物)은 '살 것'이라고 하여 우리말의 순수성과 변별력을 함께 지켜야 한다.

매상(買上), 매상(賣上), 매출(賣出) 매상(買上)은 '사들이기', 매상(賣上)은 '팔기', 매출(賣出)은 '내다 팖'이란 뜻이다. 관계 있는 말을 다음과 같이 정리한다.

매상(買上) → 매입(買入) / 사들이기

매상상환(買上償還) → 사서 갚기

매상(賣上) → 판매(販賣) / 팔기

매상고(賣上高), 매상금(賣上金) → 판매액(販賣額)

매출(賣出) → 방매(放賣) / 내다 팖

매출장(賣出帳) → 판매장(販賣帳)

매점(買占), 매석(賣惜) → 사재기

매절(賣切) → 절품(切品)

매장(賣場)

• 상인들은 <u>매장</u>의 원상복구가 올해 안으로는 어렵다고 보고 상가 옥상이나 시장의 공터를 활용, 좌판장사라도 할 수 있도록 조치해 달라고 요구하고 있다. (동아일보)

설명 매장은 물품·차표·입장권 등을 파는 곳을 뜻하는 일본말 'うりば'의 한자 표기인데, 우리말로 오인하고 예사로 쓴다. 위 기사에서 원상 복구가 어렵다고 한 '매장'에 상응하는 순수한 우리말은 '가게'

고, 한자어는 '점방(店房)'이나 '점포(店鋪)'다.

민초(民草) 예로부터 우리 민족은 하늘이 낸 백성, 천리(天理)를 다하는 백성이라고 해서 천민(天民)이라 했고, 천도교에서는 사람이 하늘을 믿고 성실하게 살면 하늘과 하나가 되는 경지에 이른다고 해서 인내천(人乃天 : 사람이 곧 하늘)이라고 했다. 그런데 우리 지식인 중에는 이런 지식이 있는지 없는지, 민의(民意)를 존중해야 함을 주장하는 글을 쓸 때에 민초(民草)들의 뜻, 민초들의 의지, 민초들의 생활 따위 표현을 유식의 상징처럼 주워대는 인물들이 있다. 民草라는 말은 우리나라는 물론 한자를 쓰는 어느 나라 말에도 없고, 오직 일본말에만 있는데, 일본어 사전 중에서 규모가 가장 큰 日本語大辭林을 보면 民草의 뜻을 '人民お草にたとえた語(인민을 풀에 비유한 말)'이라고 했다. 풀의 일반적인 뜻은 '초본(草本)식물'이지만 우리 민족이 인식하는 '풀'은 벼나 보리, 밀, 기장, 조 같은 곡초(穀草)나 약초(藥草)가 아닌 잡초(雜草)다. 그러므로 민초라는 말은, 우리 민족의 천민(天民), 인내천(人乃天) 사상과는 아주 동떨어져서, 民을 천시하는 사상을 품었다. 그런데 우리나라 사람들에게 가장 친숙한 백성, 국민, 그리고 인류가 보편적으로 쓰는 인민(people)을 다 비켜 놓고 '민초, 민초' 하고 지껄이고 써대는 모양은 더할 수 없는 꼴불견이다.

우리말에서 民에 관한 한자말은 공민(公民), 국민(國民), 농민(農民), 서민(庶民), 양민(良民) 들처럼 모두 민(民)이 뒤에 오는데, 민초(民草)는 그 구조가 거꾸로 된 것만으로도 우리말이 아님이 분명하다.

선착장(船着場) '배가 도달하는 곳'을 뜻하는 일본어 'ふなつきば'에 맞춘 한자어로, 우리 한자어 구조에 어긋나는 표현이다. 적절한 우리말은 '나루터, 도선장(渡船場)'이다.

선호(選好) 이 말은 '좋아하는 것을 선택한다'는 순수 일본어 えりごの

み의 한자 표현인데 근자에 사대주의 근성이 강한 우리 지식인들이, '아들딸 가리는 경향'을 '남아선호사상', '나는 음악을 좋아한다.'를 '나는 음악을 선호한다.', '술을 싫어하는 사람'을 '술을 선호하지 않는 사람' 따위로 말한다.

가릴선(選)의 독음(讀音)은 긴소리 '선:'인데 짧은 소리로 발음해 모두 '선호한다'고 하니까 '先好한다'는 말처럼 들려서 주체성 상실에 무식을 겸해서 극도의 혐오감을 자아낸다. 배운 사람들의 머리가 모두 이렇게 빗나가면 우리나라는 머지 않아 다시 일본에 예속(隷屬)하는 비운을 면하지 못한다.

수속(手續), 수순(手順) 수속과 수순은 우리말 '차례'나 '절차'와 뜻이 같은 일어 'てつづき', 'てじゅん'에 맞춰 쓴 한자로 우리 어감에 맞지 않는 표현인데, 일본 교육을 받지도 않은 세대가 예사로 쓰고 있으니 참으로 기괴한 일이다. 곡초보다 생명력이 훨씬 끈질긴 잡초와 같다고 할까? 신문 기사 속의 용례를 살펴보자.

- 국교수립 '끝내기 수순' (한겨레)
- 공화계 의원들은, 우선 14대 총선을 일사불란한 체제 아래 성공적으로 치르고 난 후 노 대통령과 최고위원들이 정권 재창출을 위한 가장 적절한 방안을 논의하는 수순을 밟아야 한다는 주장이다. (동아일보)
- 정계진출 '수순' 큰 관심. (동아일보)

애매(曖昧)하다 우리 한자말 모호(模糊: 말이나 태도가 흐리터분하고 알쏭달쏭함)와 뜻이 같은 일본말 あいまい의 한자 표기다.

잔업(殘業) 근무 시간이 끝난 뒤에 계속해서 하는 일을 뜻하는 일본식 한자어로, 좀처럼 우리 말맛에 맞지 않는다. 정한 동안의 일을 다 하고 덤으로 하는 일이니까 '덤일'이라고 하면 좋겠다.

지분(持分) 어떤 공유재산에 대해 공유권자가 가지는 부분적인 소유권을 뜻하는 일본어 'もちぶん'으로 우리말 '몫'에 해당한다.

축제(祝祭) 예술, 체육 등의 큰 행사를 일컫는 이 말은 서양의 행사 개념과 일본식 언어 구조로 된 말인데, 어쩔 수 없이 쓰자면 다음과 같이 구별해 쓰는 게 좋겠다.

제전 : 조상에 대한 제사, 순국선열 추모제, 향교의 석전제, 종묘 제향 등 죽은 이의 영혼에 대한 제사

축제 : 기우제, 동신제(洞神祭), 사직 신제, 풍어놀이 등 기원(祈願)의 뜻을 담은 행사

축전 : 예술, 체육 등 기쁘고 즐거운 행사

놀이·구경 : 즐겁게 노는 일, 유희(遊戲)

따라서 구체적 행사의 명칭도 다음 같이 써야 한다.

- ○○음악제 → ○○음악회
- ○○미술제 → ○○미술전람회 (미전)
- ○○체육제 → ○○체육회 (대회)
- 여의도 벚꽃축제 → 여의도 벚꽃 놀이
- 내장산 단풍축제 → 내장산 단풍 놀이
- 함평 나비축제 → 함평 나비 구경

요지(楊枝) 일본에서는 이쑤시개를 버드나무 가지로 만드므로 'ようじ (楊枝)'라고 하는데, 많은 사람이 품위 있는 말인 줄 알고 '요지'라고 한다.

취급(取扱)한다 우리말 '다룬다', '처리한다'에 상응하는 일본말 'とりあつかう'에 맞춘 한자어다.

우리말 '다룬다'는 '다루기 힘든 일, 연장을 다룬다, 악기를 다룬다, 짐승을 다룬다, 쇠가죽을 다루는 기술' 등으로, '처리한다'는 사무 처리,

사건 처리, 화학적 처리, 물리적 처리 등으로 쓰임이 자재로운 데 반해, '취급한다'는 물건을 다룬다는 뜻이어서 우리 말맛에 맞지 않을 뿐 아니라 우리 생활에 전혀 쓸모가 없다. 그리고 사람을 대할 때는 반갑게 맞아, 정중하고 융숭하게 대접하기도 하고, 반갑지 않아도 할 수 없이 맞으면 천대(냉대·푸대접)하기도 한다. 그러므로 '사람을 바보로 취급한다.'처럼 표현하기보다 '사람을 바보로 대접한다'고 하는 편이 적절하다. 다시 요약하면, 물건은 다루고 일은 처리하고 사람은 대접하는 것이니, '취급한다'는 버려야 한다.

~선(先) 'ゆきさき(行先)', 'きよらいさき(去來先)'처럼 '~갈 곳', '~하는 상대방' 등의 뜻을 지닌 순수한 일본어 성분인데, 너무나 안일하게 널리 쓴다. 우리식 한자어로 고쳐 써야 한다.

거래선(去來先) → 거래처(去來處)

구매선(購買先) → 구입처(購入處) / 살 곳

구입선(購入先) → 구매처(購買處) / 살 곳

판매선(販賣先) → 판매처(販賣處) / 팔 곳

수입선(輸入先) → 수입처(輸入處) / 사들일 곳

수출선(輸出先) → 수출처(輸出處) / 내다 팔 곳

행선지(行先地) → 갈 곳 / 목적지

역할(役割) 순수 일어 'やくわり'의 한자 표기이므로 버리고 우리 토막이말 '구실', '노릇', 한자말 '기능(機能)'·'소임(所任)'을 되찾아 써야 한다.

간추린 문법과 한자어 구조의 유형

1. 간추린 문법

현행 학교 문법에서 이 책 내용과 관계 있는 것만 뽑아 알기 쉽게 정리했다.

문법의 기본 요소

◆ 음운(音韻)

말소리의 기본 단위로, 음소(音素)라고도 하며, 음절(音節)을 이루는 재료다.

• 국어의 음운

모음 ┌ 단모음 ㅏ, ㅐ, ㅓ, ㅔ, ㅗ, ㅚ, ㅜ, ㅡ, ㅣ
　　　└ 복모음(중모음) ㅑ, ㅒ, ㅕ, ㅖ, ㅘ, ㅙ, ㅛ, ㅝ, ㅞ, ㅟ, ㅠ, ㅢ

자음 ─ ㄱ, ㄴ, ㄷ, ㄹ, ㅁ, ㅂ, ㅅ, ㅇ, ㅈ, ㅊ, ㅋ, ㅌ, ㅍ, ㅎ, ㄲ, ㄸ, ㅃ, ㅆ, ㅉ

◆ 음절(音節)

음운으로 된 소리의 단위이다.

한 음운 음절	모든 모음
두 음운 음절	가, 나, 다, 라, 마, 바, 사, 자, 차, 카, 타, 파, 하, 과, 괘, 눠, 눼, 귀, 긔······
세 음운 음절	각, 난, 닫, 람, 발······
네 음운 음절	늙, 닭, 밟, 끊······

◆ 형태소(形態素)

일정한 소리가 일정한 뜻과 결합한 가장 작은 말의 구성 요소다.

<u>철수</u> <u>가</u> <u>이야기</u> <u>책</u> <u>을</u> <u>읽</u> <u>었</u> <u>다</u>.(여덟 형태소)

① 자립 형태소: 철수, 이야기, 책 (세 형태소)

② 의존 형태소: 가, 을, 읽, 었, 다 (다섯 형태소)

③ 실질 형태소: 철수, 이야기, 책, 읽 (네 형태소)

④ 형식 형태소: 가, 을, 었, 다 (네 형태소)

◆ 단어(單語)

낱말이라고도 하며 뜻을 지닌 말의 최소 단위이다.

<u>철수</u> <u>가</u> <u>이야기책</u> <u>을</u> <u>읽었다</u>.(다섯 단어)

◆ 어절(語節)

문장을 구성하는 한 도막 한 도막의 마디로 의미적 구성 단위이며, 문장 성분의 최소 단위이다.

<u>철수가</u> <u>이야기책을</u> <u>읽었다</u>.(세 어절)

◆ 문장(文章)

의미상으로 독립한 사상 감정을 나타낸, 가장 큰 문법 단위이다.

<u>철수가 이야기책을 읽었다</u>.(한 문장)

품사 분류(品詞 分類)

품사는 단어를 문법상 뜻과 형태와 직능에 따라 분류한 것이다.

```
명   사 ┐
대명사  ├─ 체언 : 조사의 도움을 받아 문장의 뼈대가 된다.
수   사 ┘

관형사 ┐
       ├─ 수식언 : 체언이나 용언 앞에서 그 말을 꾸민다.
부   사 ┘

감탄사 ── 독립언 : 문장 안의 성분들과 관계없이 독립해서 감탄하
                  는 말, 부르는 말, 대답하는 말로 쓴다.

동   사 ┐
       ├─ 용언 : 문장의 주체(주어)를 서술한다.
형용사 ┘

조   사 ── 관계언 : 주로 체언에 붙어서 말 사이의 관계를 나타낸다.
```

문장 성분

◆ 주성분

한 문장의 뼈대가 되는 필수 성분으로 주어, 서술, 목적어, 보어를 말한다.

① 주어부 : 주어와 그에 딸린 부속 성분

비가 내린다.

방울이 굵은 비가 내린다.

• 주어 : 문장의 주체가 되는 말

나는 학생이다.

산이 높다.

아기가 웃는다.

347

② 서술부 : 서술어, 목적어, 보어와 그것들에 딸린 말(관형어와 부사어)

비가 내린다. 학생이 <u>그림을</u> 그린다.

학생은 <u>군인이</u> 아니다. 학생이 <u>큰 그림을</u> 그린다.

비가 <u>종일</u> 내린다.

- 서술어 : 주어의 움직임, 상태, 성질을 서술하는 말

  닭이 <u>운다</u>. 산이 <u>높다</u>.

  꽃은 <u>식물이다</u>.

- 목적어 : 타동사로 서술하는 행위의 대상이 되는 말

  학생이 <u>공부를</u> 한다. 나그네가 <u>꽃을</u> 꺾는다.

- 보어 : '되다'와 '아니다'가 서술 기능이 불완전하여 앞에서 보충해 주는 말

  구름이 <u>비가</u> 된다. 서민은 <u>노예가</u> 아니다.

◆ 부속 성분

주성분을 꾸며 주는 성분으로 관형어(수식어)와 부사어(한정어)가 있다.

- 관형어 : 체언 앞에서 그 뜻을 매기는 말(그래서 『우리말본』에서는 '매김말'이라 한다)

  <u>새</u> 책, <u>헌</u> 옷, <u>까만</u> 신, <u>착한</u> 사람, <u>높은</u> 산

- 부사어 : 서술어 앞에서 그 뜻을 한정(限定)하는 말

  아기가 물을 <u>조금</u> 마셨다. 정상회담이 <u>오늘</u> 열린다.

  꽃이 <u>매우</u> 아름답다. 철수는 <u>걸어서</u> 등교한다.

◆ 독립 성분

문장에 속하지 않고 독립해서, 문장 전체에 작용하는 감탄사와 부르는 말, 대답하는 말

- 감탄사

  <u>아차</u>, 내가 실수했구나! <u>어</u>, 그것 참 크이.

- 부르는 말

  <u>여보</u>, 당신 내 말 좀 들어요.
- 대답하는 말

  <u>예</u>, 어서 말씀하십시오.

동사

사물의 움직임을 나타내면서 문장의 서술어가 되는데 어간(語幹)과 어미(語尾)로 된다.

◆ 어간

말의 줄기 부분으로, 그 말을 여러 형태로 활용할 때 형태가 변하지 않는다.

<u>먹</u>어라, <u>살</u>았다, <u>심</u>는다, <u>주</u>어라, <u>일하</u>ㄴ다, <u>공부하</u>는, <u>사랑하</u>여야, <u>실종하</u>였다, <u>당선하</u>고

설명 어근(語根)과 어간(語幹)

말의 중심이 되는 요소로 더 나눌 수 없는 부분을 어근이라고 하는데, 어간은 어근만으로 되기도 하고 어근에 접사가 붙어서 되기도 한다.

① 어근만으로 된 어간

　<u>가</u>ㄴ다, <u>오</u>르, <u>놀</u>았다, <u>살</u>아야, <u>굶</u>는, <u>밟</u>으니, <u>먹</u>어라

② 어근에 접두사(짓)가 붙어서 된 어간

　<u>짓밟</u>았다, <u>짓이기</u>ㄴ다, <u>짓누르</u>ㄴ다

③ 어근에 접미사(하다)가 붙어서 된 어간

　<u>일하</u>는, <u>사랑하</u>여, <u>노래하</u>ㄴ다, <u>축하하</u>는, <u>당선하</u>였다

설명 '하다'는 '공부를 한다', '일을 한다'처럼 쓸 때에는 독립한 품사(동사)지만, '일하다, 사랑하다, 공부하다, 선거하다, 당선하다'처럼 어근에 붙어서 동사를 이룰 때는 접미사이며, 이렇게 해서 된 동사를 하다류 동사(하다 따위 움직씨)라고 한다.

349

◆ 보조 어간

어간에 붙어 뜻을 도우면서 그 어간과 함께 한 덩어리 어간이 된다.

   ① 사동 보조 어간 : 동사 어간에 붙어서 그 동사를 사동사(使動詞)로 만든다.

     ‘이’ : 죽다 → 죽이다, 속다 → 속이다, 녹다 → 녹이다, 자다 → 자이(재)다, 먹다 → 먹이다, 보다 → 보이다

     ‘리’ : 살다 → 살리다, 놀다 → 놀리다, 울다 → 울리다, 날다 → 날리다

     ‘우’ : 서다 → 서우(세우)다, 깨다 → 깨우다, 비다 → 비우다, 새다(밤을) → 새우다

     ‘기’ : 숨다 → 숨기다, 웃다 → 웃기다, 옮다 → 옮기다, 남다 → 남기다, 넘다 → 넘기다, 벗다 → 벗기다

     ‘히’ : 앉다 → 앉히다, 입다 → 입히다, 맞다 → 맞히다, 굽다 → 굽히다

   ② 피동 보조 어간 : 동사 어간에 붙어서 그 동사를 피동사(被動詞)로 만든다.

     ‘히’ : 먹다 → 먹히다, 잡다 → 잡히다, 밟다 → 밟히다, 닫다 → 닫히다

     ‘기’ : 안다 → 안기다, 담다 → 담기다

     ‘이’ : 깎다 → 깎이다, 낚다 → 낚이다, 놓다 → 놓이다

     ‘리’ : 걸다 → 걸리다, 누르다 → 눌리다, 뚫다 → 뚫리다

◆ 어미

어간에 붙어서 여러 형태로 변하며, 어말어미와 선어말어미가 있다.

   ① 어말어미 : 단어 끝에 오는 어미

     • 명사형 어미 : 먹기, 죽으ㅁ

     • 관형사형 어미 : 읽으ㄴ, 하ㄹ

     • 연결형 어미 : 앉아서, 자고, 오면, 가니

- 종결형 어미 : 먹는다, 먹어라, 먹느냐, 먹자

② 선어말 어미 : 어말어미 앞(先)에 오는 어미

- 높임 : 오시ㄴ다, 가시는, 주무시ㄹ

- 공손 : 가옵니다, 주시옵소서

- 시간 : 현재-오ㄴ다, 가ㄴ다, 먹는다, 심는다

　　　　과거-앉았다, 먹었다

　　　　과거 회상-오더니, 가더니, 있더니

　　　　미래-내일 오겠다, 오후에 가겠다

　　참고 '겠'은 시간적 미래 외에 다음과 같은 뜻으로도 쓴다.

- 의지 : 내가 그 일을 꼭 하겠다.

- 추측 : 오후에 비가 오겠다.

- 가능성 : 문제가 어려워서 못 풀겠다.

◆ 활용

　서술할 때 문법적 관계를 표시하려고 용언의 끝(어미)을 여러 가지로 바꾸는 현상이다.

① 종결형 : 문장의 서술어가 되어 끝맺는다.

- 평서형 : 영희가 노래를 부르느다.

- 감탄형 : 영희가 노래를 부르는구나!

- 의문형 : 영희야, 노래를 부르냐?

- 명령형 : 영희야, 노래를 불러라.

- 청유형 : 영희야, 노래를 부르자.

② 연결형 : 주어를 서술하면서 문장을 끝내지 않고 다른 문장이나 용언에 잇는다.

- 대등적 연결형 : 앞뒤 문장을 대등하게 이어 준다.

　산은 높고, 물은 맑다.　　물이 맑으며, 하늘은 높다.

- 종속적 연결형 : 앞 문장을, 뒤따르는 문장에 종속하게 이어 준다.

　봄이 오면, 꽃이 핀다.　　겨울이 오니, 날씨가 춥다.

- 보조적 연결형 : 뒤따르는 보조 용언과 어울려서 하나의 서술어가 된다.

  철수가 의자에 앉아 있다.

  동생이 과자를 먹고 있다.

  인수도 그곳에 머무르게 되었다.

  영수는 학교에 오지 않았다.

③ 전성(轉成)형

- 명사형 : 문장을 명사처럼 만든다.

  겨레가 슬퍼하므은 열사를 잃었기 때문이다.

  과자 먹기를 싫어하는 사람도 있다.

- 관형사형 : 문장을 관형사처럼 만든다.

  네가 읽으ㄴ 책이 몇 권이냐?

  내가 하ㄹ 일이 많다.

2. 한자어 구조의 유형

주·술 구조 : 주어+서술어

기진맥진(氣盡脈盡) : 기운과 정력이 다했다.

산고(山高) : 산이 높다.

수청(水淸) : 물이 맑다.

세서천역(歲序遷易) : 세서가 변천했다.

　　　　　　　　　　세서 : 사계(四季)의 차례.

세한(歲寒) : 날이 추워진다.

역부족(力不足) : 힘이 모자란다.

연상(年上) : 나이가 많다.

연로(年老) : 나이가 많아 늙다.

연소(年少) : 나이가 어리다.

연장(年長) : 나이가 많다.

술·목 구조 : 서술어+목적어

가세(加勢) : 힘을 더한다.　　　가속(加速) : 속도를 더한다.

가열(加熱) : 열을 더한다.　　　구도(求道) : 정도를 구한다.

구직(求職) : 직업을 구한다.　　독서(讀書) : 책을 읽는다.

득도(得道) : 도를 깨닫는다.　　득세(得勢) : 세력을 얻는다.

무법(無法) : 법을 무시한다.　　보은(報恩) : 은혜를 갚는다.

설법(說法) : 불법을 풀어 밝힌다.　실격(失格) : 자격을 잃는다.

실종(失踪) : 종적(踪跡)을 잃는다.　위법(違法) : 법을 어긴다.

입법(立法) : 법을 제정한다.　　입지(立志) : 뜻을 세운다.

조선(造船) : 선박을 건조한다.　준법(遵法) : 법을 지킨다.

출가(出家) : 집을 나간다.　　　치국(治國) : 나라를 다스린다.

타종(打鐘) : 종을 친다.　　　　탈법(脫法) : 법망을 벗어난다.

파병(派兵) : 군대를 파출한다.　호국(護國) : 나라를 지킨다.

호법(護法) : 법을 수호한다.

호헌(護憲) : 헌법의 정신이나 입헌 정치를 옹호한다.

주·종(主從) 구조

◆ 수식(修飾) 구조

관형어(冠形語)+체언(體言)
　종속 성분　　　주체 성분

고산(高山) : 높은 산.

구법(句法)〔一뻡〕: 시문(詩文)의 구절을 만들어 배열하는 방법.

서법(書法)〔一뻡〕: 글씨 쓰는 법.

서:법(敍法)〔一뻡〕: 서술하는 방법.

행법(行法)〔一뻡〕: 불도(佛道)를 닦는 법.

민법(民法)〔一뻡〕: 민사에 관한 법.

형법(刑法)〔一뻡〕: 형사에 관한 법.

고위(高位): 높은 지위.

관권(官權)〔一꿘〕: 정부의 권력.

민권(民權)〔一꿘〕: 인민의 권리.

금고(金庫): 돈이나 재물을 넣어 두는 곳(집).

서고(書庫): 책이나 문서를 넣어 두는 곳(집).

빙고(氷庫): 얼음을 넣어 두는 곳(집).

담수(淡水): 짠맛이 없는 물, 민물.

담수어(淡水魚): 민물에서 사는 물고기.

무법자(無法者): 법을 무시하는 사람.

위선자(僞善者): 겉으로만 착한 체하는 사람.

고가(高價)〔一까〕: 비싼 가격.

염가(廉價)〔一까〕: 싼 값.

진가(眞價)〔一까〕: 진실한 가치.

지배자(支配者): 지배하는 사람.

인자(仁者): 마음이 어진 사람.

지자(智者): 슬기로운 사람, 지혜가 많은 사람.

문필가(文筆家): 문필을 업으로 삼는 사람, 문필이 뛰어난 사람.

◆ 한정(限定) 구조

<u>부사어(副詞語)</u> + <u>용언(用言)</u>
　종속 성분　　　 주체 성분

결단(決斷)〔一딴〕: 결정적으로 단정한다.

속단(速斷): 빨리 판단한다.

판단(判斷): 사물의 진위, 선악, 미추를 생각해 판가름한다.

고가(高架): 높게 건너지른다.

고가교(橋), 고가철도, 고가도로.

격리(隔離) : 사이가 막혀 서로 떨어져 있다.

격추(擊墜) : 쳐서 떨어뜨린다.

격침(擊沈) : 쳐서 가라앉힌다.

격퇴(擊退) : 쳐서 물리친다.

긴장(緊張) : 팽팽하게 켕긴다.

돌격(突擊) : 돌진하여 공격한다.

사격(射擊) : 총·포를 쏘아 공격한다.

전격(電擊) : 번개처럼 급작스럽게 공격한다.

진격(進擊) : 앞으로 나아가며 공격한다.

금지(禁止) : 말려서 그만두게 한다.

전염(傳染) : 옮아서 물든다.

돌발(突發) : 갑자기 일이 생긴다.

등기(登記) : 장부에 기재한다.

분단(分斷) : 나누어 끊는다.

발급(發給) : 발행해 준다.

실각(失脚) : (발을) 잘못 디딘다. = 실족(失足).

오염(汚染) : 더럽게 물든다.

원격(遠隔) : 멀리 떨어진다.

일수(日收) : 날마다 거두어들인다.

전승(傳承) : 전하여 받는다.

참고(參考) : 살펴서 생각한다.

출동(出動) : 나가서 행동한다.

침수(浸水) : 물에 잠긴다.

타살(打殺) : 때려서 죽인다.

합법(合法) : 법에 맞는다.

확대(擴大) : 늘이어서 크게 한다.

확산(擴散) : 흩어져서 번진다.

합일(合一) : 합하여 하나가 된다.

호전(好轉) : 변해서 잘 되어 간다.

대립·병렬(竝列) 구조

두 말(字)이 제 뜻을 유지한 채 맞선다.

◆ 명사+명사

공사(公私) : 공공(公共)의 일과 사사로운 일.

산천(山川) : 산과 내.

상하(上下) : 위와 아래, 높고 낮음, 귀함과 천함, 윗사람과 아랫사람.

우마(牛馬) : 소와 말.

자웅(雌雄) : 암컷과 수컷, 승부, 우열, 강약을 비유하는 말.

좌우(左右) : 왼쪽과 오른쪽.

초목(草木) : 풀과 나무.

표리(表裏) : 겉과 속, 표면 행동과 속마음.

◆ 형용사+형용사

가부(可否) : 옳고 그름, 시비.　　　강약(强弱) : 강함과 약함.

고저(高低) : 높고 낮음.　　　곡직(曲直) : 굽음과 곧음.

관대(寬大) : 너그럽고 큼.　　　명암(明暗) : 밝음과 어두움.

선악(善惡) : 착함과 악함.　　　시비(是非) : 옳음과 그름.

예둔(銳鈍) : 날카로움과 둔함.　　　완급(緩急) : 늦음과 빠름.

우열(優劣) : 뛰어남과 뒤떨어짐.　　　원근(遠近) : 멂과 가까움.

◆ 동사+동사

공방(攻防) : 치기와 막기.　　　생멸(生滅) : 생김과 없어짐.

성쇠(盛衰) : 번성함과 쇠퇴함.　　　문답(問答) : 묻고 대답함.

수수(授受) : 주고받음.　　　승강(昇降) : 오르고 내림.

왕래(往來) : 오고 감.

출입(出入) : 나감과 들어옴.

여탈(與奪) : 주기와 빼앗기.

흥망(興亡) : 흥함과 망함.

융합(融合) 구조

두 말이 융합해서 뜻이 단일한 말이 된다.

◆ 명사+명사

가옥(家屋) : 사람이 사는 집.

가치(價値) : 값, 값어치.

군병(軍兵) : 군사(軍士), 군인들.

가택(家宅) : 살림하는 집.

관건(關鍵) : 빗장, 사물의 핵심.

방법(方法) : 목적을 달성하기 위한 수단이나 계획적 조치.

삼림(森林) : 나무가 많이 우거진 곳.

선박(船舶) : 크고 작은 배.

세월(歲月) : 흘러가는 시간.

차량(車輛) : 기차의 한 칸, 여러 종류의 차.

창고(倉庫) : 곳집.

창구(窓口) : 창을 뚫어 놓은 곳. 창을 통해 사람을 응대하고 돈 출납
등 사무를 보는 곳.

토지(土地) : 땅, 논밭, 집터, 터.

하천(河川) : 시내, 강.

토양(土壤) : 흙.

해양(海洋) : 큰 바다.

희생(犧牲) : 천제, 종묘, 제사 때 바치는 짐승.

◆ 형용사+형용사

간단(簡單) : 간략하다.

낭랑(朗朗) : 빛이 매우 밝다.

도도(滔滔) : 흐름이 거침없다.

인색(吝嗇) : 몹시 아낀다.

쟁쟁(錚錚) : 구슬이 울리는 소리가 매우 아름답다. 지나간 소리가
잊혀지지 않고 귀에 울리는 듯하다.

청청(靑靑) : 싱싱하게 푸르다.

청청(淸淸) : 목소리가 맑고 깨끗하다.

◆ 동사+동사

강하(降下) : 내린다.　　　　　　　　공격(攻擊) : 친다.

상승(上昇) : 올라간다.

생산(生産) : 아이를 낳는다. 생활용품을 만들어 낸다.

유린(蹂躪) : 짓밟는다.　　　　　　　투쟁(鬪爭) : 싸운다. 다툰다.

셈매김씨[數冠形詞]와 하나치[單位名詞]

1. 셈매김씨(수관형사)

한 : 모든 사물을 셀 때 '하나'의 뜻으로 쓴다.

　　한 개, 한 겨레, 한 사람

두 : 모든 사물을 셀 때 '둘'의 뜻으로 쓴다.

　　두 개, 두 마리, 두 집, 두 사람

세 : 모든 사물을 셀 때 '셋'의 뜻으로 쓴다.

　　세 개, 세 곱, 세 마리, 세 사람

서 : 'ㄷ, ㅁ, ㅂ, ㅍ'을 첫소리로 한 낱말 앞에 쓰는 '세'의 특별한 용법

　　이다.

　　서 돈, 서 말, 서 발, 서 푼

석 : 'ㄴ, ㄷ, ㅅ, ㅈ'을 첫소리로 하는 몇 가지 말 앞에 쓰는 '세'의 특별

　　한 용법이다.

　　석 냥, 석 달, 석 섬, 석 자

너 : 'ㄷ, ㅁ, ㅂ, ㅍ, ㅎ'을 첫소리로 하는 명사 앞에 쓰는 '넷'의 뜻의

　　관형사 '네'의 특별한 용법이다.

　　너 돈, 너 되, 너 말, 너 발, 너 푼, 너 홉

넉 : 'ㄴ, ㄷ, ㅅ, ㅈ'을 첫소리로 삼는 몇몇 말 앞에 쓰는 '네'의 특별한

359

용법이다.

넉 냥, 넉 달, 넉 섬, 넉 자

네 : 사물을 셀 때 '넷'의 뜻으로 쓰는 말이다.

네 가지, 네 놈, 네 마리, 네 밤, 네 사람

닷 : 'ㄴ, ㄷ, ㅁ'을 첫소리로 한 말 앞에서 쓰는 '다섯'의 특별한 용법
이다.

닷 냥, 닷 되, 닷 말

대 : 길이의 단위로 쓰는 양수사(量數詞) '자' 앞에 붙어 다섯의 뜻을
나타내는 말이다.

대 자 가웃(반)

엿 : 'ㄴ, ㄷ, ㅁ, ㅂ, ㅅ, ㅈ'을 첫소리로 한 몇 가지 명사 앞에서 '여섯'
을 나타내는 말이다.

엿 냥, 엿 되, 엿 말, 엿 발, 엿 섬, 엿 짐

2. 어림수를 나타내는 셈매김씨

한–두 : 하나나 둘쯤.

어려움이 한두 가지가 아니다.

두–세 : 둘이나 셋.

제비 두세 마리, 두세 가지 물건

두–셋 : 둘 또는 셋.

사람 두셋은 당해 낼 수 있다.

참외 두셋은 먹는다.

두–서너 : 두서넛, 둘, 혹은 서너.

과일 두서너 개.

두서너 사람.

　　　　　두서너 집.

두-서넛 : 둘 혹은 서넛.

　　　　　과일을 두서넛 먹어 본다.

두어-서너 : = 두서너.

　　　　　　사과 두어서너 개.

두어-서넛 : = 두서넛.

　　　　　　이웃 사람 두어서넛이 찾아왔다.

　　　　　　떡 두어서넛을 먹는다.

서너 : 셋이나 넷쯤.

　　　　　쌀 서너 되, 서너 사람, 서너 집, 동전 서너 푼, 서너 차례.

서넛 : 셋이나 넷.

　　　　　사람 서넛이 앉아 있다.

　　　　　모인 사람이 서넛뿐이다.

서너-너덧 : 서넛이나 너덧. 셋이나 넷, 또는 넷이나 다섯.

　　　　　　서너너덧 명, 서너너덧 번

너덧 : 넷 가량.

　　　　　너덧 개, 너덧 사람

너더-댓 : 넷이나 다섯 가량. 네댓보다 더 막연히 말할 때 쓴다.

　　　　　너더댓 사람이 모였다.

네댓 : 넷이나 다섯 가량.

네다섯 : 넷이나 다섯.

대-엿 : = 대여섯. 다섯이나 여섯 가량.

예-닐곱 : 여섯이나 일곱.

　　　　　회의장에 예닐곱 사람이 모였다.

일고-여덟 : 일여덟.

　　　　　과일 일여덟 개.

　　　　　일꾼이 일여덟이 모여서 일한다.

3. 실물의 양을 나타내는 하나치

음식물

종류	하나치	용례
여러 가지 음식	그릇	밥 한 그릇, 국 두 그릇, 국수 한 그릇, 탕 두 그릇, 묵 두 그릇
밥	사발 공기 주발 솥	쌀밥 한 사발 밥 한 공기 보리밥 두 주발 잡곡밥 한 솥
국	대접 솥	고깃국 한 대접 된장국 한 솥
찌개	탕기	된장찌개 한 탕기
김치, 깍두기	보시기	배추김치 한 보시기 무 깍두기 두 보시기
간장, 고추장	종지	간장 두 종지 고추장 한 종지
잡채	접시	잡채 세 접시
묵	접시 모	녹두묵 한 접시 도토리묵 두 모
국수, 냉면	사발 대접 사리	국수 한 사발 냉면 한 대접 국수(냉면) 한 사리
두부	모	두부 한 모
시루떡	접시 목판 켜 시루	쌀시루떡 한 접시 찰시루떡 두 목판 수수시루떡 한 켜 찹쌀떡 한 시루
그밖의 여러 가지 떡	개 접시 목판 동고리 채반 행담	송편 다섯 개 경단 한 접시 개피떡 두 목판 인절미 한 동고리 부꾸미(전병) 한 채반 골무떡 한 행담

종류	하나치	용례
전(煎)	조각 닢(장) 접시 채반	빈대떡 한 조각 녹두전 한 닢(장) 녹두전 두 접시 밀전병 한 채반
음료수	잔 병	차 한 잔 술 한 병
살코기(정육)	점 몫(분) 근	고기 한 점 불고기 한 사람 몫(분) 돼지고기 서 근
갈비	대 몫 짝	쇠갈비 한 대 구운갈비 한 사람 몫 쇠갈비 한 짝
달걀	개 꾸러미 판	한 개에 백 원 한 꾸러미=10개 한 판=30개

곡물 · 과일

종류	하나치	용례
쌀(白米)	작(勺)	쌀 3,200만 섬
보리쌀	홉(合)=10작	보리쌀 닷 섬 엿 말
좁쌀	되(升)=10홉	좁쌀 넉 되 서 홉
콩	말(斗)=10되	콩 너 말 넉 되
기장	섬(石)=10말	기장 엿 되 너 홉
밤	톨 홉 되, 말	산밤 세 톨 생밤 세 홉 알밤 닷 되(말)
대추	알 홉 되, 말	풋대추 세 알 익은 대추 서 홉 말린 대추 두 되(말)
곶감	꼬치 접 동	한 꼬치=20개 한 접=100개 한 동=100접
배, 사과	개 상자 접	배(사과) 세 개 배(사과) 네 상자 한 접=100개

채소

종류	하나치	용례
나물	두름	산나물 한 두름
무	밑동 접	조선무 세 밑동 왜무 한 접(백 밑동)
배추	통(포기) 접	김장 배추 열 통 한 접=100통
파	뿌리 줌 손	김장파 열 뿌리 실파 한 줌 한 손=4~5줌
마늘	쪽, 통 접	한 통(개)=너덧 쪽 한 접=100통
미나리	뿌리, 줌 손	한 줌=너덧 뿌리 한 손=너덧 줌
새앙(생강)	개, 접	한 접=100개
오이	개, 접	한 접=100개
참외	개, 접	한 접=100개
수박	통(개), 접	한 접=100통(개)
푸성귀	줌 묶음 두름	한 줌=너덧 뿌리 한 묶음=너덧 줌 한 두름=10~20줌

해산물

종류	하나치	용례
김	장(닢) 톳	생김 다섯 닢 한 톳=40닢
미역, 다시마	닢	미역 두 잎 다시마 세 잎
동태	마리, 코 짝	한 쾌=20마리 한 짝=600마리
북어	마리, 쾌 짝	한 쾌=20마리 한 짝=600마리
낙지	마리, 코	한 코=20마리

종류	하나치	용례
오징어	축	한 축=옛날에는 20마리 지금은 10마리
조기	마리, 두름 동	한 두름=20마리 한 동=2,000마리
고등어	마리, 손	한 손=2마리
암치(소금에 절여 말린 민어)	마리, 손	한 손=2마리
비웃(청어)	마리, 두름 동	한 두름=20마리 한 동=2,000마리

약·인삼·담배

종류	하나치	용례
한약	첩(貼) 제(劑)	쌍화탕 두 첩 보약 한 제=20첩
산삼	편(片) 채	한 편=1뿌리 한 채=100근
잎담배 궐련	묶음, 접 개, 갑	한 접=100묶음 한 갑=10개나 20개

옷·옷감·바느질 용품

종류	하나치	용례
바지, 저고리	벌	바지저고리 한 벌
두루마기	벌	두루마기 두 벌
양복	벌	복 세 벌
버선	켤레, 죽	한 죽=10켤레
양말	켤레, 타(打)	한 타=12켤레
이불	채	홑이불 한 채 겹이불 두 채 솜이불 세 채
무명, 베	자	한 자=30cm

종류	하나치	용례
명주	마(碼) 필(疋) 동	한 마=91.44cm 한 필=40~50마 한 동=50필
바늘	쌈	한 쌈=24개
실	사리 타래	적당한 양으로 사리어 감은 뭉치 적당한 분량을 감아서 틀어 놓은 것

식기

종류	하나치	용례
사발, 대접	벌 죽	한 벌=사발과 대접 한 쌍 한 죽=10벌

짚으로 만든 그릇, 깔개

종류	하나치	용례
가마니 돗자리 멍석	닢	가마니 한 닢 돗자리 두 닢 멍석 세 닢

탈 것

종류	하나치	용례
기차	칸 량	열 칸짜리 객차 십 량짜리 화물열차
자동차	대(臺) 량(輛)	버스 한 대 화물차 석 량
비행기	대	여객기 한 대 전투기 두 대 헬리콥터 석 대 수송기 넉 대

종류	하나치	용례
우마차	대 량	마차 한 대 우차 한 량
배	척(隻)	군함 네 척 순양함 다섯 척 요트 여섯 척 쾌속정 일곱 척
손수레	채	손수레 한 채
가마	채	가마 한 채
상여	채	상여 두 채

기계·기구

종류	하나치	용례
탈곡기	대	탈곡기 한 대
윤전기	대	윤전기 두 대
경운기	대	경운기 석 대
총	자루, 정(挺)	엽총 한 자루(정) 소총 한 정(자루) 권총 두 자루(정)
포(砲)	문(門)	대포 한 문 기관포 두 문
노(櫓)	자루, 정	노 한 자루(정)

건물

종류	하나치	용례
한 가구에 속한 건물(들)	집	한 집 김씨네 집
집덩이	채	오막살이 한 채 초가집 두 채 기와집 세 채 안채, 행랑채

부록 · 셈매김씨와 하나치

문구(文具)

종류	하나치	용례
먹	장, 동	한 동=10장(개)
붓	자루, 동	한 동=10자루
연필	자루, 타(打)	한 타=12자루
한지(韓紙)	장, 권(卷) 축 동	한 권=20장 한 축=10권 한 동=100권
양지(洋紙)	장 양지(洋紙) 연	4×6판 1장=1,091mm×788mm 한 속=250장 한 연=500장

인쇄물

종류	하나치	용례
책	권, 부 질	수필집 한 권(부) 시집 한 부(권) 일만 부 한정판 단편소설집 한 질 백과사전 한 질
신문	부	○○일자 신문 10부 백만 부 발행하는 신문
책력	권, 축	한 축=20권

영화 필름

종류	하나치	용례
필름	권	한 권=30m(reel)

땔나무

종류	하나치	용례
섶, 장작	뭇 짐 더미	운반하기 좋게 묶은 것 섶 한 짐=두서너 뭇 여러 개의 뭇을 쌓아 놓은 것

동식물

종류	하나치	용례
새, 닭, 꿩	마리	참새 한 마리 닭 세 마리 꿩 네 마리
물고기	마리	붕어(잉어, 메기) 열 마리
마, 소	필 두(頭)	소 두 필(두) 말 백 필(두)
그 밖의 짐승들	마리	돼지 한 마리 고양이 두 마리 노루 세 마리 사자 세 마리 코끼리 두 마리 기린 세 마리 고래 열 마리
관목	떨기	장미 한 떨기 진달래 세 떨기
교목	그루	소나무 열 그루 밤나무 스무 그루
덩굴식물	덩굴	칡 한 덩굴 등 두 덩굴
꽃	송이 다발 묶음	연꽃 한 송이 국화 한 다발 여러 가지 꽃 섞어서 한 다발 들국화 한 묶음
풀	포기	엉겅퀴 한 포기

농지

종류	하나치	용례
밭	이랑 때기	한 두둑과 한 고랑 한 구획
논	배미 마지기(200평) 섬지기(20마지기)	천수답 열 배미 안전답 세 배미 상등답 닷 마지기 하답 한 마지기 상답 두 섬지기

증권

종류	하나치	용례
주식	주(株)	하루의 거래량 1,448만 주

금(金)

종류	하나치	용례
지금(地金)	개	한 개=10냥쭝
백금, 황금	돈(3.75g) 냥(10돈쭝)	금 두 돈 백금 두 냥

묘·묘석·탑

종류	하나치	용례
묘(무덤, 뫼)	장 기(基)	이곳에 뫼(묘) 한 장 쓸 만하다. 고분 한 기
탑(塔)	기	돌(석)탑 두 기

4. 실물의 부정량과 비구상물의 양을 나타내는 하나치

하나치	적용 대상	용례
겹	넓고 얇은 물건이 포개진 상태	• 겹으로 지은 저고리 • 두 겹으로 접은 종이 • 세 겹살(돼지고기) • 짐을 여러 겹으로 쌌다.
그루갈이, 모작(毛作)	한 해에 같은 땅에 농사짓는 횟수	• 밭에서 조를 심어 두 그루갈이를 한다. • 열대 지방에서는 논에 삼모작을 한다.

하나치	적용 대상	용례
길	사람 키의 한 길이	• 보꾹(천장) 높이가 두 길이다. • 엉덩이 깊이가 세 길이다. • 열 길 물 속
단	벼, 보리, 섶, 짚 등의 묶음	• 벼 석 단 • 보리 두 단 • 섶 다섯 단 • 짚 열 단
동	윷놀이에서 말이 첫밭에서 끝밭을 거쳐나가는 차례	• 한 동 났다. • 두동무니, 석동무니
땀	바느질할 때 바늘로 한 번 뜬 눈	• 한 땀 두 땀 떠 나간다.
몫	물건을 나누어 가질 때 앞이 가지는 분량	• 이것이 누구 몫이냐? • 내 몫은 어디 있냐? • 나도 한 몫 다오.
무더기	한데 많이 모아 놓은 물건	• 흙을 무더기로 쌓아 놓았다. • 오이 한 무더기에 천 원
술	음식 한 숟가락 분량	• 밥을 몇 술 떴다. • 찬밥 두어 술로 점심을 때웠다.
쌍(雙)	둘씩 짝지은 사람, 물건, 동물	• 다정한 부부 한 쌍 • 주발, 대접 두 쌍 • 비둘기 한 쌍
잠	누에가 허물을 벗기 전에 뽕을 먹지 않고 쉬는 횟수	• 넉 잠 자고 나서 섶에 올라 집(고치)을 짓는다.
짝	소나 말에 실은 한 바리짐의 한편 쪽	• 쌀 한 짝 • 소금 두 짝
점	작고 둥글게 찍힌 표나 자리	• 점을 찍다. • 두 점을 직선으로 잇다.
	글자를 쓸 때 한번 찍은 획	• 한 점 한 획을 정성들여 쓴다.
	특히 지적한 어느 부분	• 좋은 점, 나쁜 점 • 취할 점과 버릴 점
	성적을 나타내는 끝수	• 100점 만점에 90점 • 40점 미만은 낙제점이다.
	시(時)	• 지금 몇 점이다. • 여섯 점 쳤다.
	물건의 가지 수	• 의류 칠 점 • 식료품 삼 점
	바둑판의 눈이나 바둑돌의 수	• 두 점 놓고 두는 바둑
	고기의 작은 조각	• 돼지고기 두어 점 • 쇠고기 한 점
	떨어지는 액체의 방울	• 빗방울이 한 점 두 점 떨어진다. • 물에 잉크를 한 점 떨어뜨렸다.

하나치	적용 대상	용례
바리	마, 소 등에 잔뜩 실은 짐	• 곡식 한 바리 • 나무 두 바리
바탕	어떤 일을 한 차례 하는 동안	• 씨름을 한바탕 한다. • 한바탕 싸웠다. • 한바탕 신명나게 논다.
	활을 쏴 살이 미치는 거리	• 활 두 바탕 거리 • 세 바탕쯤 떨어진 거리
발	두 팔을 잔뜩 벌인 길이	• 새끼 두 발 • 넉 발 넓이의 방
발(發)	탄환의 수효. 총으로 탄환을 쏘는 횟수	• 총 한 발 • 몇 발의 박격포
	비행기에 장치한 발동기의 수효	• 쌍발 비행기 • 사발 비행기
방	총, 포를 쏘는 횟수	• 권총을 한 방 쐈다.
방울	작고 둥글게 맺힌 액체 덩어리	• 기름 한 방울 • 빗방울이 떨어진다. • 물이 몇 방울 떨어졌다.
배	짐승이 새끼를 낳거나 알을 까는 번수	• 1년에 두 배씩 낳는 짐승. • 돼지는 한 배에 새끼를 대여섯 마리씩 낳는다. • 닭은 병아리를 한 배에 여남은 마리씩 깐다.
병	가루, 액체 등 병에 담은 것	• 분유 한 병 • 기름 두 병
삭(朔)	달(月)주	• 사오 삭 만에 끝난 일 • 만삭(滿朔) • 칠삭둥이
명(名)	사람의 수효	• 여자 한 명 • 남자 세 명
줄	길이로 죽 벌이거나 늘어서 있는 것	• 두 줄로 선다.
	겉 가량 나이	• 오십 줄에 든 남자
줌	주먹으로 쥘 만한 분량	• 흙 한 줌
짐	한 사람이 한 번에 져나를 만한 분량	• 나무 한 짐 • 흙 두 짐
차례	일이 일어난 횟수	• 소나기가 한 차례 쏟아졌다. • 세 차례나 실패를 했다.
춤	여러 오리로 길게 생긴 물건의 한 손으로 쥘 만한 분량	• 짚 한 춤 • 왕골 두 춤

하나치	적용 대상	용례
켜	포개진 물건의 켜	• 시루떡 두 켜 • 벽돌 두 켜
	노름하는 횟수	• 바둑 한 켜 두자. • 화투 두 켜 친다.
탕	어떤 일의 횟수	• 버스 운행을 열 탕 했다. • 운전대를 잡고 한 탕 뛴다. • 한 탕하고 손을 뗀다.

표준어 규정(제2부 표준 발음법)

이수열 선생님의 우리말 바로 쓰기

제1장 총칙

제1항 표준 발음법은 표준어의 실제 발음을 따르되, 국어의 전통성과 합리성을 고려하여 정함을 원칙으로 한다.

제2장 자음과 모음

제2항 표준어의 자음은 다음 19개로 한다.

ㄱ ㄲ ㄴ ㄷ ㄸ ㄹ ㅁ ㅂ ㅃ ㅅ ㅆ ㅇ ㅈ ㅉ ㅊ ㅋ
ㅌ ㅍ ㅎ

제3항 표준어의 모음은 다음 21개로 한다.

ㅏ ㅐ ㅑ ㅒ ㅓ ㅔ ㅕ ㅖ ㅗ ㅘ ㅙ ㅚ ㅛ ㅜ ㅝ ㅞ
ㅟ ㅠ ㅡ ㅢ ㅣ

제4항 'ㅏ ㅐ ㅓ ㅔ ㅗ ㅚ ㅜ ㅟ ㅡ ㅣ'는 단모음(單母音)으로 발음한다.
〔붙임〕 'ㅚ, ㅟ'는 이중 모음으로 발음할 수 있다.

제5항 'ㅑ ㅒ ㅕ ㅖ ㅘ ㅙ ㅛ ㅝ ㅞ ㅠ ㅢ'는 이중 모음으로 발음한다.
다만 1 용언의 활용형에 나타나는 '져, 쪄, 쳐'는 〔저, 쩌, 처〕로 발음

374

한다.

　　가지어→가져〔가저〕　찌어→쪄〔쩌〕　다치어→다쳐〔다처〕

다만 2 '예, 례' 이외의 'ㅖ'는 〔ㅔ〕로도 발음한다.

　　계집〔계ː집/게ː집〕　　　　계시다〔계ː시다/게ː시다〕

　　시계〔시계/시게〕(時計)　　연계〔연계/연게〕(連繫)

　　몌별〔몌별/메별〕(袂別)　　개폐〔개폐/개페〕(開閉)

　　혜택〔혜ː택/헤ː택〕(惠澤)　지혜〔지혜/지헤〕(智慧)

다만 3 자음을 첫소리로 가지고 있는 음절의 'ㅢ'는 〔ㅣ〕로 발음한다.

　　늴리리　닁큼　무늬　띄어쓰기　씌어　틔어　희어　희떱다

　　희망　유희

다만 4 단어의 첫음절 이외의 '의'는 〔ㅣ〕로, 조사 '의'는 〔ㅔ〕로 발음

　　함도 허용한다.

　　주의〔주의/주이〕　협의〔혀비/혀비〕　우리의〔우리의/우리에〕

　　강의의〔강ː의의/강ː이에〕

제3장 음의 길이

제6항 　모음의 장단을 구별하여 발음하되, 단어의 첫음절에서만 긴
소리가 나타나는 것을 원칙으로 한다.

　(1) 눈보라〔눈ː보라〕　　말씨〔말ː씨〕　　밤나무〔밤ː나무〕

　　　많다〔만ː타〕　　　　멀리〔멀ː리〕　　벌리다〔벌ː리다〕

　(2) 첫눈〔천눈〕　　　　참말〔참말〕　　　쌍동밤〔쌍동밤〕

　　　수많이〔수ː마니〕　　눈멀다〔눈멀다〕　떠벌리다〔떠벌리다〕

다만, 합성어의 경우에는 둘째 음절 이하에서도 분명한 긴소리를
인정한다.

　　반신반의〔반ː신 바ː늬/반ː신 바ː니〕

　　재삼재사〔재ː삼 재ː사〕

〔붙임〕 용언의 단음절 어간에 어미 '-아/-어'가 결합되어 한 음절로 축약되는 경우에도 긴소리로 발음한다.

보아 → 봐〔봐:〕　　　기어 → 겨〔겨:〕　　　　　되어 → 돼〔돼:〕

두어 → 둬〔둬:〕　　　하여 → 해〔해:〕

다만, '오아 → 와, 지어 → 져, 찌어 → 쪄, 치어 → 쳐' 등은 긴소리로 발음하지 않는다.

제7항 긴소리를 가진 음절이라도, 다음과 같은 경우에는 짧게 발음한다.

1. 단음절인 용언 어간에 모음으로 시작된 어미가 결합되는 경우

　　감다〔감:따〕-감으니〔가므니〕　　밟다〔밥:따〕-밟으면〔발브면〕

　　신다〔신:따〕-신어〔시너〕　　　　알다〔알:다〕-알아〔아라〕

　　다만, 다음과 같은 경우에는 예외적이다.

　　끌다〔끌:다〕-끌어〔끄:러〕　　　　떫다〔떨:따〕-떫은〔떨:븐〕

　　벌다〔벌:다〕-벌어〔버:러〕　　　　썰다〔썰:다〕-썰어〔써:러〕

　　없다〔업:따〕-없으니〔업:쓰니〕

2. 용언 어간에 피동, 사동의 접미사가 결합되는 경우

　　감다〔감:따〕-감기다〔감기다〕　　꼬다〔꼬:다〕-꼬이다〔꼬이다〕

　　밟다〔밥:따〕-밟히다〔발피다〕

　　다만, 다음과 같은 경우에는 예외적이다.

　　끌리다〔끌:리다〕　　벌리다〔벌:리다〕　　없애다〔업:쌔다〕

　　〔붙임〕 다음과 같은 복합어에서는 본디의 길이에 관계없이 짧게 발음한다.

　　밀-물　　　썰-물　　　쏜-살-같이　　　작은-아버지

제4장 받침의 발음

제8항 받침소리로는 'ㄱ, ㄴ, ㄷ, ㄹ, ㅁ, ㅂ, ㅇ'의 7개 자음만 발음한다.

제9항 받침 'ㄲ, ㅋ', 'ㅅ, ㅆ, ㅈ, ㅊ, ㅌ', 'ㅍ'은 어말 또는 자음 앞에서 각각 대표음〔ㄱ, ㄷ, ㅂ〕으로 발음한다.

닦다〔닥따〕	키읔〔키윽〕	키읔과〔키윽꽈〕	옷〔옫〕
웃다〔욷ː따〕	있다〔읻따〕	젖〔젇〕	빚다〔빋따〕
꽃〔꼳〕	쫓다〔쫃따〕	솥〔솓〕	뱉다〔밷ː따〕
앞〔압〕	덮다〔덥따〕		

제10항 겹받침 'ㄳ', 'ㄵ', 'ㄼ, ㄽ, ㄾ', 'ㅄ'은 어말 또는 자음 앞에서 각각〔ㄱ, ㄴ, ㄹ, ㅂ〕으로 발음한다.

넋〔넉〕	넋과〔넉꽈〕	앉다〔안따〕	여덟〔여덜〕
넓다〔널따〕	외곬〔외골〕	핥다〔할따〕	값〔갑〕
없다〔업ː따〕			

다만, '밟-'은 자음 앞에서 〔밥〕으로 발음하고, '넓-'은 다음과 같은 경우에 〔넙〕으로 발음한다.

(1) 밟다〔밥ː따〕　　　밟소〔밥ː쏘〕　　　밟지〔밥ː찌〕
　　밟는〔밥ː는 → 밤ː는〕　밟게〔밥ː께〕　　밟고〔밥ː꼬〕
(2) 넓-죽하다〔넙쭈카다〕　　넓-둥글다〔넙뚱글다〕

제11항 겹받침 'ㄺ', ㄻ, ㄿ'은 어말 또는 자음 앞에서 각각〔ㄱ, ㅁ, ㅂ〕으로 발음한다.

닭〔닥〕	흙과〔흑꽈〕	맑다〔막따〕	늙지〔늑찌〕
삶〔삼ː〕	젊다〔점ː따〕	읊고〔읍꼬〕	읊다〔읍따〕

다만, 용언의 어간 말음 'ㄺ'은 'ㄱ' 앞에서 〔ㄹ〕로 발음한다.
맑게〔말께〕　　　묽고〔물꼬〕　　　얽거나 〔얼꺼나〕

제12항 받침 'ㅎ'의 발음은 다음과 같다.

1. 'ㅎ(ㄶ, ㅀ)' 뒤에 'ㄱ, ㄷ, ㅈ'이 결합되는 경우에는, 뒤 음절 첫소리와 합쳐서 〔ㅋ, ㅌ, ㅊ〕으로 발음한다.

    놓고〔노코〕 좋던〔조ː턴〕 쌓지〔싸치〕

    많고〔만ː코〕 않던〔안턴〕 닳지〔달치〕

    〔붙임 1〕 받침 'ㄱ(ㄺ), ㄷ, ㅂ(ㄼ), ㅈ(ㄵ)'이 뒤 음절 첫소리 'ㅎ'과 결합되는 경우에도, 역시 두 음을 합쳐서 〔ㅋ, ㅌ, ㅍ, ㅊ〕으로 발음한다.

    각하〔가카〕 먹히다〔머키다〕 밝히다〔발키다〕

    맏형〔마텽〕 좁히다〔조피다〕 넓히다〔널피다〕

    꽂히다〔꼬치다〕 앉히다〔안치다〕

    〔붙임 2〕 규정에 따라 'ㄷ'으로 발음되는 'ㅅ, ㅈ, ㅊ, ㅌ'의 경우에는 이에 준한다.

    옷 한 벌〔오탄벌〕 낮 한때〔나탄때〕 꽃 한 송이〔꼬탄송이〕

    숱하다〔수타다〕

2. 'ㅎ(ㄶ, ㅀ)' 뒤에 'ㅅ'이 결합되는 경우에는, 'ㅅ'을 〔ㅆ〕으로 발음한다.

    닿소〔다쏘〕 많소〔만ː쏘〕 싫소〔실쏘〕

3. 'ㅎ' 뒤에 'ㄴ'이 결합되는 경우에는, 〔ㄴ〕으로 발음한다.

    놓는〔논는〕 쌓네〔싼네〕

    〔붙임 1〕 'ㄶ, ㅀ' 뒤에 'ㄴ'이 결합되는 경우에는, 'ㅎ'을 발음하지 않는다.

    않네〔안네〕 않는〔안는〕 뚫네〔뚤네 → 뚤레〕

    뚫는〔뚤는 → 뚤른〕

    *'뚫네〔뚤네 → 뚤레〕, 뚫는〔뚤는 → 뚤른〕'에 대해서는 제20항 참조.

4. 'ㅎ(ㄶ, ㅀ)' 뒤에 모음으로 시작된 어미나 접미사가 결합되는 경우에는, 'ㅎ'을 발음하지 않는다.

    낳은〔나은〕 놓아〔노아〕 쌓이다〔싸이다〕 많아〔마ː나〕

    않은〔아는〕 닳아〔다라〕 싫어도〔시러도〕

제13항 홑받침이나 쌍받침이 모음으로 시작된 조사나 어미, 접미사와 결합되는 경우에는, 제 음가대로 뒤 음절 첫소리로 옮겨 발음한다.

깎아〔까까〕	옷이〔오시〕	있어〔이써〕
낮이〔나지〕	꽂아〔꼬자〕	꽃을〔꼬츨〕
쫓아〔쪼차〕	밭에〔바테〕	앞으로〔아프로〕
덮이다〔더피다〕		

제14항 겹받침이 모음으로 시작된 조사나 어미, 접미사와 결합되는 경우에는, 뒤엣것만을 뒤 음절 첫소리로 옮겨 발음한다.(이 경우, 'ㅅ'은 된소리로 발음함.)

넋이〔넉씨〕	앉아〔안자〕	닭을〔달글〕
젊어〔절머〕	곬이〔골씨〕	핥아〔할타〕
읊어〔을퍼〕	값을〔갑쓸〕	없어〔업ː써〕

제15항 받침 뒤에 모음 'ㅏ, ㅓ, ㅗ, ㅜ, ㅟ'들로 시작되는 실질 형태소가 연결되는 경우에는, 대표음으로 바꾸어서 뒤 음절 첫소리로 옮겨 발음한다.

밭 아래〔바다래〕	늪 앞〔느밥〕	젖어미〔저더미〕
맛없다〔마덥따〕	겉옷〔거돋〕	헛웃음〔허두슴〕
꽃 위〔꼬뒤〕		

다만, '맛있다, 멋있다'는〔마싣따〕,〔머싣따〕로도 발음할 수 있다.

〔붙임〕 겹받침의 경우에는 그 중 하나만을 옮겨 발음한다.

넋 없다〔너겁따〕	닭 앞에〔다가페〕	값어치〔가버치〕
값있는〔가빈는〕		

제16항 한글 자모의 이름은 그 받침소리를 연음하되, 'ㄷ, ㅈ, ㅊ, ㅋ, ㅌ, ㅍ, ㅎ'의 경우에는 특별히 다음과 같이 발음한다.

디귿이〔디그시〕	디귿을〔디그슬〕	디귿에〔디그세〕

지읒이[지으시]	지읒을[지으슬]	지읒에[지으세]
치읓이[치으시]	치읓을[치으슬]	치읓에[치으세]
키읔이[키으기]	키읔을[키으글]	키읔에[키으게]
티읕이[티으시]	티읕을[티으슬]	티읕에[티으세]
피읖이[피으비]	피읖을[피으블]	피읖에[피으베]
히읗이[히으시]	히읗을[히으슬]	히읗에[히으세]

제5장 음의 동화

제17항 받침 'ㄷ, ㅌ(ㄾ)'이 조사나 접미사의 모음 'ㅣ'와 결합되는 경우에는, [ㅈ, ㅊ]으로 바꾸어서 뒤 음절 첫소리로 옮겨 발음한다.

곧이듣다[고지듣따]   굳이[구지]   미닫이[미ː다지]
땀받이[땀바지]   밭이[바치]   벼훑이[벼훌치]

[붙임] 'ㄷ' 뒤에 접미사 '히'가 결합되어 '티'를 이루는 것은 [치]로 발음한다.

굳히다[구치다]   닫히다[다치다]   묻히다[무치다]

제18항 받침 'ㄱ(ㄲ, ㅋ, ㄳ, ㄺ), ㄷ(ㅅ, ㅆ, ㅈ, ㅊ, ㅌ, ㅎ), ㅂ(ㅍ, ㄼ, ㄿ, ㅄ)'은 'ㄴ, ㅁ' 앞에서 [ㅇ, ㄴ, ㅁ]으로 발음한다.

먹는[멍는]	국물[궁물]	깎는[깡는]
키읔만[키응만]	몫몫이[몽목씨]	긁는[긍는]
흙만[흥만]	닫는[단는]	짓는[진ː는]
옷맵시[온맵씨]	있는[인는]	맞는[만는]
젖멍울[전멍울]	쫓는[쫀는]	꽃망울[꼰망울]
붙는[분는]	놓는[논는]	잡는[잠는]
밥물[밤물]	앞마당[암마당]	밟는[밤ː는]
읊는[음는]	없는[엄ː는]	값매다[감매다]

〔붙임〕두 단어를 이어서 한 마디로 발음하는 경우에도 이와 같다.

책 넣는다〔챙넌는다〕　흙 말리다〔흥말리다〕　옷 맞추다〔온맏추다〕

밥 먹는다〔밤멍는다〕　값 매기다〔감매기다〕

제19항　받침 'ㅁ, ㅇ' 뒤에 연결되는 'ㄹ'은 〔ㄴ〕으로 발음한다.

담력〔담:녁〕　　　　침략〔침냑〕　　　　　강릉〔강능〕

항로〔항:노〕　　　　대통령〔대:통녕〕

〔붙임2〕받침 'ㄱ, ㅂ' 뒤에 연결되는 'ㄹ'도 〔ㄴ〕으로 발음한다.

막론〔막논 → 망논〕　백리〔백니 → 뱅니〕　협력〔협녁 → 혐녁〕

십리〔십니 → 심니〕

제20항　'ㄴ'은 'ㄹ'의 앞이나 뒤에서 〔ㄹ〕로 발음한다.

(1) 난로〔날:로〕　　신라〔실라〕　　　천리〔철리〕

　　광한루〔광:할루〕　대관령〔대:괄령〕

(2) 칼날〔칼랄〕　　　물난리〔물랄리〕　　줄넘기〔줄럼끼〕

　　할는지〔할른지〕

〔붙임〕첫소리 'ㄴ'이 'ㅀ', 'ㄾ' 뒤에 연결되는 경우에도 이에 준한다.

닳는〔달른〕　　　　뚫는〔뚤른〕　　　　　핥네〔할레〕

다만, 다음과 같은 단어들은 'ㄹ'을 〔ㄴ〕으로 발음한다.

의견란〔의:견난〕　임진란〔임:진난〕　생산량〔생산냥〕

결단력〔결딴녁〕　공권력〔공꿘녁〕　동원령〔동:원녕〕

상견례〔상견녜〕　횡단로〔횡단노〕　이원론〔이:원논〕

입원료〔이붠뇨〕　구근류〔구근뉴〕

제21항　위에서 지적한 이외의 자음동화는 인정하지 않는다.

감기〔감:기〕(×〔강:기〕)　　　옷감〔옫깜〕(×〔옥깜〕)

있고〔읻꼬〕(×〔익꼬〕)　　　　꽃길〔꼳낄〕(×〔꼭낄〕)

젖먹이〔전머기〕(×〔점머기〕)　문법〔문뻡〕(×〔뭄뻡〕)

꽃밭〔꼳빧〕(×〔꼽빧〕)

제22항 다음과 같은 용언의 어미는 〔어〕로 발음함을 원칙으로 하되, 〔여〕로 발음함도 허용한다.

되어〔되어/되여〕　　피어〔피어/피여〕

〔붙임〕 '이오, 아니오'도 이에 준하여 〔이요, 아니요〕로 발음함을 허용한다.

제6장 경음화

제23항 받침 'ㄱ(ㄲ, ㅋ, ㄳ, ㄺ), ㄷ(ㅅ, ㅆ, ㅈ, ㅊ, ㅌ), ㅂ(ㅍ, ㄼ, ㄿ, ㅄ)' 뒤에 연결되는 'ㄱ, ㄷ, ㅂ, ㅅ, ㅈ'은 된소리로 발음한다.

국밥〔국빱〕	깎다〔깍따〕	넋받이〔넉빠지〕
삯돈〔삭똔〕	닭장〔닥짱〕	칡범〔칙뻠〕
뻗대다〔뻗때다〕	옷고름〔옫꼬름〕	있던〔읻떤〕
꽂고〔꼳꼬〕	꽃다발〔꼳따발〕	낯설다〔낟썰다〕
밭갈이〔받까리〕	솥전〔솓쩐〕	곱돌〔곱똘〕
덮개〔덥깨〕	옆집〔엽찝〕	넓죽하다〔넙쭈카다〕
읊조리다〔읍쪼리다〕	값지다〔갑찌다〕	

제24항 어간 받침 'ㄴ(ㄵ), ㅁ(ㄻ)' 뒤에 결합되는 어미의 첫소리 'ㄱ, ㄷ, ㅅ, ㅈ'은 된소리로 발음한다.

신고〔신ː꼬〕	껴안다〔껴안따〕	앉고〔안꼬〕	닮고〔담ː꼬〕
삼고〔삼ː꼬〕	더듬지〔더듬찌〕	얹다〔언따〕	젊지〔점ː찌〕

다만, 피동, 사동의 접미사 '-기-'는 된소리로 발음하지 않는다.

안기다	감기다	굶기다	옮기다

제25항 어간 받침 '래, ㄸ' 뒤에 결합되는 어미의 첫소리 'ㄱ, ㄷ, ㅅ, ㅈ'은 된소리로 발음한다.

넓게〔널께〕　　　핥다〔할따〕　　　훑소〔훌쏘〕　　　떫지〔떨ː찌〕

제26항 한자어에서, 'ㄹ' 받침 뒤에 연결되는 'ㄷ, ㅅ, ㅈ'은 된소리로 발음한다.

갈등〔갈뜽〕　　　발동〔발똥〕　　　절도〔절또〕　　　말살〔말쌀〕
불소〔불쏘〕(弗素)　일시〔일씨〕　　　갈증〔갈쯩〕　　　물질〔물찔〕
발전〔발쩐〕　　　몰상식〔몰쌍식〕　불세출〔불쎄출〕

다만, 같은 한자가 겹쳐진 단어의 경우에는 된소리로 발음하지 않는다.

허허실실〔허허실실〕(虛虛實實)　　　절절-하다〔절절하다〕(切切―)

제27항 관형사형 '-(으)ㄹ' 뒤에 연결되는 'ㄱ, ㄷ, ㅂ, ㅅ, ㅈ'은 된소리로 발음한다.

할 것을〔할꺼슬〕　　갈 데가〔갈떼가〕　　　할 바를〔할빠를〕
할 수는〔할쑤는〕　　할 적에〔할쩌게〕　　　갈 곳〔갈꼳〕
할 도리〔할또리〕　　만날 사람〔만날싸람〕

다만, 끊어서 말할 적에는 예사소리로 발음한다.

〔붙임〕'-(으)로' 시작되는 어미의 경우에도 이에 준한다.

할걸〔할껄〕　　　할밖에〔할빠께〕　　　할세라〔할쎄라〕
할수록〔할쑤록〕　　할지라도〔할찌라도〕　할지언정〔할찌언정〕
할진대〔할찐대〕

제28항 표기상으로는 사이시옷이 없더라도, 관형격 기능을 지니는 사이시옷이 있어야 할 (휴지가 성립되는) 합성어의 경우에는, 뒤 단어의 첫소리 'ㄱ, ㄷ, ㅂ, ㅅ, ㅈ'을 된소리로 발음한다.

문-고리〔문꼬리〕　　눈-동자〔눈똥자〕　　　신-바람〔신빠람〕

383

산-새〔산쌔〕	손-재주〔손째주〕	길-가〔길까〕
물-동이〔물똥이〕	발-바닥〔발빠닥〕	굴-속〔굴ː쏙〕
술-잔〔술짠〕	바람-결〔바람껼〕	그믐-달〔그믐딸〕
아침-밥〔아침빱〕	잠-자리〔잠짜리〕	강-가〔강까〕
초승-달〔초승딸〕	등-불〔등뿔〕	창-살〔창쌀〕
강-줄기〔강쭐기〕		

제7장 음의 첨가

제29항 합성어 및 파생어에서, 앞 단어나 접두사의 끝이 자음이고 뒤
단어나 접미사의 첫음절이 '이, 야, 여, 요, 유'인 경우에는, 'ㄴ' 음을
첨가하여 〔니, 냐, 녀, 뇨, 뉴〕로 발음한다.

솜-이불〔솜ː니불〕	홑-이불〔혼니불〕	막-일〔망닐〕
삯-일〔상닐〕	맨-입〔맨닙〕	꽃-잎〔꼰닙〕
내복-약〔내ː봉냑〕	한-여름〔한녀름〕	남존-여비〔남존녀비〕
신-여성〔신녀성〕	색-연필〔생년필〕	직행-열차〔지캥녈차〕
늑막-염〔능망념〕	콩-엿〔콩녇〕	담-요〔담ː뇨〕
눈-요기〔눈뇨기〕	영업-용〔영엄농〕	식용-유〔시뇽〕
국민-윤리〔궁민뉼리〕	밤-윷〔밤ː뉻〕	

다만, 다음과 같은 말들은 'ㄴ' 음을 첨가하여 발음하되, 표기대로
발음할 수 있다.

이죽-이죽〔이중니죽/이주기죽〕	야금-야금〔야금냐금/야그먀금〕
검열〔검ː녈/거ː멸〕	욜랑-욜랑〔욜랑뇰랑/욜랑욜랑〕
금융〔금늉/그ㅁㅠㅇ〕	

〔붙임 1〕 'ㄹ' 받침 뒤에 첨가되는 'ㄴ' 음은 〔ㄹ〕로 발음한다.

들-일〔들ː릴〕	솔-잎〔솔립〕	설-익다〔설릭따〕
물-약〔물략〕	불-여우〔불려우〕	서울-역〔서울력〕

물-엿〔물〕   휘발-유〔휘발류〕   유들-유들〔유들류들〕

〔붙임 2〕 두 단어를 이어서 한 마디로 발음하는 경우에도 이에 준한다.

한 일〔한닐〕   옷 입다〔온닙따〕   서른여섯〔서른녀섣〕

3연대〔삼년대〕   먹은 엿〔머근녇〕   할 일〔할릴〕

잘 입다〔잘립따〕   스물여섯〔스물려섣〕 1연대〔일련대〕

먹을 엿〔머글렫〕

다만, 다음과 같은 단어에서는 'ㄴ(ㄹ)' 음을 첨가하여 발음하지 않는다.

6·25〔유기오〕 3·1절〔사밀쩔〕 송별-연〔송:벼련〕 등-용문〔등용문〕

제30항 사이시옷이 붙은 단어는 다음과 같이 발음한다.

1. 'ㄱ, ㄷ, ㅂ, ㅅ, ㅈ'으로 시작하는 단어 앞에 사이시옷이 올 때에는 이들 자음만을 된소리로 발음하는 것을 원칙으로 하되, 사이시옷을 〔ㄷ〕으로 발음하는 것도 허용한다.

냇가〔내:까/낻:까〕   샛길〔새:낄/샏:낄〕   빨랫돌〔빨래똘/빨랟똘〕

콧등〔코뜽/콛뜽〕   깃발〔기빨/긷빨〕   대팻밥 〔대:패빱/대:팯빱〕

햇살〔해쌀/핻쌀〕   뱃속〔배쏙/밷쏙〕   뱃전〔배쩐/밷쩐〕

고갯짓〔고개찓/고갣찓〕

2. 사이시옷 뒤에 'ㄴ, ㅁ'이 결합되는 경우에는 〔ㄴ〕으로 발음한다.

콧날〔콛날→콘날〕   아랫니〔아랟니→아랜니〕

툇마루〔퇻:마루→퇸:마루〕   뱃머리〔밷머리→밴머리〕

3. 사이시옷 뒤에 '이' 음이 결합되는 경우에는 〔ㄴㄴ〕으로 발음한다.

베갯잇〔베갣닏→배갠닏〕   깻잎〔깯닙→깬닙〕

나뭇잎〔나묻닙→나문닙〕   도리깻열〔도리깯녈→도리깬녈〕

뒷윷〔뒫:늍→뒨:늍〕

(문교부 고시 제88-2호 1998. 1. 19.)

한글 맞춤법

일러두기

1. 이 한글 맞춤법은 개정된 규정에 따라 표기하였다.

2. 이 한글 맞춤법은 본문 6장과 '부록'으로 되어 있다.

    제1장 총칙

    제2장 자모

    제3장 소리에 관한 것

    제4장 형태에 관한 것

    제5장 띄어쓰기

    제6장 그 밖의 것

    〔부록〕 문장 부호

3. 각 장은 절로 나누고, 각 절은 다시 항으로 나누어, 각기 원칙에 따르는 예시
    어들을 제시하였다.

4. 문법 체계와 용어는 '학교 문법 용어'(문교부 제정)에 따랐다.

5. 의미의 혼동을 줄 우려가 있는 경우에 한하여 한자를 병기하였다.

6. '다만'과 〔붙임〕은 다음과 같은 경우에 썼다.

    다만 : 규정의 본문에 해당되지 않는 예외 사항을 제시하는 경우

    〔붙임〕: 규정의 본문에 포함하여 설명하기 어려운 사항을 보충할 경우

제1장 총칙

제1항 한글 맞춤법은 표준어를 소리대로 적되, 어법에 맞도록 함을 원칙으로 한다.

제2항 문장의 각 단어는 띄어 씀을 원칙으로 한다.

제3항 외래어는 '외래어 표기법'에 따라 적는다.

제2장 자모

제4항 한글 자모의 수는 스물넉 자로 하고, 그 순서와 이름은 다음과 같이 정한다.

ㄱ(기역)	ㄴ(니은)	ㄷ(디귿)	ㄹ(리을)	ㅁ(미음)
ㅂ(비읍)	ㅅ(시옷)	ㅇ(이응)	ㅈ(지읒)	ㅊ(치읓)
ㅋ(키읔)	ㅌ(티읕)	ㅍ(피읖)	ㅎ(히읗)	
ㅏ(아)	ㅑ(야)	ㅓ(어)	ㅕ(여)	ㅗ(오)
ㅛ(요)	ㅜ(우)	ㅠ(유)	ㅡ(으)	ㅣ(이)

〔붙임 1〕 위의 자모로써 적을 수 없는 소리는 두 개 이상의 자모를 어울러서 적되, 그 순서와 이름은 다음과 같이 정한다.

ㄲ(쌍기역)	ㄸ(쌍디귿)	ㅃ(쌍비읍)	ㅆ(쌍시옷)	ㅉ(쌍지읒)
ㅐ(애)	ㅒ(얘)	ㅔ(에)	ㅖ(예)	ㅘ(와)
ㅙ(왜)	ㅚ(외)	ㅝ(워)	ㅞ(웨)	ㅟ(위)
ㅢ(의)				

〔붙임 2〕 사전에 올릴 적의 자모 순서는 다음과 같이 정한다.

자음 ㄱ ㄲ ㄴ ㄷ ㄸ ㄹ ㅁ ㅂ ㅃ ㅅ ㅆ ㅇ ㅈ ㅉ ㅊ
ㅋ ㅌ ㅍ ㅎ

모음 ㅏ ㅐ ㅑ ㅒ ㅓ ㅔ ㅕ ㅖ ㅗ ㅘ ㅙ ㅚ ㅛ ㅜ ㅝ ㅞ ㅟ ㅠ ㅡ ㅢ ㅣ

제3장 소리에 관한 것

제1절 된소리

제5항 한 단어 안에서 뚜렷한 까닭 없이 나는 된소리는 다음 음절의 첫소리를 된소리로 적는다.

1. 두 모음 사이에서 나는 소리

소쩍새 어깨 오빠 으뜸 아끼다 기쁘다 깨끗하다

어떠하다 해쓱하다 가끔 거꾸로 부썩 어찌 이따금

2. 'ㄴ, ㄹ, ㅁ, ㅇ' 받침 뒤에서 나는 된소리

산뜻하다 잔뜩 살짝 훨씬 담뿍 움찔 몽땅 엉뚱하다

다만, 'ㄱ, ㅂ' 받침 뒤에서 나는 된소리는, 같은 음절이나 비슷한 음절이 겹쳐 나는 경우가 아니면 된소리로 적지 아니한다.

국수 깍두기 딱지 색시 싹둑(~싹둑) 법석 갑자기 몹시

제2절 구개음화

제6항 'ㄷ, ㅌ' 받침 뒤에 종속적 관계를 가진 '-이(-)'나 '-히-'가 올 적에는 그 'ㄷ, ㅌ'이 'ㅈ, ㅊ'으로 소리 나더라도 'ㄷ, ㅌ'으로 적는다.(ㄱ을 취하고, ㄴ을 버림.)

ㄱ	ㄴ	ㄱ	ㄴ	ㄱ	ㄴ
맏이	마지	핥이다	할치다	해돋이	해도지
걷히다	거치다	굳이	구지	닫히다	다치다
같이	가치	묻히다	무치다	끝이	끄치

388

제3절 'ㄷ' 받침소리

제7항 'ㄷ' 소리로 나는 받침 중에서 'ㄷ'으로 적을 근거가 없는 것은 'ㅅ'으로 적는다.

덧저고리 돗자리 엇셈 웃어른 핫옷 무릇 사뭇 얼핏
자칫하면 뭇(衆) 옛 첫 헛

제4절 모음

제8항 '계, 례, 몌, 폐, 혜'의 'ㅖ'는 'ㅔ'로 소리 나는 경우가 있더라도 'ㅖ'로 적는다.(ㄱ을 취하고, ㄴ을 버림.)

ㄱ	ㄴ	ㄱ	ㄴ
계수(桂樹)	게수	혜택(惠澤)	헤택
사례(謝禮)	사레	계집	게집
연몌(連袂)	연메	핑계	핑게
폐품(廢品)	페품	계시다	게시다

다만, 다음 말은 본음대로 적는다.

게송(偈頌) 게시판(揭示板) 휴게실(休憩室)

제9항 '의'나, 자음을 첫소리로 가지고 있는 음절의 'ㅢ'는 'ㅣ'로 소리 나는 경우가 있더라도 'ㅢ'로 적는다.(ㄱ을 취하고, ㄴ을 버림.)

ㄱ	ㄴ	ㄱ	ㄴ
의의(意義)	의이	닁큼	닝큼
본의(本義)	본이	띄어쓰기	띠어쓰기
무늬〔紋〕	무니	씌어	씨어
보늬	보니	틔어	티어
오늬	오니	희망(希望)	히망
하늬바람	하니바람	희다	히다
닐리리	닐리리	유희(遊戱)	유히

제5절 두음 법칙

제10항 한자음 '녀, 뇨, 뉴, 니'가 단어 첫머리에 올 적에는, 두음 법칙에 따라 '여, 요, 유, 이'로 적는다.(ㄱ을 취하고, ㄴ을 버림.)

ㄱ	ㄴ	ㄱ	ㄴ
여자(女子)	녀자	유대(紐帶)	뉴대
연세(年歲)	년세	이토(泥土)	니토
요소(尿素)	뇨소	익명(匿名)	닉명

다만, 다음과 같은 의존명사에서는 '냐, 녀' 음을 인정한다.

냥(兩)　　　　냥쭝(兩-)　　　년(年)(몇 년)

〔붙임 1〕 단어의 첫머리 이외의 경우에는 본음대로 적는다.

남녀(男女)　　당뇨(糖尿)　　결뉴(結紐)　　은닉(隱匿)

〔붙임 2〕 접두사처럼 쓰이는 한자가 붙어서 된 말이나 합성어에서, 뒷말의 첫소리가 'ㄴ' 소리로 나더라도 두음 법칙에 따라 적는다.

신여성(新女性)　　공염불(空念佛)　　남존여비(男尊女卑)

〔붙임 3〕 둘 이상의 단어로 이루어진 고유 명사를 붙여 쓰는 경우에도 붙임 2에 준하여 적는다.

한국여자대학　　　　　　　　대한요소비료회사

제11항 한자음 '랴, 려, 례, 료, 류, 리'가 단어의 첫머리에 올 적에는, 두음법칙에 따라 '야, 여, 예, 요, 유, 이'로 적는다.(ㄱ을 취하고, ㄴ을 버림.)

ㄱ	ㄴ	ㄱ	ㄴ
양심(良心)	량심	용궁(龍宮)	룡궁
역사(歷史)	력사	유행(流行)	류행
예의(禮義)	례의	이발(理髮)	리발

다만, 다음과 같은 의존 명사는 본음대로 적는다.

리(里): 몇 리냐?　　　　　　리(理): 그럴 리가 없다.

〔붙임 1〕 단어의 첫머리 이외의 경우에는 본음대로 적는다.

개량(改良)	선량(善良)	수력(水力)	협력(協力)
사례(謝禮)	혼례(婚禮)	와룡(臥龍)	쌍룡(雙龍)
하류(下流)	급류(急流)	도리(道理)	진리(眞理)

다만, 모음이나 'ㄴ' 받침 뒤에 이어지는 '렬, 률'은 '열, 율'로 적는다.(ㄱ을 취하고, ㄴ을 버림.)

ㄱ	ㄴ	ㄱ	ㄴ
나열(羅列)	나렬	규율(規律)	규률
치열(齒列)	치렬	비율(比率)	비률
비열(卑劣)	비렬	실패율(失敗率)	실패률
분열(分裂)	분렬	선율(旋律)	선률
선열(先烈)	선렬	전율(戰慄)	전률
진열(陳列)	진렬	백분율(百分率)	백분률

〔붙임 2〕 외자로 된 이름을 성에 붙여 쓸 경우에도 본음대로 적을 수 있다.

신립(申砬)	최린(崔麟)	채륜(蔡倫)	하륜(河崙)

〔붙임 3〕 준말에서 본음으로 소리 나는 것은 본음대로 적는다.

국련(국제연합)　　　　　　　대한교련(대한교육연합회)

〔붙임 4〕 접두사처럼 쓰이는 한자가 붙어서 된 말이나 합성어에서, 뒷말의 첫소리가 'ㄴ' 또는 'ㄹ' 소리로 나더라도 두음 법칙에 따라 적는다.

역이용(逆利用)　　　　　　　연이율(年利率)

열역학(熱力學)　　　　　　　해외여행(海外旅行)

〔붙임 5〕 둘 이상의 단어로 이루어진 고유 명사를 붙여 쓰는 경우나 십진법에 따라 쓰는 수(數)도 붙임 4에 준하여 적는다.

서울여관　　　　　　　　　　신흥이발관

육천육백육십육(六千六百六十六)

제12항　한자음 '라, 래, 로, 뢰, 루, 르'가 단어의 첫머리에 올 적에는, 두음법칙에 따라 '나, 내, 노, 뇌, 누, 느'로 적는다.(ㄱ을 취하고, ㄴ을 버림.)

ㄱ	ㄴ		ㄱ	ㄴ
낙원(樂園)	락원		뇌성(雷聲)	뢰성
내일(來日)	래일		누각(樓閣)	루각
노인(老人)	로인		능묘(陵墓)	룽묘

〔붙임 1〕 단어의 첫머리 이외의 경우에는 본음대로 적는다.

쾌락(快樂)	극락(極樂)	거래(去來)	왕래(往來)
부로(父老)	연로(年老)	지뢰(地雷)	낙뢰(落雷)
고루(高樓)	광한루(廣寒樓)	동구릉(東九陵)	가정란(家庭欄)

〔붙임 2〕 접두사처럼 쓰이는 한자가 붙어서 된 단어는 뒷말을 두음법칙에 따라 적는다.

내내월(來來月)	상노인(上老人)
중노동(重勞動)	비논리적(非論理的)

제6절 겹쳐 나는 소리

제13항 한 단어 안에서 같은 음절이나 비슷한 음절이 겹쳐 나는 부분은 같은 글자로 적는다.(ㄱ을 취하고, ㄴ을 버림.)

ㄱ	ㄴ		ㄱ	ㄴ
딱딱	딱닥		꼿꼿하다	꼿곳하다
쌕쌕	쌕색		놀놀하다	놀롤하다
씩씩	씩식		눅눅하다	눙눅하다
똑딱똑딱	똑닥똑닥		밋밋하다	민밋하다
쓱싹쓱싹	쓱삭쓱삭		싹싹하다	싹삭하다
연연불망(戀戀不忘)	연련불망		쌉쌀하다	쌉살하다
유유상종(類類相從)	유류상종		씁쓸하다	씁슬하다
누누이(屢屢—)	누루이		짭짤하다	짭잘하다

제4장 형태에 관한 것

제1절 체언과 조사

제14항 체언은 조사와 구별하여 적는다.

떡이	떡을	떡에	떡도	떡만
손이	손을	손에	손도	손만
팔이	팔을	팔에	팔도	팔만
밤이	밤을	밤에	밤도	밤만
집이	집을	집에	집도	집만
옷이	옷을	옷에	옷도	옷만
콩이	콩을	콩에	콩도	콩만
낮이	낮을	낮에	낮도	낮만
꽃이	꽃을	꽃에	꽃도	꽃만
밭이	밭을	밭에	밭도	밭만
앞이	앞을	앞에	앞도	앞만
밖이	밖을	밖에	밖도	밖만
넋이	넋을	넋에	넋도	넋만
흙이	흙을	흙에	흙도	흙만
삶이	삶을	삶에	삶도	삶만
여덟이	여덟을	여덟에	여덟도	여덟만
곬이	곬을	곬에	곬도	곬만
값이	값을	값에	값도	값만

제2절 어간과 어미

제15항 용언의 어간과 어미는 구별하여 적는다.

먹다	먹고	먹어	먹으니
신다	신고	신어	신으니
믿다	믿고	믿어	믿으니

울다	울고	울어	(우니)
넘다	넘고	넘어	넘으니
입다	입고	입어	입으니
웃다	웃고	웃어	웃으니
찾다	찾고	찾아	찾으니
좇다	좇고	좇아	좇으니
같다	같고	같아	같으니
높다	높고	높아	높으니
좋다	좋고	좋아	좋으니
깎다	깎고	깎아	깎으니
앉다	앉고	앉아	앉으니
많다	많고	많아	많으니
늙다	늙고	늙어	늙으니
젊다	젊고	젊어	젊으니
넓다	넓고	넓어	넓으니
훑다	훑고	훑어	훑으니
읊다	읊고	읊어	읊으니
옳다	옳고	옳아	옳으니
없다	없고	없어	없으니
있다	있고	있어	있으니

〔붙임 1〕두 개의 용언이 어울려 한 개의 용언이 될 적에, 앞말의 본뜻이 유지되고 있는 것은 그 원형을 밝히어 적고, 그 본뜻에서 멀어진 것은 밝히어 적지 아니한다.

⑴ 앞말의 본뜻이 유지되고 있는 것

넘어지다　늘어나다　늘어지다　돌아가다　되짚어가다
들어가다　떨어지다　벌어지다　엎어지다　접어들다
틀어지다　흩어지다

(2) 본뜻에서 멀어진 것

드러나다   사라지다   쓰러지다

〔붙임 2〕 종결형에서 사용되는 어미 '-오'는 '요'로 소리 나는 경우가
있더라도 그 원형을 밝혀 '오'로 적는다.(ㄱ을 취하고, ㄴ을 버림.)

ㄱ	ㄴ
이것은 책이오.	이것은 책이요.
이리로 오시오.	이리로 오시요.
이것은 책이 아니오.	이것은 책이 아니요.

〔붙임 3〕 연결형에서 사용되는 '이요'는 '이요'로 적는다.(ㄱ을 취하고,
ㄴ을 버림.)

ㄱ	ㄴ
이것은 책이요, 저것은 붓이요, 또 저것은 먹이다.	이것은 책이오, 저것은 붓이오, 또 저것은 먹이다.

제16항 어간의 끝음절 모음이 'ㅏ, ㅗ'일 때에는 어미를 '-아'로 적고,
그 밖의 모음일 때에는 '-어'로 적는다.

1. '-아'로 적는 경우

나아	나아도	나아서
막아	막아도	막아서
얇아	얇아도	얇아서
돌아	돌아도	돌아서
보아	보아도	보아서

2. '-어'로 적는 경우

개어	개어도	개어서
겪어	겪어도	겪어서
되어	되어도	되어서
베어	베어도	베어서
쉬어	쉬어도	쉬어서

저어	저어도	저어서
주어	주어도	주어서
피어	피어도	피어서
희어	희어도	희어서

제17항 어미 뒤에 덧붙는 조사 '요'는 '요'로 적는다.

읽어	읽어요	참으리	참으리요
좋지	좋지요		

제18항 다음과 같은 용언들은 어미가 바뀔 경우, 그 어간이나 어미가 원칙에 벗어나면 벗어나는 대로 적는다.

1. 어간의 끝 'ㄹ'이 줄어질 적

갈다 :	가니	간	갑니다	가시다	가오
놀다 :	노니	논	놉니다	노시다	노오
불다 :	부니	분	붑니다	부시다	부오
둥글다 :	둥그니	둥근	둥급니다	둥그시다	둥그오
어질다 :	어지니	어진	어집니다	어지시다	어지오

〔붙임〕 다음과 같은 말에서도 'ㄹ'이 준 대로 적는다.

마지못하다	마지않다
(하)다마다	(하)자마자
(하)지 마라	(하)지 마(아)

2. 어간의 끝 'ㅅ'이 줄어질 적

긋다 :	그어	그으니	그었다
낫다 :	나아	나으니	나았다
잇다 :	이어	이으니	이었다
짓다 :	지어	지으니	지었다

3. 어간의 끝 'ㅎ'이 줄어질 적

그렇다 :	그러니	그럴	그러면	그러오

까맣다 :	까마니	까말	까마면	까마오
동그랗다 :	동그라니	동그랄	동그라면	동그라오
퍼렇다 :	퍼러니	퍼럴	퍼러면	퍼러오
하얗다 :	하야니	하얄	하야면	하야오

4. 어간의 끝 'ㅜ, ㅡ'가 줄어질 적

푸다 :	퍼	펐다	뜨다 :	떠	떴다
끄다 :	꺼	껐다	크다 :	커	컸다
담그다 :	담가	담갔다	고프다 :	고파	고팠다
따르다 :	따라	따랐다	바쁘다 :	바빠	바빴다

5. 어간의 끝 'ㄷ'이 'ㄹ'로 바뀔 적

걷다〔步〕:	걸어	걸으니	걸었다
듣다〔聽〕:	들어	들으니	들었다
묻다〔問〕:	물어	물으니	물었다
싣다〔載〕:	실어	실으니	실었다

6. 어간의 끝 'ㅂ'이 'ㅜ'로 바뀔 적

깁다 :	기워	기우니	기웠다
굽다〔炙〕:	구워	구우니	구웠다
가깝다 :	가까워	가까우니	가까웠다
괴롭다 :	괴로워	괴로우니	괴로웠다
맵다 :	매워	매우니	매웠다
무겁다 :	무거워	무거우니	무거웠다
밉다 :	미워	미우니	미웠다
쉽다 :	쉬워	쉬우니	쉬웠다

다만, '돕-, 곱-'과 같은 단음절 어간에 어미 '-아'가 결합되어 '와'로
소리 나는 것은 '-와'로 적는다.

돕다〔助〕:	도와	도와서	도와도	도왔다
곱다〔麗〕:	고와	고와서	고와도	고왔다

7. '하다'의 활용에서 어미 '-아'가 '-여'로 바뀔 적

하다 :　　　하여　　하여서　　　하여도　　하여라　　하였다

8. 어간의 끝음절 '르' 뒤에 오는 어미 '-어'가 '-러'로 바뀔 적

| 이르다〔至〕: 이르러　이르렀다 | 누르다 : 누르러　누르렀다 |
| 노르다 :　　노르러　노르렀다 | 푸르다 : 푸르러　푸르렀다 |

9. 어간의 끝음절 '르'의 'ㅡ'가 줄고, 그 뒤에 오는 어미 '-아/-어'가 '-라/러'로 바뀔 적

가르다 :　　갈라　　갈랐다	부르다 : 불러　　불렀다
거르다 :　　걸러　　걸렀다	오르다 : 올라　　올랐다
구르다 :　　굴러　　굴렀다	이르다 : 일러　　일렀다
벼르다 :　　별러　　별렀다	지르다 : 질러　　질렀다

제3절 접미사가 붙어서 된 말

제19항 어간에 '-이'나 '-음/-ㅁ'이 붙어서 명사로 된 것과 '-이'나 '-히'가 붙어서 부사로 된 것은 그 어간의 원형을 밝히어 적는다.

1. '-이'가 붙어서 명사로 된 것

길이　깊이　　높이　　　다듬이　땀받이　달맞이　먹이　미닫이
벌이　벼훑이　살림살이　쇠붙이

2. '-음/-ㅁ'이 붙어서 명사로 된 것

걸음　묶음　믿음　얼음　엮음　울음　웃음　졸음　죽음　앎　만듦

3. '-이'가 붙어서 부사로 된 것

같이　굳이　길이　　높이　　많이　　실없이　좋이　　짓궂이

4. '-히'가 붙어서 부사로 된 것

밝히　익히　작히

다만, 어간에 '-이'나 '-음'이 붙어서 명사로 바뀐 것이라도 그 어간의 뜻과 멀어진 것은 원형을 밝히어 적지 아니한다.

| 굽도리 | 다리 | 목거리(목병) | 무녀리 |
| 코끼리 | 거름(비료) | 고름〔膿〕 | 노름(도박) |

〔붙임〕 어간에 '-이'나 '-음' 이외의 모음으로 시작된 접미사가 붙어서 다른 품사로 바뀐 것은 그 어간의 원형을 밝히어 적지 아니한다.

(1) 명사로 바뀐 것

| 귀머거리 | 까마귀 | 너머 | 뜨더귀 | 마감 | 마개 |
| 마중 | 무덤 | 비렁뱅이 | 쓰레기 | 올가미 | 주검 |

(2) 부사로 바뀐 것

| 거뭇거뭇 | 너무 | 도로 | 뜨덤뜨덤 | 바투 | 불긋불긋 |
| 비로소 | 오긋오긋 | 자주 | 차마 | | |

(3) 조사로 바뀌어 뜻이 달라진 것

| 나마 | 부터 | 조차 |

제20항　명사 뒤에 '-이'가 붙어서 된 말은 그 명사의 원형을 밝히어 적는다.

1. 부사로 된 것

| 곳곳이 | 낱낱이 | 몫몫이 | 샅샅이 | 앞앞이 | 집집이 |

2. 명사로 된 것

| 곰배팔이 | 바둑이 | 삼발이 | 애꾸눈이 | 육손이 |
| 절뚝발이/절름발이 | | | | |

〔붙임〕 '-이' 이외의 모음으로 시작된 접미사가 붙어서 된 말은 그 명사의 원형을 밝히어 적지 아니한다.

| 꼬락서니 | 끄트머리 | 모가치 | 바가지 | 바깥 | 사타구니 |
| 싸라기 | 이파리 | 지붕 | 지푸라기 | 짜개 | |

제21항　명사나 혹은 용언의 어간 뒤에 자음으로 시작된 접미사가 붙어서 된 말은 그 명사나 어간의 원형을 밝히어 적는다.

1. 명사 뒤에 자음으로 시작된 접미사가 붙어서 된 것

| 값지다 | 홑지다 | 넋두리 | 빛깔 | 옆댕이 | 잎사귀 |

2. 어간 뒤에 자음으로 시작된 접미사가 붙어서 된 것

낚시	늙정이	덮개	뜯게질
갉작갉작하다	갉작거리다	뜯적거리다	뜯적뜯적하다
굵다랗다	굵직하다	깊숙하다	넓적하다
높다랗다	늙수그레하다	얽죽얽죽하다	

다만, 다음과 같은 말은 소리대로 적는다.

(1) 겹받침의 끝소리가 드러나지 아니하는 것

할짝거리다	널따랗다	널찍하다	말끔하다
말쑥하다	말짱하다	실쭉하다	실큼하다
얄따랗다	얄팍하다	짤따랗다	짤막하다
실컷			

(2) 어원이 분명하지 아니하거나 본뜻에서 멀어진 것

넙치	올무	골막하다	납작하다

제22항 용언의 어간에 다음과 같은 접미사들이 붙어서 이루어진 말들은 그 어간을 밝히어 적는다.

1. '-기-, -리-, -이-, -히-, -구-, -우-, -추-, -으키-, -이키-, -애-' 가 붙는 것

맡기다	옮기다	웃기다	쫓기다	뚫리다	울리다
낚이다	쌓이다	핥이다	굳히다	굽히다	넓히다
앉히다	얽히다	잡히다	돋구다	솟구다	돋우다
갖추다	곧추다	맞추다	일으키다	돌이키다	없애다

다만, '-이-, -히-, -우-'가 붙어서 된 말이라도 본뜻에서 멀어진 것은 소리대로 적는다.

도리다(칼로~)	드리다(용돈을~)	고치다	바치다(세금을~)
부치다(편지를~)	거두다	미루다	이루다

2. '-치-, -뜨리-/트리-'가 붙는 것

놓치다	덮치다	떠받치다	받치다	밭치다	부딪치다

뻗치다   엎치다   부딪뜨리다/부딪트리다   쏟뜨리다/쏟트리다
젖뜨리다/젖트리다   찢뜨리다/찢트리다   홑뜨리다/홑트리다
〔붙임〕 '-업-, -읍-, -브-'가 붙어서 된 말은 소리대로 적는다.
미덥다   우습다   미쁘다

제23항 '-하다'나 '-거리다'가 붙는 어근에 '-이'가 붙어서 명사가 된
것은 그 원형을 밝히어 적는다.(ㄱ을 취하고, ㄴ을 버림.)

ㄱ	ㄴ	ㄱ	ㄴ
깔쭉이	깔쭈기	살살이	살사리
꿀꿀이	꿀꾸리	쌕쌕이	쌕쌔기
눈깜짝이	눈깜짜기	오뚝이	오뚜기
더펄이	더퍼리	코납작이	코납자기
배불뚝이	배불뚜기	푸석이	푸서기
삐죽이	삐주기	홀쭉이	홀쭈기

〔붙임〕 '-하다'나 '-거리다'가 붙을 수 없는 어근에 '-이'나 또는 다른
모음으로 시작되는 접미사가 붙어서 명사가 된 것은 그 원형을 밝히
어 적지 아니한다.
개구리   귀뚜라미   기러기   깍두기   꽹과리   날라리
누더기   동그라미   두드러기   딱따구리   매미   부스러기
뻐꾸기   얼루기   칼싹두기

제24항 '-거리다'가 붙을 수 있는 시늉말 어근에 '-이다'가 붙어서 된 용
언은 그 어근을 밝히어 적는다.(ㄱ을 취하고, ㄴ을 버림.)

ㄱ	ㄴ	ㄱ	ㄴ
깜짝이다	깜짜기다	속삭이다	속사기다
꾸벅이다	꾸버기다	숙덕이다	숙더기다
끄덕이다	끄더이다	울먹이다	울머기다
뒤척이다	뒤처기다	움직이다	움지기다

들먹이다	들머기다	지껄이다	지꺼리다
망설이다	망서리다	퍼덕이다	퍼더기다
번득이다	번드기다	허덕이다	허더기다
번쩍이다	번쩌기다	헐떡이다	헐떠기다

제25항 '-하다'가 붙는 어근에 '-히'나 '-이'가 붙어서 부사가 되거나, 부사에 '-이'가 붙어서 뜻을 더하는 경우에는 그 어근이나 부사의 원형을 밝히어 적는다.

1. '-하다'가 붙는 어근에 '-히'나 '-이'가 붙는 경우

급히   꾸준히   도저히   딱히   어렴풋이   깨끗이

〔붙임〕 '-하다'가 붙지 않는 경우에는 소리대로 적는다.

갑자기   반드시(꼭)   슬며시

2. 부사에 '-이'가 붙어서 역시 부사가 되는 경우

곰곰이   더욱이   생긋이   오뚝이   일찍이   해죽이

제26항 '-하다'나 '-없다'가 붙어서 된 용언은 그 '-하다'나 '-없다'를 밝히어 적는다.

1. '-하다'가 붙어서 용언이 된 것

딱하다   숱하다   착하다   텁텁하다   푹하다

2. '-없다'가 붙어서 용언이 된 것

부질없다   상없다   시름없다   열없다   하염없다

제4절 합성어 및 접두사가 붙는 말

제27항 둘 이상의 단어가 어울리거나 접두사가 붙어서 이루어진 말은 각각 그 원형을 밝히어 적는다.

국말이	꺾꽂이	꽃잎	끝장	물난리	밑천
부엌일	싫증	옷안	웃옷	젖몸살	첫아들
칼날	팥알	헛웃음	홀아비	홑몸	흙내

값없다　　걸늙다　　굶주리다　낮잡다　　맞먹다　　받내다

벋놓다　　빗나가다　빛나다　　새파랗다　샛노랗다　시꺼멓다

싯누렇다　엇나가다　엎누르다　엿듣다　　옻오르다　짓이기다

헛되다

〔붙임 1〕 어원은 분명하나 소리만 특이하게 변한 것은 변한 대로 적는다.

할아버지　　할아범

〔붙임 2〕 어원이 분명하지 아니한 것은 원형을 밝히어 적지 아니한다.

골병　　　　골탕　　　끌탕　　　며칠　　　아재비　　오라비

업신여기다　부리나케

〔붙임 3〕 '이〔齒, 〕'가 합성어나 이에 준하는 말에서 '니' 또는 '리'로 소
리 날 때에는 '니'로 적는다.

간니　　　　덧니　　　사랑니　　송곳니　　앞니　　　어금니

윗니　　　　젖니　　　톱니　　　틀니　　　가랑니　　머릿니

제28항 끝소리가 'ㄹ'인 말과 딴 말이 어울릴 적에 'ㄹ' 소리가 나지 아
니하는 것은 아니 나는 대로 적는다.

다달이(달-달-이)　따님(딸-님)　　마되(말-되)

마소(말-소)　　　무자위(물-자위)　바느질(바늘-질)

부나비(불-나비)　부삽(불-삽)　　　부손(불-손)

소나무(솔-나무)　싸전(쌀-전)　　　여닫이(열-닫이)

우짖다(울-짖다)　화살(활-살)

제29항 끝소리가 'ㄹ'인 말과 딴 말이 어울리리 적에 'ㄹ' 소리가 'ㄷ' 소
리로 나는 것은 'ㄷ'으로 적는다.

반짇고리(바느질~)　사흗날(사흘~)　　삼짇날(삼질~)　　섣달(설~)

숟가락(술~)　　　　이튿날(이틀~)　　잗주름(잘~)　　　푿소(풀~)

섣부르다(설~)　　　잗다듬다(잘~)　　잗다랗다(잘~)

사이시옷은 다음과 같은 경우에 받치어 적는다.

1. 순 우리말로 된 합성어로서 앞말이 모음으로 끝난 경우

(1) 뒷말의 첫소리가 된소리로 나는 것

고릿재	귓밥	나룻배	나뭇가지	냇가	댓가지
뒷갈망	맷돌	머릿기름	모깃불	못자리	바닷가
뱃길	볏가리	부싯돌	선짓국	쇳조각	아랫집
우렁잇속	잇자국	잿더미	조갯살	찻집	쳇바퀴
킷값	핏대	햇볕	혓바늘		

(2) 뒷말의 첫소리 'ㄴ, ㅁ' 앞에서 'ㄴ' 소리가 덧나는 것

멧나물	아랫니	텃마당	아랫마을	뒷머리
잇몸	깻묵	냇물	빗물	

(3) 뒷말의 첫소리 모음 앞에서 'ㄴㄴ' 소리가 덧나는 것

도리깻열	뒷윷	두렛일	뒷일	뒷입맛
베갯잇	욧잇	깻잎	나뭇잎	댓잎

2. 순 우리말과 한자어로 된 합성어로서 앞말이 모음으로 끝난 경우

(1) 뒷말의 첫소리가 된소리로 나는 것

귓병	머릿방	뱃병	봇둑	사잣밥
샛강	아랫방	자릿세	전셋집	찻잔
찻종	촛국	콧병	탯줄	텃세
핏기	햇수	횟가루	횟배	

(2) 뒷말의 첫소리 'ㄴ, ㅁ' 앞에서 'ㄴ' 소리가 덧나는 것

곗날	제삿날	훗날	툇마루	양칫물

(3) 뒷말의 첫소리 모음 앞에서 'ㄴㄴ' 소리가 덧나는 것

가욋일	사삿일	예삿일	훗일

3. 두 음절로 된 다음 한자어

곳간(庫間) 셋방(貰房) 숫자(數字)
찻간(車間) 툇간(退間) 횟수(回數)

제31항 두 말이 어울릴 적에 'ㅂ' 소리나 'ㅎ' 소리가 덧나는 것은 소리 대로 적는다.

　　1. 'ㅂ' 소리가 덧나는 것

　　댑싸리(대ㅂ싸리)　　멥쌀(메ㅂ쌀)　　볍씨(벼ㅂ씨)

　　입때(이ㅂ때)　　입쌀(이ㅂ쌀)　　접때(저ㅂ때)

　　좁쌀(조ㅂ쌀)　　햅쌀(해ㅂ쌀)

　　2. 'ㅎ' 소리가 덧나는 것

　　머리카락(머리ㅎ가락)　　살코기(살ㅎ고기)　　수캐(수ㅎ개)

　　수컷(수ㅎ것)　　수탉(수ㅎ닭)　　안팎(안ㅎ밖)

　　암캐(암ㅎ개)　　암컷(암ㅎ것)　　암탉(암ㅎ닭)

제5절 준말

제32항 단어의 끝모음이 줄어지고 자음만 남은 것은 그 앞의 음절에 받침으로 적는다.

본말	준말	본말	준말
기러기야	기럭아	온가지	온갖
어제그그제	엊그저께	어제저녁	엊저녁
가지고, 가지지	갖고, 갖지	디디고, 디디지	딛고, 딛지

제33항 체언과 조사가 어울려 줄어지는 경우에는 준 대로 적는다.

본말	준말	본말	준말
그것은	그건	너는	넌
그것이	그게	너를	널
그것으로	그걸로	무엇을	뭣을/무얼/뭘
나는	난	무엇이	뭣이/무에
나를	날		

제34항 모음 'ㅏ, ㅓ'로 끝난 어간에 '-아/-어, -았-/-었-'이 어울릴 적에는 준 대로 적는다.

본말	준말	본말	준말
가아	가	가았다	갔다
나아	나	나았다	났다
타아	타	타았다	탔다
서어	서	서었다	섰다
켜어	켜	켜었다	켰다
펴어	펴	펴었다	폈다

〔붙임 1〕'ㅐ, ㅔ' 뒤에 '-어, -었-'이 어울려 줄 적에는 준 대로 적는다

본말	준말	본말	준말
개어	개	개었다	갰다
내어	내	내었다	냈다
베어	베	베었다	벴다
세어	세	세었다	셌다

〔붙임 2〕'하여'가 한 음절로 줄어서 '해'로 될 적에는 준 대로 적는다.

본말	준말	본말	준말
하여	해	하였다	했다
더하여	더해	더하였다	더했다
흔하여	흔해	흔하였다	흔했다

제35항 모음 'ㅗ, ㅜ'로 끝난 어간에 '-아/-어, -았-/-었-'이 어울려 'ㅘ/ㅝ, /'으로 될 적에는 준 대로 적는다.

본말	준말	본말	준말
꼬아	꽈	꼬았다	꽜다
보아	봐	보았다	봤다
쏘아	쏴	쏘았다	쐈다
두어	둬	두었다	뒀다

쑤어	쒀	쑤었다	쒔다
주어	줘	주었다	줬다

〔붙임 1〕 '놓아'가 '놔'로 줄 적에는 준 대로 적는다.

〔붙임 2〕 'ㅚ' 뒤에 '-어, -었-'이 어울려 'ㅙ, ㅙ'으로 될 적에도 준 대로 적는다.

본말	준말	본말	준말
괴어	괘	괴었다	괬다
되어	돼	되었다	됐다
뵈어	봬	뵈었다	뵀다
쇠어	쇄	쇠었다	쇘다
쐬어	쐐	쐬었다	쐤다

제36항 'ㅣ' 뒤에 '-어'가 와서 'ㅕ'로 줄 적에는 준 대로 적는다.

본말	준말	본말	준말
가지어	가져	가지었다	가졌다
견디어	견뎌	견디었다	견뎠다
다니어	다녀	다니었다	다녔다
막히어	막혀	막히었다	막혔다
버티어	버텨	버티었다	버텼다
치이어	치여	치이었다	치였다

제37항 'ㅏ, ㅕ, ㅗ, ㅜ, ㅡ'로 끝난 어간에 '-이-'가 와서 각각 'ㅐ, ㅖ, ㅚ, ㅟ, ㅢ'로 줄 적에는 준 대로 적는다.

본말	준말	본말	준말
싸이다	쌔다	누이다	뉘다
펴이다	폐다	뜨이다	띄다
보이다	뵈다	쓰이다	씌다

제38항 'ㅏ, ㅗ, ㅜ, ㅡ' 뒤에 '-이어'가 어울려 줄어질 적에는 준 대로 적는다.

본말	준말		본말	준말	
싸이어	쌔어	싸여	뜨이어	띄어	
보이어	뵈어	보여	쓰이어	씌어	쓰여
쏘이어	쐬어	쏘여	트이어	틔어	트여
누이어	뉘어	누여			

제39항 어미 '-지' 뒤에 '않-'이 어울려 '-잖-'이 될 적과 '-하지' 뒤에 '않-'이 어울려 '-찮-'이 될 적에는 준 대로 적는다.

본말	준말		본말	준말
그렇지 않은	그렇잖은		만만하지 않다	만만찮다
적지 않은	적잖은		변변하지 않다	변변찮다

제40항 어간의 끝음절 '하'의 'ㅏ'가 줄고 'ㅎ'이 다음 음절의 첫소리와 어울려 거센소리로 될 적에는 거센소리로 적는다.

본말	준말		본말	준말
간편하게	간편케		다정하다	다정타
연구하도록	연구토록		정결하다	정결타
가하다	가타		흔하다	흔타

〔붙임 1〕'ㅎ'이 어간의 끝소리로 굳어진 것은 받침으로 적는다.

않다	않고	않지	않든지
그렇다	그렇고	그렇지	그렇든지
아무렇다	아무렇고	아무렇지	아무렇든지
어떻다	어떻고	어떻지	어떻든지
이렇다	이렇고	이렇지	이렇든지
저렇다	저렇고	저렇지	저렇든지

〔붙임 2〕어간의 끝음절 '하'가 아주 줄 적에는 준 대로 적는다.

본말	준말	본말	준말
거북하지	거북지	넉넉하지 않다	넉넉지 않다
생각하건대	생각건대	못하지 않다	못지않다
생각하다 못해	생각다 못해	섭섭하지 않다	섭섭지 않다
깨끗하지 않다	깨끗지 않다	익숙하지 않다	익숙지 않다

〔붙임 3〕 다음과 같은 부사는 소리대로 적는다.

결단코	결코	기필코	무심코	아무튼 요컨대
정녕코	필연코	하마터면	하여튼	한사코

제5장 띄어쓰기

제1절 조사

제41항 조사는 그 앞말에 붙여 쓴다.

꽃이	꽃마저	꽃밖에	꽃에서부터	꽃으로만
꽃이나마	꽃이다	꽃입니다	꽃처럼	어디까지나
거기도	멀리는	웃고만		

제2절 의존 명사, 단위를 나타내는 명사 및 열거하는 말 등

제42항 의존 명사는 띄어 쓴다.

아는 것이 힘이다.	나도 할 수 있다
먹을 만큼 먹어라	아는 이를 만났다
네가 뜻한 바를 알겠다	그가 떠난 지가 오래다

제43항 단위를 나타내는 명사는 띄어 쓴다.

한 개	차 한 대	금 서 돈	소 한 마리	옷 한 벌
열 살	조기 한 손	연필 한 자루	버선 한 죽	집 한 채
신 두 켤레	북어 한 쾌			

다만, 순서를 나타내는 경우나 숫자와 어울리어 쓰이는 경우에는 붙여 쓸 수 있다.

두시 삼십분 오초	제일과	삼학년	육층
1446년 10월 9일	2대대	16동 502호	제1실습실
80원	10개	7미터	

제44항 수를 적을 적에는 '만(萬)' 단위로 띄어 쓴다.

십이억 삼천사백오십육만 칠천팔백구십팔

12억 3456만 7898

제45항 두 말을 이어 주거나 열거할 적에 쓰이는 말들은 띄어 쓴다.

국장 겸 과장	열 내지 스물
청군 대 백군	책상, 걸상 등이 있다
이사장 및 이사들	사과, 배, 귤 등등
사과, 배 등속	부산, 광주 등지

제46항 단음절로 된 단어가 연이어 나타날 적에는 붙여 쓸 수 있다.

그때 그곳   좀더 큰것   이말 절말   한잎 두잎

제3절 보조 용언

제47항 보조 용언은 띄어 씀을 원칙으로 하되, 경우에 따라 붙여 씀도 허용한다.(ㄱ을 원칙으로 하고, ㄴ을 허용함.)

ㄱ	ㄴ
불이 꺼져 간다.	불이 꺼져간다.
내 힘으로 막아 낸다.	내 힘으로 막아낸다.
어머니를 도와 드린다.	어머니를 도와드린다.
그릇을 깨뜨려 버렸다.	그릇을 깨뜨려버렸다.
비가 올 듯하다.	비가 올듯하다.

그 일은 할 만하다.	그 일은 할만하다.
일이 될 법하다.	일이 될법하다.
비가 올 성싶다.	비가 올성싶다.
잘 아는 척한다.	잘 아는척한다.

다만, 앞말에 조사가 붙거나 앞말이 합성 동사인 경우, 그리고 중간에 조사가 들어갈 적에는 그 뒤에 오는 보조 용언은 띄어 쓴다.

잘도 놀아만 나는구나!	책을 읽어도 보고…….
네가 덤벼들어 보아라.	강물에 떠내려가 버렸다.
그가 올 듯도 하다.	잘난 체를 한다.

제4절 고유 명사 및 전문 용어

제48항 성과 이름, 성과 호 등은 붙여 쓰고, 이에 덧붙는 호칭어, 관직명 등은 띄어 쓴다.

김양수(金良洙)	서화담(徐花潭)	채영신 씨
최치원 선생	박동식 박사	충무공 이순신 장군

다만, 성과 이름, 성과 호를 분명히 구분할 필요가 있을 경우에는 띄어 쓸 수 있다.

남궁억 / 남궁 억	독고준 / 독고 준
황보지봉(皇甫芝峰) / 황보 지봉	

제49항 성명 이외의 고유 명사는 단어별로 띄어 씀을 원칙으로 하되, 단위별로 띄어 쓸 수 있다.(ㄱ을 원칙으로 하고, ㄴ을 허용함.)

ㄱ	ㄴ
대한 중학교	대한중학교
한국 대학교 사범 대학	한국대학교 사범대학

제50항 전문 용어는 단어별로 띄어 씀을 원칙으로 하되, 붙여 쓸 수 있다.(ㄱ을 원칙으로 하고, ㄴ을 허용함.)

ㄱ	ㄴ
만성 골수성 백혈병	만성골수성백혈병
중거리 탄도 유도탄	중거리탄도유도탄

제6장 그 밖의 것

제51항 부사의 끝음절이 분명히 '이'로만 나는 것은 '-이'로 적고, '히'로만 나거나 '이'나 '히'로 나는 것은 '-히'로 적는다.

1. '이'로만 나는 것

가붓이	깨끗이	나붓이	느긋이	둥긋이
따뜻이	반듯이	버젓이	산뜻이	의젓이
가까이	고이	날카로이	대수로이	번거로이
많이	적이	헛되이		
겹겹이	번번이	일일이	집집이	틈틈이

2. '히'로만 나는 것

극히	급히	딱히	속히	작히	족히
특히	엄격히		정확히		

3. '이, 히'로 나는 것

솔직히	가만히	간편히	나른히	무단히
각별히	소홀히	쓸쓸히	정결히	과감히
꼼꼼히	심히	열심히	급급히	답답히
섭섭히	공평히	능히	당당히	분명히
상당히	조용히	간소히	고요히	도저히

제52항 한자어에서 본음으로도 나고 속음으로도 나는 것은 각각 그 소리에 따라 적는다.

본음으로 나는 것	속음으로 나는 것
승낙(承諾)	수락(受諾), 쾌락(快諾), 허락(許諾)
만난(萬難)	곤란(困難), 논란(論難)
안녕(安寧)	의령(宜寧), 회령(會寧)
분노(忿怒)	대로(大怒), 희로애락(喜怒哀樂)
토론(討論)	의논(議論)
오륙십(五六十)	오뉴월, 유월(六月)
목재(木材)	모과(木瓜)
십일(十日)	시방정토(十方淨土), 시왕(十王), 시월(十月)
팔일(八日)	초파일(初八日)

제53항 다음과 같은 어미는 예사소리로 적는다.(ㄱ을 취하고, ㄴ을 버림.)

ㄱ	ㄴ	ㄱ	ㄴ
―(으)ㄹ거나	―(으)ㄹ꺼나	―(으)ㄹ지니라	―(으)ㄹ찌니라
―(으)ㄹ걸	―(으)ㄹ껄	―(으)ㄹ지라도	―(으)ㄹ찌라도
―(으)ㄹ게	―(으)ㄹ께	―(으)ㄹ지어다	―(으)ㄹ찌어다
―(으)ㄹ세	―(으)ㄹ쎄	―(으)ㄹ지언정	―(으)ㄹ찌언정
―(으)ㄹ세라	―(으)ㄹ쎄라	―(으)ㄹ진대	―(으)ㄹ찐대
―(으)ㄹ수록	―(으)ㄹ쑤록	―(으)ㄹ진저	―(으)ㄹ찐저
―(으)ㄹ시	―(으)ㄹ씨	―올시다	―올씨다
―(으)ㄹ지	―(으)ㄹ찌		

다만, 의문을 나타내는 다음 어미들은 된소리로 적는다.

―(으)ㄹ까? ―(으)ㄹ꼬? ―(스)ㅂ니까? ―(으)리까?
―(으)ㄹ쏘냐?

제54항 다음과 같은 접미사는 된소리로 적는다.(ㄱ을 취하고, ㄴ을 버림.)

ㄱ	ㄴ	ㄱ	ㄴ
심부름꾼	심부름군	귀때기	귓대기

익살꾼	익살군	볼때기	볼대기
일꾼	일군	판자때기	판잣대기
장꾼	장군	뒤꿈치	뒤굼치
장난꾼	장난군	팔꿈치	팔굼치
지게꾼	지겟군	이마빼기	이맛배기
때깔	땟갈	코빼기	콧배기
빛깔	빛갈	객쩍다	객적다
성깔	성갈	겸연쩍다	겸연적다

제55항 두 가지로 구별하여 적던 다음 말들은 한 가지로 적는다.(ㄱ을 취하고, ㄴ을 버림.)

ㄱ	ㄴ
맞추다(입을 맞춘다. 양복을 맞춘다.)	마추다
뻗치다(다리를 뻗친다. 멀리 뻗친다.)	뻐치다.

제56항 '-더라, -던'과 '-든지'는 다음과 같이 적는다.

1. 지난 일을 나타내는 어미는 '-더라, -던'으로 적는다.(ㄱ을 취하고, ㄴ을 버림.)

ㄱ	ㄴ
지난 겨울은 몹시 춥더라.	지난 겨울은 몹시 춥드라.
깊던 물이 얕아졌다.	깊든 물이 얕아졌다.
그렇게 좋던가?	그렇게 좋든가?
그 사람 말 잘하던데!	그 사람 말 잘하든데!
얼마나 놀랐던지 몰라.	얼마나 놀랐든지 몰라.

2. 물건이나 일의 내용을 가리지 아니하는 뜻을 나타내는 조사와 어미는 '(ㄴ)든지'로 적는다.(ㄱ을 취하고, ㄴ을 버림.)

ㄱ	ㄴ
배든지 사과든지 마음대로 먹어라.	배던지 사과던지 마음대로 먹어라.

가든지 오든지 마음대로 해라.　　　가던지 오던지 마음대로 해라.

제57항 다음 말들은 각각 구별하여 적는다.

┌ **가름**　둘로 가름
└ **갈음**　새 책상으로 갈음하였다.

┌ **거름**　풀을 썩힌 거름
└ **걸음**　빠른 걸음

┌ **거치다**　영월을 거쳐 왔다.
└ **걷히다**　외상값이 잘 걷힌다.

┌ **걷잡다**　걷잡을 수 없는 상태
└ **겉잡다**　겉잡아서 이틀 걸릴 일

┌ **그러므로(그러니까)**　그는 부지런하다. 그러므로 잘 산다.
└ **그럼으로(써)**(그렇게 하는 것으로)　그는 열심히 공부한다. 그럼
　　으로(써) 은혜에 보답한다.

┌ **노름**　노름판이 벌어졌다.
└ **놀음(놀이)**　즐거운 놀음

┌ **느리다**　진도가 너무 느리다.
│ **늘이다**　고무줄을 늘인다.
└ **늘리다**　수출량을 더 늘린다.

┌ **다리다**　옷을 다린다.
└ **달이다**　약을 달인다.

┌ **다치다**　부주의로 손을 다쳤다.
│ **닫히다**　문이 저절로 닫혔다.
└ **닫치다**　문을 힘껏 닫쳤다.

┌ **마치다**　벌써 일을 마쳤다.
└ **맞히다**　여러 문제를 더 맞혔다.

┌ **목거리**　목거리가 덧났다.
└ **목걸이**　금 목걸이, 은 목걸이

415

바치다   나라를 위해 목숨을 바쳤다.

받치다   우산을 받치고 간다.   책받침을 받친다.

받히다   쇠뿔에 받혔다.

밭치다   술을 체에 밭친다.

반드시   약속은 반드시 지켜라.

반듯이   고개를 반듯이 들어라.

부딪치다   차와 차가 마주 부딪쳤다.

부딪히다   마차가 화물차에 부딪혔다.

부치다	힘이 부치는 일이다.	편지를 부친다.
	논밭을 부친다.	빈대떡을 부친다.
	식목일에 부치는 글	회의에 부치는 안건
	인쇄에 부치는 원고	삼촌 집에 숙식을 부친다.
붙이다	우표를 붙인다.	책상을 벽에 붙였다.
	흥정을 붙인다.	불을 붙인다.
	감시원을 붙인다.	조건을 붙인다.
	취미를 붙인다.	별명을 붙인다.

시키다   일을 시킨다.

식히다   끓인 물을 식힌다.

아름   세 아름 되는 둘레

알음   전부터 알음이 있는 사이

앎   앎이 힘이다.

안치다   밥을 안친다.

앉히다   윗자리에 앉힌다.

어름   두 물건의 어름에서 일어난 현상

얼음   얼음이 얼었다.

이따가   이따가 오너라.

있다가   돈은 있다가도 없다.

416

저리다 다친 다리가 저린다.

절이다 김장 배추를 절인다.

조리다 생선을 조린다.　　통조림, 병조림

졸이다 마음을 졸인다.

주리다 여러 날을 주렸다.

줄이다 비용을 줄인다.

하노라고 하노라고 한 것이 이 모양이다.

하느라고 공부하느라고 밤을 새웠다.

—느니보다(어미) 나를 찾아 오느니보다 집에 있거라.

—는 이보다(의존 명사) 오는 이가 가는 이보다 많다.

—(으)리만큼(어미) 그가 나를 미워하리만큼 내가 그에게 잘
못한 일이 없다.

—(으)ㄹ 이만큼(의존 명사) 찬성할 이도 반대할 이만큼이나 많
을 것이다.

—(으)러(목적) 공부하러 간다.

—(으)려(의도) 서울 가려 한다.

—(으)로서(자격) 사람으로서 그럴 수는 없다.

—(으)로써(수단) 닭으로써 꿩을 대신했다.

—(으)므로(어미) 그가 나를 믿으므로 나도 그를 믿는다.

(-ㅁ, -음)으로(써)(조사) 그는 믿음으로(써) 산 보람을 느꼈다.

문장부호

문장 부호의 이름과 그 사용법은 다음과 같이 정한다.

I. 마침표[終止符]

1. 온점(.), 고리점(·)
가로쓰기에는 온점, 세로쓰기에는 고리점을 쓴다.

(1) 서술, 명령, 청유 등을 나타내는 문장의 끝에 쓴다.

젊은이는 나라의 기둥이다.

황금 보기를 돌같이 하라.

집으로 돌아가자.

다만, 표제어나 표어에는 쓰지 않는다.

압록강은 흐른다(표제어)

꺼진 불도 다시 보자(표어)

(2) 아라비아 숫자만으로 연월일을 표시할 적에 쓴다.

1919. 3. 1.(1919년 3월 1일)

(3) 표시 문자 다음에 쓴다.

1. 마침표   ㄱ. 물음표   가. 인명

(4) 준말을 나타내는 데 쓴다.

서. 1987. 3. 5.(서기)

2. 물음표(?)
의심이나 물음을 나타낸다.

(1) 직접 질문할 때에 쓴다.

이제 가면 언제 돌아오니?

이름이 뭐지?

(2) 반어나 수사 의문(修辭疑問)을 나타낼 때 쓴다.

제가 감히 거역할 리가 있습니까?

이게 은혜에 대한 보답이냐?

남북 통일이 되면 얼마나 좋을까?

(3) 특정한 어구 또는 그 내용에 대하여 의심이나 빈정거림, 비웃음 등을 표시할 때, 또는 적절한 말을 쓰기 어려운 경우에 소괄호 안에 쓴다.

그것 참 훌륭한(?) 태도야.

우리 집 고양이가 가출(?)을 했어요.

〔붙임 1〕 한 문장에서 몇 개의 선택적인 물음이 겹쳤을 때에는 맨 끝의 물음에만 쓰지만, 각각 독립된 물음인 경우에는 물음마다 쓴다.

너는 한국인이냐, 중국인이냐?

너는 언제 왔니? 어디서 왔니? 무엇하러?

〔붙임 2〕 의문형 어미로 끝나는 문장이라도 의문의 정도가 약할 때에는 물음표 대신 온점(또는 고리점)을 쓸 수도 있다.

이 일을 도대체 어쩐단 말이냐.

아무도 그 일에 찬성하지 않을 거야. 혹 미친 사람이면 모를까.

3. 느낌표(!)

감탄이나 놀람, 부르짖음, 명령 등 강한 느낌을 나타낸다.

(1) 느낌을 힘차게 나타내기 위해 감탄사나 감탄형 종결 어미 다음에 쓴다.

앗!   아, 달이 밝구나!

(2) 강한 명령문 또는 청유문에 쓴다.

지금 즉시 대답해!   부디 몸조심하도록!

(3) 감정을 넣어 다른 사람을 부르거나 대답할 적에 쓴다.

춘향아!   예, 도련님!

(4) 물음의 말로써 놀람이나 항의의 뜻을 나타내는 경우에 쓴다.

419

이게 누구야!　　내가 왜 나빠!

〔붙임〕 감탄형 어미로 끝나는 문장이라도 감탄의 정도가 약할 때에는 느낌표 대신 온점(또는 고리점)을 쓸 수도 있다.

개구리가 나온 것을 보니, 봄이 오긴 왔구나.

II. 쉼표(休止符)

1. 반점(,), 모점(、)

가로쓰기에는 반점, 세로쓰기에는 모점을 쓴다. 문장 안에서 짧은 휴지를 나타낸다.

(1) 같은 자격의 어구가 열거될 때에 쓴다.

근면, 검소, 협동은 우리 겨레의 미덕이다.

충청도의 계룡산, 전라도의 내장산, 강원도의 설악산은 모두 국립 공원이다.

다만, 조사로 연결될 적에는 쓰지 않는다.

매화나 난초와 국화와 대나무를 사군자라고 한다.

(2) 짝을 지어 구별할 필요가 있을 때에 쓴다.

닭과 지네, 개와 고양이는 상극이다.

(3) 바로 다음의 말을 꾸미지 않을 때에 쓴다.

슬픈 사연을 간직한, 경주 불국사의 무영탑

성질 급한, 철수의 누이동생이 화를 내었다.

(4) 대등하거나 종속적인 절이 이어질 때에 절 사이에 쓴다.

콩 심으면 콩 나고, 팥 심으면 팥 난다.

흰 눈이 내리니, 경치가 더욱 아름답다.

(5) 부르는 말이나 대답하는 말 뒤에 쓴다.

애야, 이리 오너라.　　　　예, 지금 가겠습니다.

(6) 제시어 다음에 쓴다.

빵, 빵이 인생의 전부이더냐?

용기, 이것이야말로 무엇과도 바꿀 수 없는 젊은이의 자산이다.

(7) 도치된 문장에 쓴다.

이리 오세요, 어머님.　　　다시 보자, 한강수야.

(8) 가벼운 감탄을 나타내는 말 뒤에 쓴다.

아, 깜빡 잊었구나.

(9) 문장 첫머리의 접속이나 연결을 나타내는 말 다음에 쓴다.

첫째, 몸이 튼튼해야 된다.　　아무튼, 나는 집에 돌아가겠다.

다만, 일반적으로 쓰이는 접속어(그러나, 그러므로, 그리고, 그런데

등) 뒤에는 쓰지 않음을 원칙으로 한다.

그러나 너는 실망할 필요가 없다.

(10) 문장 중간에 끼어든 구절 앞뒤에 쓴다.

나는, 솔직히 말하면, 그 말이 별로 탐탁하지 않소.

철수는 미소를 띠고, 속으로는 화가 치밀었지만. 그들을 맞았다.

(11) 되풀이를 피하기 위하여 한 부분을 줄일 때에 쓴다.

여름에는 바다에서, 겨울에는 산에서 휴가를 즐겼다.

(12) 문맥상 끊어 읽어야 할 곳에 쓴다.

갑돌이가 울면서, 떠나는 갑순이를 배웅했다.

갑돌이가, 울면서 떠나는 갑순이를 배웅했다.

철수가, 내가 제일 좋아하는 친구이다.

남을 괴롭히는 사람들은, 만약 그들이 다른 사람에게 괴롭힘을

당해 본다면, 남을 괴롭히는 일이 얼마나 나쁜 일인지 깨달을

것이다.

(13) 숫자를 나열할 때에 쓴다.

1, 2, 3, 4

(14) 수의 폭이나 개략의 수를 나타낼 때에 쓴다.

5, 6세기　　　6, 7세기

(15) 수의 자릿점을 나타낼 때에 쓴다.

14,314

2. 가운뎃점(·)

열거된 여러 단위가 대등하거나 밀접한 관계임을 나타낸다.

　(1) 쉼표로 열거된 어구나 다시 여러 단위로 나누어질 때에 쓴다.

　　철수·영이, 영수·순이가 서로 짝이 되어 윷놀이를 하였다.

　　공주·논산, 천안·아산·천원 등 각 지역구에서 2명씩 국회 의원

　　을 뽑는다.

　　시장에 가서 사과·배·복숭아, 고추·마늘·파, 조기·명태·고등

　　어를 샀다.

　(2) 특정한 의미를 가지는 날을 나타내는 숫자에 쓴다.

　　3·1 운동　　　　　　8·15 광복

　(3) 같은 계열의 단어 사이에 쓴다.

　　경북 방언의 조사·연구

　　충북·충남 두 도를 합하여 충청도라고 한다.

　　동사·형용사를 합하여 용언이라고 한다.

3. 쌍점(:)

　(1) 내포되는 종류를 들 적에 쓴다.

　　문장 부호 : 마침표, 쉼표, 따옴표, 묶음표 등

　　문방사우 : 붓, 먹, 벼루, 종이

　(2) 소표제 뒤에 간단한 설명이 붙을 때에 쓴다.

　　일시 : 1984년 10월 15일 10시

　　마침표 : 문장이 끝남을 나타낸다.

　(3) 저자명 다음에 저서명을 적을 때에 쓴다.

　　정약용 : 목민심서, 경세유표

　　주시경 : 국어 문법, 서울 박문서관, 1910.

　(4) 시(時)와 분(分), 장(章)과 절(節) 따위를 구별할 때나, 둘 이상을

　　대비할 때에 쓴다.

　　오전 10 : 20(오전 10시 20분)

요한 3 : 16(요한복음 3장 16절)

대비 65 : 60(65 대 60)

4. 빗금(/)

　(1) 대응, 대립되거나 대등한 것을 함께 보이는 단어와 구, 절 사이에
　　쓴다.

　　남궁만 / 남궁 만　　　　　백이십오 원 / 125원

　　착한 사람 / 악한 사람　　　맞닥뜨리다 / 맞닥트리다

　(2) 분수를 나타낼 때에 쓰기도 한다.

　　3 / 4 분기　　　　　　　　3 / 20

III. 따옴표(引用符)

1. 큰따옴표(" "), 겹낫표(『』)

가로쓰기에는 큰따옴표, 세로쓰기에는 겹낫표를 쓴다.

대화, 인용, 특별 어구 따위를 나타낸다.

　(1) 글 가운데서 직접 대화를 표시할 때에 쓴다.

　　"전기가 없었을 때는 어떻게 책을 보았을까?"

　　"그야 등잔불을 켜고 보았겠지."

　(2) 남의 말을 인용할 경우에 쓴다.

　　예로부터 "민심은 천심이다."라고 하였다.

　　"사람은 사회적 동물이다."라고 말한 학자가 있다.

2. 작은따옴표(' '), 낫표(「」)

가로쓰기에는 작은따옴표, 세로쓰기에는 낫표를 쓴다.

　(1) 따온 말 가운데 다시 따온 말이 들어 있을 때에 쓴다.

　　"여러분! 침착해야 합니다. '하늘이 무너져도 솟아날 구멍이 있
　　다.'고 합니다."

(2) 마음속으로 한 말을 적을 때에 쓴다.

'만약 내가 이런 모습으로 돌아간다면, 모두들 깜짝 놀라겠지.'

〔붙임〕 문장에서 중요한 부분을 두드러지게 하기 위해 드러냄표 대신에 쓰기도 한다.

지금 필요한 것은 '지식'이 아니라 '실천'입니다.

'배부른 돼지'보다는 '배고픈 소크라테스'가 되겠다.

IV. 묶음표(括弧符)

1. 소괄호(( ))

(1) 원어, 연대, 주석, 설명 등을 넣을 적에 쓴다.

커피(coffee)는 기호 식품이다.

3·1 운동(1919) 당시 나는 중학생이었다.

'무정(無情)'은 춘원(6·25 때 납북)의 작품이다.

니체(독일의 철학자)는 이렇게 말했다.

(2) 특히 기호 또는 기호적인 구실을 하는 문자, 단어, 구에 쓴다.

(1) 주어   (ㄱ) 명사   (라) 소리에 관한 것

(3) 빈 자리임을 나타낼 적에 쓴다.

우리나라의 수도는 (   )이다.

2. 중괄호({ })

여러 단위를 동등하게 묶어서 보일 때에 쓴다.

$$\text{주격 조사}\begin{Bmatrix}\text{이}\\\text{가}\end{Bmatrix}\qquad \text{국가의 3요소}\begin{Bmatrix}\text{국토}\\\text{국민}\\\text{주권}\end{Bmatrix}$$

3. 대괄호(〔 〕)

(1) 묶음표 안의 말이 바깥 말과 음이 다를 때에 쓴다.

나이(年歲)　　　낱말(單語)　　　손발(手足)

(2) 묶음표 안에 또 묶음표가 있을 때에 쓴다.

명령에 있어서의 불확실(단호(斷乎)하지 못함.)은 복종에 있어서의 불확실(모호(模糊)함.)을 낳는다.

V. 이음표(連結符)

1. 줄표(—)

이미 말한 내용을 다른 말로 부연하거나 보충함을 나타낸다.

(1) 문장 중간에 앞의 내용에 대해 부연하는 말이 끼어들 때에 쓴다.

그 신동은 네 살에—보통 아이 같으면 천자문도 모를 나이에에—벌써 시를 지었다.

(2) 앞의 말을 정정 또는 변명하는 말이 이어질 때에 쓴다.

어머님께 말했다가—아니, 말씀드렸다가—꾸중만 들었다.

이건 내 것이니까—아니, 내가 처음 발견한 것이니까—절대로 양보할 수가 없다.

2. 붙임표(-)

(1) 사전, 논문 등에서 합성어를 나타낼 적에, 또는 접사나 어미임을 나타낼 적에 쓴다.

겨울 - 나그네　　　불 - 구경　　　손 - 발

휘 - 날리다　　　슬기 - 롭다　　 - (으)ㄹ걸

(2) 외래어와 고유어 또는 한자어가 결합되는 경우에 쓴다.

나일론 - 실　　　다 - 장조　　　빛 - 에너지

염화 - 칼륨

3. 물결표(~)

(1) '내지'라는 뜻에 쓴다.

9월 15일 ~ 9월 25일

(2) 어떤 말의 앞이나 뒤에 들어갈 말 대신 쓴다.

새마을: ~ 운동 ~ 노래

~ 가(家): 음악 ~ 미술 ~

VI. 드러냄표〔顯在符〕

1. 드러냄표(˙ , ˚)

˙이나 ˚을 가로쓰기에는 글자 위에, 세로쓰기에는 글자 오른쪽에 쓴다. 문장 내용 중에서 주의가 미쳐야 할 곳이나 중요한 부분을 특별히 드러내 보일 때에 쓴다.

한글의 본이름은 훈민정음이다.

중요한 것은 왜 사느냐가 아니라 어떻게 사느냐 하는 문제이다.

〔붙임〕 가로쓰기에서는 밑줄(＿)을 치기도 한다.

다음 보기에서 명사가 아닌 것은?

VII. 안드러냄표〔潛在符〕

1. 숨김표(××, ○○)

알면서도 고의로 드러내지 않음을 나타낸다.

(1) 금기어나 공공연히 쓰기 어려운 비속어의 경우, 그 글자의 수효 만큼 쓴다.

배운 사람 입에서 어찌 ○○○란 말이 나올 수 있느냐?

그 말을 듣는 순간 ×××란 말이 목구멍까지 치밀었다.

(2) 비밀을 유지할 사항일 경우, 그 글자의 수효만큼 쓴다.

육군 ○○ 부대 ○○○명이 작전에 참가하였다.

그 모임의 참석자는 김×× 씨, 정×× 씨 등 5명이었다.

2. 빠짐표(□)

글자의 자리를 비워 둠을 나타낸다.

(1) 옛 비문이나 서적 등에서 글자가 분명하지 않을 때에 그 글자의
수효만큼 쓴다.

大師爲法主□□賴之大□ (옛 비문)

(2) 글자가 들어가야 할 자리를 나타낼 때에 쓴다.

훈민정음의 초성 중에서 아음(牙音)은 □□□의 석 자다.

3. 줄임표(……)

(1) 할 말을 줄였을 때에 쓴다.

"어디 나하고 한 번……." 하고 철수가 나섰다.

(2) 말이 없음을 나타낼 때에 쓴다.

"빨리 말해!"

"……."

(문교부 고시 제88—1호 1988. 1. 19)

참고한 책

『고등학교 문학』, 김봉군·한현수 지음, 지학사

『국어 어문 규정집』, 문교부 고시·문화부 공고, 대한교과서주식회사

『국어대사전』, 이희승 편저, 민중서림

『국어학 개론』, 이희승 지음, 민중서관

『동아 한한(漢韓)대사전』, 이가원 외 2인 감수, 동아출판사

『맹자 주해(孟子註解)』, 차주환 지음, 명문당

『본정 시조 대전(本定時調大典)』, 심재완 엮음, 일조각

『새한글사전』, 한글학회 지음, 홍자출판사

『신역삼경 시경(新譯三經詩經)』, 이원섭 지음, 현암사

『신한국 문학 전집』, 박경수 외 5인 편집, 어문각

『엣센스 영한(英韓)사전』, 민중서림

『엣센스 일한(日韓)사전』, 민중서림

『영한(英韓)대사전』, 시사영어사

『우리말본』, 최현배 지음, 정음문화사

『우리말큰사전』, 한글학회 지음, 어문각

『중세국어문법』, 이숭녕 지음, 을유문화사

『증정 고가 연구(增訂古歌研究)』, 양주동 지음, 일조각

『하이라이트 고전문학』, 조규빈 지음, 지학사

『新辭典』, 대만 삼민서국(三民書局)

『コソサイスカタカナ語辭典』, 일본 삼성당(三省堂)

『リーダーズ英和辭典』, 일본 동경연구사(東京研究社)